韓国の才能教育制度
―その構造と機能―

The Gifted Education System in Korea:
the Structure and Functions

石川 裕之
Hiroyuki Ishikawa

東信堂

写真1　英才学校（釜山市）
写真は韓国科学英才学校。世界レベルの科学者養成を掲げて2003年に設立された。

写真2　英才学の授業風景（釜山市）
突出した能力を示す生徒に対しては大学教員がマンツーマンで特別授業をおこなう。

写真3 科学高校(ソウル市)
写真は漢城科学高校。本館入口に「科学英才教育の揺籃」と記されている。

写真4 科学高校の自習室(釜山市)
1人に1つずつ机が与えられる。書棚には大学レベルの専門書も並ぶ。

写真5　大学附設科学英才教育院の授業風景（ソウル市）
中学校1年生対象のショウジョウバエのDNA抽出実験。大学教員も講師を務める。

写真6　市・道教育庁英才教育院の授業風景（ソウル市）
中学校3年生対象の数学の授業。内容は高校〜大学レベルとのこと。

写真7　大学修学能力試験の様子（ソウル市）

会場前に受験生の後輩が応援に駆けつけている。試験当日は国家行事の様相を呈する。
（田中光晴氏提供）

写真8　ソウル大学の学位授与式の様子（ソウル市）

韓国トップのソウル大学に入学するためには熾烈な競争を勝ち抜かなければならない。

はしがき

 本書の目的は、大韓民国（以下、「韓国」とする）における才能教育制度に焦点を当て、その歴史的展開や構造的特徴を明らかにするとともに、才能教育制度が公教育制度の中で果たす機能について解明することにある。
 韓国は世界で最も教育の機会均等化が進んだ国の1つである。韓国では、高等学校（以下、「高校」とする）までの進学率はほぼ100％、大学進学率も80％を超えて世界最高水準にある。さらに、60～70年代にかけての入試改革の結果、現在は子どもの約半数が、一切の競争入試を経験せずに高校まで進学してくる状況である。
 一方で韓国の教育を異なる角度からみてみると、そこでは極めて激しい競争や選抜がおこなわれており、学校間にはあからさまな序列が存在している。たとえば、韓国の熾烈な大学受験競争はニュースなどを通じてわが国でもよく知られているところであるし、韓国社会におけるソウル大学のステイタスは、わが国の東京大学以上だといわれる。また、詳しくは本文に譲るが、韓国では国が特別な法律を作ってまで、数学・科学など特定の分野・領域で優れた能力を示す子どものための教育（才能教育）を推し進めている。その中では激しい競争が繰り広げられ、厳格な選抜の結果に応じて、一人ひとりの子どもが受けることのできる教育の内容や支援の量に至るまで差がつけられている。
 このような韓国の教育が持つ両極端な側面は、公教育制度の内部においてどのように統合され、全体として調和を保っているのであろうか。また、なぜ韓国の教育はそのような両極端な側面を持つに至ったのか。そこには韓国なりの必然性が存在しているのであろうか。以上のような問題意識から、「教

育の機会均等化」を志向する側面と「競争・選抜・序列化」を志向する側面という、いわば韓国の教育が持つ2つの顔の関係性を、制度的・政策的な視点から検討してみようというのが本書の出発点である。

　韓国の教育のおもしろさは、その目標の高邁さと純粋さ、そして目標達成に向かってひた走るダイナミックさにある。しかしそれは一方で制度・政策上の極端さや性急さにつながり、公教育制度のどこかにひずみを生み出すものと考えられる。したがって韓国の公教育制度は、内部にそうしたひずみを解消するための仕組みを兼ね備えているはずである。本書では、そうした仕組みにおける才能教育制度の位置付けと役割について解き明かしていく。

　さらに、韓国における才能教育制度の歴史的展開や現状について明らかにすることも本書の目的である。その際には、才能教育制度が子どもや保護者、教師たちにどのように受け止められ、どのように利用されてきたのかにも注目する。韓国の才能教育制度の歴史的展開を、登場背景まで含めて約40年という長いスパンでみることで、政府の政策とそれに対する国民の対応の応酬、およびその連鎖により、才能教育制度が予期せぬ発展を遂げていく過程（たとえば70年代の高校入試廃止政策が、回りまわって2000年代の高校早期卒業・大学早期入学制度の隆盛に影響を与えているなど）が明らかになるだろう。

　戦後のわが国において才能教育は長らくタブー視され、これまで公的な才能教育制度は大学早期入学制度などごく一部の例外を除いて存在してこなかった。一方でお隣の韓国では、80年代以降才能教育が積極的に展開され、今や国家教育政策の柱としての地位を確立しつつある。わが国の才能教育制度はいまだほとんどかたちを現していないし、そのあるべき姿も、もしかすると韓国の延長線上にはないのかも知れない。詳しくは本文で述べるが、韓国の才能教育制度は科学者養成にかなり特化しており、一人ひとりの子どもの個性を大事にするという点では短所も存在するためである。しかしながら隣国の事例をみることは、反面教師とする部分も含めて、必ずやわが国に多くの示唆を与えてくれると考える。

　本書が、韓国の教育や才能教育制度のあり方について理解する手がかりとなるのみならず、わが国の教育や才能教育制度のあり方について考えるきっ

かけとなれば幸いである。

　なお本書は、平成22年度京都大学総長裁量経費（若手研究者出版助成制度）の助成を受けて刊行されるものである。

2011年1月

　　　　　　　　　　　　　　　　　　　　　　　　　　石川　裕之

韓国の才能教育制度―その構造と機能―／目　次

はしがき …………………………………………………………………… v
写真・図表一覧 ………………………………………………………… xvii

序　章　研究の目的と課題 ………………………………………… 3

1. 問題関心 …………………………………………………………… 3
2. 本書で使用する用語の定義 ……………………………………… 5
   (1) 才能教育に関する用語 ……………………………………… 5
       ①才能教育と才能児の定義　5
       ②才能教育とエリート教育の区別　6
       ③エンリッチメントとアクセラレーション　8
   (2) 教育制度に関する用語 ……………………………………… 9
3. 才能教育機関の範囲 ……………………………………………… 10
4. 研究課題と研究の枠組み ………………………………………… 11
5. 先行研究の検討 …………………………………………………… 13
6. 論文の構成 ………………………………………………………… 16

注 (18)

第1章　一般学校教育制度の構造と選抜システム ………… 25

1. はじめに …………………………………………………………… 25
2. 一般学校教育制度における選抜システムの変遷 …………… 25
   (1) 一般学校教育制度の概観 …………………………………… 25
       ①教育機関の類型と現況　25
       ②上級学校への進学状況　29
   (2) 中学校進学段階における選抜システムの変遷 ………… 30
       ①教育システムが担う機能と選抜システム　30
       ②中学校「平準化」の導入背景　31
       ③中学校「平準化」の導入と全国拡大　32

(3) 高校進学段階における選抜システムの変遷 ……………………33
　　　①高校「平準化」の導入背景　33
　　　②高校「平準化」の導入と実施方法　34
　　　③高校「平準化」の全国拡大失敗とその後の変遷　36
　　　④高校「平準化」の法的位置付け　39
　　　⑤高校「平準化」が適用されない高校における入学者選抜の状況　40
　　(4) 大学進学段階における選抜システムの変遷 ……………………41
　　　①大学入試制度のめまぐるしい変更　41
　　　②一元的な大学入試制度　42
　　　③「三不政策」　43
3. 一般学校教育制度の構造的変化とその意味 …………………………44
　　(1) 構造的変化をみる際の時代区分と構造図 ………………………44
　　(2) 60年代における一般学校教育制度の構造 ………………………46
　　(3) 70年代における一般学校教育制度の構造 ………………………46
　　(4) 80年代における一般学校教育制度の構造 ………………………47
　　(5) 90年代における一般学校教育制度の構造 ………………………49
　　(6) 2000年代における一般学校教育制度の構造 ……………………49
　　(7) 一般学校教育制度の構造的変化とその意味 ……………………51
　　　──競争・選抜・序列化原理の上方変移──
4. 一般学校教育制度の機能とその弱点 …………………………………52
5. おわりに …………………………………………………………………54
注 (55)

第2章　才能教育制度の登場と初期の選抜システム ………69
　　──「平準化」の補完策としての科学高校の設立──

1. はじめに …………………………………………………………………69
2. 才能教育制度の登場とその背景 ………………………………………70
　　(1)「平準化」の副作用 ………………………………………………70
　　(2)「平準化」の補完策としての才能教育制度の登場 ……………73
　　　①科学高校設立建議の度重なる失敗　73

②科学高校設立建議の成功の要因　74
3. 科学高校の設立と学校別競争入試の実施 …………………………75
　(1) 京畿科学高校の設立過程 ……………………………………75
　　①逆風の中での「ささやかな出発」　75
　　②科学高校の「英才教育機関化」　77
　(2) 科学高校の法的位置付けと初期の入学者選抜方法 ………78
　　①法的位置付け　78
　　②入学者選抜方法　78
4. 独自の大学進学ルートの整備と初期の科学高校教育の成果 ……80
　(1) メインストリームとしての KAIST 早期入学制度 …………81
　(2) 補助的な特別措置としての「比較内申制」……………………83
　(3) 学校数と入学定員の抑制 ……………………………………84
　(4) 初期の科学高校における教育の成果 ………………………85
5. 80年代における才能教育制度の構造と機能 ……………………86
　(1) 才能教育制度の構造 …………………………………………86
　(2) 才能教育制度の機能 …………………………………………87
6. おわりに ……………………………………………………………88
注 (89)

第3章　才能教育制度の量的拡大と構造変容 ……………97

1. はじめに ……………………………………………………………97
2. 科学高校の増設・拡充と受験名門校化 ……………………………97
　(1) 一般大学進学者の急増 ………………………………………97
　(2) 外国語高校の設立と特殊目的高校のめざましい
　　　大学進学実績…………………………………………………100
　(3) 科学高校の受験名門校化とその問題点……………………102
　(4) 学科筆記試験の禁止による入学者選抜方法の変化………105
　　①学科筆記試験の禁止措置　105
　　②学科筆記試験禁止の影響　106
　(5)「比較内申制」の廃止と自主退学問題 ………………………107

①「比較内申制」廃止の過程　107
　　②「比較内申制」廃止の影響　109
3. 科学高校の大学進学制度をめぐる葛藤の要因 ……………………110
　(1) 進学ルートの衝突………………………………………………110
　(2) ソウル大学至上主義……………………………………………111
　(3) 進学ルートを威信の高い大学へ接続することの
　　　メリットとデメリット ………………………………………114
4. 科学高校増設・拡充の政策的背景 …………………………………114
　　──「平準化」改革に注目して──
　(1) 教育の地方分権化の進展………………………………………115
　(2) 1990年「平準化」改革 …………………………………………116
　(3) 科学高校増設・拡充案登場までの過程………………………117
　(4) 外国語高校という存在が意味するもの………………………121
5. 90年代における才能教育制度の構造と機能 ………………………123
　(1) 才能教育制度の構造……………………………………………123
　(2) 才能教育制度の機能……………………………………………125
6. おわりに ………………………………………………………………127

注 (128)

| 第4章　新たな才能教育制度の構築 ……………………………137
　　──英才教育振興法の制定とその背景に注目して──|

1. はじめに ………………………………………………………………137
2. 英才教育振興法制定の背景 …………………………………………137
　(1) 才能教育の法的基盤整備に向けた動き………………………137
　(2) 才能教育政策活性化の背景……………………………………139
　　①「IMF危機」　139
　　②才能教育制度を発展させる「内圧」と「外圧」　140
3. 英才教育振興法の内容 ………………………………………………141
　(1) 才能児および才能教育の公的定義……………………………141

(2) 才能教育の理念と目的……………………………………………143
　　　　──「適能教育主義」・「国際競争主義・科学ノーベル賞型」──
　　(3)「社会矯正主義」の理念の萌芽　………………………………145
　　(4) 才能の領域と対象…………………………………………………146
4. 新たな才能教育制度の理念的構造と特徴 ……………………………148
　　(1) 才能教育の実施形態………………………………………………148
　　(2) 才能教育機関の国家による管理・統制…………………………150
　　(3)「ピラミッド型」の理念的な構造 ………………………………151
5. 2000年代の才能教育制度の概況と動向 ………………………………153
　　(1) 才能教育制度の現況──数学・科学分野への偏重──………………153
　　(2) 才能教育機関の急激な量的拡大…………………………………155
　　(3) 才能教育機関の複系統化…………………………………………159
6. おわりに …………………………………………………………………160

注(161)

第5章　新たな才能教育機関の運営実態と選抜システムの複合化 ……169

1. はじめに …………………………………………………………………169
2. 英才学校──**韓国科学英才学校**──……………………………………169
　　(1) 設立の経緯…………………………………………………………169
　　(2) 学校運営……………………………………………………………174
　　(3) 入学者選抜方法──**キャンプを採り入れた多段階方式**──………177
　　(4) 教育プログラム──**R＆Eを核とした独自のプログラム**──……178
　　(5) 大学進学制度──**協約による事実上の無試験進学制度**──………181
　　(6) 英才学校の課題……………………………………………………185
　　(7) 英才教育院および英才学級の種類………………………………187
3. 大学附設科学英才教育院 ………………………………………………188
　　(1) 大学附設科学英才教育院の概要…………………………………188
　　(2) ケース・スタディ──**ソウル大学科学英才教育センター**──……193

①センターの概要　193
　　　②受講者選抜方法　194
　　　③教育プログラム　195
　　　④講　師　197
　　　⑤比較的良好な上級教育段階の才能教育機関への進学率　198
　4．市・道教育庁英才教育院および英才学級 …………………………199
　　（1）市・道教育庁英才教育院および英才学級の概要 ……………199
　　（2）ケース・スタディ──ソウル市江西教育庁英才教育院── …………204
　　　①江西教育庁英才教育院の概要　204
　　　②受講者選抜方法　205
　　　③教育プログラム　206
　　　④講　師　208
　5．2000年代における才能教育制度にみられる特徴と課題 …………209
　　（1）運営実態からみた才能教育機関の分類 ………………………209
　　（2）才能教育機関の序列化 …………………………………………211
　　（3）英才教育院の「科学高校入試予備校」化 ……………………214
　6．2000年代における才能教育制度の構造 ……………………………216
　　（1）才能教育制度の構造 ……………………………………………216
　　（2）「国家才能プール」の形成 ……………………………………219
　7．おわりに ………………………………………………………………222
注（223）

| 第6章　アクセラレーションが果たす機能 ………………………241 |
| ──高校早期卒業・大学早期入学制度を中心に── |

　1．はじめに ………………………………………………………………241
　2．アクセラレーションの制度化の背景と概況 ………………………242
　　（1）制度化の背景 ……………………………………………………242
　　（2）実施状況からみた制度の分類 …………………………………243
　3．満5歳での初等学校早期就学制度 ……………………………………244
　4．KAISTにおける早期入学制度 ………………………………………246

(1) 実施状況………………………………………………………246
　　(2) 入学者選抜方法………………………………………………248
　　(3) 早期入学者の大学生活への適応状況………………………250
　5. 一般大学における早期入学制度………………………………251
　　(1) 実施状況………………………………………………………251
　　(2) 入学者選抜方法………………………………………………254
　　(3) 早期入学者の受け入れに対する大学側の認識……………257
　6. 科学高校における早期卒業制度………………………………259
　　(1) 早期卒業の認定方法…………………………………………259
　　(2) 早期卒業制度の副作用………………………………………261
　　(3) 生徒側からみた早期卒業制度………………………………262
　7. アクセラレーションが果たす機能と課題……………………265
　　(1) アクセラレーションが果たす機能…………………………265
　　(2) アクセラレーションの課題…………………………………266
　8. おわりに…………………………………………………………268
注 (269)

終　章　才能教育制度の構造と機能……………………277

1　才能教育制度の現状と特徴……………………………………277
　(1) 才能教育の理念と目的…………………………………………277
　(2) 才能教育機関の法的位置付け…………………………………278
　(3) 才能教育機関の分類……………………………………………278
　(4) 才能教育の実施分野……………………………………………279
　(5) 才能教育制度に対する国家の管理・統制……………………280
　(6) 進学問題や受験競争の影響……………………………………281
2　才能教育制度の歴史的展開と構造的変化……………………282
　(1) 60〜70年代——教育の機会均等化政策の始動——……………282
　(2) 80年代——競争・選抜・序列化原理の封じ込めと才能教育制度の
　　　登場——………………………………………………………283

(3) 90年代——競争・選抜・序列化原理の封じ込め緩和と才能教育
　　　制度の量的拡大—— ………………………………………………284
　(4) 2000年代 —— 才能教育制度における競争・選抜・序列化原理の
　　　先鋭化—— …………………………………………………………286
　(5) 競争・選抜・序列化原理の「水平変移」……………………………287
3. 才能教育制度が果たす機能と意味……………………………………289
　(1) 中等教育段階以下における選抜・教育・分配機能の補完 ………289
　(2) 競争・選抜・序列化を志向するエネルギーの吸収 ………………290
　(3) 相互補完的関係……………………………………………………291
4. 才能教育制度の不可視化された機能 …………………………………292
　　——理念と機能の間の矛盾——
5. 才能教育制度の課題……………………………………………………300
　(1) セーフティネットに関する課題……………………………………300
　(2) 教育の公平性に関する課題…………………………………………302
　　①公的支援による才能教育の問題　302
　　②教育システム間の格差の正当化・不可視化の問題　304
6. 結　語 …………………………………………………………………305

注 (308)

引用文献……………………………………………………………………315
あとがき……………………………………………………………………331
索　引………………………………………………………………………337

写真・図表一覧

頁

写真1	英才学校（釜山市） 写真は韓国科学英才学校。世界レベルの科学者養成を掲げて2003年に設立された。	i
写真2	英才学の授業風景（釜山市） 突出した能力を示す生徒に対しては大学教員がマンツーマンで特別授業をおこなう。	i
写真3	科学高校（ソウル市） 写真は漢城科学高校。本館入口に「科学英才教育の揺籃」と記されている。	ii
写真4	科学高校の自習室（釜山市） 1人に1つずつ机が与えられる。書棚には大学レベルの専門書も並ぶ。	ii
写真5	大学附設科学英才教育院の授業風景（ソウル市） 中学校1年生対象のショウジョウバエのDNA抽出実験。大学教員も講師を務める。	iii
写真6	市・道教育庁英才教育院の授業風景（ソウル市） 中学校3年生対象の数学の授業。内容は高校〜大学レベルとのこと。	iii
写真7	大学修学能力試験の様子（ソウル市） 会場前に受験生の後輩が応援に駆けつけている。試験当日は国家行事の様相を呈する。（田中光晴氏提供）	iv
写真8	ソウル大学の学位授与式の様子（ソウル市） 韓国トップのソウル大学に入学するためには熾烈な競争を勝ち抜かなければならない。	iv
表序-1	本書における才能教育機関の範囲	11
表1-1	初等・中等教育機関の現況（2008年時点）	27
表1-2	高等教育機関の現況（2008年時点）	28
表1-3	高校「平準化」適用地域の変遷	37
表1-4	大学入試制度の変遷	42
表2-1	京畿科学高校の入学者募集地域および志願・合格状況（1983〜1996年度）	79
表3-1	1996年度のソウル大学入試における学校別合格者数	101
表3-2	「平準化」に対する保護者および教師の意見	118
表3-3	補完派が挙げた改革案	119
表4-1	才能教育の対象となる才能の領域に関する韓米比較	147
表4-2	才能教育機関の現況（2008年時点）	154

表4-3	新たな才能教育機関の種類別生徒・受講者数（2003年時点）	157
表4-4	新たな才能教育機関の種類別生徒・受講者数（2008年時点）	157
表5-1	韓国科学英才学校の学級数と生徒数（2005年3月時点）	175
表5-2	学校種別の生徒数対教員数比率および博士学位を所持する教員の割合	175
表5-3	韓国科学英才学校の教員数（2005年3月時点）	176
表5-4	韓国科学英才学校の教育プログラム（正規教育課程）	179
表5-5	2003年度1学期の総合成績分布	181
表5-6	韓国科学英才学校の卒業生の進路状況（2005〜2007年度）	183
表5-7	英才教育院および英才学級の法令上の種類と才能教育機関の種別	188
表5-8	大学附設科学英才教育院の設置状況（2008年時点）	190
表5-9	ソウル大学科学英才教育センターにおける受講者選抜の結果（2004年度）	195
表5-10	ソウル大学科学英才教育センター物理分科の年間プログラム（2004年度）	196
表5-11	市・道教育庁英才教育院および英才学級の地域別現況（2007年時点）	200
表5-12	上級学年進級後も継続して才能教育プログラムを履修している者の割合（2005年時点）	203
表5-13	上級学校進学後も継続して才能教育プログラムを履修している者の割合（2005年時点）	203
表5-14	江西教育庁英才教育院数学分科の年間プログラム構成	207
表6-1	各教育段階における早期進級者および早期卒業者数（2008年度）	243
表6-2	KAISTにおける早期入学制度の実施状況（2007年度）	249
表6-3	KAIST入学者の出身学校種別と卒業状況（2004年度）	249
表6-4	一般大学における早期入学制度の実施状況（2007年度）	255
表終-1	韓国における才能教育機関の分類（2008年時点）	279
表終-2	韓国における才能教育制度の理念・目的・機能および機能の意味	293
表終-3	科学高校・外国語高校・一般系高校の生徒の社会経済的背景（2005年時点）	297
表終-4	新たな才能教育機関に所属する中学生と一般の中学生の社会経済的背景	303
図1-1	韓国の学校体系（2008年時点）	26
図1-2	各教育段階から上級学校への進学率の推移	30
図1-3	60年代における一般学校教育制度の構造	45
図1-4	70年代における一般学校教育制度の構造	47
図1-5	80年代における一般学校教育制度の構造	48
図1-6	90年代における一般学校教育制度の構造	49
図1-7	2000年代における一般学校教育制度の構造	51
図2-1	旧一流校と旧二流校における生徒の知能指数分布の変化	71

図2-2	科学高校の卒業生（早期修了者を含む）の進路状況	82
図2-3	科学高校における学校数・入学者数の状況	85
図2-4	80年代における才能教育制度の構造	87
図3-1	科学高校における学校数・入学者数の状況	98
図3-2	科学高校の卒業生（早期修了者を含む）の進路状況	98
図3-3	外国語高校における学校数・入学者数の状況	100
図3-4	卒業年度別の光州科学高校卒業生の職業現況（2004年時点）	113
図3-5	90年代における才能教育制度の構造	124
図4-1	新たな才能教育機関の相互関係モデル	152
図4-2	新たな才能教育機関における生徒・受講者数の変遷	156
図4-3	科学高校における学校数・入学者数の状況	158
図4-4	外国語高校における学校数・入学者数の状況	159
図5-1	大学附設科学英才教育院の教育年次別受講者数	192
図5-2	新たな才能教育機関における生徒・受講者数の変遷	201
図5-3	2000年代における才能教育制度の構造	216
図6-1	初等学校早期就学者数の推移	244
図6-2	KAISTの全入学者数と科学高校からの早期入学者数の推移	247
図6-3	高校早期卒業者数の推移	252
図6-4	科学高校の卒業生（早期修了者・早期卒業者を含む）の進路状況	253
図6-5	京畿科学高校における年度別卒業・修了状況	263
図6-6	大邱科学高校における年度別卒業・修了状況	263
図6-7	忠北科学高校における年度別卒業・修了状況	264
図6-8	全南科学高校における年度別卒業・修了状況	264
図終-1	一般学校教育制度との関係性からみた才能教育制度の構造的変化（60～2000年代）	288

韓国の才能教育制度
——その構造と機能——

序　章　研究の目的と課題

1. 問題関心

　21世紀の知識基盤社会を迎え、グローバル化・情報化の急速な進展とともに、産業・社会構造が大きく変化している。こうした中、国際競争力向上のための人材育成の方途として、また、教育の多様化・個性化政策の一環として、才能教育が注目されている。戦後のわが国では主に平等主義の観点から才能教育は長らくタブー視されてきたが、近年の多様化・個性化を志向する教育改革の中で、才能教育の一形態として捉えられる教育施策が実施されるようになってきている。その一例としては、1998年からの一部の大学による早期入学制度の導入を初め、2002年から始まった文部科学省による「スーパーサイエンスハイスクール」の指定などを挙げることができるだろう。また、教育特区における小・中・高英語一貫教育を目指して2005年に設立されたぐんま国際アカデミーや、先端科学技術の知識を活用し世界で幅広く活躍できる人材の育成を掲げて2009年に設立された横浜市立横浜サイエンスフロンティア高等学校(以下、引用文中などを除き、高等学校はすべて「高校」とする)の例は、わが国の特別学校における才能教育のパイロット・ケースとしてみることもできる。現在わが国は、今後公教育の中で本格的に才能教育を実施していくのかいかないのか、また、実施するならばどのようなかたちで実施していくのかについて、広く議論をおこなうべき時期にきているように思われる。
　一方で、隣国の大韓民国(以下、引用文中などを除き「韓国」とする)をみてみるとどうであろうか。韓国の教育制度はわが国とよく似ているし、同じく儒

教文化圏に属し、学校教育においても一般的に年齢主義が強く、国民の教育熱が高くて受験競争が激しいといった教育文化の面でも共通点が多い。また韓国では建国以来一貫して教育の機会均等化の原則に基づく政策が推進されてきた。2008年の時点で、初等学校（わが国の小学校に相当する）、中学校、高校の進学率はほぼ100％、大学進学率も80％を超えて世界最高水準に達している。韓国は世界でも希にみる高いレベルで教育の機会均等化と大衆化を達成している国であるといえよう。

　一般的にいえば、教育の機会均等化が追求され、教育の大衆化が進む社会では、選別的な側面を持つ才能教育は否定されやすくなる[1]。その好例が、長らく才能教育がタブー視されてきた戦後のわが国であろう。しかし、わが国とは対照的に、韓国はアジア諸国の中で最も積極的に公的な才能教育を推進してきた国の1つであり、1983年の科学高校設立を嚆矢として、20年以上に渡って才能教育が国家レベルで展開されてきた。韓国では、特別学校はもちろん、一般学校においても放課後や週末等を利用して公的支援による才能教育プログラムがおこなわれている。さらに、1996年には早期進級・卒業制度が全国的に導入され、2000年には初の才能教育関連法である「英才教育振興法」が制定されるなど、90年代後半以降、法制度面での整備も進んでいる。今や韓国において才能教育は、国家教育政策の柱としての地位を確立しつつある。

　このように韓国の教育をみてみると、一方では高いレベルで教育の機会均等化を実現しており、もう一方では国家レベルで才能教育を推進しているという両極端な側面がみられる。それでは、なぜ韓国の教育はこうした両極端な側面を合わせ持っているのであろうか。また、それら2つの側面にはどのような関係性がみられるのであろうか。実はこうした素朴ではあるが韓国の教育にとって本質的な疑問に答えうる研究は、これまで十分になされてこなかった。なぜなら、才能教育に関する研究と教育の機会均等化に関する研究はもっぱら個別のものとしておこなわれ、それら2つの要素を有機的に結び付けるような、よりマクロな視点からの研究がおこなわれてこなかったためである。また、韓国の才能教育がどのような歴史的背景から登場して、この

20年の間にいかなる過程をたどって発展し、どういった特徴を持つに至ったのかという長期的な視野に立った研究も十分とはいえない。これらの点について明らかにすることは、韓国の教育における才能教育の位置付けや役割を明らかにすることにつながり、加えて、わが国のように教育の大衆化が進んだ国における才能教育のあり方についても示唆をもたらすと考えられる。

2. 本書で使用する用語の定義

(1) 才能教育に関する用語
①才能教育と才能児の定義

　ここで、本書で使用する用語の定義について触れておきたい。まず本書の核心をなす「才能教育」という語についてである。実際には英語圏においても才能教育に関する用語の使われ方は曖昧であり、その定義も研究者によって微妙に異なる。しかし一般的に、才能教育をめぐる教育活動は、学校の特別プログラムの対象として認定された一部の子どものための特別支援教育を指す "gifted education" と、普通教育の一環として「すべての子どもの才能を最大限に伸ばす」ための教育活動である "talent development" の2つに分けることができる。広義の「才能教育」の訳語がこれら2つの概念を包括的に指し示す場合もあるが、狭義の「才能教育」はもっぱら前者を指し、後者を「才能伸長」として区別している[2]。また、本書で考察の対象とする韓国においては、「才能教育」よりも「英才教育(영재교육)」という語が一般的であり、政策文書の中や教育機関の名称としても広く使用されている。これは通常使われる場合、"gifted education" の訳語として用いられ、その意味するところも狭義の「才能教育」のニュアンスに近い。

　そこで本書では、特に断りのない場合は狭義の意味で「才能教育」の語を用いることとし、わが国における主要な先行研究[3]を参考に、「才能教育」を次のように定義する。すなわち、「才能教育」とは、「才能児に対してその能力を効果的かつ最大限に伸長するためにおこなわれる特別な教育的措置の総称」であり、「才能児」とは、「特定の分野や領域において優れた顕在的もし

くは潜在的能力を示す幼児、児童、あるいは生徒」を指すこととする。

②才能教育とエリート教育の区別

　才能教育とエリート教育はしばしば混同され、多くの国で才能教育がエリート教育と同一視されたりエリート教育の一派としてみられることで、世論の支持を得られない状況を生み出してきた[4]。しかし、この2つの用語や概念は峻別されるべきであるし、特に本書のように才能教育制度が果たす機能を明らかにしようとする際には、より厳密に区別して用いる必要がある。

　山内(2004年)によれば、才能児という言葉が個人的な概念であるのに対し、エリートという言葉は集団的な概念であるという。つまり才能児とは個人的な才能の豊穣さを問題にする用語であるのに対し、エリートとは個々人の資質ではなく集団としての機能を問題とする用語ということである[5]。したがって、才能教育とエリート教育もそれぞれ個人的属性と集団的属性に基づく教育として捉えることができる。また麻生(2004年a)は、才能教育を「才能に恵まれた才能者(才能児)を早期に発見し、その素質を望ましい方向に発達させることを目的とした教育」と定義し、一方のエリート教育を「社会生活の諸分野で指導的役割を果たすことが予定されている一定数の人材に対しておこなわれる教育(傍点は引用者)」[6]と定義している。このように才能教育もエリート教育も、一部の子どもやグループに対しておこなわれる特別な教育であるという点では共通している。しかし、才能教育の場合、親や家庭環境、所属する社会経済階層といった、個々の子どもの背景にある集団的な属性によって才能教育を受けるかどうかが「予定されていない」という点で、エリート教育とは決定的に異なるのである[7]。エリート教育の場合、集団的属性に基づく教育であるという特徴から、いったん教育対象者に選ばれてしまえば(子どもの社会経済階層が劇的に変化するなどの事象が起こり得ない限り)多くの場合継続的にその対象であり続ける。一方で個人的属性に注目する才能教育の場合は、教育段階や個々のプログラムの目的や特徴に応じて、その教育対象者は容易に変化しうる。

　このように、教育対象者を決定する際に注目する属性に関して、才能教育

とエリート教育は明らかに異なる概念であるといえる。しかしながら、ある教育システムや教育機関においておこなわれる個々の教育実践を、才能教育とエリート教育に厳格に区別していくことは容易ではない。なぜなら、現実には社会生活の諸分野で指導的役割を果たす一定数の人材の養成が才能教育の一形態として実施されている場合もあるし、逆に個々の子どもが持つ能力や適性などに基づいて提供される教育であっても、事実上特定の集団に所属する子どものみがアクセスできる場合もあるからである。さらには1つの教育実践が、社会生活の諸分野で指導的役割を果たす一定数の人材の養成と、個々の子どもが持つ能力や適性に応じた教育機会の提供という2つの機能を同時に果たしている場合も存在しうるだろう。

　こうした際に、才能教育制度研究が持つべき視点として重要なのは、教育実践そのものを1つ1つ才能教育とエリート教育とに分別していくことではなく、それぞれの教育実践が内包する諸機能に注目し、それらの諸機能が才能教育の機能であるか、それともエリート教育の機能であるかを判別していくことであろう。その際に有効なのが、教育の目的と機能に着目した杉本（2005年b）の判断基準である。すなわち、「すでに地位を得た社会の支配者層が自らの関係子弟のために、その地位や価値観を再生産しようとする目的（傍点は引用者）」[8]によっておこなわれるのがエリート教育であるという。したがって、ある教育実践が特定の社会経済階層の地位や価値観の再生産を目的とし、これに寄与する機能を果たしているならば、それはエリート教育の機能を有していると考えられるのである。一方で、ある教育実践が社会生活の諸分野で指導的役割を果たす一定数の人材を養成することを目的とし、これに寄与していたとしても、そうした教育を受ける機会が一部の階層に閉ざされたものでなく、個人の能力をよく伸長するならば、それは才能教育の機能を有しているとみなすことができる。

　このように、才能教育とエリート教育は、第1に、教育の対象者が個人的属性に基づいて決定されるか、それとも集団的属性に基づいて決定されるかという基準によって概念的に区別でき、第2に、特定の社会経済階層の地位や価値の再生産という目的および機能を有しているか、それとも有していな

いかという基準によって機能的に判別できるのである。

③エンリッチメントとアクセラレーション

次に、才能教育の実践方法に関する用語についてである。学校における才能教育の実践方法は、伝統的に「エンリッチメント（Enrichment）」と「アクセラレーション（Acceleration）」の2つに分けられてきた。エンリッチメントは、優れた知的能力を持つ児童・生徒に対して、総合的な思考力、分析力を涵養するために、普通カリキュラムの範囲を超えてより体系的で深化した幅広い教育内容を提供する活動である[9]。エンリッチメントは、わが国では「拡充」[10]や「拡充教育」[11]と訳され、韓国では「深化教育」や「深化学習」と訳されることが多い。

これに対しアクセラレーションとは、「加速」という原義どおり、通常の達成課題の速修を目的とした教育活動であり、学習者は学年進行にしたがった通常の教育内容の一直線上を、横道に逸れることなく、通常よりずっと速い速度で進んでいく（"The same but sooner and/or faster"）。アクセラレーションは、わが国では「早修」[12]や「促進教育」[13]と訳され、韓国では「速進制」や「速進教育」と訳されることが多い。エンリッチメントとは異なり、アクセラレーションの教育内容は特別に作成されたものではなく、上位学年課程あるいは上級学校の通常のカリキュラムが用いられる[14]。

エンリッチメントとアクセラレーションの決定的な違いは、上位学年相当の科目の修得や上位学年課程の修了が公式に認められるかどうかという点にある。すなわち、アクセラレーションでは学校で児童・生徒が学年基準より進んだ内容を学習して、その課目の修得、あるいは上位学年課程の修了が公式に認められるが、エンリッチメントではこれらが認められない[15]。さらに、アクセラレーションは「フル・アクセラレーション（full acceleration）」と「パーシャル・アクセラレーション（partial acceleration）」に分けられる[16]。前者は早期入学（就学）・進級・卒業などいわゆる「飛び級」や「飛び入学」が代表的な例であり、後者は科目ごとのアクセラレーションや早期に大学科目の単位修得をおこなうアドバンスト・プレイスメント（Advanced Placement: AP）プログ

ラム[17]などが代表的な例である。

　なお、韓国の才能教育において典型的なエンリッチメントに当たるのが、第4・5章で検討する「英才教育院」や「英才学級」で実施されている教育プログラムである。一方で、典型的なアクセラレーション（特にフル・アクセラレーション）としては、第2・6章で検討する科学高校から大学への早期入学などが挙げられる[18]。

(2) 教育制度に関する用語

　次に教育制度全般に関する用語に目を移そう。まず本書における「教育制度」の定義は、潮木 (1986年)[19]および熊谷 (1996年)[20]の定義を参考に、「教育に関する諸々の組織、機構、仕組みなどの総称」とし、特に法令や規則などに基づき公権力によって根拠付けられた法制的教育制度を指すこととする。また、本書においては、教育制度と同義の言葉として「教育システム」を用いる。

　本書で考察の対象とするのは、韓国における「公教育制度」およびそのサブシステムとして体系性を有する2つの教育システム、すなわち「一般学校教育制度」と「才能教育制度」である。本書では公教育を、「直接・間接に公権の作用が及ぶ教育であり、何らかの公共的規制あるいは公費助成もしくはその双方を受ける教育」として最広義で捉える[21]。したがって、公教育制度とは、①公共性、②法的適合性、③教育機関の設置主体の公的性格、④公費支出の4つの条件[22]を備えた教育システムを指すこととする。また、一般学校教育制度とは、法的根拠を持ち、公的性格を持つ初等・中等教育段階における国・公・私立の一般学校（わが国の「一条校」に当たる「正規学校」）、および国・公・私立の大学（教育部[23]が所管する高等教育機関全般）によって構成される、機構および仕組みを指すこととする。さらに、才能教育制度とは、法的根拠を持ち、何らかの公費支出によって設置・運営される「才能教育機関」によって構成される、教育に関する機構および仕組みを指すこととする。

　なお、本書における公教育の定義を厳密に適用するなら、たとえば社会教育もその範疇に入り、社会教育制度も公教育制度のサブシステムに含まれることになる。しかしながら、本書では主に学齢期の児童・生徒を対象に、学

校教育とその周辺を分析の射程としていること、また、選抜システムと進学ルートに注目して各教育システムの構造とその関係性、およびそれらが公教育制度の中で果たす機能を明らかにすることを目的としているため、一般学校教育制度と才能教育制度以外の教育システムについては考察の範疇に含めない。

3. 才能教育機関の範囲

才能教育制度の構造と機能について考察する場合、才能教育機関の範囲をどこに設定するかは重要な問題である。才能教育機関の法的位置付けやカテゴリーは国や地域によっても異なるため、研究対象となる国や地域の事情を勘案してその範囲を設定する必要がある。本書では、韓国における才能教育の多くが公的支援によって実施されていることや、家庭や塾などで私的におこなわれる才能教育は正式な才能教育履修歴の対象とならなかったり、才能教育を名乗っていてもその内容は単なる入試準備教育であるといった場合も少なくないことから、以下の2点を才能教育機関の基準とする。第1に、法令等よって才能教育を目的とする機関であることが明示されていること、第2に、直接・間接に公権の作用が及ぶ機関であり、何らかの公的な財政支援を受けて設置・運営されていることである。この定義に照らせば、韓国では**表序-1**に挙げた7つの機関、すなわち初・中等教育法施行令第90条に基づく「特殊目的高校[24]」である科学高校、外国語高校、芸術高校、体育高校、それに「英才教育振興法」に基づく「英才学校」、「英才教育院」、「英才学級」が才能教育機関の範囲に含まれる。

なお、中学校段階には芸術中学校（3校）と体育中学校（7校）が存在するが、当該分野の才能教育実施に関する明確な法的根拠を持たないため[25]、本書では才能教育機関の範囲に含めない。また、80〜90年代には「英才クラス」（韓国語では「英才班」）といった名称で各学校で独自に非正規のエンリッチメント・プログラムが実施されていたが[26]、これらも法的根拠を有さず、中には特殊目的高校入試対策のための補習授業も相当数含まれていたと考えられることから、同じく本書における才能教育機関の範囲に含めない。さらに、

表序 –1　本書における才能教育機関の範囲

機関の類型	機関の種類	法的根拠	法令上の規定
特殊目的高校	科学高校	初・中等教育法施行令第90条	「科学英才養成のための科学系列の高等学校」
	外国語高校		「語学英才養成のための外国語系列の高等学校」
	芸術高校		「芸術人養成のための芸術系列の高等学校」
	体育高校		「体育人養成のための体育系列の高等学校」
英才教育振興法に基づく才能教育機関（「英才教育機関」）	英才学校	英才教育振興法	「英才教育のために、この法（英才教育振興法：引用者注）によって指定または設立される高等学校課程以下の学校」
	英才教育院		「英才教育を実施するために『高等教育法』第2条の規定による学校および他の法律によって設置されたこれに準じる学校などに設置・運営される附設機関」
	英才学級		「初・中等教育法によって設立・運営される高等学校課程以下の各級学校に設置・運営される英才教育のための学級」

2002年に自立型私立高校[27]の指定を受けた民族史観高校[28]は「英才教育」を自ら設立目的の1つとして掲げており、先行研究によっては才能教育機関の1つとみなすこともあるが、やはり才能教育実施に関する明確な法的根拠を持たないため、考察の対象から除外する。

なお、大学（高等教育機関）を才能教育機関に含めるかも議論の分かれるところであるが、本書では韓国における一般的な認識や法令上の規定に鑑み、大学は才能教育機関の範囲に含めないこととする。ただし、大学の中にはもっぱら才能教育機関の出身者を受け入れることで当該分野への進路誘導を図っているものもあるため、そうした機能を持つ大学に限っては、才能教育機関には含めないものの、才能教育制度を構成する教育機関の1つとして扱う。

4．研究課題と研究の枠組み

次に、本書の研究課題とその枠組みについてである。産業社会における教育システムの類型を明らかにしたホッパー（Hopper, E）[29]によれば、ある社会における教育システムは、産業化の進展とともに、その独自性を強化し、多様化していくという。そのような教育システムが担う主要な機能は3つある。

第1に、子どもをその能力の種類と水準に応じて選抜する「選抜 (selection)」機能である。第2に、選抜プロセスを通じてさまざまなカテゴリーに分けられた子どもに対し、適切な種類の教育を提供する「教育 (instruction)」機能である。第3に、教育を終えた子どもを直接職業に就かせたり、またはある職業へとつながる教育機関に進学させたりする「分配 (allocation)」機能である。これらのうち第1の選抜機能は、第2の教育機能や第3の分配機能と密接に関連している。したがって、教育システムの構造的な特徴を理解するために最も重要なことは、選抜プロセスの構造を理解することである[30]。そこで、本書では、韓国の才能教育制度がどのような構造を持ち、公教育制度の中でいかなる機能を果たしているのかを明らかにするため、一般学校教育制度との関係性を念頭に置きつつ、その選抜システムおよび進学ルートの構造と形成過程に注目して検討していく。

　本書では、以下の4つの研究課題を設定する。第1の課題は、韓国における才能教育制度の現状とその特徴について明らかにすることである。韓国はアジア諸国の中でも、最も早く体系的な才能教育制度を構築した国の1つであり、わが国とも教育制度や教育文化が近似しているため、韓国の才能教育制度がどのような歴史的背景から登場し、いかなる過程を経て発展し、どういった特徴を持つに至ったのかを知ることは、アジアにおける才能教育の事例として重要なだけでなく、わが国の才能教育研究への示唆も大きいと考えられる。

　第2の課題は、韓国における才能教育制度の歴史的展開とその構造の変化について、一般学校教育制度との関係性に注目しつつ、選抜システムと進学ルートの変遷を追うことで明らかにすることにある。才能教育制度の選抜システムと進学ルートの変遷を追うことは、才能教育制度における選抜・教育・分配機能を探ることにつながる。すなわち、全教育段階のどの時点でいかなる母集団からどういった基準と方法に基づいて才能児を選抜し、選抜された才能児に対してどのような才能教育機関でどういった教育を提供し、そこでの教育を終えた才能児がいかなる教育ルートへ分配されていくのかを明らかにするということである。またそれを、一般学校教育制度における選抜・教育・

分配機能と照らし合わせることは、次に示す第3の課題を明らかにすることにもつながる。

　第3の課題は、公教育制度において才能教育制度が果たす機能とその意味を、やはり一般学校教育制度との関係性に注目しつつ、選抜システムと進学ルートの変遷から明らかにすることにある。韓国の才能教育制度には法令や公的な報告書等において示された理念や目的が存在しており、その目的を果たすための機能が付与されている。こうした明示的な理念や目的とこれに対応するいわば「可視化された機能」は、多くの国の才能教育制度にも共通するような普遍性・一般性を有するとともに、一方では韓国の公教育制度内において、一般学校教育制度と相互に関連しつつ、独特な働きをしているものと考えられる。

　第4の課題は、本書における論考を総合し、韓国の才能教育制度における明示的な理念や目的と矛盾するような、みえない、あるいはみえにくくなっている機能、いわば「不可視化された機能」について明らかにすることにある。韓国の才能教育制度は独立した存在ではなく、公教育制度におけるサブシステムとして機能し、韓国独自の歴史的・社会的文脈によって規定される存在である。したがって才能教育制度の不可視化された機能も韓国独自の文脈の中から要請され、生まれたものであると考えられ、韓国の才能教育制度が発展していく上で重要な役割を果たしてきたと推測できる。これを明らかにすることは、韓国の公教育制度における才能教育制度の位置付けをより鮮明に浮かび上がらせるとともに、韓国の才能教育制度が抱える課題を探り出すことにもつながるだろう。

5. 先行研究の検討

　ここで、韓国とわが国における才能教育制度に関する先行研究について触れておきたい。韓国における才能教育制度研究は、70年代末より韓国教育開発院[31]を中心に進められてきた。韓国教育開発院は教育部傘下のシンクタンクとして、これまで約30年に渡り韓国における才能教育制度研究の拠点

であり続け、才能教育政策立案にも直接的に関わってきた。韓国教育開発院の研究成果である研究報告書は現在まで膨大な数に上り、本書も多くの部分をこれらに依拠している。しかし、韓国教育開発院の研究は、政府系シンクタンクとしての限界を抱えている。すなわち、その研究はあくまで政府施策に資することを目的としており、基本的には才能教育推進の立場に立ったものとなっているのである。また、その内容は報告書という性格上、才能教育の理論や方法論、政策の評価・立案に重点を置く傾向が強く、複数の執筆者による共同執筆であることも加わり、執筆者個々の立場から学術的な分析をおこなったり、時々の政府施策に真っ向から批判を加えるといったことは基本的に控えられている。

また、韓国教育開発院が長らく才能教育制度研究をリードしてきたことと、ハン・ジョンハ（韓鐘河）やチョ・ソクフィ（趙夕姫）など第一線の才能教育研究者も韓国教育開発院に籍を置く場合が多かったことから、韓国教育開発院以外による研究では、才能児の認定・評価方法に関する研究、教育プログラムの開発や教育実践方法に関する研究、才能児を対象とした認知心理学研究といったミクロ研究が圧倒的に多く、制度・政策に関する研究は極めて少ない[32]。また韓国教育開発院以外による体系的な才能教育制度研究としては、キム・ミギョンの『韓国英才教育制度研究』(2002年)[33]とキム・テソの『韓国英才教育の発展過程―1970～2006―』(2007年)[34]が挙げられるが、前者の内容は、才能教育制度の展開や歴史的背景についておおまかに触れるに留まり、現状把握と今後に向けた課題提示に重点が置かれ、マクロ的かつ長期的な視野に立った分析という点では十分でない。後者についても、「英才教育の発展過程」という語がタイトルに付されてはいるものの、実際には70～80年代の才能教育制度登場前後と2000年代以降の現状の2つの時点について検討されるに留まっており、才能教育制度の歴史的展開の連続性に対する考察が不十分である。また、才能教育制度の構造と機能が大きく変容した90年代に関する分析がほとんどなされていなかったり、才能教育制度の歴史的展開を追っていく上での明確な分析枠組みが提示されていないという点でも問題が残る。

一方、わが国における才能教育制度研究の多くは、清水と向坊 (1969年)[35]、天城 (1993年)[36]、麻生と岩永 (1997年)[37]、麻生 (2002年)[38]、小松 (2002年、2003年)[39]、杉本 (2005年 a)[40] など教育社会学研究者や比較教育学研究者によって、国際比較研究のかたちでおこなわれてきた。しかし、戦後のわが国では才能教育の実施経験がほとんどなかったこともあり、多くの研究で中心的に取り上げられているのは才能教育の先進国であるアメリカの理論・実践であり、その他の国の才能教育については動向の紹介や事例の並置に留まっている場合も少なくない。また、天城 (1993年) や杉本 (2005年 a) などでは、各国の才能教育の事例紹介に留まらず、比較研究として才能教育制度研究に関する重要な知見を導き出しているものの、個々の国の才能教育制度に関しては、紙幅の都合もあり十分詳細な分析がおこなわれているとはいえない。さらに、これらの研究のうち韓国について触れているのは、石川 (2005年 c)[41] による才能教育の動向についての論考があるに過ぎない。

　また、才能教育に関する一国研究としては、松村 (2003年)[42] によるアメリカ研究や本多 (2008年)[43] によるオーストラリア研究がある。しかし韓国の才能教育に関する研究は、瀬沼 (2003年)[44] による現地調査報告などの他は、稲葉 (2004年)[45] による高校の多様化・自律化の観点から才能教育機関を捉えた研究と、石川による一連の論考 (2004年、2005年 a、2005年 b、2007年)[46] があるに過ぎない。しかも、これらはいずれも高校段階を中心としており、韓国の才能教育制度の一部分を明らかにするに留まっている。

　一方、韓国における教育の機会均等化政策の柱となっている入試制度・政策、すなわち「平準化」に関する研究としては、それが30年以上に渡って韓国の教育政策における最も重要なイシューの1つであったため、膨大な先行研究が存在している[47]。第1章で詳しく述べるが、「平準化」とは「学校別競争入試の禁止」、「学群の設定」、「抽選による入学者の配定」を骨子とした中等教育段階における入試制度・政策であり、才能教育制度の登場・発展と密接に関連してきた。しかしながら「平準化」に関する研究と才能教育制度に関する研究はもっぱら別々におこなわれ、両者の関係性について真正面から検討した研究は少ない。管見の限り近年では、カン・テジュン (2003年)[48] の研

究や上記のキム・テソ (2007年) の研究、およびキム・ミスク (2007年 b)[49] の短い論考があるのみである。カン・テジュンの研究では、才能教育制度の登場 (科学高校の設立) に対し「平準化」が大きな影響を与えたことについて精密かつ意義ある分析がなされているものの、主に高校類型の多様化という視点からの分析であるため、才能教育機関としての特殊目的高校の位置付けやその機能に対する検討が不十分である。また、キム・テソの研究は90年代以降の「平準化」と才能教育制度の関係性についてほとんど検討しておらず、キム・ミスクの研究は「平準化」が広く実施される中における才能教育制度の展望について簡潔に述べるに留まっている。

またわが国においても、馬越 (1981年)[50] や稲葉 (1993年)[51] による研究を初め、有田 (2006年)[52] による近年の研究などが「平準化」について綿密に考察しているし、その他にも韓国を対象とした教育研究では「平準化」に言及しているものは多い[53]。しかしながら、やはり「平準化」と才能教育制度の関係性については、まったく触れられていないか、触れられていても特殊目的高校の存在などについて簡単に言及するに留まっている。さらに、上記のカン・テジュン (2003年) の研究成果を基礎として特殊目的高校制度化の動機の二元性 (「特殊目的型」と「進学校型」の存在) を看破した金 (2010年) の研究[54] は注目に値するが、やはりあくまで高校類型の多様化という視点からの分析であり、才能教育機関としての特殊目的高校が持つ制度上の意味を問うたものではない。

このように、わが国における韓国の才能教育制度に関する研究蓄積は不十分であるといわざるを得ない状況にある。また韓国においても、一般学校教育制度との関係性をふまえた、才能教育制度の構造と機能についてのマクロ的かつ長期的な視野からの包括的研究は、これまでほとんどおこなわれてこなかったといえる。

6. 論文の構成

本書が分析の中心とする時期は、韓国の一般学校教育制度が中等教育段階

における教育の機会均等化政策を本格的に推進し始める直前の60年代から、盧武鉉政権が終了した2008年2月までである。本書は序章を除いて7つの章から成り立っている。大きく分けて、第1章では一般学校教育制度について考察し、第2〜6章では時系列を追うかたちで才能教育制度について考察し、終章ではそれまでの論考全体をふまえて、先に挙げた4つの課題について考察している。本書の研究方法は文献研究と現地におけるインタビュー調査を基本としているが、その時々の才能教育制度をめぐる韓国社会の反応や政府の対応などを探る資料として新聞記事[55]や各種報道資料も活用する。

　まず第1章では、一般学校教育制度がどのような構造と機能を持っているのかについて、その選抜システムと進学ルートの変遷に注目して検討する。上述したように、韓国の一般学校教育制度は70年代から本格的に、中等教育段階において教育の機会均等化政策を推進し始めた。しかし本書ではそれ以前の60年代の状況を含め、2000年代に至るまでに一般学校教育制度の選抜システムと進学ルートが、いかなる背景によってどのように変遷していったのかを、中学校進学段階、高校進学段階、大学進学段階に分けて考察し、それらが一般学校教育制度の構造と機能にいかなる特徴を与えたのかについて明らかにする。その上で、最後に2つの疑問点を提示し、これをふまえた上で第2章以降の才能教育制度に関する考察に入っていく。

　続く第2章と第3章では、韓国の才能教育機関の嚆矢（こうし）であり、20年以上に渡って才能教育制度を牽引してきた科学高校の動向に注目して検討していく。まず第2章では、韓国で80年代初めに才能教育制度が登場した背景について考察し、初期の科学高校の性格と特徴について明らかにする。韓国における才能教育制度の登場には、70年代の一般学校教育制度における選抜システムの変化が強く影響している。また、80年代の才能教育制度の選抜システムと進学ルートから、この時期の才能教育制度の構造と機能について検討する。第3章では、90年代における才能教育制度の構造の変容過程とその制度的・政策的背景について考察する。特に注目するのは、才能教育制度における大学進学ルートと、一般学校教育制度における大学進学ルートの関係性、および、この時期に才能教育制度が混乱する直接的な要因となった科学高校の増

設・拡充の政策的背景である。これを通じて、どのような理由で90年代に科学高校が増設・拡充され、その結果として才能教育制度の構造が変容していったのかを明らかにする。

　第4章と第5章では、2000年代に才能教育制度の構造と機能がどのように変化していったのかについて検討していく。まず第4章では、この時期に英才教育振興法が制定された背景に注目し、英才教育振興法の内容とそれに基づく新たな才能教育制度の構築の方向性について考察する。これにより、ある国を取り巻く世界情勢が、その国の才能教育制度と才能教育の理念を大きく変化させていく過程を明らかにできるだろう。第5章では、英才教育振興法に基づく新たな才能教育機関（英才学校・英才教育院・英才学級）の運営実態についてケース・スタディをまじえて検討する。これにより、2000年代の才能教育制度における選抜システムの複合化や才能教育機関の序列化、中学校段階以下における巨大な選抜システムの形成などについて明らかにする。

　第6章では、韓国の才能教育制度においてアクセラレーションが果たす機能について、特に高校早期卒業・大学早期入学制度に焦点を当て、現地調査の結果をふまえて検討する。これにより、韓国でアクセラレーションがどのような意図を持って導入され、実際にどのように利用されていく中で普及していったのかについて明らかにする。

　そして終章においては、第1章から第6章までの論考をふまえ、韓国の才能教育制度について総合的に考察し、その構造と機能について明らかにする。

【注】
1　麻生誠「英才教育の今日的課題」麻生誠、山内乾史編『21世紀のエリート像』学文社、2004年b、148〜149頁。
2　松村暢隆『アメリカの才能教育―多様な学習ニーズに応える特別支援―』東信堂、2003年、13頁。
3　麻生誠、岩永雅也編『創造的才能教育』玉川大学出版部、1997年、松村暢隆、前掲書、2003年、本多泰洋『オーストラリア連邦の個別化才能教育―米国および日本との比較―』学文社、2008年。
4　麻生誠「才能教育と学校―適能教育を構想する―」麻生誠、山内乾史編『21世紀のエリート像』学文社、2004年a、100頁。

序　章　研究の目的と課題

5　山内乾史「現代エリート教育研究・才能（英才）教育研究の課題と展望」麻生誠、山内乾史編『21世紀のエリート像』学文社、2004年、1 〜 2頁。
6　麻生誠、前掲論文、2004年 a、98 〜 99頁。
7　杉本均「才能教育の国際的動向」杉本均（研究代表者）『児童・生徒の潜在的能力開発プログラムとカリキュラム分化に関する国際比較研究』平成15 〜 16年度科学研究費補助金基盤研究(C)(2)研究成果報告書、2005年 b、24頁。
8　同上論文、25頁。
9　麻生誠、岩永雅也、前掲書、1997年、52頁、松村暢隆、前掲書、2003年、104頁。
10　同上書。
11　麻生誠、岩永雅也、前掲書、1997年。
12　松村暢隆、前掲書、2003年。
13　麻生誠、岩永雅也、前掲書、1997年。
14　同上書、55 〜 58頁。
15　松村暢隆、前掲書、2003年、70 〜 71頁、Davis, G. A. and Rimm, S. B. (Eds). *Education of the gifted and talented (Fifth edition)*. Boston: Allyn and Bacon, 2004, p.121.
16　松村暢隆、前掲書、2003年、74 〜 75頁、Davis, G. A. and Rimm, S. B., *op.cit.*, 2004, p.127.
17　アメリカのAPプログラムの場合、ハイスクールの生徒が「カレッジボード」の規定の開講科目を科目ごとに1年間履修して、協会の試験（APテスト）に合格すると単位を履修できる。APテストの結果は5点尺度で採点され（一般に3点以上が合格点）、生徒は各大学のポリシーにしたがって大学進学後に単位認定を受ける（松村暢隆、前掲書、2003年、87 〜 88頁、福野裕美「科目ごとの履修」松村暢隆、石川裕之、佐野亮子、小倉正義編『認知的個性─違いが活きる学びと支援─』新曜社、2010年、71 〜 72頁）。
18　パーシャル・アクセラレーションの例としては、第4・5章で検討する「英才学校」が特定の大学と連携してAPプログラムを実施している。なお、本書では取り上げないが、韓国大学教育協議会が運営する「大学科目先履修制(University-level Program: UP)もパーシャル・アクセラレーションの一種として挙げられる。APプログラムと「大学科目先履修制」は同じく大学の科目の単位修得プログラムであるが、一般的にAPプログラムでは、研修を受けた高校の教員が、高校において、高校の生徒に対し、大学レベルの科目を教えるのに対し、「大学科目先履修制」では各大学がプログラムの運営主体であり、大学の教員が、大学において、高校の生徒に対し、大学レベルの科目を教えるという点で異なる（韓国大学教育協議会大学科目先履修制ホームページ、http://up.kcue.or.kr/、2010年11月2日アクセス）。
19　潮木守一「教育制度」日本教育社会学会編『新教育社会学辞典』東洋館出版社、1986年、187頁。

20 熊谷一乗『現代教育制度論』学文社、1996年、10〜12頁。
21 市川昭午『教育の私事化と公教育の解体―義務教育と私学教育―』教育開発研究所、2006年、7頁。
22 熊谷一乗、前掲書、1996年、68頁。
23 韓国政府の教育行政当局は、文教部（1948年）→教育部（1990年）→教育人的資源部（2001年）→教育科学技術部（2008年：科学技術部と統合）と名称を変更しているが、本書では引用文中を除き、すべて「教育部」と表記する。
24 特殊目的高校とは、「特殊分野の専門的な教育を目的とする高等学校」であり、現在は初・中等教育法施行令第90条に規定されているが、同法施行令制定以前は旧教育法施行令第112条の15（後に第69条の2の第4項）によっていた。特殊目的高校に指定された学校は、正規の高校でありながら、教育活動全般に渡る決定を、一定の範囲内において、各市・道教育庁のレベルで下すことができる。このため一般系高校とは異なり、当該分野の特性に合った入学者選抜、系列別のカリキュラム、評価方法を用いることが可能となっている。特殊目的高校は全部で9系列あり、工業系や農業系などの実業系の高校を含む、幅広い分野の専門人材養成のための学校である。特殊目的高校に該当する学校は次のとおりである。
　①機械・電気・電子・建設など工業系列の高等学校
　②農業自営者養成のための農業系列の高等学校
　③水産自営者養成のための水産系列の高等学校
　④船員養成のための海洋系列の高等学校
　⑤科学英才養成のための科学系列の高等学校
　⑥語学英才養成のための外国語系列の高等学校
　⑦芸術人養成のための芸術系列の高等学校
　⑧体育人養成のための体育系列の高等学校
　⑨国際関係または外国の特定地域に関する専門人の養成のための国際系列の高等学校
　特殊目的高校の指定は個別の学校単位でなされるため、これらの系列の高校すべてが特殊目的高校ということではないが、本書で扱う科学高校、外国語高校、芸術高校、体育高校に関しては、一部の芸術高校を除きすべての学校が特殊目的高校の指定を受けていると考えてよい。2007年時点で、工業系列22校、農業系列10校、水産系列5校、海洋系列3校、科学系列19校、外国語系列29校、芸術系列24校、体育系列15校、国際系列2校が指定を受けている（国政ブリーフィング特別企画チーム、韓国教育開発院『大韓民国教育40年』ハンスメディア、2007年、193頁）。なお、特殊目的高校という学校類型が初めて法令上に示されたのは1973年のことであったが、当初は系列に関する規定がなく、実業系の高校とともに一部の一般系高校が指定を受けていた。しかし1977年に指定を受け

る系列が工業系列に限定され、1979年に農業系列が加えられた。その後、1986年の法改正によって、科学系列が非実業系としては初めて特殊目的高校に加えられた。この時に水産系列と海洋系列も加わっている。さらに1992年には外国語系列、芸術系列、体育系列が追加され、1996年に国際系列が加えられたことで、現在の9系列に至っている（同上書、188頁、大韓民国国会ホームページ法律知識情報システム、http://likms.assembly.go.kr/law/、2010年10月28日アクセス）。

25 芸術中学校という名称は統計上現れるのみで、法令上の名称ではない。また体育中学校も初・中等教育法施行令第34条第4項（中学校教員の配置基準）中にその名称がみられるのみで、才能教育を目的とする学校であることを示す具体的な規定を持たない。なお管見の限り、体育中学校はソウル体育中学校や全南体育中学校など、体育高校の附設中学校である場合が多いようである。

26 この時期、各学校が運営する英才クラスの他にも、地域教育庁（わが国の市町村教育委員会に相当する）が運営する地域共同英才クラス（韓国語では「地域共同英才班」）があった。英才クラスや地域共同英才クラスの教育対象は、初等学校高学年から中学生が中心であり、放課後を利用したものが圧倒的に多かった。ただし、これらのプログラムは法的根拠がないばかりでなく、財政支援やカリキュラム開発支援などの公的支援をほとんど受けていなかったため、プログラムとしての体系性や継続性が極めて乏しく、その時々の流行や状況によってその数は大きく変動した。また本文で述べたとおり、英才クラスや地域共同英才クラスで実施されているプログラムの中には、特殊目的高校入試対策のための補習授業が相当数含まれていたとみられる。その傍証として特殊目的高校全盛期の1994年の調査によると、英才クラスを運営していた学校は初等学校580校、中学校413校に上ったが、特殊目的高校における学科筆記試験が禁止された後の1999年の調査では、初等学校75校、中学校73校にまで激減している。ただし特殊目的高校入試のための補習授業の中にも才能教育的な要素が含まれている場合があるので、英才クラスや地域共同英才クラスでおこなわれていたプログラムのうち、どの程度が才能教育プログラムと呼べるものであったかを判断することは難しい。なお、英才教育振興法が施行される直前の2002年時点で英才クラスを運営していたのは初等学校146校、中学校63校、高校8校、受講者数は7,346名（ただし初等学校4年生～中学校3年生）であり、地域共同英才クラスは93の地域教育庁(全地域教育庁の43％)で設置され、受講者数は9,566名であった。90年代の状況をみると、これらの中には英才教育振興法の施行に備えて急遽設置されたものも多いと考えられ、その一部は実際に英才教育院や英才学級として改編・統合されていったものと推察される（チョ・ソクフィ（研究代表者）『一般学校での効率的な深化学習プログラム運営方案研究』韓国教育開発院、1994年、53頁、韓国教育開発院『初等学校英才深化学習運営方案』韓国教育開発院、1998年、

韓国産業情報院『2002韓国教育統計年鑑』韓国産業情報院、2001年、554頁、キム・ミギョン『韓国英才教育制度研究』檀国大学校大学院博士学位論文、2002年、2頁、チョ・ソクフィ（研究代表者）『英才教育振興法総合計画樹立方案』韓国教育開発院、2002年a、11〜13頁）。

27　自立型私立高校とは、私立高校教育の多様化・自律化を目的として、政府の指定を受けて2002年からモデル運営されている学校類型であり、入学者選抜方法やカリキュラム編成・運営、授業料決定などに関して、自律権を持つ私立学校である。ただし、入学者選抜において学科筆記試験の実施は許容されず、授業料に関しても当該地域の公立高校の3倍以内でなければならない。また、奨学金も全生徒の15％以上に支給しなければならないといった規定がある（諏訪哲郎、諸恵珍「韓国における学校の裁量権拡大を主軸とする教育改革」諏訪哲郎、斉藤利彦編著『学習院大学東洋文化研究叢書　加速化するアジアの教育改革』東方書店、2005年、167〜195頁）。モデル運営校としては2008年時点で、民族史観高校を初め、浦項製鉄高校、光陽製鉄高校、現代青雲高校、海雲台高校、象山高校の6校が指定を受けている。なお、自立型私立高校は2011年度までにすべて「自律型私立高等学校」（「自立」と「自律」が異なる）へと転換され、自立型私立高校という学校類型は消滅する予定である。

28　民族史観高校は1996年に、「民族と祖国の指導者養成」を目的として、ある乳業会社の出資で設立された全寮制の私立高校である。同校は「英才教育」と民族教育の2本立てというユニークな教育プログラムを実施しており、その教育内容とめざましい大学進学実績により、韓国内で最も有名な高校の1つである。詳しくは、稲葉継雄「韓国における高校の多様化・自律化」望田研吾（研究代表者）『中等学校の多様化・個性化政策に関する国際比較研究』平成13〜15年度科学研究費補助金基盤研究(A)(1)研究成果報告書、2004年、233〜234頁を参照されたい。

29　Hopper, E. "A typology for the classification of educational system." In Hopper, E. (Ed.) *Readings in the theory of educational systems.* London: Hutchinson University Library, 1971, pp.91-110. なおホッパーの論を理解するに当たって、キム・ヨンシクほか編著『教育制度の理念と現状』教育科学社、1982年、157〜175頁、天野郁夫『日本の教育システム―構造と変動―』東京大学出版会、1996年、330〜332頁を参照した。

30　Hopper, E., *op.cit.*, 1971, p.92.

31　韓国教育開発院（Korean Educational Development Institute: KEDI）とは、1972年に設立された教育政策研究を専門とする政府系シンクタンクであり、附属機関として「英才教育研究センター」を抱えている。同院は70年代から現在に至るまで韓国における才能教育研究の総本山であり、才能教育政策の立案にも深く関わってきた。同院による主要な才能教育制度研究としては、ハン・ジョンハ（研究責任者）『科学英才のための教育政策方案』韓国教育開発院、1984年、チョ・ソクフィ

(研究責任者)『英才教育政策研究』韓国教育開発院、1997年、チョ・ソクフィ（研究責任者）『英才教育振興法具現のための英才教育制度と運営方案』韓国教育開発院、1999年などが挙げられる。

32 たとえば、韓国国会図書館の所蔵文献検索で「英才教育」を検索した場合、1,075件の学術論文がヒットするが、「英才教育＆制度」で検索すると13件まで減り、このうち5件は外国研究（北朝鮮を含む）である。また同様に「英才教育＆政策」で検索した場合も15件しかヒットせず、やはり外国研究が3件を占める（韓国国会図書館ホームページ、http://www.nanet.go.kr/main/index.jsp、2009年7月31日アクセス）。

33 キム・ミギョン、前掲書、2002年。

34 キム・テソ『韓国英才教育の発展過程―1970〜2006―』檀国大学校大学院博士学位論文、2007年。

35 清水義弘、向坊隆編著『英才教育（教育学叢書第14巻）』第一法規出版、1969年。

36 天城勲（調査研究代表者）『高等教育研究紀要―才能教育の現状と課題：アメリカ・イギリス・フランス・ドイツ・中国―』高等教育研究所、1993年。

37 麻生誠、岩永雅也、前掲書、1997年。

38 麻生誠（研究代表者）『教育上の例外措置に関する基礎的研究』平成10〜12年度科学研究費補助金基盤研究(B)(I)研究成果報告書、2002年。

39 小松郁夫（研究代表者）『知識社会におけるリーダー養成に関する国際比較研究』平成13〜14年度国立教育政策研究所政策研究機能高度化推進経費研究成果報告書（中間報告）、2002年、小松郁夫（研究代表者）『知識社会におけるリーダー養成に関する国際比較研究』平成13〜14年度国立教育政策研究所政策研究機能高度化推進経費研究成果報告書（最終報告）、2003年。

40 杉本均（研究代表者）『児童・生徒の潜在的能力開発プログラムとカリキュラム分化に関する国際比較研究』平成15〜16年度科学研究費補助金基盤研究(C)(2)研究成果報告書、2005年a。

41 石川裕之「韓国における才能教育の動向」杉本均（研究代表者）『児童・生徒の潜在的能力開発プログラムとカリキュラム分化に関する国際比較研究』平成15〜16年度科学研究費補助金基盤研究(C)(2)研究成果報告書、2005年c、204〜230頁。

42 松村暢隆、前掲書、2003年。

43 本多泰洋、前掲書、2008年。

44 瀬沼花子「創造性育成に関する韓国現地調査の概要―釜山大学校、慶南大学校、慶南科学高等学校、釜山科学高等学校―」瀬沼花子（研究代表者）『算数・数学教育における創造性の育成に関する日米露韓の国際比較研究』文部科学省科学研究費補助金特定領域研究(2)「新世紀型理数科系教育の展開研究」平成14年度研究成

果報告書、2003年、93〜210頁。
45　稲葉継雄、前掲論文、2004年、219〜235頁。
46　石川裕之「韓国の才能教育における高大接続に関する考察―科学高等学校と英才学校の大学進学制度を事例に―」『教育制度学研究』第11号、日本教育制度学会、2004年、259〜273頁、石川裕之「韓国の才能教育における科学高校の受験名門校化に関する研究―『平準化』制度との関連に注目して―」『比較教育学研究』第31号、日本比較教育学会、2005年a、83〜100頁、石川裕之「韓国における才能教育制度の理念と構造―『英才教育振興法』以後を中心に―」『京都大学大学院教育学研究科紀要』第51号、京都大学大学院教育学研究科、2005年b、114〜127頁、石川裕之「韓国の大学における早期入学者の受け入れ状況に関する考察」『アジア教育研究報告』第8号、京都大学大学院教育学研究科比較教育学研究室、2007年、51〜68頁。
47　たとえば、韓国国会図書館の所蔵文献検索で「平準化」を検索した場合、単行本が421件、学術論文が750件、学位論文が581件ヒットする（韓国国会図書館ホームページ、http://www.nanet.go.kr/main/index.jsp、2009年10月31日アクセス）。
48　カン・テジュン「特殊目的高等学校と自立型私立高等学校に関連する論難の性格」『教育政治学研究』第9・10巻統合号、韓国教育政治学会、2003年、1〜22頁。
49　キム・ミスク「平準化制度内での秀越性教育は不可能か？」『教育政策フォーラム』第158号、韓国教育開発院、2007年b、4〜8頁。
50　馬越徹『現代韓国教育研究』高麗書林、1981年。
51　稲葉継雄「韓国の高校改革―『平準化』を中心として―」教育と医学の会編『教育と医学』1993年8月号、慶應通信、1993年、86〜91頁。
52　有田伸『韓国の教育と社会階層―「学歴社会」への実証的アプローチ―』東京大学出版会、2006年。
53　たとえば、稲葉継雄「『先生様』の国の学校―韓国―」二宮皓編『世界の学校』福村出版、1995年、217〜218頁など稲葉による一連の研究や、馬越徹「教育先進国を目指す学校―韓国―」二宮皓編著『世界の学校―教育制度から日常の学校風景まで―』学事出版、2006年、126〜135頁など馬越による一連の研究。
54　金志英「韓国の高校平準化政策との関連から見る高校多様化―特殊目的高校の登場の二つの流れ『特殊目的型』と『進学校型』を中心に―」『東京大学大学院教育学研究科紀要』第49巻、東京大学大学院教育学研究科、2010年、369〜380頁。
55　新聞記事の検索については、主に韓国言論振興財団の総合ニュースデータベースシステム（http://www.kinds.or.kr/）を利用した。引用する記事の選択に際しては、その公正性を最大限確保するために、同一の事柄に関する複数の新聞社の記事をできるだけ数多く探し出し、それらの内容を相互比較した上で、最も正確で詳細な記述のあるものを選ぶよう努めた。

第1章　一般学校教育制度の構造と選抜システム

1. はじめに

　本章では、次章以降における才能教育制度に関する考察に先立ち、一般学校教育制度がどのような構造と機能を持っているのかについて、その選抜システムと進学ルートに注目して検討する。後述する「平準化」に代表されるように、韓国の一般学校教育制度における選抜システムは固有の特徴を有しているため、才能教育制度の選抜システムと比較検討することで、その共通点と相違点、相互関連性を明らかにできると考える。まず第2節では、一般学校教育制度の概観を述べたのちに、その選抜システムの歴史的変遷について教育段階ごとに考察していく。続く第3節では、60年代から2000年代に至るまでの選抜システムと進学ルートの変遷を整理し、一般学校教育制度の構造的変化とその意味について検討する。最後の第4節では、一般学校教育制度の機能について明らかにするとともに、その弱点について指摘する。

2. 一般学校教育制度における選抜システムの変遷

(1) 一般学校教育制度の概観
①教育機関の類型と現況

　韓国の一般学校教育制度の大枠は、図1-1のように、わが国とよく似ている。これは韓国が、第2次世界大戦以前にわが国の植民地支配を受け、さらに第2次世界大戦後から建国までの間（1945～1948年）にアメリカ軍政庁による統治を受けたことが大きい。わずか3年の間であったが、この時期にアメリカ

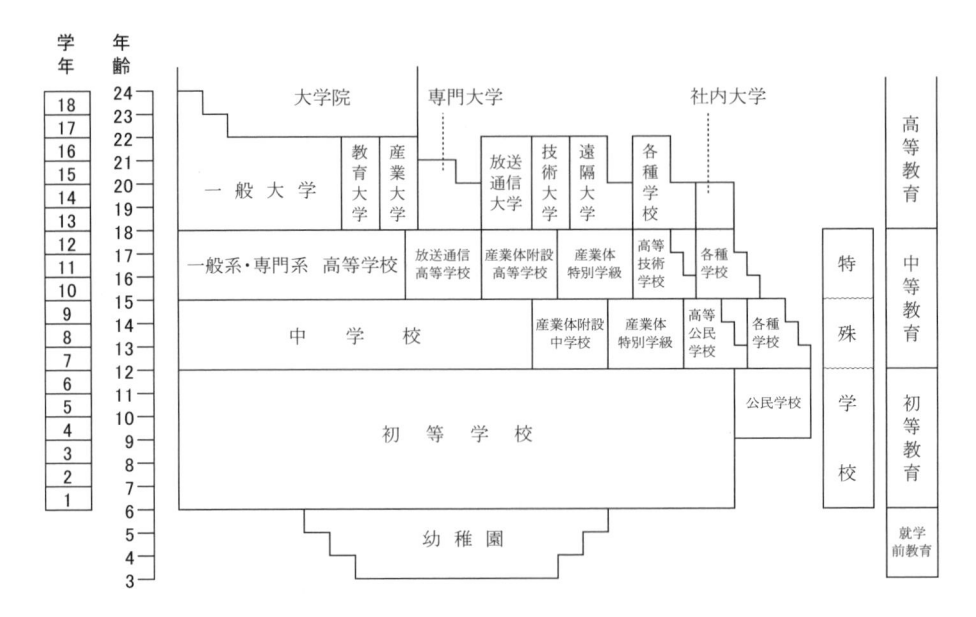

図1-1　韓国の学校体系（2008年時点）

出所：教育科学技術部、韓国教育開発院『教育統計年報2008』韓国教育開発院、2008年a、23頁を参考に筆者が作成。

民主主義教育の受容が図られ、その後の韓国の憲法や教育法、基本学制、義務教育制度、地方自治制度などの原型がかたち作られた[1]。韓国では、わが国同様に、6-3-3-4制の単線型学校体系を採っており、学校の名称もほぼわが国と共通している。以下では、初等学校－中学校－高校－大学という基幹学制に焦点をしぼって検討していく。

まず初等・中等教育段階についてみてみると、その現況は**表1-1**のとおりである。その第1の特徴は、後期中等教育段階で学校類型が大きく2つに分かれている点である。韓国の高校には、普通教育系統の一般系高校（かつては「人文系高校」と呼ばれていた）と職業教育系統の専門系高校（かつては「実業系高校」と呼ばれていた）の2つの学校類型が存在している。さらに専門系高校には、工業高校や農業高校、水産高校などの下位分類が存在する[2]。

第2の特徴は、高校のうちでも、特に一般系高校が大学進学を前提とする巨大なメインストリームを形成している点である。生徒数からみると、一般

表1-1　初等・中等教育機関の現況（2008年時点）

（カッコ内は私立学校の占める割合）

	初等学校		計
学校数 （私立）	5,813 (1.3%)		5,813 (1.3%)
児童数 （私立）	3,672,207 (1.2%)		3,672,207 (1.2%)
	中学校		計
学校数 （私立）	3,077 (21.1%)		3,077 (21.1%)
生徒数 （私立）	2,038,611 (18.2%)		2,038,611 (18.2%)
	高　校		計
	一般系高校	専門系高校	
学校数 （私立）	1,401 (44.2%)	697 (41.0%)	2,098 (43.1%)
生徒数 （私立）	1,369,480 (45.4%)	487,492 (47.6%)	1,856,972 (46.0%)

出所：教育科学技術部、韓国教育開発院『教育統計年報2008』韓国教育開発院、2008年a、韓国科学英才学校ホームページ、http://www.ksa.hs.kr/、2009年3月14日アクセスをもとに筆者が作成。
注1：中学校の数値には、体育中学校および芸術中学校を含む。
注2：高校の数値には、特殊目的高校および英才学校を含まない。

系高校には全高校生の約7割、専門系高校には約3割が在籍しており、普通教育系統である一般系高校の在学者が圧倒的に多い。さらに一般系高校では、ほぼ全員(97.0%)が大学への進学を希望し、実際に卒業生の9割近く(87.9%)が大学に進学している(2008年時点)[3]。なお、一般系高校の在学者が全高校生に占める7割という数字は、わが国の普通科高校の在籍者が全高校生に占める割合とほぼ同じである[4]。わが国で普通科高校の在籍者の9割が大学に進学するような状況をイメージしてもらえば、韓国の一般系高校における大学進学率の高さがよく理解できるであろう。

　第3の特徴は、教育段階が上がるにつれ、私立学校のプレゼンスが急速に増す点である。学校数でみると、初等学校の中で私立学校は全体の1.3%しか存在しないが、中学校では21.1%を私立学校が占め、高校では43.1%を私立学校が占めている。こうした、中等教育段階に占める私立学校のプレゼンスの大きさ[5]は、政府が50年代まで自由放任な私学政策を取っていたことと、中等教育の整備と量的拡大の過程において民間の力を活用したことに起

因している[6]。このようにそもそも政府施策としては、私立学校の設立は中等教育の多様性の拡大を念頭に置いたものというよりも、公立学校の量的不足を補うためのものであったという側面が強い。こうした背景もあって、後述する「平準化」によって私立学校における学校運営の自律権や入学者選抜権は大幅に抑制されており、中等教育段階の私立学校の多くは、いわば「準公立学校」と呼べるような位置に置かれている。

次に高等教育段階についてみてみると、その現況は**表1-2**のとおりである。

高等教育段階における第1の特徴としては、学校類型の多種多様さが挙げられる。韓国には4～6年制の一般大学（韓国語では「大学校」）、初等学校教員養成のための教育大学（4年制）、わが国の短期大学や専門学校に当たる専門職業人養成のための専門大学（2～3年制）[7]、わが国の放送大学に当たる放送通信大学、その他にも産業大学[8]、技術大学[9]、遠隔大学[10]、社内大学[11]、各種学校といったさまざまな類型の高等教育機関が存在している。ただし、このうち一般大学、教育大学、専門大学以外は基本的に成人継続教育を目的とした高等教育機関である。また、これら3つの類型が全学校数の9割（89.9％）、全学生数の8割強（84.0％）を占めており、高校を卒業した者が直接進学するのはほぼ一般大学、教育大学、専門大学のいずれかであることが分かる。

第2の特徴は、各種学校3校を除くすべての学校類型に「大学」という名称が付いている点である。韓国においては高等教育機関と大学が指すところはほぼ重なっているのである。このため本書でも、特に断りのない場合は高等教育機関と大学を同義として用いる。

第3の特徴は、専門大学の存在感が大きい点である。専門大学の学校数は

表1-2　高等教育機関の現況（2008年時点）

（カッコ内は私立学校の占める割合）

	一般大学	教育大学	専門大学	放送通信大学	産業大学	技術大学	遠隔大学	社内大学	各種学校	合計
学校数（私立）	174 (85.6％)	10 (0.0％)	147 (93.2％)	1 (0.0％)	13 (61.5％)	1 (100.0％)	17 (100.0％)	2 (100.0％)	3 (100.0％)	368 (86.1％)
学生数（私立）	1,943,437 (78.8％)	24,116 (0.0％)	771,854 (96.5％)	272,550 (0.0％)	161,876 (49.7％)	171 (100.0％)	85,984 (100.0％)	165 (100.0％)	1,279 (100.0％)	3,261,432 (75.0％)

出所：教育科学技術部、韓国教育開発院『教育統計年報2008』韓国教育開発院、2008年a、592～593頁をもとに筆者が作成。
注：大学院は含まない。

一般大学に匹敵しており、学生数でも全体の2割強(23.4％)を占めている。韓国の高等教育は、一般大学と専門大学という大きな2本の柱によって支えられているのである。

第4の特徴は、私立学校が高等教育機関全体の9割近く(86.1％)を占めている点である。韓国の場合、初等学校ではほとんど私立学校が存在しないが、中学校で2割、高校で4割、大学で9割と、教育段階が上がるにしたがって急激に私立学校のプレゼンスが増していくのである。なお私立中等教育機関ほどではないが、後述するように私立大学も入学者選抜方法の決定について政府から強い規制を受けている。

②上級学校への進学状況

次に各教育段階における上級学校への進学状況をみてみよう。1945年に64％であった韓国の初等学校就学率は、「義務教育完成6ヵ年計画」が終了した50年代末にはほぼ100％に達していた[12]。「漢江の奇跡」と呼ばれる韓国経済の高度成長がスタートするのは60年代半ば以降であり、それ以前の韓国は1人当たりのGNPが100ドルに満たない「最貧国」の1つであった。それにも関わらず当時すでに先進国並みの初等学校就学率を達成していたことは、政府の努力もさることながら、国民の高い教育熱によるところが大きかった[13]。

50～60年代にかけて、多くの発展途上国においては、識字率向上などを目標とした初等教育の普遍化が目指された。しかしこの時期の韓国の場合、経済に関しては発展途上国と同じ課題を抱えつつも、教育に関してはすでに先進国と課題を共有していたといえる。それはすなわち、初等教育がすでに普遍化した段階において、すべての子どもに対し、その能力や適性、興味関心、将来の志望等に応じた自己実現の可能性を広げるために、また、経済を発展させ生活水準を向上させるべく、科学技術の進展を支えるマンパワーを生み出すために、中等教育と高等教育の機会を拡大するという目標[14]であった。

その後、韓国はこの目標を速いテンポで、また高いレベルで達成していった。図1-2は各教育段階から上級学校への進学率の推移を示したものである。

これをみると、初等学校から中学校への進学率は80年代初めにはほぼ

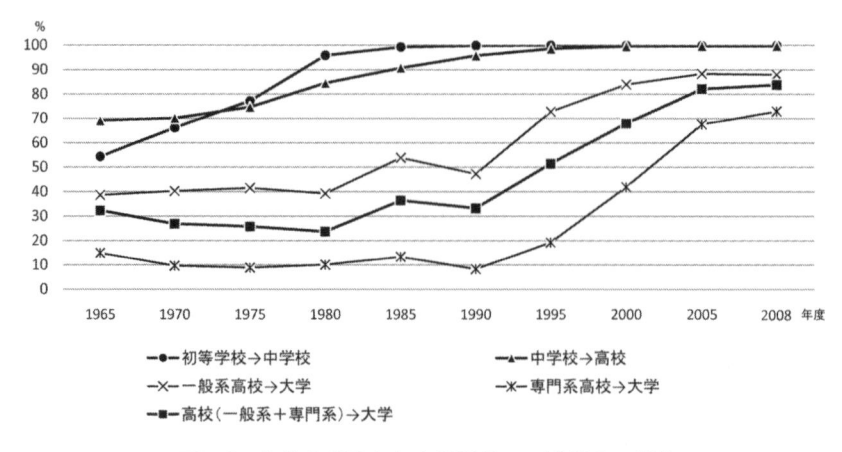

%
100
90
80
70
60
50
40
30
20
10
0
　　1965　1970　1975　1980　1985　1990　1995　2000　2005　2008 年度

　→●→初等学校→中学校　　　　　　　→▲→中学校→高校
　→×→一般系高校→大学　　　　　　　→※→専門系高校→大学
　→■→高校(一般系＋専門系)→大学

図1-2　各教育段階から上級学校への進学率の推移

出所：韓国教育開発院教育計画研究室編『韓国の教育指標1986』韓国教育開発院、1986年、韓国教育開発院教育統計サービス、http://cesi.kedi.re.kr/、2009年10月12日アクセスをもとに筆者が作成。

100％に達し、中学校から高校への進学率も90年代初めにはほぼ100％に達していたことが分かる。さらに高校から大学への進学率も、90年代半ばにいわゆる「準則主義」に基づいて大学の設置基準が大幅に緩和された結果急速に上昇し[15]、2008年の時点で、83.8％と世界最高水準に達している[16]。馬越(1990年)の指摘するように、第2次世界大戦後における韓国の教育の理念、少なくとも一般学校教育制度における中心的な理念は、「教育の機会均等化原理」であったといえる[17]。それはいい換えれば、「できるだけ多くの子どもに、できるだけ長い期間、できるだけ均質な教育を提供する」という新生国家の高邁な理想を追求することであった。これまで60年に渡ってそうした理想を追求してきた結果、韓国は世界でも希にみる教育の量的拡大と大衆化を遂げ、今や10人に7人までが高等教育を受ける社会を作り上げたのである[18]。

(2) 中学校進学段階における選抜システムの変遷
①教育システムが担う機能と選抜システム

以下では、一般学校教育制度における選抜システムと進学ルートに焦点を当てて考察していく。序章で述べたように、産業化した社会の教育システム

が担う主要な機能には、選抜機能、教育機能、分配機能の3つが存在している。このうち選抜機能が残り2つの機能と密接に関連していることから、教育システムの構造的な特徴を理解するために最も重要なことは、選抜プロセスの構造を理解することにある[19]。そこで本書では、教育システムの構造的特徴を明らかにするために、選抜システムと進学ルートに注目して選抜プロセスの構造を検討する。

韓国の一般学校教育制度における選抜システムをひとことで表すと、有田の指摘するとおり、「大学進学段階集中型・国家管理型・一元的選抜システム」ということになる[20]。しかし、一般学校教育制度の構造を考える上でさらに重要なのは、そのような選抜システムがいかなる理念を背景にし、どのような経緯で成立してきたかであろう。諸外国と同様に韓国においても、初等学校1年より大学卒業までの教育のプロセスは、通過または脱落をともなう連続的な選抜のプロセスである[21]。ただし、選抜は一般的に学年進級時と上級学校進学時の両方で生じるのに対し、韓国において選抜が生じるのは事実上、上級学校進学時に限定されている。初等学校や中学校はもちろん、高校においても年齢主義的傾向が強く、能力に関係なくほとんど子どもを自動的に進級させているためである[22]。そこで本節では、中学校入試、高校入試、大学入試の歴史的変遷を追い、各教育段階進学時における選抜システムの特徴について検討する。

②中学校「平準化」の導入背景

まず中学校進学段階における選抜システム、すなわち中学校入試の変遷についてみていきたい。第2次大戦後の韓国では、教育が社会的上昇を果たすための唯一の手段となり、伝統的に高い教育熱が世界でも稀なほど急激な中等教育の拡大と相まって[23]、韓国社会に熾烈な受験競争をもたらした。60年代後半になると、極めて激しい中学校受験競争が、教育問題を越えて社会問題化していった[24]。この時期、課外学習[25]が盛況を呈したことで私教育費が増大し、初等学校の教育は中学校入試準備教育の様相を強めていった。また、過度の受験勉強が児童の健全な成長発達に悪影響を及ぼし、身長・体重の平

均値が低下したり、近視が激増するといった現象さえ生じた。さらには、入試の正解をめぐって受験生の保護者が学校に籠城する事件まで起こったという[26]。当時の中学校はいわゆる一流中学校から実に七流中学校まで序列化されていたといわれ[27]、受験生は一流高校や一流大学への進学に有利な一流中学校に殺到した。このため、当時の中学校進学率は50％強と決して高くなかったにも関わらず、一流中学校以外の中学校では定員割れが起きるという奇妙な現象も生じた[28]。こうした激しい受験競争の背景には、この時期まで比較的自由で競争的な中学校入試が実施されてきたことがある。1945年から1968年までの中学校入試は、学校別出題、国家出題、市・道[29]別出題など大枠だけでも6度に渡って変更され、募集地域に関しても全国レベルから市・道レベルまで変化したものの、基本的には初等学校の内申成績や学科筆記試験を基準として実施されていた[30]。60年代までは、中学校進学段階において厳格な「競争・選抜・序列化原理」[31]が働いていたのである。

③中学校「平準化」の導入と全国拡大

　中学校受験競争をめぐる異常事態を収拾するため、政府は1968年7月15日、俗に「7・15入試改革」と呼ばれる施策を発表した[32]。同改革の目標は、①子どもの正常な発達を促進する、②初等学校の入試準備教育を抑制する、③過熱する課外学習熱を解消する、④極端な学校間格差を解消する、⑤入試による家庭の負担を軽減するの5点であった。また、改革の内容は、①1969年度より中学校入試を廃止する、②学群を設定する、③抽選で入学者を決定するの3点であった。こうして十分な猶予期間も与えられないまま、公立・私立の別を問わずすべての中学校の入試を撤廃し、入学者を抽選によって各学群内の中学校に機械的に配分する、無試験抽選配定制度が導入されることとなった[33]。さらには、学校間格差を強制的に取り除くために、受験競争の元凶とみなされていた一流中学校14校を公立・私立を問わず廃校とし、その施設を高校に転用するという措置が断行された。この一連の入試制度・政策[34]は、中学校「平準化」と呼ばれ、そこにみられる「学校別競争入試の禁止」、「学群の設定」、「抽選による入学者の配定」という3つの原則は、その後の中等

教育段階における入試制度改革の基本原理とされた[35]。中学校「平準化」は、初年度の1969年度はソウル市のみで実施され、翌1970年度に釜山市、大邱市など9都市を加え、さらに1971年度には全国へと拡大実施された。これにより、中学校進学段階における学校別競争入試の機会は消滅し、競争・選抜・序列化原理はほぼ完全に排除されることになった。

　中学校「平準化」は、公権力により子どもの学校選択権を制限し、個別学校の入学者選抜権を停止し、私立学校の学校運営に関する自律権を制限するという強硬な措置であった。しかし当時多くの国民は、激しい受験競争から子どもを救うものとしてこれを支持した。実際に、中学校「平準化」の導入後は子どもの身体の成長発達が向上し、初等学校における入試準備教育への偏重も改善されたという[36]。また当時は朴正熙大統領による独裁政権下にあったことも、一部の中学校に対する有無をいわせぬ廃校措置や同制度の即時導入と速やかな全国拡大を可能にしたと考えられる。さらに中学校「平準化」は、当時の韓国政府の悲願ともいうべき中学校義務教育化の第一歩として、すべての国民が均等に前期中等教育を受ける権利を保障するための条件整備の意味を持っており[37]、その導入に当たって中学校の大幅な量的拡大が前提とされていたことも、広く国民の理解を得られた理由の1つであった。中学校「平準化」は、現在まで40年に渡って継続されており、特性化中学校[38]といったごく少数の例外を除き、原則として全国すべての中学校がその適用対象となっている。

(3) 高校進学段階における選抜システムの変遷
①高校「平準化」の導入背景

　次に、高校進学段階における選抜システム、すなわち高校入試の変遷について検討し、才能教育制度登場の要因にもなった、高校「平準化」導入の背景についてみていく。中学校「平準化」の導入と速やかな全国拡大によって、中学校受験競争は一応の収束をみた。しかし、初等学校卒業生の大部分が中学校へ進学するようになると、国民の教育熱の矛先は、今度は高校入試へと向けられるようになった。いかに中学校入試が撤廃されようと、そこに一流

高校、一流大学がある限り、国民の教育熱の矛先がそれらへ向かうのは当然のことであったといえよう[39]。

　1945年から1968年までの間、高校入試は学校別出題、国家出題、市・道別出題など、中学校入試と同様の変遷をたどり、中学校「平準化」が導入されて以降も、学科筆記試験を中心として、学校別出題や地域共同出題などのかたちで実施され続けた。特に一般系高校は、ソウル市の京畿高校[40]に代表されるような大都市の一流高校を頂点として序列化され、高校間の教育格差が広がっていった。このため地方在住者の中には、一流大学進学につながる一流高校への進学に有利になるよう、子どもが中学生になるとソウル市や釜山市など大都市の中学校へ「留学」させる現象が生じ、人口の大都市集中という社会問題を惹起した。また、高校受験競争の激化にともない、中学校の教育は高校入試準備教育の性格を強め、課外学習が流行した。さらに受験生の間には「中3病」と呼ばれる健康障害や神経症などが蔓延し、高校受験競争が子どもの全人的な発達を阻害しているという批判が噴出した。

②高校「平準化」の導入と実施方法

　こうした事態を受けて政府は、入試制度研究協議会[41]が提出した試案に基づき、高校についても1974年度から「学校別競争入試の禁止」、「学群の設定」、「抽選による入学者の配定」の3つを原則とする入試制度・政策、いわゆる高校「平準化」の導入を決定した[42]。高校「平準化」も、中学校「平準化」と同様に、公立・私立の別を問わず一律適用されるが、高校「平準化」の場合は一般系高校のみをその適用対象としている点が異なる。これは、激しい受験競争が、もっぱら大学進学につながる一般系高校への進学をめぐって繰り広げられていたためである。

　高校「平準化」の目標は、①高校入試制度の改革によって中学校教育を正常化する、②生徒の学力や教員、施設、財政などの教育環境の学校間格差を解消する、③科学・実業教育振興のために専門系高校については学校別競争入試を許容する（すなわち「平準化」の適用対象としない）、④地域間の教育格差を解消し、教育の均衡発展を図る、⑤課外学習の過熱を是正し、家計負担を

軽減して国家・社会的な浪費を減少させる、⑥高校入試制度の改革によって一流高校という大都市への誘引要素を減らし、就学者人口の大都市集中を抑制するの6点である。ここには、中学校における教育の正常化や高校間の格差是正といった教育的問題意識と、高校浪人の増加や課外学習による私教育費浪費の抑制、人口の都市集中の緩和といった社会・経済的問題意識の2つが示されており[43]、韓国においては教育問題が同時に社会問題であることをよく表している。

　高校「平準化」はその後現在まで続いているが、その適用地域の指定・解除に関する権限は、導入以来一貫して教育部長官が有している。2000年代以降は、事実上地方自治体が管内の「平準化」適用地域を決定できるようになっているものの、最終的な指定・解除権限を中央政府が有していることには変化がない[44]。高校「平準化」が適用された地域では、基本的に以下のようなかたちで高校入試が実施される。

　まず適用地域内に所在するすべての高校は公立・私立の別を問わず法令上の入学者選抜実施権を失い、代わりに市・道教育庁（わが国の都道府県教育委員会に相当する）[45]の長である教育監[46]が各高校の入学者選抜実施権者となる。さらに入試の時期が前期と後期の2つに分けられ、すべての高校が学校種別によってどちらか一方に振り分けられる。専門系高校や特殊目的高校などが前期に入試をおこなう「前期校」であり、一般系高校が後期に入試をおこなう「後期校」とされる。前期校については「平準化」適用地域内に所在していても学校別志願・学校別競争入試が許容されており、各高校が受験生から直接願書を受け付け、高校ごとに選抜をおこなって入学者を決定できる[47]。しかしながら、入学者選抜に関する諸事項の最終的な決定権はあくまで実施権者である市・道教育監にあり、入試要項は公立・私立の別を問わず市・道教育監が一括して作成・公布する。

　一方の後期校は、基本的に学校別の志願が認められず、志願者は居住地によって自動的に決まる所属学群に対して志願することになる。このため後期校の場合は形式上も市・道教育監に願書を提出する（願書提出は所属中学校や地域教育庁経由の場合もある）。さらに後期校には学校別競争入試の実施も

認められておらず、志願者は市・道教育監が管理する「連合考査」を受験し、これに合格した者が一般系高校への進学者となる。連合考査の合格者は、所属する学群内の一般系高校に公立・私立の別を問わず抽選によって配定される。なお連合考査の難易度は、後期校に志願する程度の学力の者であればほぼ全員が合格するレベルのものであるといわれる[48]。しかも各学校への入学者の配定は抽選によって機械的におこなわれるため、連合考査で良い点数を取ることが希望する高校へ配定される確率を高めることにはならない[49]。つまり、現実的に連合考査は、一般系高校への進学希望者に対する適性試験程度の意味しか持っておらず、その「選抜性」[50]は低いといえる。

　なお、ソウル市と釜山市の場合、90年代にはすでに高校進学率が100％近くなっており、連合考査を実施する意味が薄れていたため、1998年度から連合考査を廃止し、中学校内申成績のみで一般系高校進学者を選抜するようになった[51]。その後も連合考査を廃止する地域は増加し、2003年の時点で、ソウル市や釜山市を初めとする7地域が中学校内申成績のみで一般系高校進学者を選抜している[52]。また近年では、一般系高校進学者の学校選択権を拡大するために、志願時に進学希望先の高校を順位を付けていくつか選ばせ、これを考慮して抽選・配定をおこなう「先志願・後抽選」方式を導入する地域も増えている[53]。このように、近年に至って、選抜方法に若干の弾力化がみられるものの、「学校別競争入試の禁止」、「学群の設定」、「抽選による入学者の配定」という高校「平準化」の3つの原則は導入以来変化していない。高校「平準化」の導入によって、高校進学段階においても学校別競争入試の機会と競争・選抜・序列化原理は、大幅に抑制されることになったといえる。

③高校「平準化」の全国拡大失敗とその後の変遷

　それでは、高校「平準化」はどのように実施・拡大されていったのであろうか。高校「平準化」の実施方法上における最大の特徴は、学校間序列を生み、都市部への人口集中をもたらす元凶であるとみなされた大都市の一流高校をその主たるターゲットとして定めていた点である。したがって高校「平準化」は、大都市から順に実施されていった。**表1-3**のように、初年度の1974年度

表1-3 高校「平準化」適用地域の変遷

年 度	適 用	解 除	適用地域数
1974	ソウル特別市 釜山広域市		2
1975	大邱広域市 仁川広域市 光州広域市		5
1979	大田広域市 京畿道水原市 江原道春川市※ 忠清北道清州市 全羅北道全州市 慶尚南道馬山市 済州特別自治道		12
1980	慶尚南道昌原市		13
1981	京畿道城南市 江原道原州市※ 忠清南道天安市※ 全羅北道益山市※ 全羅北道群山市※ 全羅南道木浦市※ 慶尚北道安東市※ 慶尚南道晋州市		21
1990		全羅北道群山市 全羅南道木浦市 慶尚北道安東市	18
1991		江原道春川市 江原道原州市 全羅北道益山市	15
1995		忠清南道天安市	14
2000	蔚山広域市 全羅北道群山市※※ 全羅北道益山市※※		17
2002	京畿道安養市 京畿道富川市 京畿道高陽市 京畿道軍浦市 京畿道果川市 京畿道義王市		23
2005	全羅南道木浦市※※ 全羅南道麗水市 全羅南道順天市		26
2006	慶尚南道金海市(長有面除く)		27
2008	慶尚北道浦項市		28

出所:ユン・ジョンヒョク(研究責任者)『高校平準化政策の適合性研究(Ⅰ)』韓国教育開発院、2003年、44頁、教育人的資源部、韓国教育開発院『2007教育統計分析資料集』韓国教育開発院、2007年、174頁、ハンギョレ新聞、2007年10月22日付、「教育監が高等学校の入学専攻を実施する地域に関する規則」(2007年2月9日一部改正、教育科学技術部令第900号)をもとに筆者が作成。
注1:市・道の名称は2008年時点のもの。
注2:※印はのちに解除した地域。※※印はいったん解除後、再び適用した地域。
注3:京畿道城南市は2002年度に盆唐区が追加適用。
注4:済州道の特別自治道への改編(2006年)にともない、現在適用地域は道内の済州市に限定されている。

にまずソウル市・釜山市の2大都市から実施され、翌1975年度には大邱市、仁川市、光州市を加え5大都市で実施されることになった。しかし実施後間もなく学級の異質集団化による教授・学習の非効率化などの副作用が出来したことや、私立学校による組織的な反対運動が起こったため[54]、1975年度でいったん適用地域拡大を保留している。中学校「平準化」がスムーズに全国拡大したのとは異なり、高校「平準化」は結局、全国拡大に失敗したのである。このことは、適用地域と非適用地域における高校入試の二元化を生み、今日まで続く問題となっている。

その後、高校「平準化」は70年代末から80年代初めにかけての再拡大期、80年代の再保留期、90年代前半の縮小期を経て、2000年代以降は再々拡大期[55]に入っている（表1-3）。このように、高校「平準化」は時期により紆余曲折を経てきたものの、現在まで30年に渡って継続され、90年代前半の一時期を除き一貫して維持・拡大を続けてきた。高校「平準化」を導入した朴正熙政権から盧武鉉政権に至るまで大統領は6度交代し（崔圭夏を含む）、韓国社会も大きな変化を経験してきたが、高校「平準化」の基本枠組みはこの間ついに1度も変更されることはなかった[56]。政権が変われば教育政策が変わるといわれる韓国において、高校「平準化」は異例なほど高い安定性と持続性を持つ制度・政策であるといえる。それはこの高校「平準化」が、教育の機会均等化という韓国教育の基本原理に根ざすものであったからであろう。

なお、2008年時点で、高校「平準化」適用地域内に所在する一般系高校が、全国の一般系高校に占める割合は、学校数で約6割（61.1%）、生徒数で7割強（74.2%）に達している[57]。また、高校「平準化」適用地域内に所在する一般系高校が、専門系高校まで含めた全国の高校に占める割合は、学校数で約4割（38.2%）、生徒数で5割強（53.0%）である[58]。つまり、韓国の高校生の約半数が高校「平準化」の枠組みにしたがって高校へ進学しているのである。高校までの進学率がほぼ100%に達しており、すでに中学校入試が全廃されている韓国においてこのことが意味するのは、韓国の子どものほぼ半数が、高校段階まで一切の学校別競争入試を経験しないということである。

④高校「平準化」の法的位置付け

このように高校「平準化」は高校入試制度の最も大きな柱となっているが、興味深いことにその法的位置付けはあくまで例外措置的なものとなっている。高校「平準化」の法的根拠は、導入当初から90年代後半まで旧教育法施行令（1973年9月14日一部改正、大統領令第6853号）第69条の各項および第112条の各項で定められていたが、2008年時点では初・中等教育法施行令（2008年2月22日一部改正、大統領令20635号）第77条第2項、第80条第1項、第81条第1項および第5項、第82条第2項、第84条、ならびに「教育監が高等学校の入学選考を実施する地域に関する規則」（2007年2月29日一部改正、教育人的資源部令第900号）に定められている。関連条項の分散具合からも推察できるようにこれらの規定は原則に対する例外事項であり、高校入試は法令上、「高等学校の入学者選考は当該学校の長が実施する」（初・中等教育法施行令第77条第1項）こと、すなわち学校別競争入試が原則とされている。したがって、これを制限する高校「平準化」は、教育部長官が定めた地域（「平準化」適用地域）に所在する一般系高校を対象とした例外措置として位置付けられているのである。

こうした高校「平準化」の例外措置的な規定のされ方は、中学校「平準化」と対照的である。中学校入試に関しては、「教育長は地域別・学校群別抽選によって中学校の入学志願者が入学する学校を配定する」（初・中等教育法施行令第68条第1項）とあるように、地域教育庁（わが国の市町村教育委員会に相当する）の長が主管する抽選配定制度が原則となっている。中・高の「平準化」が受験競争の抑制という同じ目的を持ち、「学校別競争入試の禁止」、「学群の設定」、「抽選による入学者の配定」という同じ手法を用いた制度・政策であるにも関わらず、各教育段階においてどのような入学者選抜方法をスタンダードとするかによって、その法的位置付けが異なっているのである。

なお、スポーツ分野で優れた能力と適性を有する者については、初・中等教育法施行令第69条および第87条の規定による「体育特技者」として、中・高「平準化」の対象外となっていることも興味深い。体育特技者は、たとえば高校「平準化」適用地域内の一般系高校に進学する際にも、公立・私立の

別を問わず学校別に指定された種目や定員を勘案し、抽選によらず、学群を越えて配定される。さらに体育特技者には一般的な入学者選抜の合格ラインも適用されないため、種目と定員さえマッチすれば学力に関係なく進学できる[59]。つまりスポーツ分野で優れた能力と適性を有する者は、中等教育段階における選抜システム内で例外的な存在として扱われているといえる。逆にいえば、韓国の中等教育段階における選抜システムは、国民の教育熱の矛先となっている、認知分野における普通教育のあり方に対応することを主たる目的として構築されているのである。

⑤高校「平準化」が適用されない高校における入学者選抜の状況

約半数 (53.0%) の高校生が高校「平準化」の枠組みにしたがって高校へ進学していると先に述べたが、残り約半数の生徒、すなわち高校「平準化」が適用されていない地域（以下、「非適用地域」）の一般系高校に進学する約2割 (18.4%)[60] の生徒と、専門系高校に進学する2割強 (25.6%)[61] の生徒が、どのような入学者選抜を経て高校に進学してくるのかについても触れておく必要があろう。まず非適用地域の一般系高校の場合、地域内に一流高校とそうでない高校が存在しており、確かに一流高校進学をめぐる受験競争が問題となっているケースも存在する。しかし、非適用地域には比較的人口密度の低い中・小都市や農村・漁村部が多く、通学圏内の学校数も限られることから、高校「平準化」導入以前の大都市の一般系高校ほど細かな学校間の序列は生じていないといわれる[62]。さらに、非適用地域には定員割れを起こしている一般系高校も少なくなく、学力上位層の生徒が大学受験戦略として一流高校進学をあえて避ける奇妙な現象も生じているという[63]。このように、非適用地域で学校別競争入試が実施されているからといって、必ずしも激しい高校受験競争が繰り広げられているわけではない。

もう一方の専門系高校については、進学をめぐる受験競争はほとんど存在しないといってよい。伝統的に崇文の思想が強く、精神労働を重視し、商工業に関連する職業を低くみる傾向がある韓国社会においては[64]、専門系高校は一般系高校に進学できない学力の生徒や経済的に困難を抱えている生徒が

進学する学校とみなされているためである[65]。たとえば、1981〜1993年度の専門系高校の全系列における入学競争倍率の平均は約1.4倍と決して高くはない。中でも90年代に入ってからの倍率低下が顕著であり、農業高校や水産高校では定員割れを起こし、商業高校も定員割れ一歩手前という状況である[66]。このように、学校別競争入試が実施されているとはいえ、非適用地域の一般系高校や専門系高校では、かつての大都市の一般系高校に比べれば概してそれほど激しい受験競争は生じていないといえる。逆にいえば、これらの地域や学校が高校「平準化」の枠組みの外に置かれているのは、たとえ学校別競争入試を実施したとしても、これらの地域や学校では、社会問題を引き起こすほど受験競争が激化したり学校間の序列が先鋭化しないからだとみることができる。

(4) 大学進学段階における選抜システムの変遷
①大学入試制度のめまぐるしい変更

本節の最後に、大学進学段階における選抜システム、すなわち大学入試について検討したい。

韓国の大学入試の特徴は、国家の強い関与と全国共通学科筆記試験の一元的適用、そしてそれによって生じる厳格な大学間の序列にある。中・高「平準化」の導入によって中等教育段階の選抜システムが有する選抜性が大きく削がれたことで、多くの国民にとって大学入試が最初にして最後の決定的な選抜の機会[67]となった。この唯一の機会に国民の教育熱は集中し、大学入試は過剰なまでの教育的・社会的選抜機能を担わされることとなった。このため、大学入試をめぐる競争をいかに合理化するかは歴代政権の重要課題であり続け[68]、大学入試制度は教育政策の方向性が変わるたびにめまぐるしく変更されてきた[69]。表1-4からも分かるように、大学入試制度の大枠改正は2002年までに12回実施され[70]、細かな手直しに至っては毎年のようにおこなわれてきた[71]。「平準化」を入試制度の柱として、その大枠が30〜40年に渡って変更されていない中学校・高校入試制度とは対照的である。

表1-4　大学入試制度の変遷

年　度	制　度	管理者	備　考
1945〜1953	大学別単独試験	大学	
1954	大学入学国家連合考査と大学別本考査(学科筆記試験)の並行	国家・大学	大学入学国家連合考査は資格試験の性格を持つ
1955〜1961	大学別単独試験または無試験(高校内申成績のみで選抜)	大学	大学入学国家連合考査は廃止
1962〜1963	大学入学資格国家考査	国家	大学入学資格国家考査は資格試験と学力試験の性格を合わせ持つ
1964〜1968	大学別単独試験	大学	大学入学資格国家考査は廃止
1969〜1980	大学入学予備考査と大学別本考査の並行	国家・大学	大学入学予備考査は導入当初は資格試験の性格を持っていたが、後に学力試験の性格が強くなった 1979年度以降は専門大学受験生にも大学入学予備考査合格が義務付けられた
1981	大学入学予備考査と高校内申成績の並行	国家	大学別本考査は廃止
1982〜1985	大学入学学力考査と高校内申成績の並行	国家	大学入学予備考査は廃止
1986〜1987	大学入学学力考査と高校内申成績および論述考査の並行	国家	
1988〜1993	大学入学学力考査と高校内申成績および面接考査の並行	国家	論述考査は廃止
1994〜1996	大学修学能力試験と高校内申成績および大学別本考査の並行	国家・大学	大学修学能力試験は学力試験の性格を持つ
1997〜2001	大学修学能力試験と高校内申成績および大学別本考査の並行	国家・大学	国公立大学に限り本考査を禁止し論述考査や面接考査のみを許可
2002〜	大学修学能力試験と高校内申成績および面接考査・非教科主要資料・大学自主選考資料の並行	国家・大学	私立大学でも本考査を禁止

出所：ナム・ヘヨン『わが国の大学入試制度変遷過程に表れた問題点分析研究』建国大学校大学院碩士学位論文、2002年、21〜77頁、金泰勲「大韓民国」石井光夫(代表)『第2分冊 東アジアにおける「入試の個性化」を目指した大学入試改革の比較研究』(平成18年度文部科学省先導的大学改革推進委託事業「受験生の思考力、表現力等の判定やアドミッションポリシーを踏まえた入試の個性化に関する調査研究」報告書)、東北大学、2007年、107〜108頁をもとに筆者が作成。

②一元的な大学入試制度

　韓国では60年代以降、大学入学予備考査や大学修学能力試験(以下、「修能試験」とする)[72]など、国家が管理・運営する全国共通学科筆記試験を、国立大学や私立大学、一般大学や専門大学といった別を問わず一元的に課してきた(継続教育機関を除く)[73]。現行の大学入試制度では、修能試験と各大学によ

る個別試験の2つの試験が前後しておこなわれ、①修能試験の成績、②高校内申成績 (内申書は「学校生活記録簿」と呼ばれる)、③各大学別の小論文や面接試験の3つが主な選抜基準とされている。

　修能試験はわが国の大学入試センター試験に比されることが多い。しかし、修能試験は私立大学や専門大学の受験時にも課されるため、ほとんどの大学進学希望者が受験するという点で大学入試センター試験と大きく異なる。こうした状況から韓国では、国・公・私立の別なくほとんどの大学が、修能試験の点数という客観的かつ一元的な基準によって序列化されることになる。その結果、個別大学の間に序列化が生じるだけでなく、学校類型による序列化も生じている。総じて4年制大学よりも低い修能試験の成績で入学しうる専門大学は、4年制大学と異なるタイプの高等教育機関というよりも、4年制大学より一段「格下」の高等教育機関としての評価が定着しているのである[74]。

　なお90年代以降は、わが国の推薦入試やAO入試に当たる「随時募集」[75]が導入・拡大されるなど大学入試の機会と方法は多様化してきているが[76]、修能試験の重要性には変化がない。しかも修能試験は毎年11月中旬の1日ですべての試験がおこなわれ、原則として追試験や再試験の機会も設けられていないため[77]、一発勝負の性格が非常に強い。このように、修能試験はほとんどの大学進学希望者が受験し、しかもたった1日の試験で進学する大学やその後の人生が大きく左右されるため、試験当日は企業や官公庁が出勤時間を遅らせたり、遅刻しそうな受験生をパトカーが試験会場まで送り届けたり、リスニング試験中は騒音防止のために試験会場付近の上空を通過する航空機の離発着まで調整されたりと、まさに国家行事の様相を呈する[78]。

③「三不政策」

　これまでみてきた一般学校教育制度の各教育段階における選抜システムの特徴から分かるように、韓国においては、中等教育段階では教育の効率性はほとんど考慮されず、教育の機会均等化がひたすら追い求められてきた一方で、国家の技術水準を左右し多額の費用が要される高等教育段階では、国家

管理の下で徹底して教育の効率性が追求されてきた[79]。しかしながら、中等教育段階以下における教育機会の均等化の追求を脅かしかねない選抜方法を用いることは、大学入試でも禁止されている。それが1998年に大学入試の「公正性」を確保するために導入された選抜方法に関する3つの禁止事項、いわゆる「三不政策」である。韓国ではこの三不政策によって、①大学別本考査(大学別の学科筆記試験)の実施、②高校等級制(大学が各高校の学力レベルに応じて内申成績に学校ごとの差を付けて評価すること)[80]、③寄与入学制(大学に貢献した者の直系の子孫や寄付金を納めた者などを試験なしに入学させること)の3つが禁止されている。このように、一般学校教育制度の高等教育段階では競争・選抜・序列化原理が容認されているといえるが、それが働くのはあくまで中等教育段階に影響を与えない範囲に制限されているのである。

3. 一般学校教育制度の構造的変化とその意味

(1) 構造的変化をみる際の時代区分と構造図

以下では、ここまでみてきた一般学校教育制度における選抜システムの変遷をふまえ、選抜システムと進学ルートからみた一般学校教育制度の構造の変化とその意味について検討したい[81]。なお、60年代以降、韓国の一般学校教育制度および才能教育制度は、その関係性や時々の政権の特徴、教育政策の変遷から、おおよそ10年ごとにその構造を大きく変化させてきたと捉えることができる。すなわち、①軍事クーデターを経て朴正熙大統領による軍事独裁政権が誕生し、中・高「平準化」が導入される以前の60年代(1961～1968年)、②朴正熙大統領の軍事独裁政権下において、中・高「平準化」が導入された70年代(1969～1979年)、③全斗煥大統領の軍事独裁政権下において、中等教育がほぼ普遍化するとともに、本格的な才能教育が導入された80年代(1980～1987年)、④盧泰愚、金泳三両大統領の保守政権下において、民主化の進展により教育の多様化・自律化を目指す諸改革が実行され、大学進学率が急激に上昇するとともに、才能教育制度が量的拡大を遂げた90年代(1988～1997年)、⑤そして金大中、盧武鉉両大統領の進歩政権下において、階層

間・地域間の教育格差是正に乗り出すとともに、21世紀の知識基盤社会をにらんだ才能教育政策が国家的に推進されていくことになった2000年代(1998～2008年)である。本書では、この5つの時期区分に基づき、一般学校教育制度および才能教育制度の構造的変化をみていくこととする。

本書では、各教育システムの構造とその関係性を視覚的に捉えるべく、図1-3のような簡略化した図を用いる。それぞれの教育段階の四角いマスの縦の並びは同系統の教育システムを示しており、一般学校教育制度は網かけなし、次章以降で述べる才能教育制度は灰色網かけで示している。なお、各教育段階の四角いマスは単に当該教育段階における教育機関の種別を示すもので、その大きさによって教育機関の量的側面(児童・生徒・学生数など)を示すものではない点に留意されたい。また、各教育機関を結ぶ細い線は、児童・

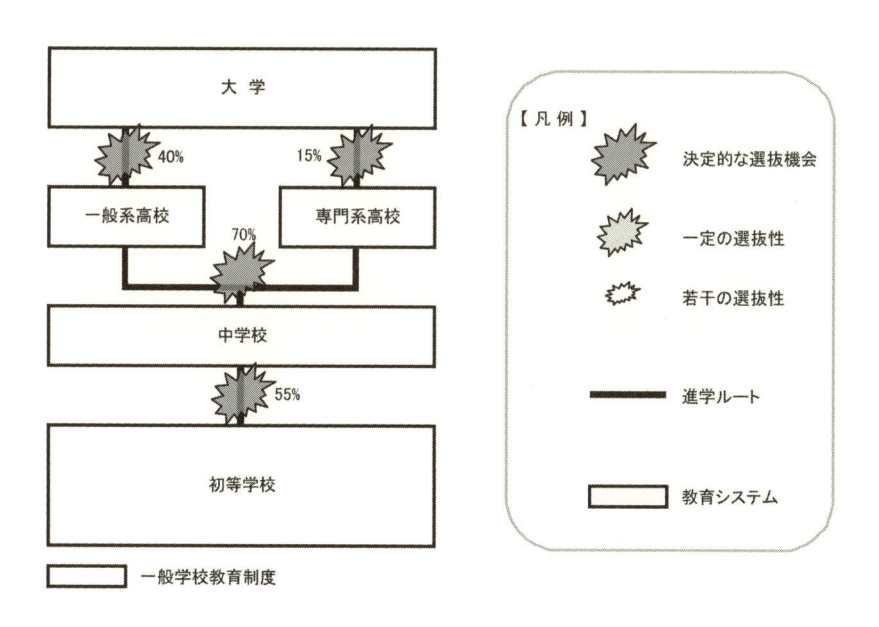

図1-3　60年代における一般学校教育制度の構造

注：図中の「大学」には表1-2で示した教育部所管の高等教育機関全般を含むが、特に一般大学、教育大学、専門大学を想定されたい。なぜなら、本章第2節で述べたように、高校を卒業した者が直接進学するのは主にこれら3つの大学のうちのいずれかだからである。以下の教育システムの構造に関する図においても同様とする。

生徒の進学ルートを表しており、その横に進学率を付している[82]。さらに、おおまかな指標ではあるが、各進学ルートにおける入試制度のあり方と進学率、進学後の教育ルートの決定力から考えられる選抜性の度合いのアイコンとして、高いほうから順に「決定的な選抜性」、「一定の選抜性」、「若干の選抜性」とし、当該進学ルート上に示した[83]。なお、当該進学ルートの選抜性が非常に低い場合には、選抜性の度合いを示していない。

(2) 60年代における一般学校教育制度の構造

それでは、一般学校教育制度の構造的変化についてみていきたい。まず60年代であるが、前述したように初等教育はこの時点ですでに普遍化していた。しかし一方で、この時期には上級学校である中学校側の受け入れ態勢が整っておらず、1965年の初等学校1学年当たりの児童数82万名に対し、中学校1学年当たりの生徒数は25万名に過ぎなかった。前期中等教育の需要と供給には依然大きな不均衡があったのである。またこの時期は、まだ「平準化」が導入されておらず、学校別の中学校入試や高校入試が一般的に実施されており、中学校進学段階、高校進学段階、大学進学段階のそれぞれで決定的な選抜がおこなわれていたとみることができる。

高校進学段階についてみてみると、60年代には、①高校に進学できるかどうか、②専門系高校よりも大学進学率の高い一般系高校に進学できるかどうか、③一般系高校の中でもより大学進学率の高い一流高校に進学できるかどうかという3つの要素によって、その後の教育ルートが決定的に分化・特殊化されていたと考えることができる。この時期には、初等学校卒業生のうち、高校まで進学できた者は10名中4名弱、大学まで進学できた者は10名中2名に過ぎず、一般学校教育制度は高い選抜性を有していたといえる。以上から、60年代における一般学校教育制度の構造について図示すると図1-3のようになる。

(3) 70年代における一般学校教育制度の構造

続く70年代は中等教育段階における入試制度改革の時代であった。1969

年に中学校「平準化」が導入され、1971年に全国へ拡大実施されると、中学校進学段階における選抜性は大幅に減少した。また、1974年に高校「平準化」が導入されたことで、高校進学段階における選抜性も減少した。図1-2で示したように、この時期、中学校は急速に量的拡大を遂げ、中学校進学率も75％に達した。しかしながら高校は、急激に増加する中学校卒業生のうち高校進学を希望する者をすべて受け入れるだけの態勢を整備できていなかった[84]。前期中等教育が急激に拡大した結果、今度は後期中等教育の需要と供給に不均衡が生じたのである。

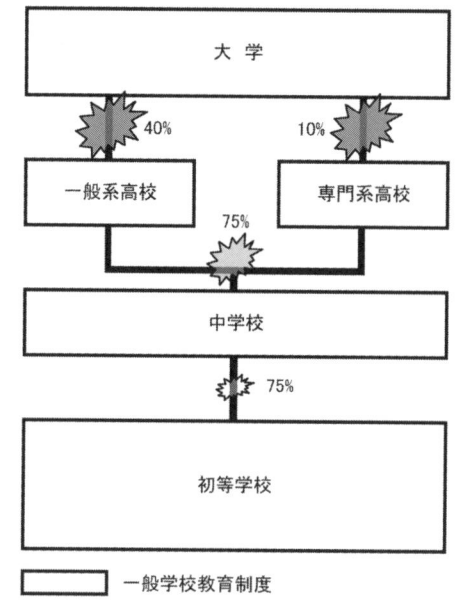

図1-4 70年代における一般学校教育制度の構造

70年代の状況を整理すると、中学校は急激な量的拡大を遂げ、入試も廃止されたものの、依然として2割強の初等学校卒業生が中学校へ進学できていなかったため[85]、中学校進学段階に若干の選抜性が残っていたとみることができる。また、後期中等教育においても需要に供給が追いつかず、中学校卒業生の2割強が高校へ進学できていなかった。さらに、高校「平準化」の適用地域も中規模都市にまでは及んでいなかったため、高校進学段階にも一定の選抜性が残っていたとみることができる。以上から、70年代における一般学校教育制度の構造について図示すると図1-4のようになる。

(4) 80年代における一般学校教育制度の構造

80年代に入ると、中学校進学率は100％となり、高校進学率も90％に達したことで、中等教育がほぼ普遍化した。また、高校「平準化」の適用地域は

中規模都市にまで及び、一般系高校進学者の大半は学校別競争入試を経ずに高校に進学するようになった[86]。もちろん非適用地域の一般系高校や高校「平準化」の対象外である専門系高校では引き続き学校別競争入試が実施されていたが、全般的にみれば選抜性はそれほど高くなかったと考えられる。

なおこの時期、高校進学率の上昇によって国民の高等教育に対する需要が高まり、すでに8〜9割の保護者が自らの子女に高等教育段階以上の教育を期待するようになっていた[87]。しかしながら、当時の高校から大学への進学率をみてみると依然30％程度に過ぎず、特に一般系高校から大学への進学率が55％であったのに対し専門系高校は15％と、高校種別によって大きな開きがあった。高等教育段階までの進学を希望する中学生の割合はこの時期すでに相当に高かったと考えられるため[88]、大学に進学できる可能性の低い専門系高校には、学力上の問題や経済的な理由で一般系高校に進学できない生徒が不本意に進学するケースが少なくなかったと推察される[89]。

80年代には中学校進学段階の選抜性はほぼ消滅した。さらに、高校まで進学するのが当たり前になり、高校「平準化」適用地域の拡大によって一般系高校における学校間格差も大きく減少したため、高校進学段階でその後の教育ルートが決定的に分化・特殊化されることはなくなったとみることができる。ただし、大学への進学可能性という点において、専門系高校よりもその可能性が高まる一般系高校に進学できるかどうかという要素が、高校進学段階に若干の選抜性を付与していたと考えられる。以上から、80年代における一般学校

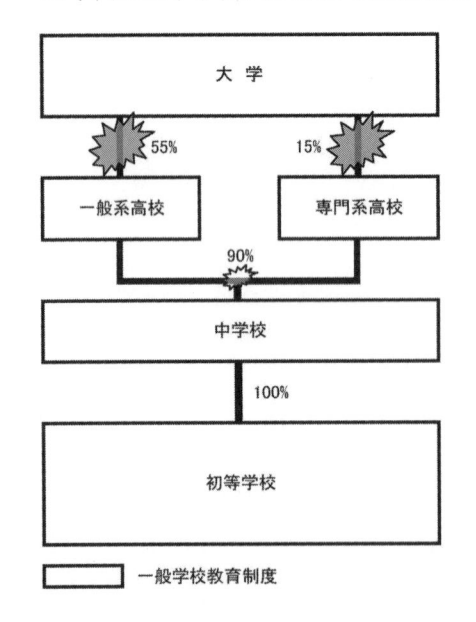

図1-5　80年代における一般学校教育制度の構造

教育制度の構造について図示すると図1-5のようになる。

(5) 90年代における一般学校教育制度の構造

続く90年代は、民主化が進展し、教育の多様化・自律化に向けて教育政策の舵が大きく切られた時期である。こうした中、90年代半ばに大学の設置基準が大幅に緩和された結果、高等教育が爆発的な量的拡大を遂げ、大学進学率が急上昇した。特に一般系高校からの大学進学率は75％に達し、一般系高校の生徒にとってはすでに、大学に進学できるかどうかは問題でなくなり、どの大学のどの学部・学科へ進学できるかが重要な意味を持つようになっていったと考えられる。

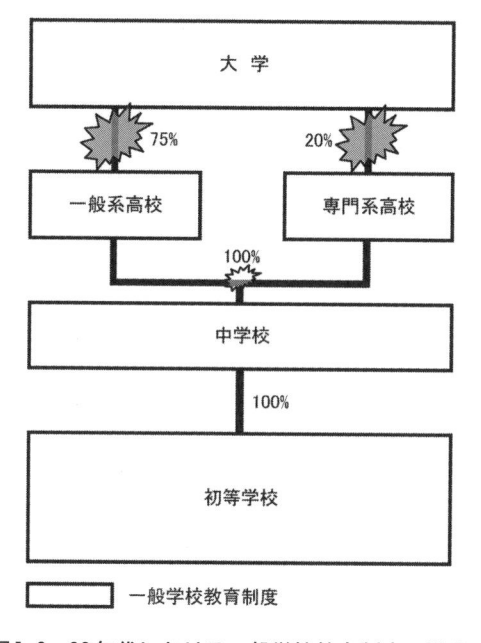

図1-6　90年代における一般学校教育制度の構造

一方で、依然として専門系高校からの大学進学率は20％に留まっており、専門系高校に進学した場合、大学への進学を望むことは厳しい状況であった。ここから、80年代と変わらず90年代においても、高校進学段階には一般系高校に進学できるかどうかという点において若干の選抜性が残ったとみることができる。以上から、90年代における一般学校教育制度の構造について図示すると図1-6のようになる。

(6) 2000年代における一般学校教育制度の構造

最後に2000年代であるが、図1-2で示したように、この時期には、専門系高校の大学進学率がめざましい勢いで上昇し、90年代に約20％であった進学率が、2000年代には一気に70％台に達した。確かに現在でも専門系高校

に対する選好度は一般系高校に比べると低いものの、大学進学の可能性という点においては一般系高校とさほど遜色がなくなったといえる。

なお、上述したように韓国社会における大学の序列としては、一般的に専門大学よりも高い修能試験の点数を求められる4年制大学のほうが上位に位置している。2008年の時点で、専門系高校からの大学進学者のうち6割強(64.2％)は専門大学へ進学しているが[90]、大学入試が一元化されているため専門系高校の卒業生であっても一般系高校生と同じ土俵の上で勝負することができ、修能試験の成績次第では4年制大学進学をねらうことも十分に可能である。事実、大学進学者の8割が4年制大学に進学する一般系高校との間に依然として差はあるものの、専門系高校からの大学進学者のうち3割強(35.5％)は4年制大学に進学している[91]。このように大学進学率の上昇と一元的な大学入試制度が、専門系高校の生徒にいわば「敗者復活」の機会を与えているのである。これによって高校進学段階での一般系高校と専門系高校への進路分化は、もはやその後の教育ルートの分化・特殊化に対して決定的な影響を及ぼさなくなったとみることができる。このことは逆にみれば、「専門系高校→就職」あるいは「専門系高校→専門大学」という職業教育ルートの分化・特殊化の水準が低くなったということを意味している。その証拠に、近年の専門系高校では、大学入試準備教育へのシフトが顕著なため、設立目的と教育内容との不整合が問題になっている。こうした職業教育ルートの分化・特殊化の水準低下は、一般学校教育制度の選抜・教育・分配機能が弱まったことを意味している。

また、高校「平準化」の非適用地域の一般系高校において、学力上位層の生徒が大学受験戦略として一流高校進学を避ける現象が一部生じていることは前述したとおりである。つまり高校進学率が100％になり、一般系高校からの大学進学率が90％、専門系高校からの大学進学率も70％となったこの時期、大学入試における高校内申成績の重視傾向と相まって、高校「平準化」地域の一般系高校はもちろん、専門系高校や非適用地域の一般系高校においても高校入試は選抜性を失い、ただ大学入試だけが決定的な選抜の機会として残ったと考えられるのである[92]。以上から、2000年代における一般学校教

育制度の構造について図示すると図1-7のようになる。

(7) 一般学校教育制度の構造的変化とその意味
―― 競争・選抜・序列化原理の上方変移 ――

中等教育進学率は図1-2のように、中・高「平準化」が導入された後の70〜80年代にめざましい上昇を遂げ、80年代には中学校進学率が100％、高校進学率も90％に達した。現在、高校までの進学率はほぼ100％、大学進学率も80％を超えている。また、一般学校教育制度において最初に決定的な選抜がおこなわれる時期は、時代が進むにしたがい教育段階の上へ上へと変移し、2000年代にはついに大学進学段階にまで達した。

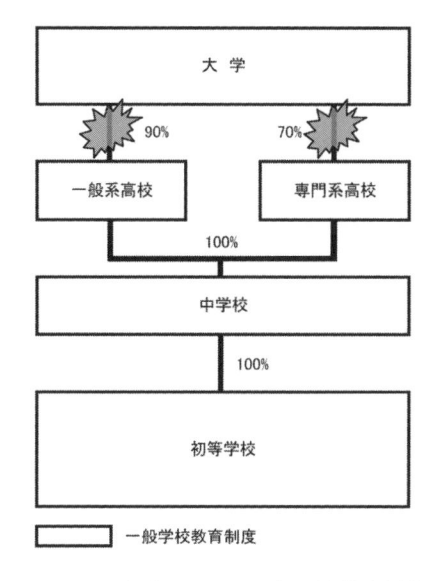

図1-7　2000年代における一般学校教育制度の構造

決定的な選抜の時期を教育段階の上方へ変移させるのに大きな役割を果たしたのは高校「平準化」であったが、その導入が最終的に決定されたのは前述した入試制度改革協議会において、「高等学校とは、貧富の差や家柄の相違、頭の良し悪しなどを問わず、皆が一所に集まって一般素養を習得するという、人間的価値を尊重する高等普通教育機関であるべきである」[93]という非常に理想主義的な高校観に基づいた賛成論が反対論を押し切ったことによるという。つまり現在のような、「高校卒業時までは教育達成競争の参加者達を出来る限り同じ条件に置いた上で、大学進学時に学力を基準とした一元的選抜を行う」[94]といった韓国の一般学校教育制度の選抜システムは、厳しい競争や特別な選抜プロセスを経ることなく、中等教育を望むすべての国民に進学の機会を与え、どの地域のどの学校に入っても均質な教育を受けることがで

きるようにするという、教育の機会均等化原理をひたすら追い求めてきた結果実現されたものであると考えることができる[95]。

以上をふまえて60年代から2000年代に至る一般学校教育制度の構造的変化の意味を考えてみると、それはすなわち、国民の高い教育熱を原動力とした上級学校進学率のめざましい上昇と、中等教育段階におけるドラスティックな入試制度改革によって、中等教育段階以下における選抜性を弱化し、最終的に消失させ、競争・選抜・序列化の原理が働く場を教育段階の上方(大学進学段階)へと変移させていく過程であったとみることができよう。

4. 一般学校教育制度の機能とその弱点

これまでみてきたように、韓国の一般学校教育制度は、国民の高い教育熱に応え、「できるだけ多くの子どもに、できるだけ長い期間、できるだけ均質な教育機会を提供する」という教育の機会均等化原理を追求するのに適したかたちで構築されてきたとみることができる。また、70〜80年代にかけて基幹産業の重点が軽工業から重化学工業や組立加工産業へと移る中、学校間・地域間格差の少ない中等教育は、経済発展に必要とされた大量の均質な中堅マンパワーを育成し、社会へ供給する機能も担ってきた[96]。

しかし、ここで2つの疑問が生じる。第1の疑問は、教育の機会均等化原理を追求してきた一般学校教育制度が持つ教育システムとしての機能上の弱点を、韓国はどのように補完してきたのかということである。繰り返しになるが、産業社会において教育システムが担う主要な機能には、①子どもをその能力の種類と水準に応じて選抜する選抜機能、②選抜プロセスを通じてさまざまなカテゴリーに分けられた子どもに対し、適切な種類の教育を提供する教育機能、③教育を終えた子どもを直接職業に就かせたり、またはある職業へとつながる教育機関に進学させたりする分配機能の3つがあった。しかし、一般学校教育制度が教育の機会均等化原理を追求するのに適した選抜システムを持つようになればなるほど、その選抜性は低下し、提供される教育は均質化し、分配機能は低下していくと考えられる。

こうした、教育システムが持つ選抜・教育・分配機能の低下は、韓国のような第2次産業主体の産業構造を持つ国にとって深刻な問題を引き起こすことになる。なぜなら、経済発展に不可欠な科学技術分野を初めとする各分野・領域の高度なマンパワーを、教育プロセスを通じて効率的に育成することが困難になるからである。韓国の一般学校教育制度のように教育ルートの分化・特殊化の時期が遅くその水準が低い場合、特定分野・領域の人材を選抜する機会は大学入試の一度に限られる。このため、優れた人材の候補者を早期に発見し、長期間に渡って専門分野に特化した教育をおこない、教育ルートを通じて当該分野・領域へと誘導するといったことも難しくなる。さらに、均質で平均的な教育が長期化すればするほど、その過程で特定分野・領域に潜在的な能力と適性を持つ人材を損なってしまう可能性も高まるだろう。一般学校教育制度の選抜・教育・分配機能の低下によってもたらされるこうした弱点を、韓国は公教育制度全体の中でいかにして補ってきたのであろうか。

第2の疑問は、70年代以前に一般学校教育制度の中等教育段階でみられた競争・選抜・序列化を志向する韓国国民の激しいエネルギーが、競争・選抜・序列化原理の上方変移が進む中でどのように解消されてきたのかということである。キム・ヨンファ（1993年、2000年）によれば、韓国国民の高い教育熱を生み出す要因の1つは、集団主義的な意識と序列を主とした一元的な価値観にあるという。韓国では千年に及ぶ科挙の伝統の影響により、個人の地位達成に至るルートは「学問による立身出世」という1つのみが想定され、富・名誉・権力の獲得という一元的な価値観にしたがって、大学単位に留まらず学部や学科単位に至るまで社会的に序列化され、すべての国民がそこに向かって競争するという構図が存在するとのことである。つまり追求すべき価値が一元化されている社会であるからこそ、その価値を追求する欲望は高くなり競争は熾烈化し、序列はより明瞭になるというのである[97]。

このように、韓国社会における国民の競争・選抜・序列化への志向は、本来相当に強いと考えることができるが、そうした膨大なエネルギーは果たして一般学校教育制度の大学進学段階においてすべて吸収することができたのであろうか。もしそうでないとすれば、競争・選抜・序列化を志向する国民

のエネルギーを吸収するような仕組みが、公教育制度内に別途存在しているのであろうか。

以上の2つの疑問を解く鍵は、次章以降で検討していく才能教育制度にあると考える。

5. おわりに

本章では、選抜システムと進学ルートに注目し、韓国の一般学校教育制度の構造と機能について考察した。韓国の教育はめざましい量的拡大と大衆化を遂げ、現在、世界でも希にみるほど高いレベルで教育の機会均等化を達成している。70年代以前の韓国の一般学校教育制度においては、決定的な選抜の機会が中学校進学段階、高校進学段階、大学進学段階の各段階に存在しており、そこでは厳しい競争と選抜が繰り広げられ、その結果に応じて各学校は細かく序列化されていた。しかし70年代の入試制度改革とその後の上級進学率の上昇によって、中等教育段階以下における選抜性は急速に低下していった。また同時に、決定的な選抜の機会が教育段階の上方へと変移していき、それにともなって競争・選抜・序列化原理が働く範囲も教育段階の上方へと変移していった。今や一般学校教育制度において競争・選抜・序列化原理が働いているのは、高等教育段階のみとなっている。

しかしながら、韓国がこの間一般学校教育制度において教育の機会均等化原理をひたすら追求してきたことの裏返しとして、一般学校教育制度の選抜・教育・分配機能は低下していったし、経済発展に不可欠な科学技術分野を初めとする各分野・領域の高度なマンパワーの効率的育成も困難になっていった。さらに一般学校教育制度においては、競争・選抜・序列化を志向する国民の激しいエネルギーを吸収する機会が大学進学段階にしか存在しておらず、果たして大学入試のみでそうした膨大なエネルギーを解消しうるのかについても疑問が残った。

次章以降では才能教育制度へと視点を移し、本章で検討した一般学校教育制度との関係性をふまえつつ、その構造と機能について考察していくことと

する。

【注】

1 馬越徹『韓国近代大学の成立と展開―大学モデルの伝播研究―』名古屋大学出版会、1995年、172～173頁、馬越徹「独立後における韓国教育の再建とアメリカの教育援助」阿部洋編著『韓国の戦後教育改革』龍渓書舎、2004年、171～172頁。
2 統計によっては、科学高校などの特殊目的高校や英才教育振興法による英才学校も一般系高校に含められることがある。しかし、本書では一般学校教育と才能教育を対置して教育システムをみるため、特殊目的高校や英才学校などの才能教育機関は一般系高校に含めないこととする。
3 教育科学技術部、韓国教育開発院『教育統計年報2008』韓国教育開発院、2008年 a、256～257頁。
4 文部科学省ホームページ（「平成20年度学校基本調査」）、http://www.mext.go.jp/b_menu/toukei/001/08121201/001.pdf、2009年3月14日アクセス。
5 2000年時点での私立学校の生徒が全生徒数に占める割合は、日本が中学校5.7％、高校29.4％であったのに対し、韓国では中学校23.6％、高校58.0％であった（ユン・ジョンイルほか『韓国教育政策の争点』教育科学社、2002年、81頁）。
6 ユン・ジョンイルほか『韓国の教育政策（改訂版）』教育科学社、1992年、148～149頁、韓国産業情報院『2002韓国教育統計年鑑』韓国産業情報院、2001年、258頁。
7 1979年に旧専門学校が専門大学へと一斉に改編された。なお1998年以降は大学呼称自由化措置により、専門大学や産業大学でも「○○専門大学」や「○○産業大学」ではなく、「○○大学」を正式な校名とすることが可能となっている。
8 産業大学とは、有職社会人を主な対象として、産業社会で必要な学問や専門知識を教授するための継続教育機関である。産業大学には修業年限や在学年限は定められておらず、企業からの委託教育もおこなうことができる。産業大学は1982年に「開放大学」としてスタートし、1988年に現在の名称に改称した。
9 技術大学とは、有職社会人を主な対象として、労働現場において専門知識や技術を教授するための継続教育機関である。技術大学には高卒資格を持つ者のための専門学士学位課程（2年）と専門大学卒資格を持つ者のための学士学位課程（2年）を置くことができる。
10 遠隔大学とは、開かれた学習社会を実現し生涯教育を発展させるために設立された遠隔継続教育機関である。遠隔大学には法令上、インターネットを通じて講義をおこなうサイバー大学の他、放送通信大学も含まれる。ただし、統計などでは放送通信大学は別途の項目として扱われる場合が多い。遠隔大学には高卒資格を持つ者のための専門学士学位課程（2年）と学士学位課程（4年）を置

くことができる。
11 社内大学とは、従業員200名以上の事業所が教育部長官の認可を経て設置・運営する生涯教育機関であり、高等教育法ではなく生涯教育法（韓国語では「平生教育法」）によって規定される。社内大学には高卒資格を持つ者のための専門学士学位課程（2年）と学士学位課程（4年）、または専門大学卒資格を持つ者のための学士学位課程（2年）を置くことができる。
12 初等学校就学率は1959年に96.4％（韓国産業情報院、前掲書、2001年、258頁）、1960年に95.3％（馬越徹『現代韓国教育研究』高麗書林、1981年、46頁）であったという。
13 中村高康、藤田武志、有田伸『学歴・選抜・学校の比較社会学―教育からみる日本と韓国―』東洋館出版社、2002年、29～30頁。
14 Aggarwal, D. D. *Ploblems of quality and excellence in education.* New Delhi: Sarup and Sons, 2005, pp.306-313.
15 日本私立大学協会アルカディア学報ホームページ（馬越徹「韓国の私学高等教育（上）―ユニバーサル化への牽引車―」）、http://www.shidaikyo.or.jp/riihe/research/arcadia/0019.html、2009年7月27日アクセス。
16 教育科学技術部、韓国教育開発院『2008教育統計分析資料集』韓国教育開発院、2008年 c、34頁。
なお同年の初等学校から中学校への進学率は99.9％、中学校から高校への進学率は99.7％であった。
17 馬越徹「学校教育の質的転換に向けて―韓国の場合―」『比較教育学研究』第16号、日本比較教育学会、1990年、156頁。
18 2008年時点の韓国における高等教育の純就学率は70.5％である（教育科学技術部、韓国教育開発院、前掲書、2008年 c、30頁）。
19 Hopper, E. "A typology for the classification of educational system." In Hopper, E. (Ed) *Readings in the theory of educational systems.* London: Hutchinson University Library, 1971, p.92.
20 有田伸『韓国の教育と社会階層―「学歴社会」への実証的アプローチ―』東京大学出版会、2006年、96頁。
21 教育部『教育50年史』教育部、1998年、231頁。
22 1996年時点の卒業率は初等学校98.6％、中学校97.8％に対し、高校94.5％とあまり差がみられない（キム・ヨンファ『韓国の教育と社会』教育科学社、2000年、346～348頁）。
23 1945年を基準とする国別中等教育機関の生徒数増加率は、1957年当時で、日本3.6倍、アメリカ1.4倍、台湾3.9倍に対して、韓国は実に10.1倍に達している。その後も韓国の中等教育機関の生徒数は急激な増加を続け、1975年までに37.7

倍という世界に類をみない速度で大衆化した（キム・ユンテ（研究責任者）『高等学校平準化政策の評価研究—高等学校選抜考査推籤配定制度に関する研究』韓国教育開発院、1978年、60頁）。
24　馬越徹、前掲書、1981年、1〜2頁、加藤幸次「韓国の教育事情—オープン教育の発足に立ち会って—」『ソフィア』第40巻第4号、上智大学、1991年、562頁、有田伸、前掲書、2006年、89〜90頁、全玖楽「韓国—儒教の国の現代教育—」石附実編著『比較・国際教育学（補正版）』東信堂、1998年、146〜149頁。
25　本書では、塾や予備校、家庭教師など、学校外で私費を用いてプライベートにおこなわれる学習を指す。韓国では単に「課外」と呼ばれることが多い。
26　馬越徹、前掲書、1981年、62頁。
27　馬越徹、前掲論文、1990年、156頁。
28　教育部、前掲書、1998年、235〜237頁。
29　市・道とは特別市・広域市・道を意味する。韓国の行政体系は、中央政府＞特別市・広域市・道（わが国の都道府県レベル）＞市・郡・区（わが国の市町村レベル）＞邑・面・道＞里・統の5階層を成している（趙昌鉉著、阪堂博之、阪堂千津子訳『現代韓国の地方自治』法政大学出版局、2007年、115〜116頁）。
30　教育部、前掲書、1998年、232〜244頁。
31　本書では、教育の機会均等化原理に対置するものとして、「競争・選抜・序列化原理」という語を用いる。教育の機会均等化原理とは、可能な限り厳しい競争や特別な選抜プロセスを排し、学校間の序列を無くすことで、できるだけ多くの子どもに、できるだけ長い期間、できるだけ均質な教育を提供しようとするものである。これに対し、競争・選抜・序列化原理とは、厳しい競争や特別な選抜プロセスを通じて子どもを序列化された各学校へと分配し、子どもの学力や能力、適性、将来就くであろう職業などに応じてそれぞれ異なる教育を提供しようとするものである。
32　教育部、前掲書、1998年、244〜245頁。
33　これ以前は、旧教育法施行令において、「学生の入学、退学、転学および休学に関しては、特別な規定がない限り、学校の長が許可する」（同法施行令第77条、1968年2月27日一部改正、大統領令第3387号）とされ、中学校を含むすべての学校段階において、入学志願者が定員を超過した際には選抜試験をおこなうことが許容されていた。しかし1968年9月に「学生の入学、退学、転学および休学に関しては、特別な規定がない限り、学校の長が許可する。国民学校と中学校を除外した各級学校においては、入学志願者が入学定員を超過した時には選抜考査によって入学者を決定する（傍点は引用者）」と同条項が改正され、「中学校の入学志願者については、地域別・学校群別で抽選によってその入学する学校を配定する」、「抽選に関する業務はソウル特別市・釜山市・道教育委員会が管掌実

施する」(同法施行令第77条および第77条の2、1968年9月25日一部改正、大統領令第3599号)と定められた。これにより、中学校段階以下での入試が廃止された。

34 韓国において単に「平準化」といった場合、入試制度そのものを指す場合と、そうした入試制度の導入・実施を含む一連の政策を総称して指す場合がある。このため、「平準化」制度あるいは「平準化」政策というように用語が使い分けられることもあるが、煩雑さを避けるため、本書では、「学校別競争入試の禁止」、「学群の設定」、「抽選による入学者の配定」という3つの特徴を持つ入試制度および入試政策の両方を指す用語として、「平準化」の語を使用する。

35 馬越徹、前掲書、1981年、63頁。

36 教育部、前掲書、1998年、244頁。

37 馬越徹、前掲書、1981年、63頁、有田伸、前掲書、2006年、89頁。

38 特性化中学校とは、2002年に登場したオルタナティブ教育実施のための指定校である。初・中等教育法施行令第76条に基づき市・道教育監(わが国の都道府県教育長に相当する)によって特性化中学校の指定を受けた場合、入学者選抜方法やカリキュラム編成、学校運営等において一定の自律権が与えられる。

39 馬越徹、前掲書、1981年、64頁。

40 京畿高校は、日本植民地期の京城第一高等普通学校の後身であり、わが国でいえば東京都立日比谷高校に相当するような学校である。京畿高校は、ソウル大学に多数の合格者を輩出する一流高校として長らく韓国中等教育の頂点に君臨した。ソウル大学卒業生の中でも特に京畿高校出身者は別格の評価を受け、京畿高校の「K」とソウル大学の「S」を合わせた「KSマーク」は韓国社会における最高エリートの代名詞となっていた。現在でも韓国社会における京畿高校出身者(特に「平準化」以前の卒業生)の影響力は強く、2003年の時点で、韓国の国会議員の10名に1名は京畿高校の出身であるという(「われわれの学校は第2の京畿高―大元外高1～3回卒業生6名対談/『司法考試合格者86名、医師100名超え』」『時事ジャーナル』2003年11月13日号、独立新聞社、2003年、64頁)。

41 1972年に組織された協議会。委員長はソウル大学教育学部教授(当時)のソ・ミョンウォン。

42 高校「平準化」の実施当初の法的根拠は旧教育法施行令第112条の各項に示されている。以下はその抜粋訳である(1973年9月14日一部改正、大統領令第6853号)。

第112条の5 (前期・後期の区分) 高等学校新入生の選抜は前期と後期に分けておこなわれることとし、前期は実業系・芸能系・体育系および夜間高等学校と文教部長官が指定した特殊目的高等学校(以下、「前期学校」とする)とし、後期は前期に該当しないすべての高等学校(以下、「後期学校」とする)とする。

第1章　一般学校教育制度の構造と選抜システム　59

　　第112条の6（考査の志願）①考査に応じようとする者は、前期学校・後期学校の区別なく同時に、その者が在学する中学校が所在するソウル特別市・釜山市・道の教育委員会に志願しなければならない。（中略）
　　第112条の8（後期学校の新入生選抜および配定方法）①後期学校の新入生は高等学校群（以下、この節において「学群」とする）別で、考査成績順により抽選によって当該教育委員会から各高等学校に配定する。
　　②第1項の学群は、ソウル特別市・釜山市・道別で学校分布と地域的与件を勘案して設定することとし、学群の設定に関する事項はソウル特別市・釜山市・道の条例で定める。
　　③後期学校の抽選・配定に関して当該教育委員会教育監の諮問に応じるために、学群別で高等学校入学抽選管理委員会を置き、その組織と運営に関する事項は当該ソウル特別市・釜山市・道の教育規則において定める。
　　④抽選・配定によって入学する学校に配定された者が、当該学校への入学を放棄したり退学をした時には、その後再び入学する学校の配定を受けることができない。

43　パク・プグォン『高等学校平準化政策の診断と補完方案に関する研究』教育人的資源部、2002年、10～13頁、ユン・ジョンヒョク（研究責任者）『高校平準化政策の適合性研究（Ⅰ）』韓国教育開発院、2003年、40頁。
44　2000年代に「平準化」非適用地域で「平準化」適用に向けた組織的な動きが活発化したことを受け、教育部は2003年に「平準化」適用地域の指定・解除に関する権限を市・道教育監に委譲するという計画を発表したことがあった。しかし結局は経済界や教育界の一部からの強い反発を受け、国務会議で計画は留保され、これまでどおり教育部長官が「平準化」適用地域の指定・解除に関する権限を保持する方針へと転換したという（カン・ヨンヘ（研究責任者）『高校平準化政策の適合性研究―実態分析、政策効果の検証および改善方案模索―』韓国教育開発院、2005年、43～44頁）。
45　市・道教育庁とは、特別市・広域市・道を管轄する教育行政機関である。また、市・郡・区を管轄する下級教育行政機関として地域教育庁が存在している。なお、韓国にも教育委員会が存在するが、現在のそれは特別市・広域市・道に置かれる教育・学芸に関する重要事項の議決機関であり、教育行政機関であるわが国の教育委員会とはその役割が異なる。韓国の教育委員会は、地方議会に提出される教育・学芸に関する条例案や予算案の審議・議決をおこなうとされるが、実際には地方議会で審議・議決される関連事項の事前審議機関としての機能しか果たしていない（ソウル大学校教育研究所編『教育学用語辞典（剪定版）』ハウドンソル、2006年）。
46　教育監とは特別市・広域市・道における教育・学芸に関する事務の執行機関で

あり、わが国の教育長に相当する。教育監は特別市・広域市・道を管轄する教育行政機関である市・道教育庁に所属する公務員を指揮・監督する。なお、韓国にも教育長が存在するが、韓国で教育長とは市・郡・区を管轄する地域教育庁の長を指す（同上書）。

47　実際の願書の受け付け方法は時期や地域によって異なると考えられるが、ここでは、ソウル特別市教育庁『2008学年度高等学校新入生選考要項』ソウル特別市教育庁、2007年a、およびソウル特別市教育庁『2008学年度高等学校新入生選考入学願書交付・受付業務処理指針』ソウル特別市教育庁、2007年bを参照した。

48　教育改革審議会『高等学校平準化政策—第2次公聴会報告書—』教育改革審議会、1985年、10頁。

49　パク・プグォン、前掲書、2002年、20～21頁。
　　ただし、連合考査合格者の成績は、各学校へ配定される入学者の学力構成を均一化するために用いられていた（加藤幸次、前掲論文、1991年、563頁）。本文でも述べるが、連合考査が廃止された現在のソウル市では、中学校内申成績が参考とされている。まず一般系高校進学希望者は自分の居住地の学群別で志願し、中学校内申成績（席次百分率）によって合格者が選抜される。合格者は中学校内申成績（席次百分率）によって上位（上位10％未満）・中位（上位10％以下～50％未満）・下位（上位50％以下）の3等級に分けられ、合格者の交通の便に配慮しつつ、学校間の成績に差が出ないように個別学校の生徒数の比率に応じて各等級の合格者が抽選・配定されるようになっている（ソウル特別市教育庁ホームページ、http://www.sen.go.kr/、2008年11月26日アクセスおよびソウル特別市教育庁『2008学年度後期一般系高新入生配定（案）』ソウル特別市教育庁、2008年）。つまり高校「平準化」は、厳密にいえば、全志願者を対象とした完全抽選・配定制度を採っておらず、あらかじめ中学校の内申成績によって分けられた等級の中での抽選・配定制度を採っているとみることができる。ただし本文でも述べたように、連合考査の成績や中学校内申成績による等級分けは、あくまで入学者の学力構成に学校間格差を出さないための措置であり、希望する学校（たとえば自宅に近い学校でなくとも、有名な予備校の近くにある学校や、富裕層が住む地域にあって全体的に大学進学実績が良好な学校などは人気が高い）に配定される確率と成績との関連性は存在しない。

50　本書では、ある時点においておこなわれる選抜が、子どもがその後にたどる教育ルートの分化・特殊化や教育修了後の社会的地位獲得に対する決定力が強い場合、換言すれば、ある時点でおこなわれる教育的な選抜が決定的なものである度合いが高い場合、「選抜性が高い」とする。逆にそうした決定力が弱い場合は、「選抜性が低い」とする。韓国の連合考査が子どものその後の教育ルートを決定する度合いは極めて低いので、連合考査の選抜性は低いといえる。なお、ある

時点での選抜が一時的に教育ルートの分化・特殊化をもたらす場合でも、その後の選抜でその決定力を打ち消すことが可能であれば（すなわち「敗者復活戦」が用意されていれば）、その時点での選抜性は低くなる。たとえば、高校入試によって普通教育系統、職業教育系統というように教育ルートが分化する場合、その分化が大学へ進学できる可能性を強く決定し、さらに大学卒業後の社会的地位獲得にまで影響を及ぼす場合、高校入試の選抜性は高くなる。一方で、高校入試によって教育ルートが分化したとしても、それ自体は大学へ進学できる可能性をさほど左右せず、大学進学段階で「敗者復活」が可能である場合、高校入試の選抜性は低くなる。

51　1994年に旧教育法施行令が一部改正され（同法施行令第69条の2の新設）、高校入試において中学校内申成績のみを用いた選抜が可能になったことによる。

52　ユン・ジョンヒョク、前掲書、2003年、47頁。
　　一方で、2007年頃から釜山市などでは、高校入学者の学力低下抑止のために、連合考査の再導入を検討する動きも出てきており、これに反対する全国教職員労働組合連合（全教組）との間で対立が深まっている（国民日報、2007年4月4日付、ハンギョレ新聞、2008年11月19日付）。

53　たとえばソウル市では、2008年時点で、一般系高校進学者を「先志願学校」、「先複数志願学校」、「一般抽選配定学校」の3つに分けて抽選・配定するなど、生徒の学校選択の幅の拡大と学群の弾力化を図っている。「先志願学校」とは教育部長官より開放型自律学校の指定を受けているウォンムク高校とクヒョン高校の2校が該当する。「先複数志願学校」とは、生徒数の少ないソウル市中心部に所在する37校が対象であり、ソウル市全域から志願者を募り、志願者は2～3校の進学希望順位を付けて志願することができる。しかしこれら2種類の学校は全体からみると一部に過ぎず、標準的な学群内抽選・配定による「一般抽選配定学校」がソウル市所在の一般系高校の8割（207校中168校）を占めている（ソウル特別市教育庁ホームページ、http://www.sen.go.kr/、2008年11月26日アクセス、ソウル特別市教育庁、前掲書、2008年）。

54　1975年には、韓国私学財団連合会と大韓私立中・高等学校長会が「平準化」の全面廃止か、さもなくば私立高校にだけ競争入試を許容するように要求した。さらに、1977年には、大韓教育連合会が学群内での競争入試の復活を教育部に建議し、韓国私学財団連合会、全国私大連合会なども競争入試復活を求めた。「平準化」の公立・私立一律適用という措置の背後には、当時私立高校に在籍していた生徒の割合が全国平均で57％、ソウル市では実に79％に上るなど、私立高校が高校教育の大きな部分を担っているという事情があったと考えられる。なお授業料に関しては、当初の計画では、教育環境の公立・私立間格差解消のために、公立・私立とも均一とし、公立高校の授業料を私立高校並みにまで引き上げ、

その引き上げ分を私立高校の支援費用とする方針が打ち出されていた。しかし、実際には逆に、私立高校の授業料が公立高校並みに引き下げられた上、政府からの財政支援は公立高校に比べて著しく劣ったため、私立高校は極度の財政難に陥った。高校「平準化」によって私立高校は、学校独自の入試が禁止され、生徒の配定も市・道が決定するなど学校運営の自律性を大きく制限された上に、公立高校と均一の授業料を強制され、いわば「準公立化」されたのである。先行研究においても、こうした強権的な措置が、その後の私立高校の健全な発展を阻害したという指摘が多い（馬越徹、前掲書、1981年、65頁、教育改革審議会『高等学校平準化の改善方案』教育改革審議会、1986年、21～22頁、パク・プグォン、前掲書、2002年、17頁、ユン・ジョンヒョク、前掲書、2003年、41頁）。

55　2000年代の高校「平準化」導入には、特定の道の多数の市が一斉に導入するという特徴がみられる。2008年の時点で管内に「平準化」適用地域を一切抱えていないのは江原道と忠清南道の2道のみであり、残りの市・道（1特別市、6広域市、7道）は大都市・中都市を中心に、すべて管内に「平準化」適用地域を抱えている。その要因としてはまず、金大中政権以降の進歩政権において教育機会の均等化がより重視されるようになり、非適用地域である一部中・小都市において受験競争の抑制を求める保護者や市民団体からの声が大きくなったことがある。それと同時に、大学入試制度の変化にともない90年代以降、大学入試における高校内申成績の比重が次第に高くなってきたため、非適用地域の生徒が相対的に不利益を被るとして、各地で「平準化」導入の声が高まったことも一因である（パク・プグォン、前掲書、2002年、22頁、東亜日報、2005年2月22日付）。これは、高校の内申成績が基本的に学内席次に基づいて算出されることに起因する。非適用地域では高校ごとに異なる学力層の生徒が集まるが、たとえば学力上位層が集まるA高校では相当に優秀な生徒であっても最上位の内申成績を受けるのが難しいのに対し、学力下位層が集まるB高校ではA高校で中位以下の内申成績しか受けられない学力の生徒であっても、最上位の内申成績を受けることができ、相対的に大学入試で有利になるといったケースが生じることがある。このため、非適用地域では大学進学戦略として意図的に一流高校を避ける生徒も増えているといわれる。中学校教育の正常化と高校受験競争の緩和、高校間の格差解消などを目的に導入された高校「平準化」であるが、2000年以降は大学入試における内申成績上の不利益を被らないために適用地域が増加しているのである。このことは、高校「平準化」が、高校入試をめぐって実施されるものから、大学入試をめぐって実施されるものへと、その目的が変質しつつあることを示しているといえよう。

56　高校「平準化」のあり方が大きく見直された90年代ですら、政府による「平準化」の枠組み維持の基本姿勢が揺らぐことはなく、世論も高校「平準化」の改善・

補完を求めはしたものの、廃止まで求める声はそれほど大きくなかった。1979年から2005年までさまざまな機関によっておこなわれた19回に上る世論調査では、高校「平準化」を維持すべきであるという意見（現状維持および改善・補完）の比率が相当に高く、最も高いもので87.3％（2000年）、最も低いもので41.8％（1987年）となっている。一方、高校「平準化」を廃止すべきであるという意見は最も高いもので58.1％（2003年）、最も低いもので12.4％（2000年）であり、廃止意見が維持意見を上回ったのは1990年と2003年の調査のみである。また韓国教育開発院による2004年の大規模な調査によれば、保護者の67.6％、教師の59.3％、生徒の66.8％が高校「平準化」に賛成している（ヤン・ジョンホ「平準化世論再びみる」『教育政策の自律性と公共性（上）』韓国教育学会2006年春期学術大会論文集、2006年、487～497頁）。

57　2008年時点における高校「平準化」適用地域内の一般系高校の数は837校、生徒数は101万127名（特殊目的高校、特性化高校、自立型私立高校を除く）であった（教育科学技術部、韓国教育開発院『2008教育政策分野別統計資料集』韓国教育開発院、2008年b、58頁）。

58　高校「平準化」適用地域内の一般系高校の数と生徒数が、すべての高校の数と生徒数に占める割合を計算した。なお、2008年時点におけるすべての高校の数は2,190校、生徒数は190万6,978名であった（教育科学技術部、韓国教育開発院、前掲書、2008年a、212頁、214頁）。

59　たとえば、「公立のA高校には男子のサッカー選手5名」、「私立のB高校には女子のゴルフ選手3名」といった具合に教育監が定員を定めて配定する（ソウル特別市教育庁、前掲書、2007年a）。韓国にはスポーツ分野の才能教育機関として15校の体育高校が存在するが、これらの学校も同じく体育特技者配定の対象となる。体育高校は高校「平準化」の補完のために設立されたというよりは、一般系高校よりもさらに集中的にスポーツ分野の才能児育成をおこなうための教育機関とみるほうがよいだろう。なお体育特技者の学校別・種目別配定は、中学校進学段階でも実施されている。このように韓国では、スポーツ分野で活躍しようとする子どもは中学校段階から運動部に所属してスポーツのみに専念し、それ以外の子どもは勉強に専念するのである。中・高の運動部員が正規の授業に出席した時間が、試合がない時で1日平均4.4時間、試合がある時では1日平均2時間に過ぎず、82.1％の生徒は欠席にともなう補充授業をまったく受けていなかったという調査結果もある（朝鮮日報インターネット日本語版、2009年1月4日付）。韓国の才能教育制度をみる際は、スポーツ分野には認知分野とまったく異なる競争・選抜・序列化原理が働いていることを念頭に置いておかねばならないだろう。

60　高校「平準化」非適用地域内の一般系高校の生徒数が、すべての高校の生徒数

に占める割合を計算した。なお、2008年時点における高校「平準化」非適用地域内の一般系高校の数は534校、生徒数は35万432名 (特殊目的高校、特性化高校、自立型私立高校を除く) であった (教育科学技術部、韓国教育開発院、前掲書、2008年b、58頁)。

61 専門系高校の生徒数が、すべての高校の生徒数に占める割合を計算した。なお、2008年時点における専門系高校の数は697校、生徒数は48万7,492名であった (教育科学技術部、韓国教育開発院、前掲書、2008年a、343〜344頁)。ちなみに、高校「平準化」非適用地域内の一般系高校の生徒の割合 (18.4%) および専門系高校の生徒の割合 (25.6%) を合計した数値 (44.0%) と、全高校の生徒の割合 (100%) から高校「平準化」適用地域内に所在する一般系高校の生徒の割合 (53.0%) を差し引いた数値 (47.0%＝高校「平準化」の適用対象とならない生徒の割合) の間には3.0%の差があるが、これは前者の数値に特殊目的高校、特性化高校、自立型私立高校の生徒が含まれていないためと考えられる。

62 カン・ヨンヘ、前掲書、2005年、39〜40頁、国際新聞 (蔚山・慶南版)、2008年1月7日付。
　なお近年では、非適用地域の大部分が、中学校内申成績を基準に一般系高校の入学者を選抜している (カン・ヨンヘ、前掲書、2005年、40頁)。

63 たとえば慶尚南道は道内に高校「平準化」適用地域と非適用地域の両方を抱えているが、2004〜2008年度まで5年連続で非適用地域の一般系高校は定員割れを起こしている。同じような現象は、道全体が非適用地域である江原道でも生じている。こうした現象は、1997年度の大学別本考査の禁止以降、高校の内申成績が大学入試においてますます重視される流れと関係している。繰り返し述べているように、高校の内申成績は基本的に学内席次に基づく相対評価によって算出される。つまり、仮に同程度の学力の生徒であっても、同級生の学力が平均的に高い高校では相対的に悪い内申成績を受け、同級生の学力が平均的に低い高校では相対的に良い内申成績を受けることになる。このため、一流高校においてトップレベルの成績を上げる自信がある者以外は、相対的に良い内申成績が期待できる中・下位の高校や高校「平準化」適用地域の高校へ戦略的に進学するケースも十分起こり得るのである。現在、一般系高校卒業生の大学進学率は9割を超えており、高校入試はすでに大学入試の通過点に過ぎなくなっている。したがって、よほど教育環境が優れていない限り、わざわざライバルの多い一流高校に進学する合理的な理由はもはや存在しないのである (ハンギョレ新聞、2005年1月5日付、国際新聞 (蔚山・慶南版)、2008年1月7日付)。

64 全攻楽、前掲論文、1998年、147頁、有田伸、前掲書、2006年、65〜72頁。

65 キム・ヨンファ、前掲書、2000年、122頁。
　ただし、地域によっては高校「平準化」適用後に専門高校が受験名門校化す

るケースもあったという。
66 チョン・チョルヨン「実業系高等学校の実態と発展方案」『職業教育研究』第16巻第1号、1997年、14～15頁。
67 本書では、選抜の機会と競争入試の機会とを分けて考える。すなわち、選抜の機会とは、ある選抜によって子どもに対し教育ルートの分化・特殊化がもたらされる機会であり、競争入試の機会とは、読んで字のごとく、競争によって合格者・不合格者を決定するタイプの試験を受ける機会である。したがって、たとえ競争入試がおこなわれる場合でも、競争率が極端に低かったり、その後の「敗者復活」の機会が豊富に設けられていれば、競争入試が持つ選抜性は低く、選抜の機会を提供することにはならないと考える。
68 稲葉継雄「『先生様』の国の学校―韓国―」二宮皓編『世界の学校』福村出版、1995年、219頁。
69 馬越徹、前掲書、1981年、193～221頁、中村高康、藤田武志、有田伸、前掲書、2002年、36～37頁、有田伸、前掲書、2006年、92～96頁。
70 金泰勲「大韓民国」石井光夫(代表)『第2分冊 東アジアにおける「入試の個性化」を目指した大学入試改革の比較研究』(平成18年度文部科学省先導的大学改革推進委託事業「受験生の思考力、表現力等の判定やアドミッションポリシーを踏まえた入試の個性化に関する調査研究」報告書)、東北大学、2007年、107頁。
71 荒井らによれば、1945年から1999年3月までの間に大学入試制度の細かな手直しは35回おこなわれたという(荒井克弘、藤井光昭「韓国の大学入試と総合試験」藤井光昭、柳井晴夫、荒井克弘編著『大学入試における総合試験の国際比較―我が国の入試改善に向けて―』多賀出版、2002年、100頁)。
72 大学修学能力試験は、大学修学能力適格者の選抜機能を高め、高校教育を正常化し、各大学の学生選抜に公正性と客観性が高い資料を提供することを目的に1994年度より導入された共通試験である。現在は、韓国教育課程評価院が出題、問題用紙印刷・配布、成績通知を管理・実施し、各市・道教育庁が受験願書交付・受け付け、問題用紙運送・保管、試験実施を担当している。出題や採点、成績通知等の主幹部分はすべて政府出資機関である韓国教育課程評価院の一括管理となっている(韓国教育課程評価院ホームページ、http://www.kice.re.kr/ko/board/view.do?menu_id=10029、2009年3月23日アクセス)。なお問題作成に当たっては、韓国教育課程評価院が70名ほどの作題委員を募る。委員は大学教員が中心であり、高校の教員も含まれている。委員は30日間ほど特定の場所に缶詰めになって問題を作成するが、秘密漏洩を防ぐためにこの間、外部との連絡を一切断たれるという(荒井克弘、藤井光昭、前掲論文、2002年、104頁)。まさに大学修学能力試験は国家行事であり、その問題は国家機密に相当するといえよう。
73 稲葉継雄、前掲論文、1995年、219頁。

なお、2009年度の一般入試（定時募集）において、修能試験を何らかのかたちで入学者選抜に用いた専門大学は146校中118校（80.8％）であった（ハンギョレ新聞インターネット版、http://www.hani.co.kr/、2008年12月4日付）。
74　有田伸、前掲書、2006年、99頁。
75　随時募集は1994年度に導入され、11月から2月におこなわれる一般入試（定時募集）に先行して、7月から8月（随時1学期）、9月から12月（随時2学期）の2回おこなわれる（随時1学期は実施しない大学も多い）。近年、各大学はこの随時募集を最大限に活用し、入学者選抜における独自性を追求するようになっており、全募集定員に対する随時募集の割合は増加する趨勢にある。たとえば、ソウル市にある主要な大学の場合、2005年度の募集定員の3割から5割を随時募集が占めたという（金泰勲、前掲論文、2007年、109頁、112頁）。
76　石井光夫（代表）『第2分冊　東アジアにおける「入試の個性化」を目指した大学入試改革の比較研究』（平成18年度文部科学省先導的大学改革推進委託事業「受験生の思考力、表現力等の判定やアドミッションポリシーを踏まえた入試の個性化に関する調査研究」報告書）、東北大学、2007年、12～15頁。
77　韓国教育課程評価院ホームページ、http://www.kice.re.kr/ko/board/view.do?menu_id=10029、2009年3月23日アクセス。
78　わが国でしばしばニュースなどで目にする、パトカーが遅刻しそうな受験生を会場まで送り届けたり、受験生の乗った車を白バイが先導するといった韓国の大学入試の光景は、修能試験当日のものである。
79　有田伸、前掲書、2006年、96頁。
80　たとえば、大学が内申成績を点数に換算する際に、学力下位校の上位の内申成績と学力上位校の下位の内申成績を同等に扱うなどである。「平準化」の効果とその正当性を根本から否定することにつながるため、政府は学力の学校間格差の存在を公的に認めておらず、内申成績は原則として各学校における学内席次による相対評価によって決定される。つまり高校等級制の禁止は、学力が高い層の生徒が集まる都市部の高校で上位20％の成績の生徒でも、相対的に学力があまり高くない層の生徒が集まる農村・漁村部の高校で上位20％の成績の生徒でも、同等の学力を有するものと仮定して大学は内申成績を評価せよということを意味する。
81　本節における考察では、主に有田伸、前掲書、2006年、79～114頁における論考を参考とした。
82　選抜性の変化の概要をつかむため、下級学校から上級学校への進学率は小数点第1位を四捨五入し、n−2～n+2％まではn％、n+3～n+7％まではn+5％とした。たとえば、68～72％までは70％、73～77％は75％、78～82％までは80％といった具合である。ただし、下級学校の卒業生数に比べ入学定員が非常に少ないオ

能教育機関に関しては進学率をそのまま記している。なお進学率の基準とした年は、60年代：1965年、70年代：1975年、80年代：1985年、90年代：1995年、2000年代：2005年である（教育科学技術部、韓国教育開発院、前掲書、2008年c、34頁）。

83　この選抜性の度合いは、上級学校進学率および各教育段階における入試制度を勘案して筆者が定めたものであり、指標自体の客観性の問題やその度合いの判断において筆者の主観を排除できない点で限界を持つ。ただ、ある時点での選抜が、子どもに対してどの程度教育ルートの分化・特殊化をもたらすのかという選抜性の高低は、その性質上、量的指標のみで表すことは困難であるし、上級学校進学率等の客観的指標だけで測ることもできない。このため、本書では特に客観的指標を設けず、それぞれの選抜性の度合いを各進学ルートに示す際の根拠については、文章にて説明することにした。選抜性に関する指標および度合いの判断基準の客観性確保については、今後の課題としたい。

84　1976年には、高校への進学希望者は92％に及んだが、高校入学定員は進学希望者の82％しか収容力を持たず、この年、少なくとも11万名の中学浪人が生じたといわれている（馬越徹、前掲書、1981年、64頁）。

85　その理由としては、①60年代よりは飛躍的に改善されたものの、中学校の収容力が依然として不十分であった、②経済的理由などにより初等学校卒業生自身が中学校への進学を希望しなかった（旧教育法の改正によって中学校の義務教育化が決定されたのは1984年であったが、長らく財政的要件が整わず、中学校義務教育が完全に無償化されたのは2004年になってからのことであった）、という2つが考えられる。ただし当時、すでに中学校入試が撤廃されていたため、前者の場合どのような基準や方法で中学校に進学できない者が決定されたのかは不明である。

86　80年代初めの時点で、高校「平準化」が適用される範囲は、全中学生人口の60％強に達していたという（稲葉継雄「韓国の高校改革―『平準化』を中心として―」教育と医学の会編『教育と医学』1993年8月号、慶應通信、1993年、87頁）。母集団を中学生のうち一般系高校への進学者に限定すれば、その割合はさらに高くなるものと推察できる。

87　キム・ヨンファ、前掲書、2000年、134頁、ヒョン・ジュ（研究責任者）『韓国学父母の教育熱分析研究』韓国教育開発院、2003年、125頁。

88　このことは、1979年の調査において、10～15歳の児童・生徒のうち84.4％が高等教育段階までの進学を希望しており、日・米・韓・英・仏・泰の6ヶ国中最も高かったこと（総務庁青少年対策本部編『日本の子供と母親―国際比較―（改訂版）』大蔵省印刷局、1987年、24～25頁、オ・ウクファン『韓国社会の教育熱―起源と深化―』教育科学社、2000年、49～50頁）、また1991年の韓国教育開発

院による調査において、中学生の64.8%が高等教育段階以上の進学を希望しており、専門系高校卒業までを希望していたのは21.9%に過ぎなかったこと（キム・ヨンファ、前掲書、2000年、178頁）から推察できる。
89　同上書、122頁。
90　教育科学技術部、韓国教育開発院、前掲書、2008年 a、256～257頁、400～401頁。
91　同上書、同頁。

　なお、より厳密な意味での「敗者復活」の状況を知るには、4年制大学に進学した専門系高校の卒業生が、どのような大学のどのような学部・学科に進学したのかまで把握する必要があるが、これについては十分な統計データが入手できなかったため、今後の課題としたい。

92　もちろん、ある教育段階における決定的な選抜の機会の消失は、それ以下の教育段階における学校内外や学校間での日常的な教育達成競争の消滅を意味しない。韓国においては、塾通いや学内での成績争いなどの教育達成競争が、すでに初等学校段階から始まっていることはよく知られるところである。ただし、そうした教育達成競争はもっぱら直近の決定的な選抜の機会に向けておこなわれ、実際に選抜がおこなわれる時点においてその激しさが頂点に達すると考えられる。つまり、2000年代以降は日常的な教育達成競争が大学入試に向けておこなわれており、大学入試当日において最も激しくなるということである。本書は選抜システムと進学ルートに注目することで各教育システムの構造および機能を明らかにすることを目的としているため、日常的な教育達成競争の実態については別途の研究を要する。

93　有田伸、前掲書、2006年、89頁。
94　同上書、110頁。
95　馬越徹、前掲論文、1990年、156頁、ユン・ジョンイルほか、前掲書、1992年、68頁。
96　馬越徹、前掲論文、1990年、156頁、有田伸、前掲書、2006年、89～90頁。
97　キム・ヨンファ（研究代表者）『韓国人の教育熱研究』韓国教育開発院、1993年、102頁、84～85頁、キム・ヨンファ、前掲書、2000年、108～109頁。

第2章　才能教育制度の登場と初期の選抜システム
―「平準化」の補完策としての科学高校の設立―

1. はじめに

　本章以降では才能教育制度について考察していくが、韓国では歴史的に認知分野の才能教育に重点が置かれてきたことと、中でも数学・科学分野の才能教育が政策上最も重要視されてきたため、これらの分野に焦点を当てて検討していくこととする。また、第1章でみたように、高校「平準化」を初めとする一般学校教育制度の選抜システムは、認知分野における普通教育のあり方に対応することを主たる目的として構築されていたことから、一般学校教育制度と才能教育制度の関係性を探る上でも、認知分野における才能教育のあり方に注目する。

　まず本章では、韓国で80年代初めに才能教育制度が登場した背景について考察し、その選抜システムの特徴から初期の科学高校の性格について明らかにする。そのために第2節では、才能教育制度の登場の背景について、70年代に導入された高校「平準化」との関連をふまえて検討し、なぜこの時期に才能教育制度が登場したのかについて明らかにする。続く第3節では、韓国初の本格的な才能教育機関である京畿科学高校がどのように設立されていったのかについて具体的にみていき、その法的位置付けや入学者選抜方法の特徴について検討する。第4節では、80年代に科学高校独自の大学進学ルートが構築されていった過程を追い、初期の科学高校の成果について簡単に触れる。そして第5節では、前節までの考察をふまえて、80年代の才能教育制度の構造と機能について整理する。なお、本章以降で「平準化」の語を用いる場合、特に断りがない限り高校「平準化」を指すものとする。

2. 才能教育制度の登場とその背景

(1)「平準化」の副作用

　前章で述べたように、激しい高校受験競争や大都市への人口集中などの問題を解決すべく、1974年に「平準化」が導入された。「平準化」は苛烈な高校受験競争を緩和しただけでなく、その後の高校進学率の上昇を支え、中等教育機会の拡大に貢献した。また、各高校の入学者の質が平均化されたことで学校間の格差や序列が相当程度解消された等の成果は、韓国社会において広く認められているところである[1]。ただし「平準化」という制度・政策は、目的達成のために公権力をもって子どもおよび学校の自由や権利を制限するという強硬な措置であったため、一定の成果を上げた一方で、私立学校からの反発を招いたり、以下のようなさまざまな副作用をもたらすことになった。

　第1に、選抜の機会が大学進学段階に集中することによって、大学受験競争が今まで以上に激化した。第2に、適用地域の全国拡大に失敗したため、高校入試が大都市・中都市の適用地域と、地方小都市や農村・漁村部、山間僻地などの非適用地域に二元化した。このため「平準化」が導入された初期には非適用地域に新興の一流高校が登場し、都市から地方の学校へ受験生の逆流現象が生じるなどした[2]。第3に、確かに適用地域においてはかつてのような学校間の序列はなくなったものの、今度は大都市の新興富裕層が居住する地域に、ソウル市の江南第8学群[3]に代表される「名門学群」が新たに登場することになった。名門学群の高校の生徒は総じて学力が高かったため、自然と学校全体の授業の水準も高いものとなった。またこれらの地域には、ソウル市江南区大峙洞のように富裕層の子女を目当てに人気のある塾や予備校が続々と集まり、そうした大学進学に有利な教育環境に魅力を感じた富裕層をさらに呼び込むことになったため、当該地域の地価が暴騰するといった現象が起こった[4]。「平準化」によって学校間格差は縮小したものの、今度は「学群間格差」が生じていったのである。このように、地域間の社会経済的な格差がダイレクトに地域間の教育格差に反映されてしまう点が、学群制が持つ弱点の1つといえるだろう。

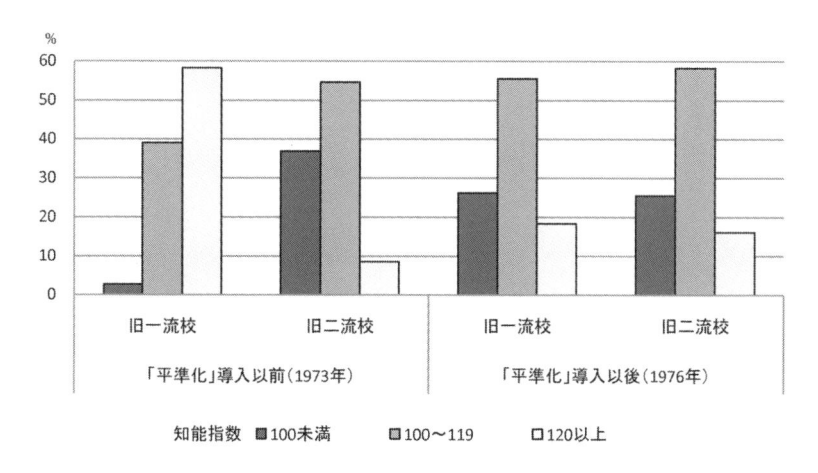

第2章 才能教育制度の登場と初期の選抜システム 71

図2-1 旧一流校と旧二流校における生徒の知能指数分布の変化

出所：キム・ユンテ（研究責任者）『高等学校平準化政策の評価研究―高等学校選抜考査推薦配定制度に関する研究―』韓国教育開発院、1978年、20 ～ 21頁をもとに筆者が作成。

　そして第4の副作用が、才能教育制度の登場に決定的な影響を与えた、学級の異質集団化と「下向平準化」の問題である。「平準化」導入によって、確かに生徒の質の面では学校間格差は縮まった。たとえば1978年に実施された韓国教育開発院の調査では、「平準化」導入によって、従来のいわゆる一流校と二流校（原典では「下流校」）の生徒の知能指数の分布が、ともに正規分布化したことが指摘されている（図2-1）[5]。その他、当時の大学入試予備考査受験生の成績に学校間格差がなくなったり、従来のいわゆる二流校からも一流大学合格者が出るようになった[6]。
　しかし当然ながら、学校間の生徒の質の「平準化」が、そのまま個々の生徒の質の「平準化」を意味するものではない。同一学校の知能指数が正規分布に近くなったということは、それだけさまざまな学力を持つ生徒が同じ学校で学ぶようになったことを意味している。さらに政府は徹底した教育の機会均等化を推し進めるべく、「平準化」の導入と同時に、習熟度別学級の編成（いわゆる「優劣班」[7]の編成）を禁止したため[8]、学級レベルまで異質集団化が進み、同じ教室、同じ教師の下で、同じ教科書、同じカリキュラムに沿っ

て、多様な学力、興味関心、能力、適性を持った生徒が学ぶようになった。

　このような学級の異質集団化の結果生じたのが、教授・学習の画一化と非効率化の問題であった。異質集団内では教授・学習の内容や方法、速度の基準が自然と中位の集団に合わせられ、能力や適性の個人差は無視されがちになる。このため、優秀な生徒は学習に対する達成感や好奇心を失い、一方で勉強が苦手な生徒は授業についていけずに落ちこぼれるといった事態を招いた。さらに、不本意な学校への抽選・配定による学習意欲喪失も加わって、生徒の総体的な学力が「平準化」導入以前よりも低下する、いわゆる「下向平準化」が盛んに指摘されるようになった[9]。

　中でも、同年齢集団に比べて特定分野・領域における能力や適性が突出して高かったり、得意分野と不得意分野の差が激しい潜在的な才能児は、しばしば一般の教室で学習意欲を失い、むしろ問題児として扱われる場合すら出てきた。「平準化」が導入された直後の70年代後半の韓国を取り巻く世界情勢は、第2次オイルショックによる輸出の鈍化と先進国の保護貿易化が進む厳しいものであり、韓国は付加価値の高い技術を利用した新たな産業構造への転換を迫られていた。天然資源に乏しく、周囲を大国に囲まれた新興工業国であった当時の韓国にとって、特に科学技術分野をリードする人材となる可能性を秘めた数学・科学分野の才能児の優れた才能を損なうことは、個人的な損失であるだけでなく国家的な損失とみなされた。

　以上のような状況において、「平準化」の副作用に対する社会や教育界からの批判は日増しに高まっていった。しかし、「平準化」を廃止してしまうと、以前の激しい高校受験競争が再現されることは誰の目にも明らかであった。このため、政府はあくまで「平準化」の枠組みは維持しつつ、その枠外において補完策を講じることで副作用を最小限に抑えようと試みた。80年代前後には、異質集団編成の短所を補うべく教科別・学力別移動授業などの対策も取られたものの[10]、期待していたような成果は得られなかった。こうした中、一躍注目を浴びることになったのが才能教育である。才能教育には、科学技術分野をはじめとする特定分野・領域をリードする高度なマンパワーを育成して国際競争力を確保するとともに[11]、「平準化」の下では周辺化され

かねない才能児に、その能力と適性に応じた教育機会を保障するという2つの役割が期待されたのであった[12]。

1980年にいわゆる「7・30教育改革」[13]が出されたことを受け、政府は1981年から2年間に渡り、一部の一般系高校と大学附設の「英才教室」において、科学、外国語、芸術、体育などの分野で研究学校を運営した。しかしその過程で、連合考査と抽選によって各学校に配定された生徒では能力にばらつきがあり、授業運営が効率的におこなえない等の問題点が明らかになったため、特別学校形態の才能教育機関を設立するという方向性が確定した。政府は1982年に「英才教育総合方案推進計画」を具体化すると、「中・高等学校は全人教育の次元において教育本来の目的に沿って運営」するとして「平準化」の発展継続を前面に押し出しつつ、「平準化」による教育の画一性と質低下に対する補完策の1つとして、「科学技術分野の教育に力点を置き、同分野の優秀人材を養成」するための高校を設立すると発表した[14]。これを受けて1983年、京畿道水原市に、最初の科学高校であり、韓国初の本格的な才能教育機関でもある京畿科学高校が設立された。

(2)「平準化」の補完策としての才能教育制度の登場
①科学高校設立建議の度重なる失敗

このように韓国の才能教育制度は、80年代初めに科学技術分野の高度なマンパワー育成による国家の競争力増強と「平準化」の補完を目的として登場した[15]。だが実のところ、科学高校の設立については、60年代の終わりから70年代にかけてすでに何度か建議がなされていたのである[16]。韓国において初めて公的に科学高校の設立が建議されたのは、1969年に開かれた教育部主催の科学教育協議会においてであった。しかし当時は中学校「平準化」が導入されたばかりであったため、この建議は結局実現には至らなかった。2度目に科学高校の設立が建議されたのは、1973年のことであった。この年に開かれた全国教育者大会「全国民科学化の道」において、「国力培養」のために科学高校設立の建議がなされたが、教育部長官の更迭や同時期に導入された高校「平準化」の趣旨にそぐわないという反発があったため実現には至

らなかった。これらの建議の共通点は、科学技術分野の高度なマンパワー育成という目的にのみ焦点を当てて科学高校の必要性を説いている点であり、また実現に至らなかった原因はともに「平準化」の趣旨に背くという点にあったことが分かる。

②科学高校設立建議の成功の要因

その後、1978年に、韓国教育開発院が報告書『教育発展の展望と課題』において科学高校の設立を建議した。この建議がそれまでの建議と一線を画していたのは、「国際間の高級頭脳競争に備えて、また持続的な経済発展、産業発展、輸出伸長のための優秀な頭脳開発のため、科学英才教育が必要」であると、従来と同じく科学技術分野の高度なマンパワー育成を主張したに留まらず、「平準化教育の補完策の一環として」[17]科学高校を設立するという方向性を明確に打ち出した点であった。「平準化」の副作用が指摘されるようになった70年代後半以降、それまで科学高校設立に何度も失敗していた才能教育政策立案者が、「平準化」の補完という新たな目的を才能教育の制度化の大義名分として加えるようになったのだと考えられる。

上記の建議を受けて、教育部の長期教育計画に科学高校の設立計画が盛り込まれ、1979年には2年後の設立に向けて科学高校設立推進委員会が組織された。ところが同委員会による研究調査の遂行中に朴正煕大統領の暗殺という大きな政治的混乱が生じ、予算獲得の失敗なども重なったため同計画はいったん頓挫してしまった[18]。しかし科学高校の設立はすでに確定路線となっており、その後、教育部の支援の下、韓国教育開発院を中心として積極的に才能教育の制度化に向けた研究が進められた。この流れがその後の京畿科学高校設立につながった。

以上の経緯から、科学技術分野の高度なマンパワー育成という目的だけでは長らく設立に至らなかった科学高校が、70年代後半に「平準化」を補完するという大義名分を新たに手に入れたことでようやく設立にこぎつけたことが分かる。つまり、才能教育制度の登場には、経済発展に必要な特定分野・領域の高度なマンパワーの育成という目的、そして「平準化」に基づく一般

学校教育制度を発展させていく過程で生じる副作用を緩和するという目的の両方がそろうことが必要であったとみることができる。また、才能教育制度導入当時において「平準化」の補完という語が意味していた内容は、数学・科学分野における才能児が有する潜在的な才能の損失を防ぐために、才能児の能力と適性に応じた教育機会を提供することであったといえる。

3. 科学高校の設立と学校別競争入試の実施

(1) 京畿科学高校の設立過程

①逆風の中での「ささやかな出発」

以下ではより具体的に、最初に設立された科学高校である京畿科学高校の設立過程についてみていきたい。前節で述べたように、確かに才能教育の制度化の背後には教育部の支援が存在したが、当初から京畿科学高校が政府支援による才能教育機関として鳴り物入りで設立されたかというと、決してそうではなかった。1981年11月、京畿道教育庁（当時は京畿道教育委員会）から科学高校設立業務の委託を受けた京畿道学生科学館は、京畿科学高校の設立計画の樹立に着手し、学校設立業務推進機構内に教育行政分野の専門家4名、教育学・科学・科学教育分野の研究者7名の計11名からなる学校設立諮問委員会を構成した。その内訳は、教育部の研究官、奨学官、科学技術課長の3名、韓国教育開発院の教育課程研究部長が1名[19]、ソウル大学教育学部（それぞれ科学教育、物理教育、地球科学教育、化学教育、生物教育、教育心理が専門）の教員6名、それにソウル大学農学部の教員1名であった。こうした諮問委員の構成から分かることは、教育行政分野の専門家が全員教育部関係者である点と、研究者が全員ソウル大学の教員である点である。つまり、京畿科学高校の設立主体は確かに京畿道教育庁であったが、実際に設立業務を推進したのは教育部関係者とソウル大学の一部教員だったのである[20]。実は、京畿道教育庁は当初から科学高校誘致に積極的であったわけではなく、代表的な才能教育推進論者の1人であったソウル大学教育学部物理教育科教授のチョン・ヨンテが、同窓生であるイ・ジュンギョン京畿道教育監を直接説得すること

によって、ようやく同地域に最初の科学高校を設立することが決まったという経緯がある[21]。つまり、政府の後押しはありつつも、相当部分を個人的ネットワークに頼るかたちで最初の科学高校の設立業務は進められていったのである[22]。

また、後に科学高校の高大連携体制を構築していった科学技術部[23]は、設立業務に直接関与しておらず、間接的に支援するに留まっていたことも読み取ることができる[24]。これは京畿科学高校の設立・運営に当たって「学校は現行法令と制度の範囲内で設立・運営する」として、あくまで教育部所管である一般の学校の範疇を逸脱しない方針が示されていたためと考えられる。さらに、「学校の設立と運営過程において『英才教育』を標榜しない」、「生徒に対する行財政的な優遇措置は原則として講じず、一般の高校の生徒と同一の取り扱いを受ける」という方針も示されている。その理由は、前述の学校設立諮問委員会において、「英才教育の問題は学術的に一般化できない状況で、生徒たちに過度な優越感を与える恐れがあり、社会の拒否反応を誘発する憂慮がある」、「学校設立と運営過程において『英才』という語彙を控えたほうがよい」、「学校を設立する趣旨を科学英才教育に置かず、科学に対する素質が優秀な生徒を通じた先導的な機能を遂行するという水準に置いたほうがよい」という意見が出たためである[25]。

以上のような京畿科学高校の設立過程から、当時いかに才能教育に対する社会的な風当たりが強かったかがうかがえる。80年代初めは、全斗煥大統領による軍事独裁政権下、行政命令によって課外学習が全面禁止され(浪人生を除く)、「平準化」適用地域も再拡大するなど教育の機会均等化政策が推し進められていた時期であった。こうした時代状況において、「平準化」の補完という大義名分を手に入れたとはいえ、学校別競争入試を実施し、一部の子どもに特別な教育を施す才能教育が広く受け入れられるような社会的土壌はいまだ存在していなかったとみることができる[26]。京畿科学高校の学校設立諮問委員の1人が同校設立の翌年の時点で述べているように、「1983年の京畿科学高等学校設立を初めとしていくつかの科学高等学校が設立され、前に述べた社会的、国家的要求に応じようとしているが、これもやはり平準

化教育施策の影に遮られ、活気あふれる出発とはならなかった」[27]のである。科学高校にとって「平準化」は、才能教育実施の大義名分を与えると同時に、才能教育機関としてのあり方に制限を加える両義的な存在であったといえる。

　麻生 (2004年) は1998年度の大学早期入学制度の導入を指して、わが国における才能教育制度の「ささやかな出発」[28]としている。それより15年も前に才能教育制度を導入し、今やアジア諸国の中で最も発達した才能教育制度を持つ国の1つである韓国においても、その出発はやはり「ささやかな」ものだったのである。

②科学高校の「英才教育機関化」

　しかし韓国には「シジャギパニダ (始めれば半分終わったも同然)」という言葉があるように、ある政策に対し社会の反発が予想される際、とにかく既成事実を作ってそれを足がかりに政策を推し進めようとする手法がしばしばみられる。設立以前から科学高校に才能教育機関としての役割が期待されていたことは明白であったにも関わらず[29]、才能教育をあえて標榜しなかった京畿科学高校の設立過程もその一例であったといえる。

　上述したように、最初の科学高校である京畿科学高校は逆風の中、個人的ネットワークに相当部分頼るかたちで設立までこぎつけたが、同校が設立された1983年の年末には早くも、政府方針として「科学高校の英才教育機関化」が示され、科学高校を明確な才能教育機関として位置付け、育成していく方向性が打ち出されている[30]。翌1984年には大田科学高校、慶南科学高校、全南科学高校 (現在の光州科学高校) の3つの科学高校が増設され、1985年からは京畿科学高校を含む4つの科学高校が全国を4分割するかたちで、入学者募集地域が全国拡大された[31]。さらに1987年に特殊目的高校の指定を受けたことで、科学高校が「科学英才養成」のための学校であることが法令によって示され、これを受けて京畿科学高校の設立趣旨にも「中学校に在学している科学英才たちを早期発掘」[32]するという文言が盛り込まれることとなった。こうして科学高校は、教育の機会均等化政策が推し進められる中、最初はいわば「なし崩し」的に設立され、その後迅速に才能教育機関として

の地歩を固めていったのである。

(2) 科学高校の法的位置付けと初期の入学者選抜方法
①法的位置付け

　科学高校の特徴は、原則として寄宿制を採っていること、すべて公立学校であること、そして1987年より一貫して特殊目的高校の指定を受けていることである。序章でも少し触れたが、特殊目的高校とは初・中等教育法施行令第90条に規定されている「特殊分野の専門的な教育を目的とする高等学校」のことであり、科学高校や外国語高校などの才能教育機関と、工業高校や農業高校など一部の専門系高校を含む。科学高校は同法施行令によって「科学英才養成」を目的とする学校であると規定されており、才能教育機関としての明確な法的根拠を有している。しかし、初・中等教育法施行令が主に一般の学校について規定した法令であることから分かるように、科学高校はあくまで一般の教育法体系の範疇で定められた学校である。このため科学高校の入学者選抜方法やカリキュラム編成は、一般系高校に比べれば確かに自由度が高いものの、一般の教育法体系の範疇を大きく逸脱することはできなくなっている。こうした点が、科学高校が抱える才能教育機関としての法的基盤の弱さとして指摘されるところである。

　なお、特殊目的高校には系列ごとに高度で発展的な内容が含まれた国家カリキュラム（「専門教科教育課程」）[33]が定められている。科学高校にも「科学系列高等学校専門教科教育課程」が用意されており、一般系高校のカリキュラムにはない「高級数学」や「高級物理」、各種実験、課題研究、原書講読といった数学・科学分野に専門特化した科目が含まれている。また、特殊目的高校の入学者選抜については、前章で少し触れたとおり、専門系高校と同様に前期校として位置付けられているため、「平準化」適用地域内に所在していても学校別の志願が可能であり、学校別の競争入試も実施することができる。

②入学者選抜方法

　科学高校の入学者選抜は、設立時から1996年度までその方法に大きな変

更が加えられないまま10年以上に渡って実施された[34]。

京畿科学高校の入学者選抜を例にとると、同校は1984年度まで京畿道内を募集地域としていたが、1985年度から4つの科学高校で全国をカバーするようになったのにともない、募集地域が韓国北部一帯(ソウル市、京畿道、仁川市、江原道)にまで拡大された。その後、ソウル科学高校(1989年)、江原科

表2-1 京畿科学高校の入学者募集地域および志願・合格状況 (1983〜1996年度)

年度	区分	ソウル市	京畿道	仁川市	江原道	済州道	計	競争倍率	募集地域
1983	志願者	—	218	—	—	—	218	3.6:1	京畿道 ※男子校
1983	合格者	—	60	—	—	—	60		
1984	志願者	—	150	—	—	—	150	2.5:1	同上
1984	合格者	—	60	—	—	—	60		
1985	志願者	142	105	11	13	—	271	4.5:1	ソウル市、京畿道、仁川市、江原道
1985	合格者	45	7	4	4	—	60		
1986	志願者	293	106	28	43	—	470	7.8:1	同上
1986	合格者	45	8	2	5	—	60		
1987	志願者	361	154	12	60	—	587	6.5:1	同上
1987	合格者	65	12	2	11	—	90		
1988	志願者	601	262	49	60	—	972	10.8:1	同上 ※男女共学化
1988	合格者	65	9	11	5	—	90		
1989	志願者	—	388	70	66	—	524	8.7:1	京畿道、仁川市、江原道
1989	合格者	—	33	15	12	—	60		
1990	志願者	—	320	94	66	—	480	8.0:1	同上
1990	合格者	—	38	10	12	—	60		
1991	志願者	—	323	81	87	—	491	8.1:1	同上
1991	合格者	—	39	11	10	—	60		
1992	志願者	—	392	126	90	—	608	6.8:1	同上
1992	合格者	—	63	18	9	—	90		
1993	志願者	—	567	139	—	—	806	8.9:1	京畿道、仁川市
1993	合格者	—	71	19	—	—	90		
1994	志願者	—	592	—	—	—	592	6.6:1	京畿道
1994	合格者	—	90	—	—	—	90		
1995	志願者	—	778	—	—	—	778	8.6:1	同上
1995	合格者	—	90	—	—	—	90		
1996	志願者	—	797	—	—	0	797	8.9:1	京畿道、済州市
1996	合格者	—	90	—	—	0	90		

出所:京畿科学高等学校『京畿科学高等学校20年史1983〜2003』京畿科学高等学校、2003年、52頁。

学高校 (1993年)、仁川科学高校 (1994年) の設立にともない逐次募集地域を縮小し、1994年度以降は再び京畿道内を基本的な募集地域とするようになっている (**表2-1**)。同じく表2-1の競争倍率をみてみると、設立後数年間は、後述する科学高校独自の大学進学ルートが未確立であったため人気が少なく競争倍率もさほど高くなかったが、その後は6〜10倍に達する高い競争倍率を維持している。

なお1984年度まで京畿科学高校は単独で入学者選抜を実施していたが、1985〜1996年度までの間は全国の科学高校で組織する全国科学高校連合会が共同で学科筆記試験を出題し、入試管理も共同でおこなっていた。1996年度までは基本的に、学校長推薦、学科筆記試験、科学適性検査[35]、体力検査、面接等を通じて入学者選抜がおこなわれていた[36]。学校長推薦の要件には、学内席次3〜5％以内という厳しい基準が求められており、この基準に満たない者は志願すらできなかった。また、同校の入学者選抜では1986年度まで学科筆記試験への配点が全配点の70％であり、1987年度以降は90％であるなど、ほぼ学科筆記試験の結果によって合否が決定されていた。なお、学科筆記試験では、200点満点のうち英・国・数・理 (科学) の4教科に各30〜45点と重点が置かれており、一方で社会や道徳などは8〜10点と低い配点となっていた。

以上から分かるように、初期の科学高校の入学者選抜は、募集地域が広域にまたがり、出題や入試管理は連合を組んで共同でおこなっていた。また志願資格は、学内席次3〜5％以内とされ、全配点の70〜90％を学科筆記試験に配当するなど、筆記試験中心で非常に競争的なものであった。科学高校の設立とそこにおける入学者選抜の実施は、次に述べる独自の大学進学ルートの整備と相まって、選抜性が高い決定的な選抜の機会を一般学校教育制度の外側に生み出すこととなった。

4. 独自の大学進学ルートの整備と初期の科学高校教育の成果

(1) メインストリームとしてのKAIST早期入学制度

　科学高校が出発した80年代は、初めは静かに、その後は着々と数学・科学分野の才能教育制度が整えられていった。中でもいち早く着手されたのが、科学高校独自の大学進学ルートの構築である。国民の教育熱が極めて高い韓国社会において、科学高校の教育の成否は、大学進学問題をいかに解決するかにかかっていると考えられたためである[37]。さらに数学・科学分野の才能児が、大学入試準備に追われることなく、才能教育プログラムに専念できるようにするために、また、不必要な教育内容の反復を防ぎ、教育段階を越えて一貫性を持った才能教育を実施するためにも、大学進学の制度的保障は必須とされた。

　こうした中、1986年3月に科学高校卒業生の受け皿として韓国科学技術大学が開校した。その後同校は、1991年に韓国科学技術院 (Korea Advanced Institute of Science and Technology: KAIST) の学士課程として統合され現在に至っている。KAISTは科学技術部所管の高等教育機関であり、韓国における理工系最高峰の大学の1つである。科学高校生には2学年修了をもってKAISTへの志願資格が付与され、KAISTが独自に実施する選抜試験に合格した際には高校2学年から大学1学年への早期入学が認められることとされた[38]。このKAIST早期入学制度は、科学高校卒業生の大学進学ルートにおけるメインストリームとされ、初期の4つの科学高校はいずれもKAIST進学に重点を置いて進路指導をおこなっていた[39]。図2-2をみると、80年代に科学高校に入学して90年代初めまでに大学に進学していった科学高校卒業生 (2学年早期修了者を含む) のほとんどがKAISTに進学していたことが分かる。これらの事実から、この時期のKAIST早期入学制度はメインストリームとして正常に機能していたといえる。

　さらに、KAIST早期入学制度の確立にともなうかたちで、科学高校の教育内容も変化していった。KAIST早期入学制度が導入される以前の科学高校では3年制を基本としており、2学年までにほとんどの教科を履修し終え、3学年は教科別のエンリッチメント・プログラムを履修するかたちで運営されていた。しかし科学高校生の学力水準は極めて高く、一部の生徒は高校在学中

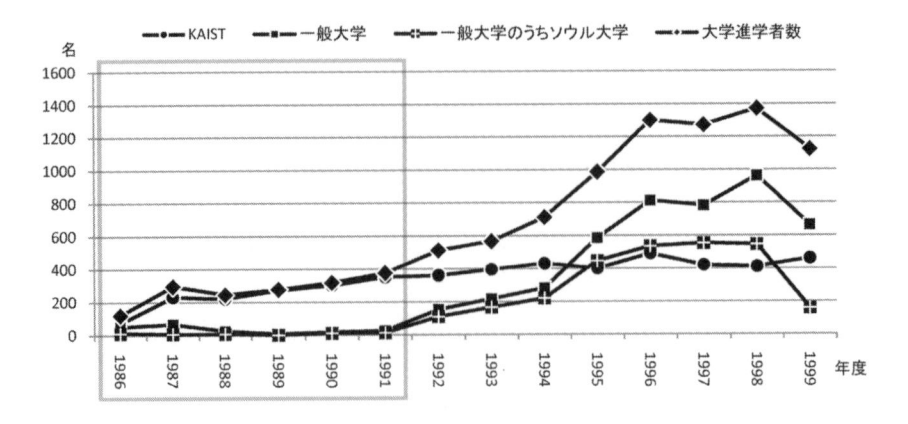

図2-2 科学高校の卒業生（早期修了者を含む）の進路状況

出所：キム・オンジュ（研究責任者）『科学高等学校卒業生に対する追跡研究』韓国科学財団、1999年、11～13頁をもとに筆者が作成。
注1：年度は大学進学年度。進学者数には2学年早期修了をもって大学に早期入学した者も含む。
注2：1993年度の大学別進学者数は不明であるため推定値。
注3：原文では、1997年度と1998年度において、大学進学者数と大学別進学者数の合計の間に齟齬があったため、ここでは後者の数字を採用した。
注4：なおここでは示していないものの、卒業生数と2～3年前の入学者数との間に差が存在している。これは早期修了者の影響とともに、自主退学者や海外留学者などが含まれていないためと考えられる。

からすでに大学の教材を使って学習しているほどであった。一方で、KAIST早期入学制度が導入されて以降の科学高校のカリキュラムは、今までどおり3学年を終えて大学に進学する「深化課程」と、アクセラレーション・プログラムを実施し2学年早期修了をもってKAISTに早期入学する「速進課程」の2本立てで構成されるようになり、このうち後者が中心となっていった。

以上のように科学高校とKAISTとの連携による独自の大学進学ルートの確立は、科学高校生を受験競争の圧力から解放し、才能教育を実施するための教育環境を整えるだけでなく、科学技術分野への人材誘導という科学高校の設立主旨にも合致していた。KAISTの学部生は、全員が国費生として授業料や寄宿舎費用、食費などすべての教育経費を免除される代わりに、卒業後は政府指定の機関における一定期間の服務が義務付けられていたためである[40]。

なお、科学高校以外の特殊目的高校には独自の大学進学ルートが保障されておらず、外国語高校や芸術高校、体育高校の卒業生は通常、一般大学[41]の

当該分野に関連する学部・学科に進学する[42]。ただし、詳しくは第3章で述べるが、外国語高校卒業生の同一分野（言語系）の学部・学科への進学率は20〜40％と低く[43]、これは外国語高校が登場した背景に関連している。

(2) 補助的な特別措置としての「比較内申制」

　さらに1987年度には、科学高校卒業生が教育部所管の一般大学へ進学する際に適用される「比較内申制」という内申成績算出上の特別措置も導入された。一般系高校における内申成績の算出方法は、原則として学内席次を基準とする相対評価であり、たとえ学力が高い生徒であっても同級生がさらに優秀であれば相対的にその者の内申成績は低くなる。このような通常の内申成績算出方法が科学高校にそのまま適用されると、多くの科学高校生は一般大学入試において不利な立場に置かれることになる。たとえば、多様な学力を持つ生徒が集まる一般系高校の中位層よりも、最上位の学力を持つ生徒が集まる科学高校の下位層のほうが、本来の学力が高いことは十分にありえることである。しかしながら、通常の内申成績算出方法を共通に適用すると、前者は後者よりも低い内申成績しか受けることができない。一般大学入試では高校内申成績が合否に大きな影響を及ぼすため、そうした場合、科学高校生は低い内申成績に足を引っ張られて一般系高校生との競争に負けてしまい、本来の学力に見合った大学に進学するのが難しくなってしまうのである。

　こうした問題を解決するために導入されたのが、比較内申制である。比較内申制が適用されると、まず科学高校の内申成績付与権が、教育部長官より各市・道の教育監へと委任される。そして、地域内の共通テストや修能試験のような全国共通学科筆記試験の成績を基準として、科学高校生と地域内の一般系高校生とを比較し、同じ点数を取った一般系高校生と同等の内申成績が、大学入試の際に科学高校生にも付与される[44]。たとえば、科学高校の中では学内席次が低いために内申成績が5等級の生徒であっても、共通テストで同じ点数を取った一般系高校生の内申成績が1等級であった場合、科学高校生にも同じく1等級の内申成績が付与されるのである。比較内申制導入の妥当性の根拠とされたのは、1985年に実施された科学高校生と一般系高校

生の学力比較調査である。この調査において、科学高校生の学力が一般系高校で最上位の内申成績を受けた者と同等か、それよりも上位であることが明らかにされた[45]。実際に比較内申制導入後は、一般大学へ進学する科学高校生の大部分が最上位の内申成績を享受することとなった[46]。

比較内申制は、科学高校生が一般大学への進学を希望する場合にも、大学入試準備や内申成績獲得競争にわずらわされることなく、才能教育プログラムに専念できるようにするための措置であった。さらに、その適用が同一分野（理工系）の学部・学科に進学する際に限定されていたため、科学技術分野に人材を誘致するという機能も果たしていた[47]。何よりも留意すべきは、比較内申制の導入当初はKAISTに早期入学しない少数の卒業生に対する進路保障のための補助的な特別措置として位置付けられていた点である[48]。図2-2をみても分かるように、比較内申制の適用を受ける一般大学への進学者は、80年代までごく少数に限られていたのである。

(3) 学校数と入学定員の抑制

なお80年代までは、限りある教育資源を集中させるためと、卒業生の進路を確実に保障するために、政府は科学高校の学校数と入学定員を一定水準に抑制していた。当時すでに各市・道に科学高校を1校ずつ設立すべきとの声もあったが、教育部は1984年の時点で早くも科学高校を既存の4校以上に増設しない方針を明らかにしていた。また、科学英才教育研究委員会も、教育部への答申報告書の中で、既存の4校を集中的に支援・育成すべきであるとしていた[49]。図2-3は科学高校における年度別学校数・入学者数の状況を示したものだが、線で四角く囲った枠内をみても、90年代初めまでは、科学高校の数は4～6校に維持され、入学定員もその合計がKAISTの入学定員(400～500名)を大幅に上回ることのないよう漸進的に拡大されていったことが分かる。

以上から80年代は、政府による一定のコントロールの下、才能教育の所期の目的を達成するために、一般学校教育制度とは異なる独自の論理に基づいて、才能教育制度が着々と整備されていった時期であるとみることができる。

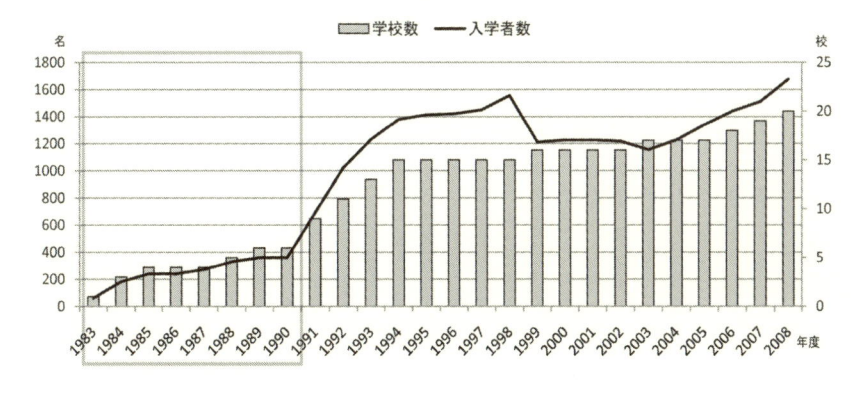

図2-3 科学高校における学校数・入学者数の状況

出所：韓国教育開発院教育統計サービス、http://cesi.kedi.re.kr/、2008年8月20日アクセスをもとに筆者が作成。
注：韓国科学英才学校は除く。

(4) 初期の科学高校における教育の成果

　ここで初期の科学高校における教育の成果について触れておきたい。一般に何をもって教育の成果とするかの判断は容易ではないが、科学技術分野における高度なマンパワー育成という明確な目的を持って設立された科学高校の場合、どれだけの卒業生が当該分野に進出し活躍しているかがその目安となるだろう。現在40歳前後になっている京畿科学高校第1期生への追跡調査によれば、2003年時点で、第1期生の75％が科学技術分野で活躍しているとのことであり[50]、さらに2006年時点で所在を把握できた53名のうち、9名が大学教員、30名が企業研究所・政府関連研究所・海外研究機関で働いていることが分かっている[51]。また近年、科学高校卒業生が大学や一般企業の主要な研究ポストの大部分を掌握したという声も一部で出始めていることから[52]、初期の科学高校は設立目的に沿った一定の成果をおさめることができているといえるだろう。このように近年になって卒業生の活躍が目にみえるかたちで表れ始めたことから、後の受験名門校化を差し引きし、現時点で科学高校は「半分の成功」[53]と評されている。今後さらに90年代以降の卒業生が社会の第一線で活躍するようになれば、こうした評価にも変化が出てくるかも知

れない。

5. 80年代における才能教育制度の構造と機能

(1) 才能教育制度の構造

　以下では、第1章でみた一般学校教育制度との関係性をふまえ、80年代における才能教育制度の構造と機能について、選抜システムと進学ルートに注目しつつ検討したい。なお、韓国の才能教育制度において教育段階を越えた体系的な選抜システムと進学ルートを有しているのは数学・科学分野のみであり、その構造に才能教育制度の特徴が最も顕著に表れていると考えられること、また、登場から現在まで20年以上に渡って才能教育制度の中核を一貫して担ってきたのが同分野の才能教育機関であることから、本書では特に数学・科学分野の才能教育における選抜システムと進学ルートに焦点を当て、才能教育制度の構造について検討していく。

　80年代の才能教育制度の構造を、一般学校教育制度との接続関係をふまえて、図示すると**図2-4**のようになる[54]。選抜システムと進学ルートに注目した場合、この時期の才能教育制度は、高校進学段階で一般学校教育制度から分岐し、そのまま高等教育段階まで独自の進学ルートが続いているシンプルな「分岐型」の構造を有していたといえる。本書ではこれを「分岐型Ⅰ」ルートとする。

　第1章でみたように、80年代の一般学校教育制度では、中学校進学率は100％となり、高校進学率も90％に達したことで、中等教育がほぼ普遍化していた。また、「平準化」の適用地域は中規模都市にまで及び、一般系高校進学者の大半は学校別競争入試を経ずに高校に進学するようになった。また、専門系高校や「平準化」非適用地域の一般系高校では引き続き学校別競争入試が実施されていたが、全般的にみれば選抜性はそれほど高くなかったとみなすことができた。

　そうした中、80年代初めに科学高校が設立されたことで、才能教育制度内においては、志願資格は学内席次3～5％以内、競争倍率6～10倍、全配

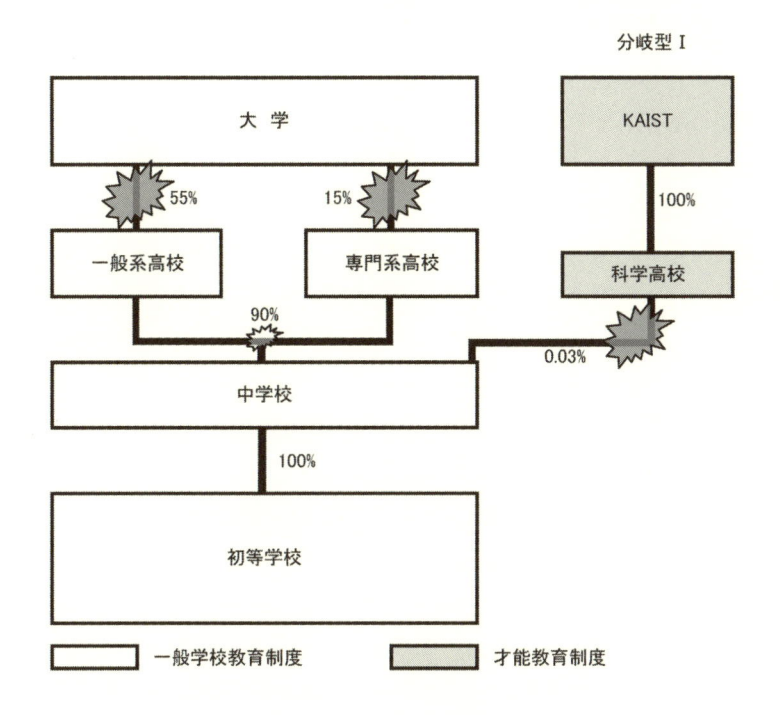

図2-4　80年代における才能教育制度の構造

点の70〜90％を学科筆記試験に配当するという極めて競争的な学校別競争入試が実施されるようになったのである。また、いったん科学高校に進学した後はほぼ全員がKAISTへ早期入学し、その後科学技術分野へと進出していった。このことから科学高校入試は、公教育制度全体の中で中等教育段階に新たに生じた、選抜性の高い決定的な選抜の機会であったといえる。

(2) 才能教育制度の機能

　それでは80年代の才能教育制度は、どのような機能を果たしていたのであろうか。この時期、才能教育制度には一般学校教育制度とは異なる独自の選抜システムと進学ルートが構築され、科学高校卒業生の大部分がこのルートを通じてKAISTへ早期入学した。現在、彼らの中から科学技術分野の第

一線で活躍する者も出始めている。この時期には、次章でみるような大学入試をめぐる葛藤や混乱もなかった。ここから、80年代の才能教育制度は、国家・社会発展に必要とされる、科学技術分野における高度なマンパワーの育成という目的に即した機能を忠実に果たしていたといえる。一方で、「平準化」の補完、すなわち数学・科学分野を初めとする特定分野・領域の才能児の能力と適性に応じた教育機会を提供するという点では、確かに目的に応じた機能を果たしていたと考えられるものの、効果の面では限定されていたとみることができる。というのも、前述したように、80年代の科学高校の学校数と入学定員は、KAISTの入学定員を大幅に上回ることのないよう4～6校、200～400名程度で推移しており、科学高校進学者は同年齢層のわずか0.03％[55]に過ぎなかったからである。

また学歴や大学の威信が重要視される韓国社会においては、ある学校の進学ルートが最終的にどのような大学に接続しているかが国民にとっての大きな関心事である。しかし80年代の科学高校の場合、比較内申制という補助的な措置は存在したものの、進学ルートのメインストリームはあくまでKAIST早期入学制度であり、大学進学時の進路選択の幅は限られていた。このため、この時期の「分岐型Ⅰ」ルートは、学校数と入学定員の少なさもあって、広く国民の目を才能教育制度へ向けさせるほどの魅力や存在感を持ちえなかったと考えられる。このことで、下級学校段階における受験競争を煽らずに済んだ一方、当該分野・領域に優れた能力と適性を持つ人材を才能教育制度へと誘引する力も相対的に弱いものに留まらざるを得なかったといえよう。

6. おわりに

本章では、80年代初めに才能教育制度が登場した背景と初期の選抜システムについて考察した。才能教育制度の登場、すなわち科学高校の設立に決定的な影響を及ぼしたのは、70代後半になって浮上した「平準化」の副作用の問題であった。「平準化」の導入によって一般学校教育制度内では学級が

異質集団化し、「下向平準化」が問題となったし、将来の経済発展をリードする可能性を秘めた数学・科学分野の才能児の潜在的な才能が損なわれる可能性も高まった。こうした状況の中、従来から存在した科学技術分野における高度なマンパワー育成という目的に加え、「平準化」の補完という新たな大義名分を手に入れたことで科学高校の設立が実現し、才能教育制度が登場したのであった。この時期、「平準化」の補完が意味する内容は、数学・科学分野における才能児が有する潜在的な才能の損失を防ぐために、才能児の能力と適性に応じた教育機会を提供することであった。その後現在に至るまで、「平準化」の補完という目的は、才能教育の必要性を主張する際に必ずといっていいほど示されるものとなっている。

　また、選抜システムと進学ルートから80年代における才能教育制度の構造と機能について検討した結果、科学高校の設立によって「科学高校→KAIST」という「分岐型Ⅰ」ルートが形成されていた。公教育制度全体における「分岐型Ⅰ」ルートの出現は、一般学校教育制度の外側に選抜性の高い決定的な選抜の機会が新たに生じたという意味を持っていた。

　80年代の才能教育制度は、政府の一定のコントロールの下、少数精鋭主義によって科学高校卒業生の大学進学ルートを確実に保障し、彼らを科学技術分野へ誘導することで、少数ではあるが着実に国家・社会の発展に必要な高度なマンパワーを生み出していったといえる。一方でその量的規模が小さかったため、才能児の能力と適性に応じた教育機会の提供という点では限界があったし、韓国社会における才能教育制度の存在感もいまだ希薄であったと考えられる。

　次章では、才能教育制度がめざましい量的拡大を遂げた反面でその構造が変容し、結果として才能教育機関が大学受験競争をめぐる大きな混乱に巻き込まれていった90年代についてみていきたい。

【注】
1　たとえばカン・ヨンヘ（研究責任者）『高校平準化政策の適合性研究―実態分析、政策効果の検証および改善方案模索―』韓国教育開発院、2005年、44〜45頁。

ただし近年の金志英の研究によって、「平準化」以降に従来の学校間序列が一度解消された結果、むしろ学校間競争が強まったという指摘もなされている（金志英「韓国の平準化政策が学校現場に与えた影響に関する研究」日本教育制度学会第18回大会発表資料、2010年11月14日付）。

2 　馬越徹『現代韓国教育研究』高麗書林、1981年、66〜67頁。
3 　ソウル市の中心部を流れる漢江の南側、江南区・瑞草区・江東区・松坡区にまたがる江南地域は、ソウル市はもちろん韓国で最も富裕な階層が住む地域である。中でも江南区と瑞草区から成る第8学群の一般系高校は、一流大学へ多くの進学者を送り出すことで知られている。
4 　こうした現象は、「平準化」が30年以上に渡って実施されているソウル市において、現在まで継続している（キム・ヨンチョル「ソウル市地域間教育格差の実像」『教育開発』第139号、韓国教育開発院、2003年 a、36頁）。
5 　ただし、生徒の知能指数は生徒の質を表す1つの指標に過ぎず、またこの調査が教育部の依頼によるものであったことや、調査対象となった母集団が14〜17名と非常に少数であったことにも留意すべきである。
6 　馬越徹、前掲書、1981年、66頁、ユン・ジョンイルほか『韓国の教育政策（改訂版）』教育科学社、1992年、57頁。
7 　学級の異質集団化に対する補完策として、中学校「平準化」の導入直後から各学校で採られるようになったもので、生徒の学力に応じて「優等班」や「劣等班」（あるいは「優」、「劣」という語を直接使わない場合でも、誰の目にも優劣が分かる名称を付けた）という基本学級を編成する措置である（馬越徹、前掲書、1981年、64頁、稲葉継雄「『先生様』の国の学校―韓国―」二宮皓編『世界の学校』福村出版、1995年、217〜218頁）。この措置自体が差別的であるという批判が上がったことや、学級編成テストのために生徒が課外学習に追われるという問題が出たため、高校「平準化」導入とともに禁止された（ユン・ジョンイルほか、前掲書、1992年、63頁）。以来、韓国社会では、習熟度別学級編成は「優劣班」の再現としてタブー視されるようになった。
8 　同上書、57頁、有田伸『韓国の教育と社会階層―「学歴社会」への実証的アプローチ―』東京大学出版会、2006年、98頁。

　なお、公式には習熟度別学級編成は禁止されていたものの、実際には変則的におこなっている学校もあったといわれる。結局1978年から教育部も事後承認のかたちで国語・英語・数学など主要教科に限って習熟度別の移動授業を公認し、1991年には「平準化」の補完策の1つとして各市・道教育庁に対し、習熟度別学級編成や教科別移動授業を奨励するようになったという（稲葉継雄「韓国の高校改革―『平準化』を中心として―」教育と医学の会編『教育と医学』1993年8月号、慶應通信、1993年、89〜90頁）。しかしながら、下位クラスに配置された生徒

の保護者から極めて強い抗議が寄せられるなど、実際の運用は困難な場合も多かった（有田伸、前掲書、2006年、114頁）。
9　ユン・ジョンイルほか、前掲書、1992年、63～64頁。
10　チョ・ナンシム「高校平準化体制と教育課程政策」平準化政策研究室編『平準化政策に対する多様な見解』韓国教育開発院、2005年、145～169頁。
11　当時の才能教育政策立案者の主張は、以下のハン・ジョンハの言葉から読み取ることができる（ハン・ジョンハ（研究責任者）『科学英才のための教育政策方案』韓国教育開発院、1984年、11～14頁）。
　「まず国家発展という側面からみれば、科学英才教育の重要性は非常に大きく、その必要性はいつにも増して切実である。（中略）わが国が国内的・国外的に置かれている立場を見回せば、先進国のように余裕のある状況ではない。今日までわれわれの国家的至上課題は先進国へ飛躍することである。しかし、このような発展欲求の前には数多くの難題が山積している。人口の急増、天然資源の絶対的な不足、外国からの技術導入の限界など1つや2つではない。このような難題を打開する道は1つだけだといっても過言ではない。科学技術の発展である。（中略）最近では先進国の技術保護政策が強まり、保護貿易政策によってわが国の輸出貿易の伸長は鈍化している。さらに、中国のような無尽蔵の労働力を保有している国家が、わが国のように技術導入を踏襲すれば、輸出伸長においてより競争力に優れているとみることができる。このような状況を克服するには特徴的な先端技術を開発し、新たな輸出市場を開拓することが必要である。（中略）指導者クラスの科学者をいかに早期に発掘し教育するかが、すなわち、科学および科学技術発達の近道である」。
12　キム・ジョンソ（研究責任者）『英才教育総合遂行方案』ソウル大学校、1982年、101～103頁。
13　7・30教育改革は第5共和国（全斗煥大統領）の代表的な教育改革であり、「教育正常化および過熱課外解消方案」という正式名称から分かるとおり、課外の全面禁止がその柱となっている。課外を煽るとの理由で、大学別本考査が廃止されたのもこの時である（韓国産業情報院『2002韓国教育統計年鑑』韓国産業情報院、2001年、277～278頁）。なお、韓国では、報告書や答申、学術論文にいたるまで「方案」という言葉がよく使われるが、これは「仕事を処理したり解決していく方法や計画」の意である（斗山東亜編集部編『東亜新国語辞典（第4版）』斗山東亜、2002年）。
14　文教部普通教育局教育行政課「高等学校平準化施策補完計画」『文教行政』第8号、文教部、1982年、53～54頁、カン・テジュン「特殊目的高等学校と自立型私立高等学校に関連する論難の性格」『教育政治学研究』第9・10巻統合号、韓国教育政治学会、2003年、3～4頁。

15 なお、60～70年代にも芸術高校や体育高校など芸術・スポーツ分野の才能教育機関が設立されていたものの、才能教育が計画性を持った政策として遂行され、1つの制度として本格的に構築され始めたのは、認知分野の才能教育機関である京畿科学高校が設立された1983年とされている。
16 イ・グンヒョン（研究責任者）『科学高等学校発展方向定立のための探索研究』韓国科学財団、1988年、10～11頁、ハン・ジョンハ、前掲書、1984年、11頁、ハン・ジョンハ編著『科学英才教育論―その理論と動向―』学研社、1987年、431～436頁。
17 イ・ジョンジェほか『教育発展の展望と課題1978～1991―答申報告書要約―』韓国教育開発院、1978年、38頁、40頁。
18 カン・テジュン、前掲論文、2003年、3頁。
19 この韓国教育開発院の教育課程研究部長とは、韓国を代表する才能教育研究者の1人、ハン・ジョンハである。
20 学校設立業務推進に当たっては、委員がソウル大学教育学部と韓国教育開発院をたびたび訪問し、カリキュラム作成や入学者選抜方法について協議をおこなっている（京畿科学高等学校『京畿科学高等学校20年史1983～2003』京畿科学高等学校、2003年）。
21 チョン・ヨンテ（研究責任者）『英才児実態調査および指導』ソウル大学校、1986年、前書き。
22 当初は、京畿科学高校を国立学校として設立する計画もあったが、韓国社会の才能教育に対する批判的雰囲気など諸般の事情により、結局は小規模な公立学校として出発せざるを得なかったという（筆者による韓国教育開発院のチョ・ソクフィ研究員（当時）へのインタビュー、2003年8月29日）。
23 韓国政府の科学技術行政当局は、科学技術処（1967年）→科学技術部（1998年）→教育科学技術部（2008年：教育人的資源部と統合）と名称を変更しているが、本書では引用文中を除き、すべて「科学技術部」と表記する。
24 ホン・チャンギによれば、京畿科学高校は「文教部を初めとして科学技術処および各級教育機関の呼応を受けて1983年3月開校をみた」（ホン・チャンギ『科学高等学校の教育』培英社、1988年、82頁）とのことであるので、科学技術部は間接的なかたちで京畿科学高校の設立に協力していたと考えられる。
25 京畿科学高等学校、前掲書、2003年、44～46頁。
　なお、1984年に設立された大田科学高校の学校設立基本方針でも、京畿科学高校と同じく、①現行法・制度の範囲内で設立・運営し、②学校の設立と運営過程において才能教育を標榜せず、③生徒個人に対する行政的・財政的な優遇措置は講じないとしている（大田科学高等学校『大田科学高等学校二十年史1984～2004』大田科学高等学校、2004年、51頁、56頁）。一方、1989年に開校されたソ

ウル科学高校の設立趣旨には、すでに初期の科学高校のような配慮はみられなくなっている（ソウル科学高等学校『ソウル科学高等学校五年史』ソウル科学高等学校、1994年、43頁）。

26　この時期の才能教育に対する批判としては、「才能教育のための制度的装置は複線制学制への還元であり、非民主的である」、「才能児は家庭の文化水準、経済力、教育力と無関係ではない。したがって才能教育は少数階層を永続化させることに貢献する」、「才能児は主に富裕層に多く、少数階層のエリート意識を助長させる心配があり、社会的平等の原理に反する」、「もっと急を要する問題が多く、途方もない財政が必要である」、「才能を判別する適切なツールがなく、もしあっても信頼できそうもない」、「才能の特性と教育の効果に関する十分な知識と資料がない」、「才能児はおのずと判別されるので、そのままにしておいても幸せな人生を送るだろう」といったものが挙げられる（シン・セホ「英才教育の世界的動向とわれわれの課題」『教育課程研究』第3号、韓国教育課程学会、1983年、149頁）。

27　ハン・ジョンハ、前掲書、1984年、13頁。

28　麻生誠「才能教育と学校―適能教育を構想する―」麻生誠、山内乾史編『21世紀のエリート像』学文社、2004年a、103～104頁。

29　たとえば、イ・ジョンジェほか、前掲書、1978年、37～41頁に示された「高級頭脳の量産と人力開発の効率化」に関する計画においては、科学高校の設立は、本文中で述べたように「平準化教育の補完策の一環」として打ち出されている他に、国際競争に対応するための人材育成のための「科学英才児教育プログラム開発」に関する課題の1つであることも明確に示されている。

30　ハン・ジョンハ、前掲書、1987年、433頁。

31　ホン・チャンギ、前掲書、1988年、82頁。

32　京畿科学高等学校、前掲書、2003年、47～48頁。

33　現行の第7次教育課程において特殊目的高校の生徒は、高校1年まで一般系高校の生徒と同様の「国民共通基本教育課程」を履修するが、高校2・3年の「選択中心教育課程」において、それぞれの系列の「専門教科教育課程」を144単位中82単位以上履修する。

34　同上書、51～55頁。

35　科学適性検査とは、科学的推理力や科学的創造性、科学的態度の3つを測るために考案された総合心理検査であり、その点数が極めて低い志願者を合格者から排除するために1992年度まで実施していた。しかし実際これに該当する志願者がいなかったため、入学者選抜の効率化を図るために1993年度以降廃止された。

36　1986年度までは志願者全員に学科筆記試験、科学適性検査、身体検査、面接

等を受けるようにしていたが、1987年度からは第1次選考として学科筆記試験を実施し、合格者のみ第2次選考として科学適性検査、身体検査、面接等を実施することとなった。

37 キム・ジョンソ、前掲書、1982年、117頁。
38 KAIST側の受け入れ準備が十分でなかった1987年度の入試では科学高校2学年早期修了者（1985年度入学者）の合格率は67.8％とさほど高くなかったが、1990年度の入試では同じく科学高校2学年早期修了者（1988年度入学者）の合格率は92.2％とほぼ志願者全員が合格できるようになっている。なお、KAISTは科学高校以外の高校の卒業生にも門戸を開いているが、科学高校以外の高校の卒業生がKAISTへ志願する場合は、高校2学年と3学年1学期の成績が上位10％以上であることが求められる。また、科学高校以外の高校の卒業生の合格率は20〜40％と決して高くなく、科学高校卒業生のように特別な配慮を受けているとはいえない（韓国科学技術院『韓国科学技術院二十年史―一九七一〜一九九一―』韓国科学技術院、1992年、263頁、247頁、キム・ジョンドゥク『2004年度科学英才発掘・育成事業結果報告書―科学高早期卒業生の進学および大学適応に関する研究―』KAIST科学英才教育研究院、2005年、26頁）。
39 大田科学高等学校、前掲書、2004年、142〜143頁、大邱科学高等学校ホームページ、http://www.ts.hs.kr/introduction/introduction08.asp、2008年8月24日アクセス。
40 韓国科学技術院、前掲書、1992年、347頁。
41 以下本文中で「一般大学」という場合、特に断りがない限り第1章の表1-2で示した教育部所管の4〜6年制一般大学を指すこととする。
42 なお、スポーツ分野では国立の韓国体育大学が存在し、体育高校の主要な進学先の1つとなっているが、全体的にみると、それ以外の大学に進学する場合が圧倒的に多い。情報が入手できた限りであるが、韓国体育大学への進学者数は、慶南体育高校の2006年度大学進学者77名のうち6名、ソウル体育高校の2008年度大学進学者126名のうち22名となっている。さらに体育高校卒業生には、プロや実業団への就職などの進路もあるため（近年の体育高校の大学進学率は80％程度）、体育高校と韓国体育大学の間には、科学高校とKAISTほどの密接なつながりはないとみることができる。韓国体育大学ではKAISTのように早期入学制度も実施していない（キム・ヨンチョル（研究責任者）『特殊目的型高等学校体制研究（Ⅰ）』韓国教育開発院、2003年b、53頁、韓国体育大学校ホームページ、http://www.knsu.ac.kr/、2009年9月29日アクセス、慶南体育高等学校ホームページ、http://chego.or.kr/sub1/index5.htm、2009年9月29日アクセス、ソウル体育高等学校ホームページ、http://seoul-ph.cschool.net/?_page=15、2009年9月29日アクセス）。
43 キム・ヨンチョル、前掲書、2003年b、53頁
44 教育改革審議会『特殊才能教育の振興方案』教育改革審議会、1987年、57〜58頁。

なお、大学入学資格検定考査（わが国の大検に相当する）の合格者や内申書がない志願者の場合も比較内申制が適用される。内申書がある場合でも、特殊目的高校の卒業生や卒業後一定期間経過した者などはその適用を受ける。
45　ハン・ジョンハ、チェ・ドンヒョン、チョ・シファ『科学高等学校学生学力比較評価研究』科学英才教育研究会、1985年、93～95頁。
46　筆者による韓国教育開発院のチョ・ソクフィ研究員（当時）へのインタビュー、2003年8月29日。
47　科学英才教育研究委員会『科学高等学校活性化のための政策建議―答申報告書―』科学英才教育研究委員会、1984年、24～26頁。
48　1984年に科学英才教育研究委員会の提示した案は、KAISTとの連係および、すべての大学の関連学科の定員に科学高校卒業生のための特別枠を設け、その定員をめぐって科学高校卒業生同士が競争する「制限された競争」状態を作り出すというものであった。この際に、一定水準以上の成績をおさめた科学高校卒業生の全員に最上位の内申成績を与えるという絶対基準評価方法の適用を、科学高校卒業生の進路保障のための「補助的な案」として提言している（同上書、25頁、78頁）。
49　学校数維持の代替案として、1校当たりの定員を漸次拡充して最終的に540～720名まで増員することを提言している（同上書、19～20頁、27～28頁）。
50　「科学高『半分の成功』」『時事ジャーナル』2003年3月20日号、独立新聞社、2003年、42頁。
　なお、政府が1985年に全国から144名の就学前才能児を発掘したことがあったが、2001年に彼らに対する追跡調査をおこなったところ、学業達成が非常に低い水準に留まっていたことが明らかになった。その理由は、大部分の者が社会経済的地位の低い家庭の子どもだったため、別途の教育を受けることができなかったためとされている（チョ・ソクフィ、ハン・スンミ『就学前英才の特性および父母の指導実態と要求に関する調査研究』韓国教育開発院、1986年、33～35頁、「『課外で英才作り』子どもつかむ」『週間東亜』第363号、東亜日報、2002年、78～79頁）。この結果から得られる見解は、やはり才能児を早期に見分けることは困難であるというものと、才能児として認定された子どもに対する教育的支援を長期的・継続的に実施しなければならないというものに分かれるだろう。その上で仮に後者の立場に立つならば、公立学校でありながら恵まれた環境で才能教育を受けることのできる科学高校の存在が、現在科学技術分野で活躍する卒業生を生み出す一助となったと考えることもできる。
51　東亜日報、2006年1月3日付。
52　シン・ウォンシク『初等学生のためのかしこい特目高勉強法』パムパス、2008年、17～18頁。

53 「科学高『半分の成功』」、前掲記事、2003年、42頁。
54 本書において、才能教育制度における下級学校から上級学校への進学率の基準とした年は、一般学校教育制度と同様に、80年代：1985年、90年代：1995年、2000年代：2005年である。なお、各年代における中学校から科学高校または英才学校（第4・5章にて詳述）への進学率は、基準年の中学校卒業生に占める科学高校または英才学校の入学定員の割合から求めている（韓国科学英才学校ホームページ、http://www.ksa.hs.kr/、2006年2月1日アクセス、韓国教育開発院教育統計サービス、http://cesi.kedi.re.kr/、2008年8月20日アクセス）。
55 本書では、中学校から科学高校または英才学校への進学率と、同年齢層に占める科学高校または英才学校の入学定員の割合を等しいものとして扱う。その理由としては、第1にそもそも科学高校や英才学校の入学定員が中学校卒業生数や同年齢の人口に比べて非常に少ないこと、第2に80年代以降の初等学校就学率がほぼ100％であることや、初等学校から中学校への進学率も同様にほぼ100％であること（このため中学校就学率は1985年82.0％、1995年93.5％、2005年94.6％と各年代とも高い）、韓国の学校では年齢主義が徹底しておりほぼエスカレーター式に進級・卒業できることなどから（たとえば中学校での学業中断率は1985年1.2％、1995年1.0％、2005年0.8％と非常に低い）、初等学校に入学した後は中学校卒業までほとんど持ち上がりで進学・卒業できると考えられ、中学校卒業生と同年齢の人口の間にそれほど大きな差がないためである（キム・ヨンファ『韓国の教育と社会』教育科学社、2000年、346～348頁、教育科学技術部、韓国教育開発院『2008教育統計分析資料集』韓国教育開発院、2008年c、30頁、39頁）。

第3章　才能教育制度の量的拡大と構造変容

1. はじめに

　本章では、90年代における才能教育制度の量的拡大によって進学ルートに変化が生じ、才能教育制度の構造が変容していく過程と、その制度的・政策的背景を明らかにする。まず第2節では、90年代に科学高校が増設・拡充された結果、最終的に科学高校が大学受験競争をめぐる混乱に巻き込まれていくまでの過程を追う。第3節では、この時期に、科学高校の大学進学制度が社会的な葛藤を引き起こすことになった要因について、制度的側面から検討する。第4節は、才能教育制度の混乱の原因となった科学高校の増設・拡充策が、そもそもどのような政策的意図に基づいて採択され実施されたのかについて、90年代初めの「平準化」改革との関係に注目して考察する。そして最後の第5節では、前節までの考察をふまえ、90年代の才能教育制度の構造と機能について明らかにする。

2. 科学高校の増設・拡充と受験名門校化

(1) 一般大学進学者の急増

　前章でみたとおり、80年代の科学高校の学校数と入学定員は、政府のコントロールによって一定水準に抑制されていた。その理由は、限られた教育資源の集中投資とKAIST早期入学制度に基づく「分岐型Ⅰ」ルートの安定性確保にあった。ところが**図3-1**の線で四角く囲った枠内をみると分かるように、90年代に入ると一転して科学高校の学校数と入学定員は急増していった。

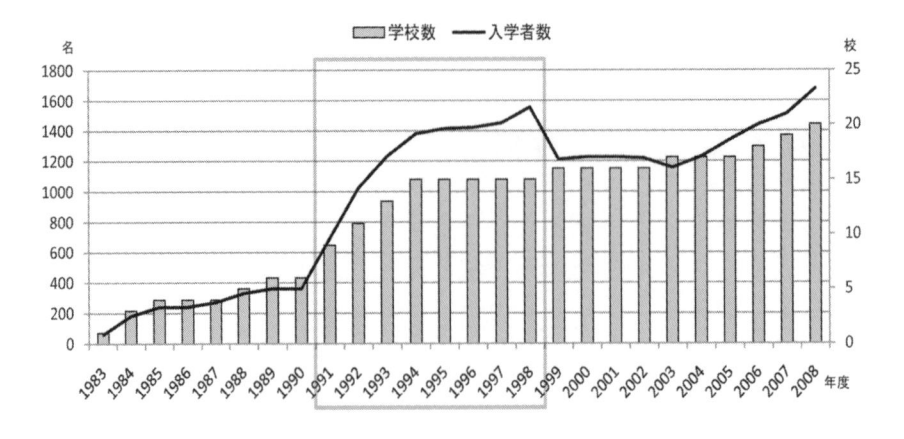

図3-1　科学高校における学校数・入学者数の状況

出所および注：第2章の図2-3に同じ。

　その政策的背景については本章第4節で詳しく考察するが、こうした増設・拡充による当然の帰結として生じたのが、卒業生の急増であった。**図3-2**は、科学高校の卒業生（早期修了者を含む）の進路状況を示したものである。

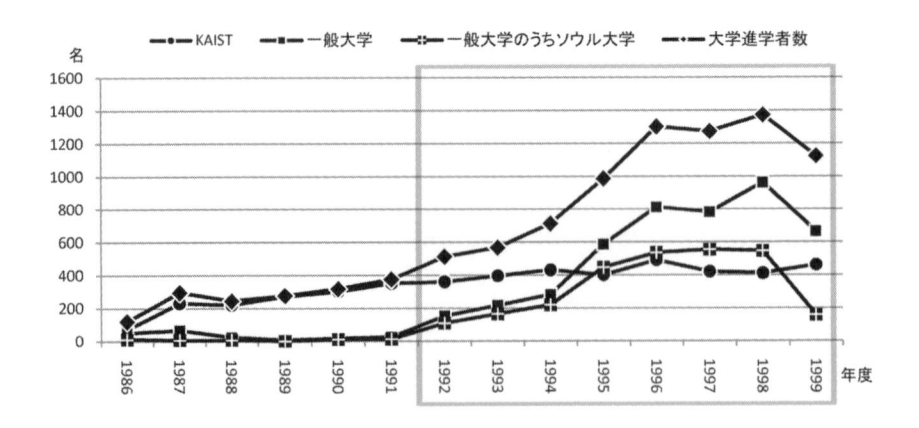

図3-2　科学高校の卒業生（早期修了者を含む）の進路状況

出所および注：第2章の図2-2に同じ。

80年代に入学した生徒が卒業する90年代初めまでは、科学高校卒業生の数は300〜400名弱であった。彼らのほとんどはKAISTへ早期入学していたし、KAIST側の受け入れ定員（400〜500名）にもまだ余裕があった。ところが90年代半ばには、図3-2のように科学高校の卒業生は瞬く間に1,300名に達した。これはKAISTの受け入れ定員の約3倍に当たる。当然、KAISTの受け入れ定員から大量の科学高校卒業生があふれ出ることになったが、彼らが流出していった先はソウル大学をはじめとする一般大学であった。

　前章でみたように、科学高校卒業生が一般大学へ進学する際に適用されたのが、内申成績算出上の特別措置である比較内申制であった。科学高校生の学力水準は元来極めて高い。科学高校入学者の中学校での成績は上位0.5〜1％以内に入るといわれており[1]、卒業生の90％以上が修能試験において全国上位1％以内の成績をおさめるという[2]。こうした中、ほとんどの卒業生が比較内申制によって最上位の内申成績を享受できたため、科学高校卒業生の大学進学実績は非常に良好であった。中でも主たる進学先であったのが、韓国を代表する総合大学、ソウル大学である。図3-2をみても分かるように、90年代前半までの一般大学進学者のほとんどがソウル大学へ進学しており、90年代後半も1999年度を除けば半数以上がソウル大学に進学している。

　韓国にはソウル大学に比肩しうるほど有力な国立大学は存在しておらず、一流大学の多くは延世大学や高麗大学などソウル市所在の私立大学である。これに加え、一元的な大学入試制度による大学の序列化が進んでいるため、韓国の大学の並び方は、いくつかの有力大学が肩を並べるいわば「連峰型」ではなく、ソウル大学を頂点とする「単独峰型」となっている。韓国最初の国立総合大学であり、かつて「民族の大学」とまで呼ばれたソウル大学は、韓国社会において圧倒的な威信を誇っており、政府からも制度上の位置付けや予算配分等において別格の扱いを受けている。ソウル大学合格はかつての科挙合格と同じく社会的エリートの約束手形とみなされており、どの高校がより多くのソウル大学合格者を輩出するかは国民の大きな関心事となっている。

　こうした中、90年代半ばになると、ソウル大学入試における学校別合格

者数ランキングの上位に、科学高校の名前が目立つようになった。中でもソウル科学高校のような大都市部の科学高校は設立当初から一般大学志向が強く、多くのソウル大学合格者を輩出していった[3]。たとえば1994年度の大学入試では、ソウル科学高校の卒業生の9割がソウル大学を受験し、その全員が合格している。この「ソウル大学100％合格」は、当時大きなニュースとなった[4]。この年の大学入試では、修能試験における全国首席と女子受験生首席、ソウル大学の首席合格者に至るまですべてソウル科学高校から輩出している[5]。

(2) 外国語高校の設立と特殊目的高校のめざましい大学進学実績

　1992年に「語学英才養成」のための新たな特殊目的高校として外国語高校が設立されたことも、この時期の才能教育制度にとって大きな出来事であった。それまで認知分野の才能教育機関には数学・科学分野の科学高校しか存在しなかったが、新たに言語分野の外国語高校が加わったのである。図3-3は外国語高校の学校数と入学者数を示したものである。

　線で四角く囲んだ90年代の状況をみてみると、外国語高校の学校数は11〜18校と科学高校とそれほど変わりないが、入学者数は約4,000〜6,500名と科学高校の4〜5倍に及び、科学高校と比べて1校当たりの規模が大き

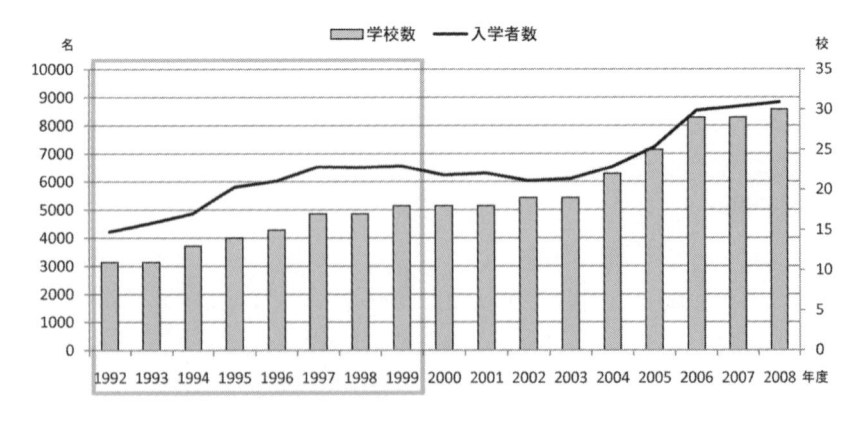

図3-3　外国語高校における学校数・入学者数の状況

出所：韓国教育開発院教育統計サービス、http://cesi.kedi.re.kr/、2008年8月20日アクセスをもとに筆者が作成。

第3章　才能教育制度の量的拡大と構造変容　101

いことが分かる。また外国語高校にはすべて公立である科学高校と違って私学が多く、1992年時点で11校中10校が、1999年時点でも18校中13校が私学であった[6]。さらに外国語高校には、科学高校のような独自の大学進学ルートが当初から用意されておらず、卒業生はもっぱら一般大学へ進学していった。なお、外国語高校の場合、言語系以外の分野の学部・学科に進学する者も多く（一部の外国語高校には理工系進学クラスまで設置されていた[7]）、その際には比較内申制が原則適用されなかったが、当時はまだ大学別本考査（学科筆記試験）が実施されていたため、内申成績上の相対的不利を修能試験と本考査という2つの学科筆記試験で十分に取り返すことが可能であったと考えられる。外国語高校の一般大学への進学実績はめざましいもので、科学高校と並ぶ一流大学進学のための登竜門として広く知られるようになった。中でも有力な外国語高校の卒業生がこぞって目指したのが、やはりソウル大学であった。

　それでは、この時期の科学高校や外国語高校の大学進学実績、中でも国民の大きな関心事となっているソウル大学への進学実績は具体的にどのような状況であっただろうか。**表3-1**は、1996年度のソウル大学入試の学校別合格者数を示したものである。これをみると、この年の学校別合格者数の上位10校のうち9校（科学高校4校、外国語高校5校）までが科学高校と外国語高校で占められていることが分かる。さらに残り1校も特殊目的高校のソウ

表3-1　1996年度のソウル大学入試における学校別合格者数

順位	学校名	合格者数
1	大元外国語高校	200
2	ソウル科学高校	150
3	漢栄外国語高校	128
4	漢城科学高校	120
5	ソウル芸術高校	98
6	大一外国語高校	74
7	明徳外国語高校	65
8	光州科学高校、梨花外国語高校	50
10	大邱科学高校	48

出所：「特殊目的高『泣き』地方高『笑った』」『週間韓国』第1657号、韓国日報社、1997年、51頁。

芸術高校であり、上位10校すべてが法令上の才能教育機関によって占められている。この10校の合格者だけで、その年のソウル大学の全入学定員(5,044名)の実に2割(19.5%)を占めたのである。

さらに注目すべきは、各学校の卒業生のうちソウル大学合格者が占める割合である。たとえば、1996年度のソウル大学入試において最も多くの合格者を出した大元外国語高校の場合、その年の卒業生にソウル大学合格者が占める割合は34%であった。また、「平準化」非適用地域の一般系高校の中で41名という最多の合格者を出した安養高校(ランキング12位)の場合、その割合は9.1%であった。これに対し、科学高校で最多の合格者を出したソウル科学高校の場合、その年の卒業生にソウル大学合格者が占める割合は実に93.8%に上った[8]。また1997年度の数値になるが、科学高校全体でも卒業生のうちソウル大学合格者が占める割合は56.2%に上っている[9]。

ここからも分かるように、一般系高校や外国語高校と比べると1校当たりの生徒数の少ない科学高校がソウル大学の学校別合格者数ランキングで上位に位置しているということは、それだけソウル大学を受験した生徒の割合が高く、合格率も高かったということである。90年代においてソウル大学への進学を望むならば、まず特殊目的高校へ進学することがその確率を高めることになり、中でも科学高校へ進学することが最も確実な方法となったのである。前章で述べたとおり、80年代の科学高校はまだ学校数や入学定員も少なく、卒業生のほとんどがKAISTへ早期入学していたこともあり、多くの国民にとって教育アスピレーションの対象とならない、どこか縁遠い存在であったと考えられる。しかし90年代に入って科学高校が急激に増設・拡充されるとともに、めざましい大学進学実績をおさめたことで、その存在は才能教育機関としてよりも、むしろ「名門大学進学の保証手形」[10]として社会に強く印象付けられることとなったのである。

(3) 科学高校の受験名門校化とその問題点

これまでみてきたように、90年代に入って、科学高校はそのめざましい大学進学実績によって世間の注目を集めることとなった。その一方で、この

時期から科学高校に対する強い批判の声も聞かれるようになった。すなわち、科学高校がかつての才能教育機関から、一流大学進学のための受験名門校へと変質したというのである。同じような批判は外国語高校にも向けられたが、確かに外国語高校の場合、卒業生のうち言語系学部・学科への進学者が占める割合は20〜40％と低く、当該分野の人材養成という機能を十分に果たせていないのは明らかであった[11]。しかしながら科学高校の場合、卒業生の80％以上が理工系の学部・学科へ進学しており[12]、科学技術分野の高度なマンパワー育成という設立目的に鑑みれば、科学高校卒業生が大学入試において優秀な成績をおさめることや、ソウル大学をはじめとする一流大学へ進学すること自体に何ら問題はなかったはずである。また、科学高校生の学力は同年齢層でも最上位にあり、彼らの多くは仮に一般系高校に入学していたとしても、一流大学に進学するだけの実力を十分に備えていたと考えられる[13]。それではなぜ科学高校は社会から強い批判を受けたのであろうか。その背景には、科学高校卒業生がめざましい大学進学実績を挙げたこと自体よりも、それに付随して生じる以下の4つの問題があったと考えられる。

第1に、科学高校が「名門大学進学の保証手形」として一躍脚光を浴びたことにより、下級学校段階における受験競争を過度に煽る結果となったことである。90年代、科学高校入試の競争倍率は跳ね上がり、富裕層の集まるソウル市江南地域の中学校では、「進学クラス」や「深化クラス」、さらには「英才クラス」といった名称で、科学高校進学のための放課後補習授業が盛んにおこなわれるようになった[14]。また、中学校課程水準をはるかに超える科学高校入試に備えるために高額の課外学習が流行した[15]。受験競争の抑制を目的とする「平準化」の補完を大義名分として登場した科学高校が率先して受験競争を煽ることは、国民はもちろん政府にとっても容認できることではなかったと考えられる。

第2に、科学高校がその大学進学実績で有名になると、次第に才能教育を受けることよりも、比較内申制を利用して一流大学に進学することを目的に入学してくる者が多くなっていったことである。「名門学群」として知られていた江南第8学群の住民の中からも、熾烈な内申成績獲得競争を強いられ

る地元の一般系高校を避けて、比較内申制の恩恵が受けられる科学高校を目指す者が続出した[16]。さらに問題とされたのは、受験志向の高い入学者が増えたことで、割合は少ないながらも科学高校卒業生の中から医学部や、数学・科学分野とまったく無関係な法学部、経営学部といった人気学部に進学する者がみられるようになったことである。たとえば1995年度のソウル大学入試では、理工系学部の首席合格者のみならず、なぜか人文・社会系学部の首席合格者までが科学高校の卒業生であるという奇妙な出来事も起こっている[17]。比較内申制の適用は理工系の学部・学科に志願する際に限定されていたし、科学高校ではその設立趣旨に則り医学部などの進学希望者を入学者選抜の段階 (学校長推薦) で排除する方針であったが[18]、その実効性は乏しかった。

　科学高校には、数学・科学分野の才能教育をおこなうために良好な教育環境が用意されている。たとえば1996年時点での生徒数対教員数の比率は、一般系高校が22.6：1、外国語高校が23.3：1であったのに対し、科学高校は7.5：1であった[19]。また数学・科学分野の教員が多いということもあるが、1998年時点で外国語高校の教員の修士学位所持率は43.9％、博士学位所持率は5.0％であったのに対し、科学高校の教員の修士学位所持率は83.4％、博士学位所持率は18.6％であった[20]。科学高校はすべて公立学校であり、良好な教育環境とそれを支える手厚い行財政的支援は、将来の国家・社会の発展を担う科学技術分野の高度なマンパワーを育成するという目的によって正当化されている。したがって、割合は決して多くなかったとはいえ、科学技術分野へつながる教育ルート以外へ科学高校卒業生が流出することは、科学高校の存在の正当性を危うくするものであったといえる。

　第3に、受験名門校としての科学高校の評価が固まるにしたがい、実際にその教育内容が大学入試準備教育にシフトしていったことである。前章で述べたとおり、科学高校の学級編成は2学年修了をもってKAISTに早期入学する「速進課程」と、通常どおり3学年を終えて大学に進学する「深化課程」の2本立てで構成されており、80年代は前者の速進課程が圧倒的に優勢であった。しかし、90年代に一般大学進学者数が増加するにしたがって後者の深化課程が優勢になり、そこでは科学高校本来の教育目的とは乖離した、大

学入試準備に重点を置いた授業がおこなわれるようになっていった[21]。大学進学ルートの変化が、才能教育プログラムの内容にまで影響を及ぼしたのである。そしてこの状況がさらに科学高校へ受験エリートを呼び込む結果となり、それが教育内容のさらなる入試準備教育へのシフトを招くという悪循環に陥っていった。

第4に、次節で詳しく述べるが、大量の科学高校卒業生が一般大学に進学するようになったことで、科学高校の大学進学ルートが一般系高校のそれと衝突するようになったことである。才能教育を名目に比較内申制という特恵的措置を享受している科学高校卒業生が、日頃厳しい内申成績獲得競争に追われている一般系高校卒業生の進学機会を圧迫することは、一般系高校の生徒や保護者にとって許容しがたいことであった。事実、後に科学高校批判や比較内申制廃止運動の急先鋒となったのが、他ならぬ一般系高校の生徒やその保護者であった。

以上のような科学高校の受験名門校化とこれに付随する諸問題に対して、政府は90年代半ば以降さまざまな対策を講じていくこととなる。

(4) 学科筆記試験の禁止による入学者選抜方法の変化
①学科筆記試験の禁止措置

政府がまず手を打ったのが、科学高校進学をめぐる受験競争の抑制であった。教育部は1995年、科学高校をはじめとする特殊目的高校進学のための課外学習の過熱を沈静化するために、1997年度から特殊目的高校入試における学科筆記試験の実施を禁止することとした[22]。学科筆記試験が禁止された1997年度入試以降、科学高校の入学者選抜方法は大きく様変わりし、その後2008年度までその大枠に変化はない。1996年度以前の入学者選抜方法からの主な変更点としては、以下の3つが挙げられる。

第1に、全国科学高校連合会による共同出題・管理体制は消滅し、学校ごとに入学者選抜を管理するようになった[23]。

第2に、各学校での入学者選抜が「特別選考」と「一般選考」の2つに分けておこなわれるようになった。特別選考では数学オリンピックなど競技試験

大会の入賞歴が重視され、書類選考と面接を通じて合格者が決定される。一方の一般選考では中学校の学業成績が重視され、中学校内申成績、面接および口述試験により合格者が決定される[24]。

第3に、選抜過程においては、学科筆記試験の代わりに、中学校の内申成績に大きなウェイトが置かれるようになった。特に一般選考では中学校内申成績によってほぼ合否が決まる状態になっており、たとえばソウル科学高校の2004年度の入学者選抜では、中学校内申成績、面接、口述試験の合計点の実に85％を中学校内申成績が占めている。1996年度までの入学者選抜では、学科筆記試験に70〜90％の配点がなされていたのとは対照的である。

なお、募集地域には変化がなく、各科学高校が所在する市・道レベルでの募集となっている。

②学科筆記試験禁止の影響

学科筆記試験が禁止された1997年度以降の科学高校の入学者選抜においては、中学校の内申成績が大きなウェイトを占めるようになった。このような学業成績を重視した選抜方法は、数学・科学分野に突出した能力と適性を持つ者よりは、むしろ各教科の成績がまんべんなく優秀な者に有利に働くといえる。また、中学校の内申成績はあくまで中学校課程についての達成度をみるものであり、その水準を超えた内容についての理解度や思考力を測ることはできない。内申成績重視の入学者選抜方法にはこうした限界があるため、科学高校関係者の多くから、設立趣旨に応じた入学者を選抜するためには学科筆記試験が必要であるという声が出ている。だがそれは現行制度上不可能であり、学校側は各種競技試験大会の受賞歴をできるだけ尊重したり、面接や口述試験の際に志願者の専門性を測るための努力と工夫を重ねている。しかしながら実情としては、現在に至るまで十分に弁別力のある入学者選抜を実施できずにいる状況であるという[25]。

このように学科筆記試験の禁止は、才能教育機関の入学者選抜にとって致命的ともいえる制限を課すものであった。しかも、中学校の学業成績を重視する選抜方法は、特定分野・領域に専門特化した筆記試験に比べれば、相対

的に文化資本を伝達しやすい（日頃の塾通いや試験勉強で準備しやすい）選抜方法といえる。皮肉なことに学科筆記試験の禁止によって、才能教育制度の選抜システムは地位や価値観の再生産を目論む特定の社会経済階層にとってより利用しやすいものとなったとみることもできる。

　以上のように、公的財源で運営する科学高校に対して、わざわざ才能教育機関としての機能を低下させるような措置を講ずることは、通常であれば合理的でないと考えられるだろう。しかし時の政府が学科筆記試験禁止を断行し、10年以上が経過した今なお解除されていないという事実からは、才能教育制度が「平準化」の補完を大義名分として登場したという韓国独自の歴史的文脈の影響が読み取れる。つまり、才能教育機関が目的に即した機能を果たすことは確かに重要であるが、その大前提として下級学校段階における受験競争を過度に煽らないことが求められているのである。また、第2章で述べたとおり、科学高校をはじめとする特殊目的高校が、一般の教育法体系で規定される学校であることも、才能教育の実効性よりも受験競争を煽らないことを優先する論理に抵抗できない1つの要因となっていると考えられる。学科筆記試験の禁止は、法的位置付けの弱さによってもたらされる科学高校の才能教育機関としての限界を物語っているといえよう。

(5)「比較内申制」の廃止と自主退学問題
①「比較内申制」廃止の過程

　90年代に入って、多くの科学高校卒業生がソウル大学をはじめとする一流大学へ合格できた要因としては、①生徒本人の高い学力、②1994年度からの大学別本考査の復活[26]、③大学入試改革による内申成績の重視傾向[27]が続く中での比較内申制の適用という3つが複合的に作用したと考えられる。特に③の比較内申制は、一般系高校には与えられない特恵的措置であり、これが科学高校の大学進学実績を押し上げる効果を果たしていた。

　科学高校の受験名門校化とこれに付随する諸問題について次に政府が打った手は、比較内申制の廃止であった。90年代半ば以降、科学高校の受験名門校としてのイメージが広く社会に定着していく中、科学高校が才能教育を

名目に比較内申制という特恵的措置を享受していることに対する強い批判の声が上がった。こうした批判の先頭に立ったのが、日頃内申成績獲得をめぐって熾烈な競争を余儀なくされている、都市部の一般系高校の生徒とその保護者であった。彼らは、科学高校や外国語高校などの特殊目的高校が今や受験エリートのための「貴族学校」となった以上、これらの学校に比較内申制を適用することは道理に合わないと強力に訴えた[28]。このような声に押されるかたちで1996年に政府は、1999年度の大学入試から比較内申制を廃止することを決定し、ソウル大学もこの決定にしたがうことを表明した[29]。

　比較内申制の廃止決定に対しては、当然、特殊目的高校の生徒とその保護者から猛反発が起こった。彼らは抗議集会を開き、教育部やソウル大学、国会を訪問して比較内申制の継続を求め、最終的には集団登校拒否や憲法裁判所への提訴という強硬手段に出た[30]。彼らがこれほどまでに必死であったのは、課外学習を煽るという理由で1997年度の大学入試から大学別本考査が再び廃止されたため、特殊目的高校の生徒は、内申成績上の不利を本考査で挽回することさえできなくなっていたためである[31]。

　比較内申制廃止をめぐる問題は、国会の教育委員会でも取り上げられ、教育部とソウル大学は修能試験成績上位者を対象とした特別選抜導入や学校長推薦入学の拡大などの妥協案を提示することで事態を収拾しようとした。しかし、今度はこの妥協案に対し、相対的な不利益を受けるとして江南第8学群を中心とする一般系高校の生徒とその保護者が反発した。彼らは、「特殊目的高校生の集団登校拒否は代表的な集団利己主義」[32]であり、教育部やソウル大学が、その集団行動に押されて妥協案を示すことは「教育機会の公平性に背く」[33]として、特殊目的高校側と同じように抗議集会を開き、教育部、ソウル大学、国会を相手に抗議行動をおこなった。こうして特殊目的高校と一般系高校の関係者が対立し、教育部とソウル大学がその間に挟まれるかたちで、比較内申制廃止をめぐる葛藤は社会問題へと発展していった。

　しかしながら結局、比較内申制廃止という政府の基本方針が崩れることはなかった。特殊目的高校関係者からの激しい抗議にも関わらず、政府が比較内申制の廃止にふみ切ったのは、比較内申制の享受を目的として繰り広げら

れる受験競争と課外学習の過熱が、受験競争と課外学習の抑制を目指して導入された「平準化」を有名無実化させる恐れが出てきたためである。こうした事態が生じた以上、政府は特殊目的高校に比較内申制を適用し続けることは妥当でないと判断したのであった[34]。

②「比較内申制」廃止の影響

　比較内申制の廃止は、多くの科学高校生にとって事実上、一般大学(特にソウル大学をはじめとする一流大学)への進学ルートを遮断されることを意味していた。なぜなら、科学高校生の学力水準は総じて高く、「平準化」の下で抽選・配定を受ける一般系高校と異なり生徒間の学力差も比較的少ないため、一般系高校と同様の学内席次による内申成績算出方法が適用されることになれば、科学高校生が望むレベルの一般大学に進学できるだけの内申成績を獲得することは、大多数の生徒にとって不可能となるからである。さらに、90年代に科学高校が急激に増設・拡充された結果、90年代後半のKAISTの受け入れ定員は科学高校卒業生の約3分の1しか収容できなくなっており(図3-2)、残り3分の2の卒業生は否応なく相対的に不利な状況の下で一般大学を受験せざるを得なくなったのである[35]。

　比較内申制を廃止する方針が発表された1996年以降、かつて高い入学競争倍率を誇った科学高校の人気は急落した[36]。翌1997年には比較内申制の廃止がほぼ確定したが[37]、この年におこなわれた1998年度の入試では、一部の科学高校が定員割れを起こす事態まで生じている[38]。また、少なからぬ科学高校生が内申成績上の相対的不利益を嫌って一般系高校に転校したり、自主退学した後に大学入学資格検定を受けて大学へ進学するようになった[39]。さらに内申成績に期待できない分、以前にも増して修能試験の準備に追われるようになったり、理工系の学部・学科へ進学するメリットがなくなってしまったため、「ソウル大学にいけないならば、他大学の医学部にいったほうがまし」[40]として理工系離れ・医学部志向が促進されるという皮肉な現象も生じた[41]。こうして大学進学をめぐる混乱の中、科学高校は「瀕死状態」[42]に陥っていったのである。

科学高校を初めとする特殊目的高校関係者と一般系高校関係者の対立の内容をみても分かるとおり、比較内申制廃止をめぐる一連の葛藤は、あるべき才能教育のかたちをめぐるものというよりは、「自分の子どもの不利益を見過ごすことはできない」[43]という、子女の一流大学進学をめぐる保護者同士のエゴの衝突という色合いが濃かった。事実、比較内申制が廃止された1999年度のソウル大学入試では、科学高校をはじめとする特殊目的高校の合格者数が激減した一方で、それまで特殊目的高校に押され気味であった一般系高校の合格者が増加した。特に江南第8学群の一般系高校からの合格者数が全合格者数の4分の1を占めたことは[44]、特殊目的高校の凋落がそのまま「名門学群」の一般系高校の復活につながったことを如実に示している。

3. 科学高校の大学進学制度をめぐる葛藤の要因

(1) 進学ルートの衝突

それでは、80年代に特に問題のなかったKAIST早期入学制度と比較内申制の2本立てによる科学高校の大学進学制度が、なぜ90年代に大きな葛藤と混乱を巻き起こしたのであろうか。その直接の原因はKAISTの受け入れ定員を考慮しない科学高校の急激な増設・拡充にあったが、制度的側面からみた場合、大学進学制度そのものにも2つの要因が存在していたと考えられる。

第1の要因は、この時期に科学高校卒業生の進学ルートが一般系高校卒業生のそれと衝突するようになったことである。大学進学制度としての比較内申制の特徴は、その名のとおり大学入試の際の内申成績算出方法に関する措置であり、内申成績以外は一般系高校の場合と同等の扱いになる。つまり、科学高校卒業生が一般大学に進学する際には、一般系高校卒業生と同様に修能試験を受験し、大学別の試験を受けなければならないし、選抜方法や選抜基準についても、科学高校卒業生と一般系高校卒業生に適用されるものはまったく同じなのである。したがって科学高校卒業生が一般大学へ進学する際には、一般系高校卒業生と限られたパイ（入学定員）を奪い合うことになるため、一方に特恵を与えることはそのままもう一方の大学進学機会を圧迫す

ることを意味する。特に「平準化」導入以降、多くの一般系高校卒業生にとって大学入試が最初にして最後の選抜の機会となっていたことも、一般系高校関係者による一切の妥協を許さない反発の原因となったと考えられる。

比較内申制は上記のような性質上、導入時にはKAISTに進学しない卒業生に対する進路保障のための補助的な措置と位置付けられており、したがってその適用対象はあくまで少数を想定していた。実際、90年代初めまでの適用者、すなわち一般大学への進学者は科学高校全体で年平均31名に過ぎなかったのである[45]。この程度のごく限られた数であれば、一般系高校卒業生の大学進学機会を大きく圧迫することはなかったはずである。しかしながら90年代に入ると、科学高校から一般大学への進学者が急増し、1995年度にはついに一般大学進学者数がKAIST進学者数を上回った。これは、科学高校の大学進学制度の重心が、本来のKAIST早期入学制度から補助的な措置であるはずの比較内申制へ移ったことを意味していた。このような事態は、比較内申制導入時にはまったく想定されていなかったことであった。

こうした中、科学高校卒業生によって最も直接的にその大学進学機会を圧迫されたのは、ソウル大学を初めとする一流大学に多くの合格者を輩出していた江南第8学群の一般系高校卒業生であった。彼らやその保護者による猛烈な比較内申制批判は、単に才能教育機関の受験名門校化に対する抗議という理念的な次元から出てきたものではなく、極めて現実的な利害感から出てきたものであったといえよう。それは、唯一の選抜の機会である大学入試において、今まさに自らや自らの子どもの一流大学進学の可能性が、科学高校卒業生によってせばめられようとしていることへの反発であったのである。

(2) ソウル大学至上主義

科学高校の大学進学制度が90年代に葛藤を生じさせた第2の要因として、科学高校の主たる進学ルートとして構築されたKAISTへの早期入学という「分岐型Ⅰ」ルートが、多くの優秀な科学高校生にとってソウル大学以上に魅力的たり得なかったという事実にも注目しなければならない。KAIST早期入学制度においては、科学高校卒業生のために一定の入学定員が確保されて

いるし、入学者はKAIST独自の試験によって選抜される。したがってKAIST早期入学制度が比較内申制のように一般系高校卒業生の進学機会を圧迫することはない。さらに科学高校の生徒を大学受験競争の圧力にさらすこともないため、才能教育のための大学進学制度としてKAIST早期入学制度は大きな長所を有しているといえる。

　しかしながら、科学高校生の中には「ソウル大学至上主義」が根深く存在しており、90年代、KAISTに進学できる実力がありながらあくまでソウル大学進学に固執する者もかなりの数に上っていたという[46]。その結果、1997年度の大学入試では、科学高校生がKAISTへの進学を忌避するので、KAISTが自ら入学定員を削減したほどであった[47]。こうした科学高校生の根強いソウル大学志向は、90年代以降に強まったというよりも、もともと彼らの中にあったものが、一般大学進学者の増加によって表出したものとみなすべきであろう。たとえば京畿科学高校でも設立当初は新設のKAISTよりもソウル大学を選好する傾向があり、KAISTへの進学を奨励する進路指導をおこなった結果、徐々にKAISTへの進学者が増加していったという[48]。また、KAISTが韓国最高峰の大学の1つであることは間違いないが、地方に所在する理工系に特化した大学であることから、優秀な科学高校生に対する魅力としては、首都に所在する総合大学であり、長い歴史と圧倒的な威信を誇るソウル大学に一歩譲ることもまた事実であろう。

　さらに科学高校生のソウル大学志向には、科学者の待遇悪化も影響していたと考えられる。60～70年代の朴正熙政権下では、優秀な科学者は破格の好待遇で迎えられたが、経済成長の鈍化とともに、徐々に科学者の待遇は低下していった。90年代に入ると、特に研究所においてプロジェクトベースの任期付きポストが増加し、科学者の身分や収入が不安定になった。図3-4は、光州科学高校の卒業生の職業現況を卒業年度別で示したものであり、当該年度の卒業生のうち、どのくらいの割合が各職業に就いているかを表している。これをみると、1987年度卒業生のうち6割が研究所に勤めている一方で、90年代前半の卒業生では研究所勤務者の割合が2～3割台にまで落ち込んでいることが分かる。彼らが高校を卒業(早期修了)してから10年以上経っ

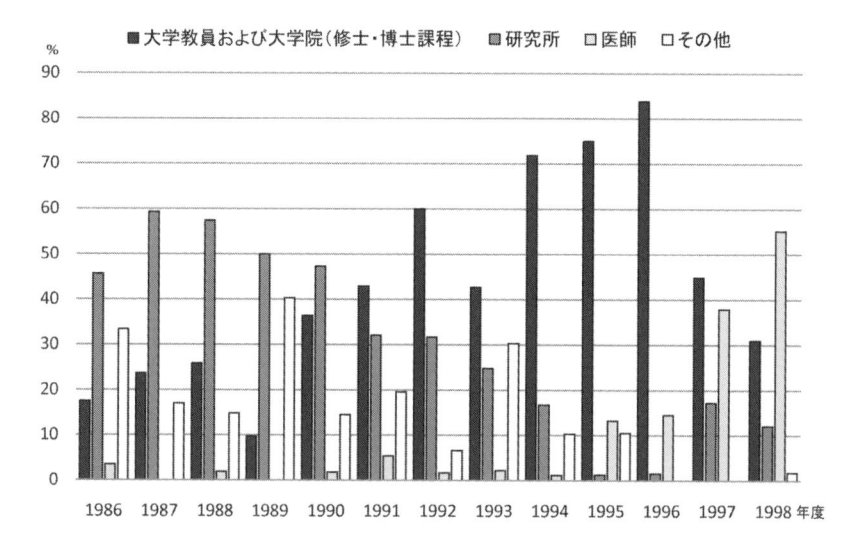

第3章　才能教育制度の量的拡大と構造変容　113

図3-4　卒業年度別の光州科学高校卒業生の職業現況（2004年時点）

出所：キム・ジョンドゥク、キム・オンジュ（事業責任者）『2004年度科学英才発掘・育成事業結果報告書―科学英才関連第1次縦断研究、科学英才教育のための人材養成現況分析および政策開発―』KAIST科学英才教育研究院、2005年、96頁をもとに筆者が作成。

ているため、仮に博士課程に進んでいたとしても多くは社会に出ている年代であることを勘案すれば、科学高校卒業生の勤務先として研究所が忌避される傾向が強まっていることは間違いないといえる。

　また、1996年度卒業生を境に「大学教員および大学院」（年齢を勘案すると、大部分が大学院在学者と思われる）の割合が急激に下降し、その代わりに医師の割合が上昇していることが分かる。これは、1997年にアジア各国を襲った通貨危機の際に、研究所に勤めていた科学者が大量にリストラされるのを目の当たりにした科学高校生が、「理工系学部・学科→大学院→科学者」という想定されるキャリアよりも、安定した医学部への進学を志すようになったためであるという[49]。グローバル化の波が押し寄せ、社会の変化が加速した90年代以降、科学高校生やその保護者が、伝統があり社会的評価が高く、学閥の恩恵も期待でき、理工系学部・学科へ進んだとしても比較的「つぶし」が利くソウル大学を選好したのはある意味で自然なことであったといえる。

このように、科学高校の大学進学制度の葛藤の背後には、根強いソウル大学志向と科学者の待遇悪化という、社会的・時代的要因も関連していたと考えられる。

(3) 進学ルートを威信の高い大学へ接続することのメリットとデメリット

比較内申制の例をみても分かるように、才能教育制度の進学ルートをソウル大学など威信の高い大学に接続することは、才能教育のための大学進学制度を受験戦略のために利用され、混乱を招くというリスクをはらんでいる。しかしながら、韓国のように学歴と大学の威信が大きな意味を持つ社会においては、才能教育に対する国民の認識を高め、より広い裾野から優秀な人材を引き付け、集める必要がある場合、上記のリスクをコントロールできるならば、あるいはそうしたリスクをある程度許容できるならば、ソウル大学のような社会のメインストリームにつながる大学へと才能教育制度の進学ルートを接続することによってもたらされるメリットは決して少なくないと考えられる。

以上の韓国の事例が示唆するように、学歴や大学の威信に敏感な社会では、才能教育における大学進学制度について次の2つの条件に留意する必要があろう。第1に、才能教育制度の大学進学ルートが一般の学校の生徒の進学機会を圧迫しないようにすることである。第2に、そうした進学ルートが、最終的に当該社会において十分に威信の高い大学へ接続していることである。1つめの条件を欠けば、才能教育機関と一般の学校の衝突を招き、2つめの条件を欠けば、想定した進学ルート以外に人が流れてしまい、仮に1つめの条件が整っていてもうまく機能しないと考えられるからである。

4. 科学高校増設・拡充の政策的背景
―「平準化」改革に注目して―

第2章でみたように、また先行研究も指摘するように、科学高校の数が4

校に過ぎなかった80年代後半までは、科学高校と大学の接続に関する問題が深刻化することはなかった[50]。科学高校の受験名門校化や科学高校と一般系高校の大学進学ルートの衝突などの問題が生じたのは、いずれも90年代に入ってからのことである。そして、そうした諸問題の直接の原因となったのは、これまでみてきたように科学高校の急激な増設・拡充であった。それではなぜこの時期に、どういった理由により、科学高校は増設・拡充されるに至ったのであろうか。本節ではその政策的背景について、1990年に実施された「平準化」改革との関連に注目しつつ検討していく。

(1) 教育の地方分権化の進展

科学高校の増設・拡充の背景として第1に指摘できるのが、90年代初めの教育の地方分権化の進展である。1961年の朴正熙による軍事クーデターによって、韓国ではすべての地方議会が解散され、地方行政は中央政府の強力な統制下に置かれた。こうした状況にようやく変化が出始めたのは、現行の第6共和国憲法において地方自治が約束された1987年以降のことであった[51]。約30年ぶりに地方選挙が実施された1991年、「地方教育自治に関する法律」が制定されたことで、各市・道の教育監に教育行政上の大きな権限が委ねられることになった[52]。その直後から各市・道教育庁が競い合うように科学高校を設立し始め、1994年までに済州道を除くすべての市・道に科学高校が設立された。「平準化」の枠組みを崩すことなく他地域への優秀な生徒の流出を止めることができる科学高校は、地方教育行政当局や地域住民にとって魅力的な存在だったのである。

こうして教育の地方分権化の波に乗り、各市・道教育庁が相次いで科学高校を設立したことで、科学高校の卒業生が急増し、一般大学進学者が増え、その結果として科学高校の受験名門校化を招くこととなった。教育の地方分権化に着目したこのような見解は、多くの先行研究が指摘するところであり[53]、その反省は、1999〜2002年度まで続いた科学高校の学校数・入学定員の削減・抑制政策（図3-1参照）や、第4・5章で述べる英才学校の指定・運営において政府が主導的役割を果たすよう規定されるなど[54]、2000年代の才能教育政策

に活かされている。

　しかしながら、90年代の科学高校の増設・拡充については、教育の地方分権化の面からだけでなく、政府施策の面からも検討してみる必要がある。なぜなら、科学高校が最も急激に増設・拡充されたのは1991〜1994年度の間であるが、科学高校を初めとする特殊目的高校の指定権限が政府(教育部長官)から各市・道の教育監に「委任」されたのは1994年のことであり、それ以降も特殊目的高校の指定に政府が直接的・間接的な影響を持ち続けたからである[55]。つまり、科学高校の増設・拡充には、政府が直接・間接的に関与していたと考えられるのである。それでは90年代初めに、科学高校の増設・拡充につながるいかなる出来事があったのであろうか。

　それは大規模な「平準化」改革であった。

(2) 1990年「平準化」改革

　1988年に誕生した盧泰愚政権は「民主化宣言」に基づき、政治体制の民主化とともに教育の民主化・多様化を推し進めていった。とりわけ重要な課題とされたのが、その画一的な適用に対する批判が高まっていた「平準化」の改革であり、一般系高校が異質集団化する中、優秀な生徒のための教育をどう保障し、教育の卓越性を確保していくかが模索された。1990年2月、盧泰愚大統領は教育部に対し、「ソウルを含めた大都市の一部の公・私立高校の入試競争を復活、新入生を選抜するようにし、高校平準化による学力低下などを防ぐ」ため、「教育条件の良い一部公・私立高校から入試を実施する案を今年上半期までに用意し、来年より実施できるように」という指示を出した[56]。

　こうして1991年度より一部の一般系高校において学校別競争入試が復活するかに思われたが、大統領の指示から半年後の1990年8月に教育部が発表した「平準化」改革案の内容は、当初の指示とは異なるものであった。そこでは、一般系高校における学校別競争入試の復活案 (以下、一般系高校競争入試復活案) は完全に白紙化され、その代わりに科学高校や外国語高校などの特殊目的高校を新設・増設・拡充するという内容が示されていたのである[57]。

　また同時に、ソウル市などの大都市は「平準化」を維持し、春川市・原州

市・益山市・天安市の4つの中都市については継続・解除の如何を各道の教育監に一任し、小都市は実情と世論を勘案して「平準化」の継続・解除の如何を決めるという方針が決定された[58]。結局、第1章の表1-3に示したように、1990年に群山市・木浦市・安東市が、1991年に春川市・原州市・益山市が、そして1995年に天安市が「平準化」を解除し、「平準化」適用地域は1989年の21地域から1995年の14地域まで縮小した。ただし、「平準化」が解除された都市はいずれも人口10〜20万名程度の中・小都市であり、1990年時点での各都市の人口を基準にした場合、1990〜1995年の間に「平準化」を解除した7都市を合わせても、「平準化」適用地域の人口のわずか5％に過ぎなかった[59]。「平準化」適用地域の縮小は、「平準化」の基本枠組みを崩すものではなく、その規制を若干緩和する程度におさまっていたことが分かる。

　このように「平準化」適用地域が縮小された時期は、科学高校が増設・拡充された時期と重なっている。しかし、科学高校が「平準化」の補完策である以上、本来であれば科学高校の増設・拡充は逆に「平準化」適用地域の拡大とリンクするはずである。したがって90年代の科学高校の増設・拡充は、「平準化」の下において才能児の潜在的な才能が損なわれるのを防ぐといった従来の目的では十分に説明しきれない。それでは、科学高校の増設・拡充の背後にいかなる政策的意図があったのであろうか。

(3) 科学高校増設・拡充案登場までの過程

　実は上記の教育部の発表に先立ち、教育部は傘下のシンクタンクである韓国教育開発院の内部に研究チームを組織し、「平準化」改革案を模索させていた。研究チームは改革案作成の参考とすべく、「平準化」適用地域（1989年時点）の保護者と中・高の教師に対して質問紙調査を実施している[60]。表3-2は、質問紙調査の結果をもとに、「平準化」に対する賛否と現行の「平準化」についての意見をまとめたものである。ここから、調査対象となった保護者や教師のうち約7割が「平準化」そのものについては賛成していたことが分かる。学校間序列を消滅させたことや受験競争を軽減したことにおいて、「平準化」は肯定的に捉えられていたのである[61]。

表3-2 「平準化」に対する保護者および教師の意見

単位：名（カッコ内は％）

賛否	現行の「平準化」について	保護者	教師	保護者＋教師
賛成	このままでよい	4,541 (57.2)	2,162 (43.2)	6,703 (51.7)
	問題点を改善・補完すべき（補完派）	1,306 (16.4)	990 (19.8)	2,296 (17.7)
反対	廃止すべき	1,094 (13.8)	1,219 (24.3)	2,313 (17.9)
	無回答・よく分からない	1,003 (12.6)	638 (12.7)	1,641 (12.7)
	計	7,944 (100.0)	5,009 (100.0)	12,953 (100.0)

出所：パク・プグォン『高等学校平準化制度改善研究』韓国教育開発院、1990年、19頁、22頁、26頁をもとに筆者が作成。

しかしながら、当時は教育部内でも「平準化」について何らかの改革が必要であるという声が強まっており、特に、「平準化」の枠組みを維持しつつ、優秀な生徒のための教育をどう保障していくかが重要な課題として認識されていた[62]。研究チームが改革案を模索する中で、当初最も有力な候補とされたのが、大統領の指示にも沿う、一部の私立一般系高校で競争入試を復活するという案であった。

ところが、研究チームから出てきた最終的な結論は、公立・私立の別を問わず、一般系高校における競争入試復活案は採択すべきでないというものであった。その理由は、たとえ一部でも一般系高校における競争入試を許容した際には、その他の学校からも同様の要求が出る「競争入試復活のドミノ現象」[63]が起こる可能性があり、そうした事態が生じた場合、改革の大前提とされていた「平準化」の枠組みの維持が困難になるからというものであった。こうした中、「勉強がよくできる生徒をより効率的に教育するため」の代替案として浮上したのが、科学高校の増設・拡充案と外国語高校設立案であった[64]。

研究チームは、上記の質問紙調査において、「平準化」の枠組みは維持すべきであるが、その問題点を改善・補完すべきであると答えたいわば「補完派」の意見を重視している。これは、補完派の姿勢が教育部のそれに最も近いものであったからだと考えられる。彼ら補完派が「成績優秀な生徒に対する教

育方法案」として挙げたのは、「一般系高校のうち1、2校で学校別競争入試を復活」(63.6%)、「人文・社会系列の優秀な生徒を対象とする別途の高校を設立(事実上、外国語高校の設立を指す：引用者注)」(24.0%)、「科学高校の定員を大幅に拡大」(10.0%)、「よく分からない」(2.5%)の順に多かった[65]。これをみる限りは、一般系高校競争入試復活案の採択が不可能な場合、支持率の差は大きいとはいえ、科学高校増設・拡充案や外国語高校設立案を代替案とすることも比較的妥当な選択であるように思える。しかしながら、補完派が挙げた改革案全体の中にこれらを位置付け再分析してみると、研究チームの結論はいささか不自然なものであることが分かる。

表3-3は補完派が挙げたすべての改革案を整理したものである。これをみると、補完派の36.5%が「平準化」改革案として「一般系高校のうち1、2校で学校別競争入試を復活」を挙げており、やはり最も多かった。一方で、「科学高校の定員を大幅に拡大」を挙げた者は最下位であり、他の改革案と比べても極端に少ないことが分かる。特に教師のうちで科学高校の増設・拡充案を挙げたのはわずか1%強に過ぎない。つまり、科学高校の増設・拡充によっ

表3-3　補完派が挙げた改革案

単位：名（カッコ内は%）

改革案	保護者	教師	保護者＋教師
一般系高校のうち1、2校で学校別競争入試を復活	414 (31.7)	425※ (42.9)	839 (36.5)
学級当たりの生徒数を大幅に減らす	455 (34.8)	294 (29.7)	749 (32.6)
人文・社会系列の優秀な生徒を対象とする別途の高校を設立	156 (12.0)	124 (12.5)	280 (12.2)
能力別クラス編成の導入	173 (13.2)	97 (9.8)※	270 (11.8)
よく分からない	43 (3.3)	37 (3.8)	80 (3.5)
科学高校の定員を大幅に拡大	65 (5.0)	13 (1.3)	78 (3.4)
計	1,306 (100.0)	990 (100.0)	2,296 (100.0)

出所：パク・プグォン『高等学校平準化制度改善研究』韓国教育開発院、1990年、20～21頁、27～28頁をもとに筆者が作成。
注：※印の数値については、原文27～28頁の表に計算間違いと思われる齟齬があったため、筆者が修正した数値を用いている。

て当時の「平準化」を取り巻く状況を解決できると考えていた者はほとんどいなかったのである。外国語高校設立案についても、支持していたのは1割強に過ぎない。表3-3からは、補完派の中においても、科学高校の増設・拡充案や外国語高校設立案は一般系高校競争入試復活案の代替案となりえるほど望まれていなかったことがうかがえる。

　それではなぜその他の改革案、つまり「学級当たりの生徒数を大幅に減らす」や「能力別クラス編成の導入」は、一般系高校競争入試復活案の代替案として採択されなかったのだろうか。その理由としては、前者には学校施設の充実や大幅な教員の増員などが必要なため予算確保の困難さという問題があり、後者は60～70年代における習熟度別学級編成、いわゆる「優劣班」編成の再現につながるものであるため、強い社会的抵抗が予想されたことが挙げられるだろう。

　しかし何よりも、上記の案ではなく、改革案としては不人気であった科学高校増設・拡充案や外国語高校設立案の採択を決定付けた要因には、これら特殊目的高校では才能教育を名目に学校別競争入試が認められていたことが大きく関連していると考えられる。上述したように、研究チームが「成績優秀な生徒に対する教育方法案」の選択肢として挙げたのは、「一般系高校のうち1、2校で競争入試を復活」、「人文・社会系列の優秀な生徒を対象とする別途の高校を設立」、「科学高校の定員を大幅に拡大」の3つであった。そして、これらの改革案にみられる共通項は唯一、何らかのかたちで学校別競争入試が実施されるということである。すなわち、「どのようなかたちで優秀な生徒のための教育を保障していくか」という政策課題の具体的な内容は、実のところ「どのようなかたちで学校別競争入試の機会を提供するか」というものであったといえよう。こうした中、大統領の指示に適合し当初最も有力な案でもあった一般系高校競争入試復活案を採択できない状況下において、「平準化」の枠組みを表面上崩すことなく学校別競争入試の機会を拡大するためには、一般学校教育制度の外側、つまり才能教育制度においてこれを担保するのが政策的に最も妥当な選択とされたのだと考えられる[66]。結局、科学高校増設・拡充案および外国語高校設立案が代替案として採択され、教育部に

よって実施に移されていった。こうしてみると、90年代の科学高校の受験名門校化はそもそも政府がまいた種であり、それが地方分権化の進展や国民の教育熱に煽られて予想以上に深刻な事態をもたらしたため、急遽比較内申制廃止や入学定員抑制といった措置を講じて収拾していったのだと捉えることができる。

(4) 外国語高校という存在が意味するもの

　ここで、「平準化」改革案の意味するところについてさらに考察を深め、終章における才能教育制度の「不可視化された機能」についての分析につなげるため、外国語高校の設立が持っていた意味について若干の検討を加えたい。外国語高校は初・中等教育法施行令第90条によって定められる「語学英才養成」を目的とする特殊目的高校の一類型である。特殊目的高校のうち設立目的として「英才養成」が明記されているのは科学高校と外国語高校のみであり、法令上、外国語高校は明らかに才能教育機関として位置付けられている。

　実は外国語高校は90年代になってまったく新たに作られた学校というわけではなく、確固たる前身を有している。それが、1984年以降にソウル市を皮切りに設立されていった高卒学力認定の私立各種学校、すなわち外国語学校である。80年代初め、科学高校と合わせて言語分野の才能教育機関の設立も検討されたことがあったが、言語分野の才能児に関する基準や判別方法が数学・科学分野のそれと比べて曖昧模糊としており、社会的な実効性や教育政策上の大義名分も低いとみなされたため、結局実現に至らなかった。各種学校という形態での外国語学校の設立は、その際の副産物であり、いわば苦肉の策であった[67]。これらの外国語学校は、正規学校ではないため「平準化」や国家カリキュラムの適用を受けず、独自の入学者選抜で優秀な生徒を募集して、徹底的な入試準備教育をおこなっており、すでに80年代から良好な大学進学実績でその名を知られていた。一部の外国語学校では理工系進学クラスを設置していたことからも、外国語教育のための学校というのは建前に過ぎなかったことが分かる。以上のような歴史的経緯から、現在でも

その後身である外国語高校には私立学校が多く、首都圏に集中している[68]。

こうした外国語学校を、外国語高校という新たな特殊目的高校の類型を作ってまで、才能教育を目的とする正規学校へ転換した理由としては、第1に同校が当時すでに「平準化」の枠組みの外で学校別競争入試の機会を提供しており、その機能を活用することが「平準化」改革にとって有益であったこと、第2に各種学校から法的規制が届きやすい正規学校へ転換させることで、同校への管理・統制を強化しようというねらいがあったこと、第3に正規学校転換後に学校別競争入試を継続実施することを正当化するためには、法令上才能教育機関として位置付けるのが最も効果的であったことが考えられる。

外国語高校の設立背景に関しては、近年の政府系シンクタンクの報告書[69]においても「一部階層の名門高校育成の要求に政治的に応じた結果」[70]であり、「平準化政策導入以前の名門高校の機能を今の外国語高校が代替している」[71]とおおっぴらに指摘されるようになってきている[72]。そもそも外国語高校設立を教育部に答申した韓国教育開発院の「平準化」改革案研究チームの中でも、「外国語高校が特定の階層の子女を対象とした貴族学校へ変質する憂慮がある」という指摘が出ていたくらいであるから[73]、外国語高校がかつての一流高校の機能を代替するであろうことは、当初から政策立案者自身ある程度予想していたと推察できる。

このように外国語高校は、もともと才能教育を目的として設立されたものが受験名門校化したというよりは、元来受験名門校であった各種学校を特殊目的高校に指定することで法令上才能教育機関に衣替えさせたに過ぎなかったといえる[74]。カン・テジュン（2003年）が指摘するように「特殊目的高等学校（ここでは主に外国語高校を指す：引用者注）を設立したり指定することは、事実上、高等学校段階の平準化体制の中に、部分的に学校位階を構築する政策」[75]であったのであり、端的にいえば、外国語高校は初めから「平準化」の抜け道として設立されたのである。

それでは、科学高校についてはどうであろうか。科学高校は外国語高校とは異なり、才能教育を目的として80年代初めに設立されたことは間違いない。

しかし一方で、90年代の科学高校の増設・拡充に関しては、外国語高校の設立とまったく同じ政策的文脈から登場し、採択され、実施されていったことを見逃すべきではないだろう。すなわち、この時期の科学高校の増設・拡充も、外国語高校の設立と同じく「一部階層の名門高校育成の要求に政治的に応じた結果」であったといえるのである。

　外国語高校の存在が意味するものは、韓国においては才能教育という目的や才能教育機関としての規定が、実質をともなわないまま競争や選抜の実施を正当化するために便宜的に用いられる場合があるということである。したがって、たとえ法的根拠を有する才能教育機関であっても、それが実際にどのような機能を担っているかについては、時代ごと、機関ごとに詳細にみていかなければならない。

5.　90年代における才能教育制度の構造と機能

(1) 才能教育制度の構造

　本章におけるこれまでの論考から、90年代における才能教育制度の構造を、第1章でみた一般学校教育制度との接続関係をふまえ、簡略に図示すると**図3-5**のようになる。

　この時期、中学校から科学高校への進学率は、80年代の0.03%から0.2%へと大きく増加した[76]。中学校までの進学率がほぼ100%であることから、このことは同年齢層のおよそ0.2%を科学高校が受け入れるようになったことを意味する。絶対的な割合としては依然小さいが、80年代と比較すれば、科学高校の知名度の上昇にともなって、幾分「手の届く」存在となったといえよう。さらに外国語高校の入学者数を合わせると同年齢層の1.2%となり、才能教育機関は国民の教育アスピレーションを加熱するに十分なプレゼンスを持つに至ったといえる。ルーマン（Luhman, N）によれば、教育システムの内部分化が、同種の学級を複数作るというような単なる分節化に留まらず、生徒の年齢や成績、専門の違いといった内容的な観点からの分化や、一般教育モデルと職種を限定した職業教育モデルとの分化（機能分化）を遂げるため

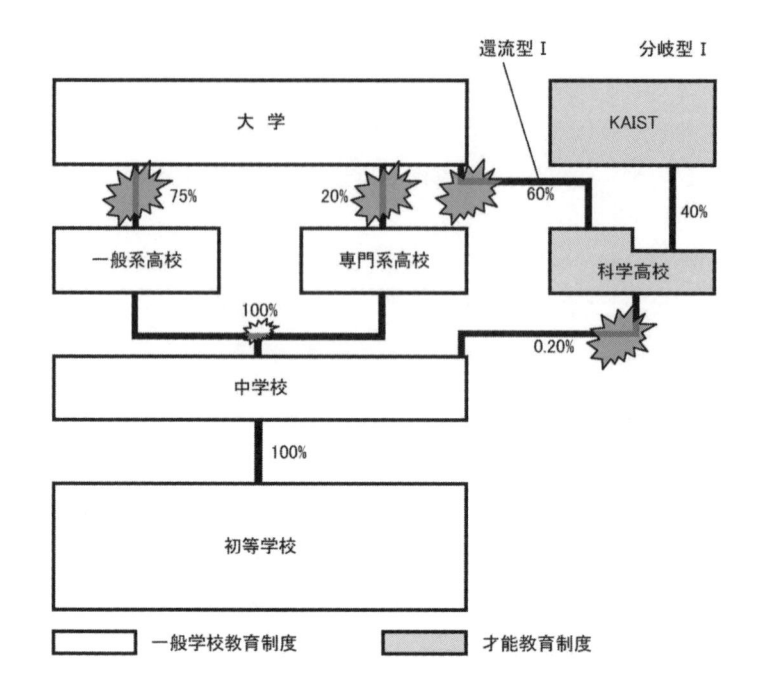

図3-5　90年代における才能教育制度の構造

　の条件としては、分化した各部分を十分に満たす生徒数が確保されることが必要であるという[77]。これをふまえると、韓国において才能教育制度が十分な量的規模を備え、一般学校教育制度から分化した公教育制度内部のサブシステムとしての自立性を確かなものとしたのは、幾分皮肉なことではあるが、才能教育制度が大きく混乱した90年代のことであったといえよう。
　なお、90年代には才能教育制度の進学ルートも大きく変化した。科学高校卒業生の主たる大学進学ルートは卒業生の急増によって、2学年を修了してKAISTへ早期入学するルートから、3学年を終えた後に比較内申制を利用して一般大学へ進学するルートへとその重心を移していった。後者のような、高校進学段階で一般学校教育制度からいったん分岐し、3年後に大学進学段階で一般学校教育制度へと再び戻る（還流する）進学ルートを、本書では「還流型Ⅰ」ルートとする。

当時、「科学高校→一般大学」という「還流型Ⅰ」ルートへは科学高校卒業生の60%が進むようになっていたものの、90年代末の比較内申制廃止によって大きなダメージを受けた。しかし、第5章で詳しく述べるが、「還流型」という構造そのものは、2000年代以降も存続している。なぜなら、一方の「分岐型」の構造は、一般学校教育制度からの独立性や確実な進学保障、特定分野・領域への人材誘導などの点において才能教育制度における進学ルートとしての長所を有しているものの、キャパシティ（受け入れ定員）という点において限界を持っているからである。したがって、韓国のみならず、おそらくはその他の国や社会においても、才能教育制度が一定の規模に達すれば多くの場合、才能教育専用の進学ルートである「分岐型」ルートと、才能教育機関から一般の上級学校に再接続する「還流型」ルートの併用が求められることになると考えられる。その際に留意すべき点を韓国の事例に基づいて指摘するなら、まず「分岐型」と「還流型」のバランスをうまくとることが必要であろうし、特に「還流型」ルートが一般学校の生徒の進学機会を圧迫しないことや、十分に威信の高い上級学校へ接続していることが求められるであろう。

(2) 才能教育制度の機能

　第1章でみたように、90年代の一般学校教育制度では中等教育は完全に普遍化し、一般系高校に進学できるかどうかという点において高校進学段階に若干の選抜性が残っていたものの、中等教育段階以下における選抜性は非常に低くなっていた。科学高校の増設・拡充や外国語高校の設立がおこなわれたのは、ちょうどこうした時期であった。本章第4節で考察したように、「平準化」改革としての科学高校増設・拡充や外国語高校設立は、一般学校教育制度の外側で選抜性の高い学校別競争入試の機会を提供することを意図して実施されたものであった。これは、80年代の才能教育制度には期待されていなかった機能である。つまりこの時期、教育の機会均等化と教育の卓越性を同時に追求するために、一般学校教育制度における「平準化」の枠組みはそのまま残され、優秀な生徒のための競争や選抜の機会はもっぱら一般学校教育制度の外側、すなわち才能教育制度によって担保されるようになったと

みることができる。そしてこれを可能とした政策論理の背後には、競争と選抜の機会の提供を才能教育という目的によって正当化し、さらに才能教育の実施そのものについては「平準化」の補完という大義名分によって正当化するという、「二重の正当化」の構図を読み取ることができる。

一方で前述したように、才能教育制度が十分な量的規模を備えるようになったのもこの時期であり、同年齢層の0.03％にしか科学高校教育の機会が提供されていなかった80年代と比べれば、90年代には7倍近くその機会が広がったことになる。ここから、特定分野・領域における才能児の能力と適性に応じた教育機会を提供するという既存の機能についても、結果的に強化されたとみることができる。

さらに、90年代の受験名門校化とその後の混乱の中においても、科学高校卒業生の大部分は理工系学部・学科に進学していた。確かに医学部等に進学する者の割合は上昇したし、通貨危機の影響で科学者を志望する者が大きく減少したが、科学高校の規模がそれらの損失をカバーして有り余るほど増大したため、同校が科学技術分野へとつながる教育ルートへ送り出した者の絶対数は増加したと推計される[78]。したがって、才能教育制度に求められる科学技術分野の高度なマンパワー育成という機能は、90年代においても、80年代と同じく着実に果たされていたとみることができる。

なお、90年代の科学高校教育の成果について現時点で明確な結論を出すことは難しい。なぜなら、90年代に科学高校に入学した卒業生は現在まだ20代後半から30代前半であり、彼らが社会で本格的に活躍し始めるのはもう少し先であると考えられるためである。しかし、たとえば京畿科学高校の1993年度卒業生から韓国最年少の大学専任教員（2003年当時満26歳、成均館大学情報通信工学部専任講師）を輩出するなど[79]、90年代の卒業生の中から科学技術分野で活躍する者が出始めており、今後の成果が期待される。

以上、90年代の才能教育制度には、一般学校教育制度の外側で選抜性の高い学校別競争入試の機会を提供するという新たな機能が加わったことが明らかになった。一方、特定分野・領域における才能児の能力と適性に応じた教育機会を提供したり、科学技術分野の高度なマンパワーを育成するといっ

た既存の機能についても、80年代に比べて強化されたと考えることができる。この時期を境に才能教育制度が担う機能は、才能教育本来の趣旨に沿った既存の機能と、本来の趣旨には含まれていなかった新たな機能という二面性を持つことになったのである。

6. おわりに

　本章では、90年代に才能教育制度の量的拡大によってその構造が変容していく過程と、その制度的・政策的背景について考察した。90年代は科学高校を初めとする特殊目的高校が受験名門校化し、才能教育制度が大きな社会的葛藤を生じさせた時期であった。しかし同時に、才能教育制度がめざましい量的拡大を遂げ、教育システムとしての自立性とプレゼンスを高めた時期でもあった。また、この時期、才能教育制度の構造に「還流型」の進学ルートが出現し重要な役割を果たしたとともに、それが一般系高校卒業生の進学機会を圧迫したことで大きな批判を浴び、才能教育制度が混乱に陥る一因を作り出した。「平準化」改革が発端となってもたらされた韓国における才能教育制度の構造変容の過程は、才能教育制度の構造や機能が、才能教育独自の理念や目的のみによって決定されるのではなく、当該国の公教育制度の中で、社会的文脈や時代的背景、その他の教育システムとの関係性に強く規定されつつ形成されていくものであることを示唆している。

　なお、90年代の韓国の才能教育制度には次のような課題がみられた。第1に、大学受験競争の影響をいかに抑制するかということである。たとえば科学高校の受験名門校化や比較内申制廃止による混乱などは、すべて大学受験競争に関連して起こった問題であった。第2に、科学高校の入学者選抜における学科筆記試験の禁止にみられたような、才能教育機関の法的位置付けの弱さをいかに克服するかということである。

　次章では、2000年代以降の才能教育制度が上記の課題をどのように解決しようと試みていったのかを明らかにするために、韓国初の才能教育関連法である英才教育振興法が制定された背景と同法の内容に注目し、新たな才能

教育制度の構築について考察していくこととする。

【注】
1　チュ・サンオク『科学英才教育の実態分析と新しい教育制度による改善方案』延世大学校教育大学院碩士学位論文、2001年、52頁。
2　同上書、同頁。
3　地方の科学高校がKAISTへの早期入学を主として進路指導していたのに対し、ソウル科学高校の場合は1989年の設立当初から、KAISTだけでなく一般大学への進路も念頭に置いて進路指導をおこなっていた。このため、第1期の卒業生および早期修了者から一般大学進学者が多く（そのほとんどはソウル大学）、第1期卒業生・早期修了者182名中KAIST進学者は67名（早期修了63名、3学年卒業4名）に過ぎなかった（ソウル科学高等学校『ソウル科学高等学校五年史』ソウル科学高等学校、1994年、43頁、303〜304頁、310頁）。
4　1994年度卒業生が入学した時には180名の生徒がいたが、このうち36名がKAISTへ早期入学し、3学年に進んだ残り144名のうち126名がソウル大学を受験、既卒者6名を含む132名全員が合格した（朝鮮日報、1994年1月23日付）。
5　ソウル科学高等学校、前掲書、1994年、127頁。
6　韓国教育開発院教育統計サービス、http://cesi.kedi.re.kr/、2008年8月20日アクセス。
7　カン・テジュン「特殊目的高等学校と自立型私立高等学校に関連する論難の性格」『教育政治学研究』第9・10巻統合号、韓国教育政治学会、2003年、17頁。
8　朝鮮日報、1996年2月1日付。
9　ただし、ここでの卒業生の数には、KAISTへの早期入学者は含まれていないと考えられる。なお各科学高校の卒業生に占めるソウル大学進学者の割合は、ソウル（82.0％）、漢城（78.3％）京畿（69.8％）、釜山（66.0％）、大田（58.3％）、光州（57.9％）、仁川（57.1％）の順で大きかった。やはりソウル市所在のソウル科学高校と漢城科学高校の割合が高かったが、その他にもソウル大学合格者の割合が卒業生の半数を超えている科学高校が多くあったことが分かる（韓国日報、1997年10月2日付）。
10　ハンギョレ新聞、1995年2月12日付。
11　チョ・ソクフィ（研究責任者）『英才教育振興法具現のための英才教育制度と運営方案』韓国教育開発院、1999年、21頁。
　　なお時代が下がるが、たとえば2003年の調査では、外国語高校卒業生のうち言語系の学部・学科に進学した者は37.6％であり、非言語系の人文・社会系の学部・学科が52.4％、さらに理工系学部・学科や医学部など自然科学系に進学した者も10.0％いた（キム・ヨンチョル（研究責任者）『特殊目的型高等学校体制研究（Ⅰ）』韓国教育開発院、2003年b、53頁）。

12 1996〜1999年度の科学高校卒業生の理工系学部・学科への進学率は、平均84.7％であった。たとえば、1997年度の科学高校卒業生の進路は、理工系86.6％、医学系8.6％、社会科学系（法学部・経営学部等）1.4％、その他1.4％となっている（カン・ヨンヘ（研究責任者）『特殊目的高等学校政策の適合性研究』韓国教育開発院、2007年、49頁）。
13 朝鮮日報、1999年10月6日付。
　これは、筆者がインタビューをおこなってきた才能教育研究者や科学高校教員の間でもほぼ共通した見解である。彼らは科学高校卒業生にとって比較内申制が結果的に大学入試の際に有利に働いていたことを認めつつも、決して比較内申制の「おかげ」で一流大学に入学できたのではないと主張していた。また、比較内申制に対しては、科学高校生の進路を保障し、彼らが大学入試準備にわずらわされることなく才能教育プログラムに専念するために不可欠な措置であったと認識していた。
14 韓国日報、1993年3月4日付。
15 さらには、熱心な保護者が科学高校や外国語高校の近くに住居を移すため、ソウル市の特殊目的高校周辺の地価が高騰するという現象まで生じたという（同上）。
16 チョ・ソクフィ（研究責任者）『英才教育振興法総合計画樹立方案』韓国教育開発院、2002年a、121頁、韓国日報、1993年1月27日付、韓国日報、1996年1月31日付。
　内申成績は学内席次によって算出されるので、「平準化」が適用されていながら学力の高い生徒が集中する江南第8学群の一般系高校にとって、内申成績を重視する大学入試は不利である。そもそもこの時期の内申成績重視の大学入試改革は「名門学群」となった第8学群をターゲットにした感が強かった。1987年から第8学群の高校へ進学するのに一定の居住期間が必要になるという制限を設けたことも、優秀な生徒が特殊目的高校に流れた一因と考えられる。江南地域の優秀な生徒が特殊目的高校に進学したことは、第8学群の高校の進学実績不振の一因になったという。
17 理工系首席は電気電子制御工学群を志願した釜山科学高校の卒業生、人文・社会系首席は国際経済学科群を志願した光州科学高校の卒業生であった（朝鮮日報、1995年1月28日付）。
18 たとえば京畿科学高等学校『京畿科学高等学校20年史1983〜2003』京畿科学高等学校、2003年、53頁。
19 韓国教育開発院教育統計サービス、http://cesi.kedi.re.kr/、2009年11月5日アクセス。
20 チョ・ソクフィ（執筆責任者）『英才教育白書2004』韓国教育開発院、2004年b、193頁。
21 韓国産業情報院『2002韓国教育統計年鑑』韓国産業情報院、2001年、546頁、パク・

プグォン(研究責任者)『高等学校平準化政策の診断と補完方案に関する研究』教育人的資源部、2002年、96頁。
22 教育改革委員会『韓国教育改革白書1994〜1998』教育改革委員会、1998年、101頁。
　　1996年2月22日の旧教育法施行令第69条の2第2項改正により、特殊目的高校における「学校別筆記試験による選考」が禁止された。
23 京畿科学高等学校、前掲書、2003年。
24 2004年度のソウル科学高校の入学者選抜を例にとると、その概略は以下のとおりである。まず特別選考の志願資格は、①数学・科学・情報分野に関連した各種競技試験大会・展示会の入賞者や国際数学・科学・情報オリンピックで韓国代表に選ばれた者で、中学校2学年1・2学期および3学年1学期の数学・科学の成績がそれぞれ上位15％以内の者、②所属学校長の推薦を受けた者で中学校2学年1・2学期の数学・科学の成績がそれぞれ上位3％以内であり、3学年1学期の数学・科学の成績がそれぞれ2％以内の者となっている。特別選考の選抜過程は、書類選考と面接の2段階に分かれており、書類選考では、各種競技試験大会・展示会の入賞者を上位から選抜し(国際数学オリンピック等の代表や特に権威ある賞の受賞者などは無条件で選抜)、所属学校長の推薦を受けた者については、中学校2学年1・2学期および3学年1学期の数学・科学・国語・英語の成績を数学・科学に比重を置いて点数換算し、上位の者から順に選抜する。面接は志願者が科学高校での修学に支障がないことを確認するに留まるため、ほぼ書類選考によって合否が決定される。一方の一般選考の志願資格は特別選考の志願基準とほぼ同じであるものの、①で韓国代表の項目がなく、②の成績の制限がそれぞれ上位10％と7％以内と若干緩やかになっている。一般選考の選抜過程は、中学校内申成績、面接および口述試験となっている。中学校内申成績では、2学年1・2学期および3学年1学期の数学・科学・国語・英語の成績を数学・科学に比重を置いて点数換算し、これに面接の点数および口述試験の点数、各種競技試験大会等の受賞者、英才教育院(第4章で詳述)の修了者に対する加算点を合計し、上位の者から選抜する(ソウル科学高等学校ホームページ(「ソウル科学高校2004年度入学者選抜要項」)、http://www.sshs.hs.kr/2004 입시요강/2004 입시요강_2004.htm、2003年7月24日アクセス)。
25 京畿科学高等学校、前掲書、2003年、56頁、大田科学高等学校『大田科学高二十年史』大田科学高等学校、2004年、209〜210頁。
26 1980年の7・30教育改革によって廃止されていた。なお、後述するように、大学別本考査は1997年度に再び廃止されている。
27 1994年度の大学入試では内申成績を40％以上反映させることが義務化され、1995年の金泳三政権下で出されたいわゆる「5・31教育改革方案」(第4章で詳述)

の中でもこの数値を1997年度まで維持するよう指示があった（教育改革委員会、前掲書、1998年、96頁）。こうした措置は、生徒が本考査や修能試験の準備のために課外に追われることなく、高校の授業に集中できるようにするというねらいがあった。

28　比較内申制廃止に関する一般系高校側の主張については、イ・ジョンジェ「特殊目的高等学校比較内申制の争点分析」『韓国教育評論』1997年度号、韓国教育開発院、1998年、212～213頁に詳しい。

29　厳密にいえば、比較内申制廃止とは、特殊目的高校の卒業生には無条件で適用されるといった学校種別による一律自動適用の廃止であり、志願者に比較内申制を適用するかどうかの最終的な判断は各大学に一任されることとなった。ここではソウル大学自身の判断に基づいて特殊目的高校卒業生に比較内申制を適用しないと決めたということである。したがって、1999年度以降の大学入試においても、各大学が自主的に特殊目的高校卒業生に対して比較内申制を適用することは可能であった。たとえば1999年度の入試では、韓国社会においてソウル大学に次ぐ威信を誇る延世大学は比較内申制を特殊目的高校卒業生に適用しなかったが、延世大学と双璧をなす存在である高麗大学は適用することを決め、特殊目的高校卒業生の人気を呼んだ（京郷新聞、1998年12月31日付）。

30　比較内申制廃止に関する教育部と特殊目的高校側の法的論争（「信頼利益の侵害」をめぐる問題）については、イ・ジョンジェ、前掲論文、1998年、201～219頁に詳しい。

31　1995年に出された「5・31教育改革方案」の中で、1997年度より、国公立大学入試における本考査を廃止することが決定された。私立大学における本考査の実施については各大学の判断に任されたが、実質的に廃止せざるを得ないような条件を付されていた（教育改革委員会、前掲書、1998年、97頁）。

32　東亜日報、1997年10月7日付。

33　世界日報、1997年10月7日付。

34　後述する科学高校増設・拡充案を採択したのは盧泰愚政権であり、比較内申制を廃止したのは金泳三政権であった。それぞれ政権の性格が異なるものの、基本的に両者とも保守政権であるため、科学高校をめぐる政府の対応の違いは政権の性格からでは十分に説明できない。一方で「平準化」の基本枠組み維持という原則は両政権に一貫しているため（特に教育部内ではその意向が強かった）、比較内申制廃止はやはり「平準化」との関連から考えるべきであろう。

35　ただし、1995年9月に比較内申制の適用を各大学に任せるという教育部の発表があり、翌1996年2月にはソウル大学が比較内申制を特殊目的高校卒業生に適用しないと明らかにしている。このため、騒動が本格化した1997年当時の科学高校1・2年生は、自分たちが大学入試を受ける際には比較内申制が適用され

ないことを知った上で特殊目的高校に進学したというのが教育部の主張である。しかし、ある科学高校生が「比較内申制が廃止されると分かった上で入学したが、これほど思いやりのないことだとは思わなかった」（朝鮮日報、1999年9月30日付）と述べているように、教育部が何の代替案も示さずに比較内申制の廃止にふみ切るとは予想しなかったというのが科学高校生側の本音であろう。

36　たとえば、比較内申制廃止が発表された1996年に実施された京畿科学高校の1997年度入学者選抜の競争率は、前年度の8.9倍から一気に2.9倍まで下落した（京畿科学高等学校、前掲書、2003年、52頁）。

37　比較内申制の廃止までには、非常に複雑な経緯がある。1995年の「5・31教育改革方案」の中で、1996年度より初・中・高の全学年で一斉に、従来の内申書に相当する「総合学生生活記録簿」（当時）を導入することが決定された。当初、総合学生生活記録簿の成績は学内席次による相対評価ではなく、生徒個人の達成度を基準とした絶対評価によって算出し、教科別の達成水準と席次は記録するものの、全教科の総点における席次は記録しない方針であった（教育改革委員会、前掲書、1998年、98頁）。教育部が1995年9月に比較内申制適用を各大学に一任することを発表し、ソウル大学が1996年2月に1999年度の入試から比較内申制を適用しないことを明らかにした背景には、絶対評価による総合学生生活記録簿の導入が前提として存在したのである。しかし、1996年8月に教育部は突然当初の方針を転換し、総合学生生活記録簿を学内席次による相対評価制に変更した。これは、1996年度に絶対評価制を実施した直後、学校側が生徒の成績に下駄を履かせたり、試験問題をわざと易しくするなどの問題が生じたためである。こうして、科学高校を初めとする特殊目的高校の卒業生は、絶対評価が導入されないまま、比較内申制が廃止されるという状況に立たされた。

38　1998年度の入試において、光州科学高校は募集定員120名に72名が志願、48名の定員割れであったし、全南科学高校も60名の募集定員に48名が志願、12名の定員割れであった（文化日報、1997年10月31日付）。

39　科学高校生の自主退学は、高校の内申成績が存在しないか一部欠落している大学入学資格検定の合格者の場合、志願する学科・専攻に関わらず比較内申制が適用されるという制度を利用した作戦である。大学入学資格検定を受ける場合には、高校2学年の11月までに退学する必要がある。自主退学後は塾や予備校に通い、大学入学資格検定を受けて合格した後、修能試験を受け、各大学へ志願する。1999年度の大学入試では、江南地域のある予備校に所属していた科学高校自主退学者150名のうち、88％に当たる132名がソウル大学に進学したという（朝鮮日報、1999年10月6日付）。1999年度ソウル大学入試（定時募集）における大学入学資格検定出身の合格者は260名で、前年度の8倍に上っており、その多くが自主退学者と推定される（国民日報、1999年1月27日付）。なお比較内

申制廃止騒動が起こった当時、科学高校と外国語高校の2年生の20〜30％が自主退学したといい（チョ・ソクフィ（研究責任者）『英才教育政策研究』韓国教育開発院、1997年、34頁）、1997年の科学高校の自主退学者は295名、1998年には334名、1999年には418名に上った（ソウル新聞、11月30日付、イ・サンチョン（研究責任者）『科学英才高等学校設立および学事運営に関する研究』韓国科学財団、2002年、17頁）。たとえば1996年度のソウル科学高校の入学者は180名いたが、3年生になるまでに入学者の3分の1に当たる74名が自主退学しており（朝鮮日報、1999年9月30日付）、同年度の京畿科学高校入学者の場合も90名中23名が自主退学している（京畿科学高等学校、前掲書、2003年、118頁）。

40　文化日報、2002年2月15日付。
41　たとえば、科学高校の1996年度卒業生のうち医学系の学部・学科に進学した者は3.7％、1997年度卒業生では8.6％であったが、比較内申制が廃止された1999年度の大学入試を受けることになる1998年度卒業生では11.9％、1999年度卒業生では18.7％とその割合が増えている（カン・ヨンヘ、前掲書、2007年、49頁）。
42　朝鮮日報、1999年10月6日付。
43　同上。
44　文化日報、2000年11月14日付。
45　1986年度から1991年度までの平均値（キム・オンジュ（研究責任者）『科学高等学校卒業生に対する追跡研究』韓国科学財団、1999年、13頁）。
46　朝鮮日報、1999年10月6日付。
47　ハンギョレ新聞、1998年11月11日付。
48　京畿科学高等学校、前掲書、2003年、118頁。
49　キム・ジョンドゥク、キム・オンジュ（事業責任者）『2004年度科学英才発掘・育成事業結果報告書―科学英才関連第1次縦断研究、科学英才教育のための人材養成現況分析および政策開発―』KAIST科学英才教育研究院、2005年、95〜96頁、筆者によるKAIST科学英才教育研究院のシム・ジェヨン研究員（当時）へのインタビュー、2006年11月28日。
50　チョ・ソクフィ（研究責任者）『創意的知識生産者養成のための科学英才教育活性化政策方案』韓国教育開発院、2000年b、158頁。
51　石坂浩一、舘野晢編著『現代韓国を知るための55章』明石書店、2000年、24〜26頁、深川由起子『図解　韓国のしくみ（Version2）』中経出版、2002年、35〜37頁、佐野通夫「韓国における教育自治制度の導入と展開」阿部洋編著『韓国の戦後教育改革』龍渓書舎、2004年、205〜228頁。
52　チェ・フィソン（研究責任者）『地方教育自治制度定着のための総合対策研究』教育部地方教育自治発展研究委員会、1992年、38〜39頁。
53　たとえば、韓国産業情報院、前掲書、2001年、546頁、チョ・ソクフィ、前掲書、

2002年 a、121～122頁、パク・インホ（研究責任者）『科学高等学校正常化および科学英才教育発展方案研究』韓国科学財団、2002年、1頁、キム・ヨンチョル、前掲書、2003年 b、52頁、稲葉継雄「韓国における高校の多様化・自律化」望田研吾（研究代表者）『中等学校の多様化・個性化政策に関する国際比較研究』平成13～15年度科学研究費補助金基盤研究(A)(1)研究成果報告書、2004年、226頁など。

54　英才学校は英才教育振興法に基づく特別学校形態の才能教育機関であり、その指定権限は同法第6条において「国家」が有すると定められている。

55　特殊目的高校の指定権限と告示権限が市・道教育監に完全に委譲された2001年まで、原則政府（教育部長官）がこれを有していた。特殊目的高校の指定・告示権限に関する経緯は以下のとおりである。旧教育法施行令の第112条の15（特殊目的高等学校の指定）により、長らく科学高校をはじめとする特殊目的高校の指定・告示権限は、原則として教育部長官にあると定められていた。しかし1993年12月27日の旧教育法第162条の6（権限の委譲）の新設以降は、教育部長官の指定・告示権限のうち指定権限を市・道教育監へ「委任」できるようになった。さらに2001年3月2日の初・中等教育法施行令第90条改正により、指定権限と告示権限の両方が市・道教育監に完全に委譲された。ところが、地方にとって特殊目的高校の設立は、優秀な人材の育成と地域開発の手段とみなされ、科学高校や外国語高校、それに国際高校が雨後の筍のように設立されていったため、2007年に初・中等教育法施行令第90条が再び改正され、科学高校、外国語高校、国際高校の3校の指定・告示に際しては、市・道教育監は事前に教育部長官と協議することが義務付けられることになった（イ・スンピョ「科学高等学校政策方向」『国会報』1999年11月号、国会事務所、1999年、72頁、カン・ヨンへ、前掲書、2007年、18～19頁）。

56　世界日報、1990年2月10日付。

57　東亜日報、1990年8月11日付。

58　ユン・ジョンヒョク（研究責任者）『高校平準化政策の適合性研究（Ⅰ）』韓国教育開発院、2003年、42頁。

59　小林孝行「ソウルへの集中と地域格差の拡大―韓国の人口現象―」小林孝行編『変貌する現代韓国社会』世界思想社、2000年、92頁、102～103頁、106頁、昌原市ホームページ、http://www.changwon.go.kr/01changwon/02_02.jsp、2009年10月6日アクセス。

　　なお、ここで各都市の人口を指標として用いたのは、1990年時点での都市別の一般系高校就学者数が不明であったためである。

60　この調査の結果と分析、質問紙は、パク・プグォン（研究責任者）『高等学校平準化制度改善研究』韓国教育開発院、1990年にまとめられている。

61　同上書、17頁、24頁。

なお、2002年に同じくパク・プグォンらが実施した調査においても、保護者の63.0％、教師の67.2％が「平準化」に賛成しており、賛成の理由としては学校間序列が消滅したことを挙げた者が圧倒的に多かった（パク・プグォン、前掲書、2002年、59〜60頁）。
62　パク・プグォン、前掲書、1990年、17頁、ⅰ頁。
63　同上書、39頁。
64　同上書、ⅰ頁。
65　同上書、21頁。
66　石川裕之「韓国の才能教育における科学高校の受験名門校化に関する研究―『平準化』制度との関連に注目して―」『比較教育学研究』第31号、日本比較教育学会、2005年、94〜95頁。
　なおその後、教育部委託研究報告書においても、「（1990年『平準化』改革で大都市における『平準化』再検討が見送られた結果：引用者注）成績優秀者選抜に対する執着は新たな突破口を求めたが、それがすなわち特殊目的高校の拡大であった。平準化制度の骨格はそのまま維持する代わりに、既存の科学高校を追加設立すると同時に、一時検討したが諦めた外国語高校を再び設立するということであった」と、同様の指摘がなされている（イ・ジョンテ（研究責任者）『特殊目的高等学校の中長期運営方向および発展方案研究』教育人的資源部、2007年、105〜106頁）。
67　当時の各種学校は職業技能教育を中心とする学校であり、そのうち高卒学力認定校の卒業生は一般の高校の卒業生と同様に大学入学予備考査（当時）の受験資格があった（国政ブリーフィング特別企画チーム、韓国教育開発院『大韓民国教育40年』ハンスメディア、2007年、190頁、カン・ヨンヘ、前掲書、2007年、17〜18頁）。
68　2008年の時点で、外国語高校は30校存在しているが、うち18校は私立学校である。またソウル市、京畿道、仁川市の首都圏に16校が集中している（教育科学技術部、韓国教育開発院『教育統計年報2008』韓国教育開発院、2008年a、240頁）。
69　イ・ジョンテ、前掲書、2007年、カン・ヨンヘ、前掲書、2007年。
70　同上書、18頁、50頁。
71　イ・ジョンテ、前掲書、2007年、18頁、85〜88頁、262頁。
　同書は教育部の委託研究報告書である。科学高校や外国語高校など特殊目的高校の設立意図の妥当性について、こうした一定程度公的な性格を持つ報告書において真っ向から否定的見解が示されたのは管見の限りこの時が初めてである。
72　2006年以降、こうした見解が出されるようになってきた背景には、外国語高校の登場を「一部階層」の要求と結び付ける階級論的なレトリックからも分かる

ように、当時の盧泰愚政権の教育政策を批判することで、盧武鉉政権の進める外国語高校統制政策を正当化する意図も含まれていると考えられる。たとえば盧武鉉政権は、外国語高校があまりに増え過ぎたことと、理系進学クラスの運営など語学分野の才能教育機関としての設立目的を無視した入試準備教育が一向におさまらないことから、外国語高校の入学者選抜方法やカリキュラム編成・運営への規制を強化し、2010年度以降これまで全国レベルであった外国語高校の募集地域を科学高校と同じ市・道レベルに制限することを決定している（教育科学技術部学校政策局『学校規制指針一括整備後統措置関連特目高運営正常化および入試改善方案』教育科学技術部学校政策局資料、2008年）。

73　パク・プグォン、前掲書、1990年、53頁。
74　たとえばカン・テジュンは外国語高校を念頭に、「学校設立や指定が必要な理由として特殊目的高等学校の理念の特殊性を表に出したのは、名分に過ぎなかった」と指摘している（カン・テジュン、前掲論文、2003年、19頁）。また、金志英によれば、外国語高校は特殊目的高校として制度化される過程で、「平準化」を補完する「特殊目的型」の学校（主に地方の公立外国語高校）と、「平準化」と矛盾する「進学校型」の学校（主に首都圏の私立外国語高校）に二分化され、後者の制度化を正当化するために、前者の趣旨に便乗したと指摘している（金志英「韓国の高校平準化政策との関連から見る高校多様化―特殊目的高校の登場の二つの流れ『特殊目的型』と『進学校型』を中心に―」『東京大学大学院教育学研究科紀要』第49巻、東京大学大学院教育学研究科、2010年、369～380頁）。
75　カン・テジュン、前掲論文、2003年、19頁。
76　韓国教育開発院教育統計サービス、http://cesi.kedi.re.kr/、2008年8月20日アクセス。
77　ルーマン・N著、村上淳一訳『社会の教育システム』東京大学出版会、2004年、183～185頁、井本佳宏『日本における単線型学校体系の形成過程―ルーマン社会システム理論による分析―』東北大学出版会、2008年、70頁。
78　1つの科学高校の事例を一般化することはできないし、あくまで類推となるが、たとえば図3-4で示した光州科学高校の1998年度卒業生の「大学教員および大学院」の割合は31％であり、そのほとんどが大学院在学者であると思われる。その割合は通貨危機の影響で劇的に減少しているが、それでもこの割合を同年の科学高校卒業生数（1,372名）に当てはめると、1998年度卒業生のうち425名が大学院に在学している計算になり、80年代の全卒業生の数よりも多くなる。
79　第9期生のユン・ソクホ。京畿科学高校を卒業後、KAISTに進学、2002年に国内最年少で博士学位を取得した（京畿科学高等学校、前掲書、2003年、文化日報、2002年12月27日付）。

第4章　新たな才能教育制度の構築
―― 英才教育振興法の制定とその背景に注目して ――

1. はじめに

　本章では、2000年に制定された韓国初の才能教育関連法である英才教育振興法の制定とその背景に注目し、同法に基づく新たな才能教育制度の構築の動向について明らかにする。まず第2節では、英才教育振興法が制定された背景について、90年代半ば以降の才能教育政策活性化の要因をふまえて考察する。続く第3節では、英才教育振興法の内容について、アメリカとの比較を念頭に置きつつ、才能教育の公的定義や理念、目的、領域、対象について検討する。第4節では、才能教育の実施形態や国家による管理・統制システムについて検討しつつ、新たな才能教育制度に示された理念的な構造について考察する。第5節では、科学高校など既存の才能教育機関も含めた2000年代の才能教育制度の概況と動向について、教育対象者の数や実施分野、量的な変化、才能教育機関の複系統化などについて総体的に考察する。なお、本章以降において「新たな才能教育制度」という時は、原則として才能教育制度全体のうち英才教育振興法によって規定される範囲の制度を指し、「新たな才能教育機関」という時は、同法によって規定される才能教育機関を指す。

2. 英才教育振興法制定の背景
(1) 才能教育の法的基盤整備に向けた動き

　80年代初め、科学高校の設立から出発した韓国の才能教育制度は、90年代に混乱を経験しつつも大幅な量的拡大を遂げ、1つの教育システムとして

の体裁を整えた。さらに、グローバル化・情報化時代を見据え、90年代半ばには才能教育の法的基盤整備に向けた動きが現れ始めた。最初の変化は1995年5月31日、大統領諮問委員会である教育改革委員会が出した報告書、『世界化・情報化時代を主導する新教育体制樹立のための教育改革方案』においてであった。同改革案は、建国以来最も大胆な教育改革といわれており、発表された日付から一般に「5・31教育改革方案」と呼ばれる。そこには、これまで韓国の教育の量的発展を支えてきた「画一」と「統制」から、21世紀対応型の「多様」と「自律」、「評価」と「競争」へのパラダイム転換の必要性が示されており[1]、第6・7次教育課程[2]に代表されるような、グローバル・スタンダードを志向し、多様化と自律化を目指すその後の韓国における教育政策の基本路線を決定付けた。

この5・31教育改革方案において、才能教育の必要性と強化の方針が公式に表明され[3]、翌1996年には5歳での初等学校早期就学制度と初・中・高における早期進級・卒業制度が導入された。さらに1997年には教育基本法第19条に「英才教育」の条項が新設され、才能教育の実施が国と地方自治体の義務となった[4]。

90年代半ば以降、にわかに才能教育の法的基盤整備に向けた動きが現れた要因としては、第1に、前章でみたように、90年代に特殊目的高校の受験名門校化が原因で才能教育制度が混乱に陥っていったため、既存の才能教育制度の見直しと再編が急務となったことが挙げられる。第2に、20世紀末にグローバル化・情報化が急速に進展したことが挙げられる。天然資源に乏しい「小国」たる韓国が、21世紀において経済発展を続けていくには、世界との熾烈な競争に耐えうる高度な人的資源を、選択と集中の原則により開発していく必要があると考えられたのである。こうした認識は、90年代にはすでに韓国社会に一定程度共有されつつあったとみることができる。5・31教育改革方案の登場は、そうした認識を裏付けるものであった。

しかしながら当時、教育の機会均等化に対する国民の要望は依然として強かったし、特殊目的高校が受験名門校化したこともあり、才能教育に対する不信感や警戒感は消えずにいた[5]。才能教育関連法案も提出されていたもの

の制定に対する反発が強く、国会で長らく係留されたままになっていた。そうした中、国民の認識を一変させ、一気に才能教育政策推進の流れを決定付けたのは、1997年に起こった出来事であった。それは先の第2の要因に関連するものである。

(2) 才能教育政策活性化の背景
①「IMF 危機」

　1996年に韓国は悲願の OECD 加盟を果たし、アジアで2番目の加盟国となった。かつての最貧国は、「漢江の奇跡」と呼ばれるめざましい経済発展を成し遂げ、今や先進国の一歩手前までたどりついたのである。韓国社会では楽観的なムードが流れ、国民の多くが21世紀もこれまでどおりの経済発展が続くものと認識していた。しかしその翌年には一転して、国家がデフォルト寸前にまで追い込まれるという未曾有の経済危機にみまわれることになった。1997年にアジア各国を襲った通貨危機、韓国でいうところの「IMF 危機」(「IMF 事態」や「IMF ショック」とも呼ばれる) である。

　この IMF 危機により、通貨と株価は大幅に下落した。その結果、企業が次々と倒産し、リストラの嵐が吹き荒れ、街には失業者があふれた。前章で述べたように、この時、研究所に所属する科学者の多くもリストラの憂き目に遭っている。OECD 加盟直後に韓国を襲った IMF 危機は、国民にとってまさに青天の霹靂であり、わが国による植民地支配、朝鮮戦争に続く第3の「国難」とされた。90年代も終わりに差しかかった時期に突如起こった未曾有の経済危機によって、経済発展がこれまでどおり続くものと信じていた韓国国民は、それがもはや世界との激しい競争なしには成し遂げられないものであることを理解するに至った。またこの出来事は、自分たちが世界に伍していくために有する資源は唯一、人的資源のみであることを国民に強く再認識させる契機となった。

　こうした認識を示すように、2001年には旧「教育部」が「教育人的資源部」へと改編され、同部は教育政策だけでなく人的資源開発政策の統括・調整を合わせて担当する省庁となり、その長官は副首相に位置付けられた。こうし

て、教育を通じた人的資源開発による経済発展という国家戦略が鮮明に打ち出されたことにともない、その戦略を支える1つの柱として、国家的な才能教育制度の構築が目指されることになった。特に、将来世界的な競争力を持つ科学者となり、韓国の科学技術の発展をリードする可能性を秘めた数学・科学分野の才能児は、「国家発展に卓越した寄与をしうる宝石」[6]とみなされるようになった。

　こうして IMF 危機を契機に、韓国においては、「英才こそ最も重要な『国家資産』である」[7]という認識が社会に広く浸透していった。もちろん才能教育のデメリット、中でも受験競争を過熱させる危険性に対しては依然として厳しい目が向けられているものの、かつて才能教育批判の急先鋒であった教職員組合をはじめとする進歩主義・平等主義陣営でさえ才能教育の実施そのものに対しては理解を示すようになっている[8]。2000年代に才能教育政策を強力に推進していったのも、金大中、盧武鉉両大統領による進歩政権であった。現在、才能教育をめぐる議論の焦点は、才能教育を実施するか否かという段階を過ぎ、実施を前提として、いかにそのデメリットを最小化しつつメリットを最大化するかという段階に移っている。

②才能教育制度を発展させる「内圧」と「外圧」

　こうしてみると、歴史的に韓国の才能教育制度には、2つの大きな転換点があったことが分かる。第1に70年代半ばの「平準化」の導入であり、第2に90年代後半の IMF 危機である。才能教育制度は、その登場時点から常に「平準化」と密接に関連してきた。このことは、「平準化」の下で損なわれかねない才能児の能力と適性に応じた教育機会を保障するという大義名分が才能教育制度の登場を決定付けたことや、「平準化」の補完を名目として90年代の才能教育制度の量的拡大が進められていったことからも分かる。このように90年代までの才能教育制度がもっぱら「平準化」の補完を目的に発展してきたことは、一般学校教育制度内において教育の機会均等化を追求しつつ公教育制度全体としていかに競争と選抜の機会を担保するか、という国内の事情、いわば「内圧」が才能教育制度発展の主たる原動力であったことを示してい

るといえよう。
　一方で、2000年代以降における国家戦略としての才能教育制度の構築は、21世紀の知識基盤社会の到来やグローバル化・情報化の進展といった国際的な事情、いわば「外圧」を主たる原動力として推し進められているとみることができる。この時期の「外圧」は、韓国のような「小国」にとって、かつてのオイルショックのように経済成長の鈍化といった限定的な影響に留まるものではなく、IMF危機のように国家の存続自体を危うくしかねないほど強力で否応なく襲いかかってくるものであったといえる。2000年代、才能教育制度はこの強力な「外圧」を利用して国民のコンセンサスを形成しつつ、才能教育独自の法体系を整備し、新たな才能教育機関を設立・拡充することで、公教育制度内における自立性とプレゼンスをさらに高めていくこととなる。

3. 英才教育振興法の内容

　前節で述べたような時代的変化の中、長らく係留中であった才能教育関連法案が1999年に国会本会議を通過し、翌2000年に韓国初の才能教育関連法である英才教育振興法（2000年1月28日制定、法律第6215号）が制定された。同法が2002年に施行されたことで、韓国の才能教育制度は新たなステージに入っていくこととなった。本節では英才教育振興法の内容に注目し、2000年代以降の才能教育制度がどのような理念に基づいて構築されつつあるのかについて検討していきたい。

(1) 才能児および才能教育の公的定義

　英才教育振興法において、才能児および才能教育に関する公的な定義がどのような内容として示されているのかをみるために、韓国が主要なモデルとしたアメリカにおける才能教育に関する公的な定義[9]との比較を通して考察したい。韓国では才能児を指す語として「英才（영재）」が、また才能教育を指す語として「英才教育（영재교육）」が、法条項や公的文書、研究論文等の中において一般的に用いられてきた。しかしその定義が法令によって明確に

示されたのは、英才教育振興法が初めてであった。

　まず、「英才」や「英才教育」という用語自体の定義についてであるが、「英才」とは「才能の優れた者で、生まれついての潜在力を啓発するために特別な教育を必要とする者」（同法第2条第1号）であり、また「英才教育」とは「英才を対象として、各個人の能力と素質にふさわしい教育内容と方法で実施する教育」（同法第2条第2号）をいう。

　この韓国の定義には、「生まれついての潜在力」とあるように、才能の先天性を強調しているという特色がみられる。

　一方のアメリカにおいても、人間の知能や才能（たとえばその1つの指標としての知能指数など）が先天的な要因によって決定されるものであるかについては古くから議論されてきた。しかし、公的に才能の先天性を認めることは人種・民族差別にもつながりかねないセンシティブな問題であるため、「マーランド報告」（1972年）などのアメリカの定義では、ある領域における個人の潜在能力に差があることには触れていても、才能の先天性に触れるような記述はみられない[10]。このように韓国において才能の先天性が法令レベルで明示される理由としては次の3つが考えられる。

　第1に、国民の間の才能教育ブームを過度に加熱させないためであると考えられる。韓国では「英才」という言葉が広く社会に定着している分、それが「手間のかからない頭のいい子」や「教師が好む秀才」といった程度の意味に捉えられるケースが少なくない。このため多くの保護者が、わが子が「英才」であったらばと願い、才能教育プログラムを受けさせさえすれば自分の子どもも「英才」になれると信じているという[11]。こうした環境の下では、才能教育ブームが過熱しやすいため、才能教育の専門家は、これまでも繰り返し才能の先天性を強調してきた経緯がある[12]。

　第2に、優れた才能の先天性の明示は、家庭の経済力や地域格差などの後天的要素を才能教育からできるだけ排除しようという意志の表れと捉えることができる。後述するように、近年韓国でも、才能教育が社会統合のための政策的手段として位置付けられるようになり、地域格差や家庭の経済力の差に配慮した措置が実施されるようになってきている。

第3に、韓国の才能教育には民族主義や優生主義的志向との結び付きがみられるが、これが才能の先天性の明示を躊躇しない1つの理由となっていると考えられる。たとえばソウル科学高校の初代校長金東旭の「英才の才能は個人のものであると同時にわが民族共有の資産であります。はるか昔より遺伝の原理によって代々伝えられ、わが民族に続いてきた才能の中で、ごく少数の英才のみが他人よりも並はずれて多くの才能を持って生まれてきたのです」[13]という言葉の中にはこうした志向がよく表れている。その他にも、韓国において卓越した才能と朝鮮民族（韓国では「韓民族」）の優秀性が関連付けて語られることは、実はそれほど珍しいことではない[14]。こうした才能教育と民族主義や優生主義の結び付きは、韓国の歴史・文化と密接に関連しているため安直な批判は控えるべきであろうが、一方で才能教育とこれらの志向が結び付いた場合に起こり得る危険性についても十分に認識しておくべきであろう。たとえば優生主義的志向は人間の無批判な選別を正当化したり、才能児が他の子どもを蔑視したりすることにつながる危険がある。また自民族の優秀性の過度の強調は、才能児にエスノセントリズムを植え付けかねないし、近年増加している韓国在住の外国人や非韓国系の子どもを、公的な才能教育から排除する結果に結び付いてしまう可能性もある。韓国にみられる強い民族主義は、自国が単一民族国家であるという前提に立つものであるが、2000年代以降、韓国人と国際結婚した配偶者、外国人労働者など、韓国国内の外国人の数は急増し、言語・文化状況も多様化している[15]。近い将来、韓国では、従来の国家観・民族観の転換とともに、才能教育に付随する民族主義的・優生主義的志向のパラダイム転換を迫られることになるかも知れない。

(2) 才能教育の理念と目的
――「適能教育主義」・「国際競争主義・科学ノーベル賞型」――

　韓国における才能教育の理念と目的[16]についても、英才教育振興法に端的に示されている。同法第1条では、以下のように定められている。「この法は、教育基本法第12条および第19条の規定により、才能が優れた者を早期に発掘し、生まれついての潜在力を啓発できるように、能力と素質に合った教育

を実施することで、個人の自己実現を図り、国家・社会の発展に寄与せしめることを目的とする」。この条文をみて分かるように、韓国の才能教育の理念には、能力と素質に応じた教育機会を提供することで「個人の自己実現」を図るという個人的・教育的側面と、「国家・社会の発展に寄与」するという国家的・社会的側面の2つが示されている。この条文には明らかにアメリカの「マーランド報告」の影響がみられるが、同報告が才能教育を実施する理由について「自己や社会への貢献を実現するため」（原文は"in order to realize their contributions to self and society"）としているのに対し、英才教育振興法においては「自己実現」や「社会」への寄与に加えて、「国家」への寄与が含まれている点が特徴的である。

　ところで杉本(2005年b)は、才能教育に対する社会的要請について、①個々の子どもの能力に適した教育を提供するという「適能教育主義」、②社会の活性を高め、国家の国際的地位を高めるための「国際競争主義」、③文化的・社会経済的に不利な立場にあるグループを上昇させようとする「社会矯正主義」の3つのパターンに分類している。②の「国際競争主義」はさらに、科学技術分野を中心に革命的な発見や発明を導こうとする「科学ノーベル賞型」と、国家・社会の将来を正しく導く指導者をみつけ出そうとする「国家リーダー養成型」に分かれるとされる[17]。この分類にしたがえば、韓国における才能教育の理念の個人的・教育的側面には「適能教育主義」が、そして国家的・社会的側面には「国際競争主義」が明確に表れている。また詳しくは後述するが、才能教育の実施分野からいって、韓国の「国際競争主義」は「科学ノーベル賞型」に分類されるといえる。さらに、韓国の才能教育の理念にみられる「適能教育主義」と「国際競争主義・科学ノーベル賞型」という2つの側面を、才能教育制度が掲げている具体的な目的に照らすならば、前者は才能児の能力と適性に応じた教育機会を提供するという意味での「平準化」の補完、後者は科学技術分野の高度なマンパワー育成ということになるだろう。

　なおこれまでみてきたように、韓国では英才教育振興法以前においても、才能教育を実施する主たる理由の1つは国家・社会の発展への寄与にあった。科学技術分野の高度なマンパワー育成を目的に掲げる科学高校はもちろんの

こと、同じく特殊目的高校である芸術高校や体育高校についてもその設立趣旨として「文化国家としての力を養う」（芸術高校）[18]や、「国威宣揚」（体育高校）[19]といった目的が謳われている。このように国家・社会発展への寄与は、韓国における才能教育の重要な存在理由の1つであり[20]、逆にいうならば国家・社会の発展に寄与しない才能教育は、韓国においては制度化の正当性を十分に確保することが難しいともいえる。

(3)「社会矯正主義」の理念の萌芽

なお、盧武鉉政権（2003〜2008年）以降、社会経済階層の二極化や、都市と地方の格差拡大、地域対立の深刻化が韓国社会における重要な政策イシューとなったことで、才能教育の対象者の選抜に当たって社会経済階層や地域への配慮がみられるようになってきた。2005年12月の英才教育振興法一部改正によって、「英才教育機関の長は第1項の規定による英才教育対象者を選抜するに当たり、低所得層の子女、社会的脆弱地域居住など社会・経済的理由で潜在力を十分に発現することができない英才を選抜するために、別途の選抜手続きを準備するなどの措置を取ることができる」（同法第5条第2項）という文言が加えられた。これは韓国において、才能教育が社会統合のための政策的手段として位置付けられるようになったことを示している。韓国における才能教育批判の根拠の1つに社会経済階層の再生産を助長する恐れがあるというものがあったが、政府は社会経済的に恵まれない層の子女が才能教育に参加する機会を広げることで、こうした批判に応えようとしているのである[21]。これは杉本のいう「社会矯正主義」の理念の萌芽であるとみることができよう。

文化的・経済的要因で困難を抱える才能児への配慮は、アメリカの『国家の卓越』(1993年) の「優れた才能は、あらゆる文化集団の青少年に、あらゆる経済的階層に渡って、またあらゆる人間の事業分野で存在する」[22]といった記述にも見受けられる。これに対し、地域的な要因に言及している点、また文化的要因に言及していない点が韓国の特徴であろう。ここにも、韓国が単一の民族・文化集団から成り立つ国家であり、格差はもっぱら社会経済的

要因や、地域的な要因から生じるという認識が見受けられる。

なお、韓国における具体的な試みとしては、2008年ソウル市に新設された世宗科学高校の入学者選抜のように、生活保護（「国民基礎生活保障」）[23]を受給している家庭の志願者のために特別枠（「特別奨学生選考」）を設けたり[24]、市・道教育庁が「疎外された英才のための教育プログラム」を運営し、低所得層の子どもを積極的に受け入れたりしている。こうした措置が講じられるようになったのは、韓国の才能教育制度にとって画期的なことといえる。しかし、やはり民族や人種、言語など文化的な要因によって困難を抱える才能児はこうした措置の射程から外されており、上述した才能教育と民族主義との結び付きとも関連して課題の残る点である。

(4) 才能の領域と対象

才能教育の実践は、その理念や理論とは裏腹に極めて実際的なものである[25]。どのくらいの割合の子どもを才能教育の対象とするかは、その国や社会、地域が準備できる予算や人的・物的資源に大きく左右されるし、どの領域を公的な才能教育プログラムの対象とするかも、その時代や社会における伝統や価値、文化などの文脈に規定される。つまり、どの時代でも、あるいはどの国・地域でも通用するような絶対的で普遍的な才能の領域や才能児の認定基準は存在しない。したがって、特定の時代や国・地域で実施されている才能教育プログラムが対象としている領域こそがその時代や国・地域における才能の領域なのであり、才能教育プログラムの対象となっている子どもがすなわちその時代や国・地域における才能児なのである。

韓国において才能教育の対象となる才能の領域が明示されたのも、やはり英才教育振興法においてであった。そこでは才能教育の対象となる才能の領域を、①一般知能、②特殊学問適性、③創造的思考能力[26]、④芸術的才能、⑤身体的才能、⑥その他特別な才能の6つとしている（同法第5条）。**表4-1**は韓国の英才教育振興法に示された才能の領域と、アメリカの「マーランド報告」に示された才能の領域を比較した表である。一見して韓米の類似性が分かり、韓国に対するアメリカの強い影響を読み取ることができる。

表4-1　才能教育の対象となる才能の領域に関する韓米比較

国	韓　国	アメリカ
根　拠	英才教育振興法 （2000年）	「マーランド報告」 （1972年）
領　域	一般知能 （일반지능）	一般的な知的能力 (General intellectual ability)
	特殊学問適性 （특수학문적성）	特殊な学問適性 (Specific academic aptitude)
	創造的思考能力 （창의적사고능력）	創造的または生産的思考 (Creative or productive thinking)
	－	リーダーシップの能力 (Leadership ability)
	芸術的才能 （예술적재능）	美術や舞台芸術 (Visual or performing arts)
	身体的才能 （신체적재능）	精神運動的能力 (Psychomotor ability)
	その他特別な才能 （그 밖의 특별한 재능）	－

注：アメリカの「精神運動能力 (Psychomotor ability)」は1978年に削除された。

　ただし、相違点も存在する。アメリカでは、韓国の「身体的才能」に相当する「精神運動能力 (Psychomotor ability)」領域が、「スポーツに優れた者は、既存の活動の機会に十分に恵まれている」という理由で1978年の「初等・中等教育法」修正条項で削除されている[27]。このことは、アメリカと違って、韓国ではスポーツ分野の才能教育の必要性が現在も公的に認められているということを示しており、実際にこの分野の才能教育機関として体育高校が存在している。しかしながら、第1章で触れたように、韓国ではスポーツ分野で優れた能力と適性を有する者は、「体育特技者」として中・高「平準化」の対象外となっている。したがって、彼らは一般学校教育制度内においても、その能力と適性に応じた教育を受ける機会に恵まれているはずである。それにも関わらず、才能の領域にスポーツ分野が含まれ、同分野に特化した体育高校が存在している理由は、上述した「国威宣揚」という目的のために、オリンピックや国際競技でも活躍できるトップレベルの才能児を集中的に育成する場が必要とされているためと考えられる。

　一方、アメリカにあって韓国にない領域も存在している。「リーダーシップの能力 (Leadership ability)」である。このことは、韓国の才能教育において

は指導力を強く求められる社会的リーダー層の養成よりも、科学技術分野など特定分野のスペシャリスト養成に重点を置いていることの表れと解釈できる。またこのことは、韓国の才能教育にみられる「国際競争主義」の理念が、あくまで「科学ノーベル賞型」であって、「国家リーダー養成型」ではないことの証左ともいえよう。

　以上、英才教育振興法を手がかりとして、そこに示された才能教育の定義・理念・目的・領域・対象についてみてきた。それでは、韓国政府は、英才教育振興法によっていかなる類型の才能教育機関を規定し、それらによって、理念的にはどのような構造を持った才能教育制度を構築しようとしているのであろうか。

4. 新たな才能教育制度の理念的構造と特徴
(1) 才能教育の実施形態

　英才教育振興法によって規定される新たな才能教育機関(韓国語では「英才教育機関」)には、「英才学校」、「英才教育院」、「英才学級」の3つの類型が存在している。まず、英才学校については、「英才教育のために、この法によって指定または設立される高等学校課程以下の学校」(同法第2条第4号)であり、「国家は英才教育を実施するために、高等学校課程以下の各級学校のうち一部の学校を指定し英才学校として運営したり、新たに英才学校を設立・運営することができる」(同法第6条第1項)と規定されている。ここから英才学校は、国家によって直接指定されたり設立・運営される高校段階以下の才能教育機関であることが分かる。なお、英才学校の指定権者は教育部長官である(同法施行令第19条)。

　次に英才教育院については、「英才教育を実施するために『高等教育法』第2条の規定による学校および他の法律によって設置されたこれに準じる学校などに設置・運営される附設機関」(同法第2条第6号)であり、「市・道教育庁、大学、国公立研究所、政府出資機関および科学・技術、芸術、体育等と関連する公益法人は、英才教育院を設置・運営することができる」(同法第8条第1項)

と規定されている。ここから英才教育院は、市・道教育庁や大学等が附設機関として設置・運営する才能教育機関であることが分かる。なお、英才教育院の指定権限は、設置・運営費の2分の1以上を支援している行政機関の長が有しており、地方自治体が設置・運営費の2分の1以上を支援している場合は市・道教育監、国家が設置・運営費の2分の1以上を支援している場合は支援元の国家機関（中央行政機関）の長が指定権者となる（同法施行令第21条）。

　最後に英才学級については、「初・中等教育法によって設立・運営される高等学校課程以下の各級学校に設置・運営される英才教育のための学級」（同法第2条第5号）であり、「国家または地方自治体は、英才教育を実施するため高等学校課程以下の各級学校に、教科領域の全部または一部について英才学級を設置・運営することができる」（同法第7条第1項）と規定されている。ここから英才学級は、高校段階以下の一般学校において設置・運営される才能教育機関であることが分かる。英才学級の指定権者は市・道教育監であり、国立学校に設置される場合のみ教育部長官が指定権者となる（同法施行令第20条）。

　なお、これらの才能教育機関の1クラスの定員は20名以下と定められており（同法施行令第32条）、プログラムを担当する教員や講師は国家や地方自治体の支援による研修を受けることができる（同法第12条第3項および同法施行令第31条）。

　以上から、実施形態からみた場合、英才学校、英才教育院、英才学級はそれぞれ、①特別学校における才能教育、②教育行政機関や大学等の附設機関における才能教育、③一般学校における才能教育に対応しているといえる。ただし、英才教育院と英才学級の才能教育プログラムはあくまで非正規課程として位置付けられており、原則として週末や放課後等、正規の授業中以外の時間にプログラムを実施することになっている[28]。英才教育院と英才学級のプログラムが原則として正規の授業中におこなわれないことの理由としては、第1に、現時点では正規の授業中に実施するだけのプログラムの質保証や教員供給の態勢が整っていないこと[29]、第2に、繰り返し述べているように、いわゆる「優劣班」編成の復活であるとして習熟度別学級編成に対する国民の心理的抵抗が依然として根強いことが挙げられる[30]。そして第3に、教育

システムの次元において考えた場合、正規の授業中に才能教育プログラムを実施するということは、競争や選抜の機会を一般学校教育制度の中に持ち込むことになるため、プログラムの実施時間を一般学校教育制度の外側（放課後や週末等）にずらすことでこれを防いでいると捉えることができる。このように才能教育制度は、一般学校教育制度から空間的に距離を置く（科学高校や英才学校などの特別学校でプログラムを実施する）だけでなく、時間的に距離を置く（放課後や週末等にプログラムを実施する）ことによっても住み分けをし、共存を図っているのである。

(2) 才能教育機関の国家による管理・統制

上記の才能教育機関に関する条文から分かるとおり、英才学校は国家が主体となって設立・運営する才能教育機関であり、英才教育院や英才学級は主に地方自治体や大学など、国家より一段階下がった公的機関が設置・運営する才能教育機関として位置付けられている。いずれの機関の設置・運営者もすべて公的性格を有している点が特徴であり、たとえば私立大学に附設されている英才教育院であっても、基本的に政府や地方自治体からの公的支援によって設置・運営される。このため、英才教育院や英才学級では原則として授業料は無料であり、英才学校の場合は一般の公立学校と同等の授業料を徴収するが、奨学金や企業等からの寄付によって、生徒は実質的に経済的な負担なく最上級の教育環境を享受できるようになっている。

なお、英才教育振興法第4条では、才能教育に関する重要事項を審議し、才能教育機関の指定や設置承認およびその取り消しなどの業務をおこなうために、教育部内に教育部次官を委員長とする「中央英才教育振興委員会」を、同じく市・道教育庁内に副教育監を委員長とする「市・道英才教育振興委員会」を設置することが定められている。

また、同法第3条には「国家の任務」が示されているが、その範囲は才能教育に関する総合的計画の樹立から才能教育を担当する教員の任用や研修、才能児判別方法の開発、才能教育の内容と方法の改善にまで至る。なお同条項は2005年に、「国家の任務」から「国家および地方自治体の任務」へと修正

され、地方自治体は国家が定めた施策のうち地域の才能教育に関する細部計画を樹立したり、才能教育振興のための支援策を講じる義務を負うこととなった。こうして国家的な才能教育制度の構築作業に地方自治体が組み込まれることになったのであるが、注目すべきは、地方自治体の細部計画履行が不振であったり予算が不足している場合、国家が予算拡充等の勧告をおこなえるよう定められている点である（同法第3条第2・3項）。つまり、才能教育に関する任務の一部が地方自治体に委ねられたことは、単純に地方「分権」が進展したと捉えることはできず、むしろ国家の管理・統制下における中央・地方の任務の「分担」体制が構築されたと捉えるべきであろう。

　ここから新たな才能教育機関は、国家や地方自治体等の公的機関によって設置・運営され、その監督を受けつつ、最終的には国家が才能教育制度全体を管理・統制する仕組みになっていることが分かる。90年代以降、一般学校教育制度では「画一」と「統制」から「多様」と「自律」へとパラダイムを転換し、市・道教育監の権限強化や学校運営委員会[31]の設置など、教育に関する権限の地方や教育需要者への委譲を推進してきた。しかし2000年代以降の才能教育制度に関しては、グローバル化・情報化時代の国際競争に備えるためと、90年代に地方による無秩序な科学高校増設・拡充競争の結果もたらされた混乱への反省をふまえ、逆に国家統制を強めているのである。

(3)「ピラミッド型」の理念的な構造

　新たな才能教育機関の相互関係モデルは、**図4-1**のように教育段階や対象者の幅によって設置形態や開放度などを多様に組み合わせた「ピラミッド型」構造として表されている。これはたとえば、上位3～5％に該当する初等学校段階の多数の才能児のためには、一般学校に設置される英才学級で才能教育の機会を提供し、特定の分野・領域に突出した才能を示す才能児のためには、英才教育院で当該分野・領域に重点を置いた才能教育を提供し、さらに上位0.01～0.1％の高校段階の才能児には、英才学校において高度に専門的な才能教育を提供するというものである[32]。

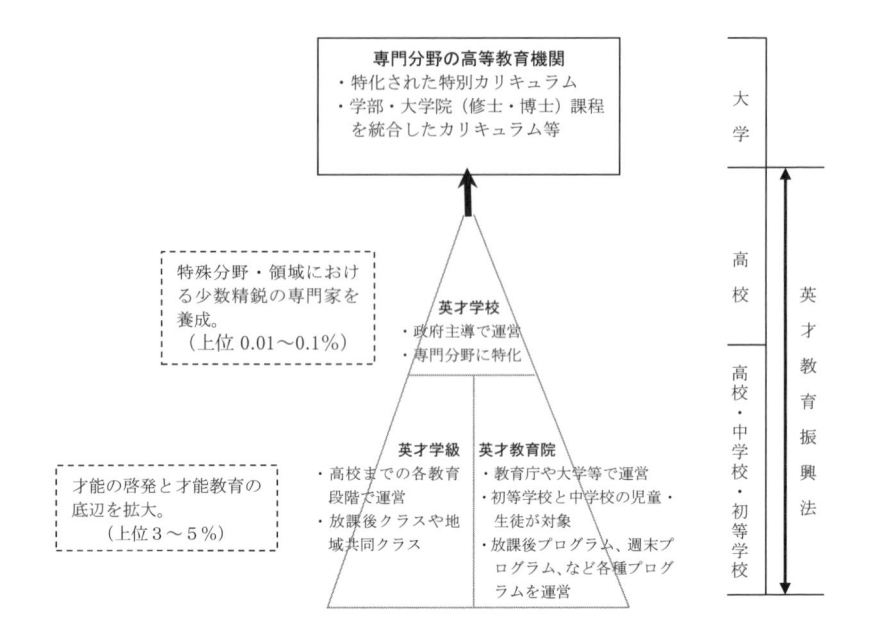

```
                      ┌─────────────────────────┐
                      │ 専門分野の高等教育機関      │
                      │ ・特化された特別カリキュラム │
                      │ ・学部・大学院（修士・博士）課程
                      │   を統合したカリキュラム等   │
                      └─────────────────────────┘
                                 ▲
┌──────────────┐               /│\
│特殊分野・領域にお │             / │ \
│ける少数精鋭の専門家│           /  │  \     英才学校
│を養成。        │         /   │   \   ・政府主導で運営
│（上位0.01〜0.1%）│       /     │    \  ・専門分野に特化
└──────────────┘      /_____│_____\
                         │英才学級│英才教育院│
┌──────────────┐      │・高校まで│・教育庁や大学等で運営
│才能の啓発と才能教育の│   │の各教育│・初等学校と中学校の児童・
│底辺を拡大。      │   │段階で運営│生徒が対象
│（上位3〜5%）     │   │・放課後ク│・放課後プログラム、週末プ
└──────────────┘   │ラスや地 │ログラム、など各種プログ
                         │域共同クラス│ラムを運営
```

大学／高校／高校・中学校・初等学校／英才教育振興法

図4-1　新たな才能教育機関の相互関係モデル

出所：チョ・ソクフィ（研究責任者）『英才教育振興法総合計画樹立方案』韓国教育開発院、2002年、116頁に筆者が加筆。
注：上位何%を才能教育の対象とするかは英才教育振興法に明記されておらず、図中の数字は、韓国教育開発院の報告書をもとに筆者が加えたものである。

　もちろん、実際には科学高校など既存の才能教育機関も存在しているため、現実の各才能教育機関がそのままピラミッド型の相互関係にあるわけではないし、各機関に在籍している子どもの割合も異なる。しかし、むしろ重要なのは、こうした理念的な構造に込められた次のような意図であろう。第1に、このピラミッド型構造からは、初等学校から高校に至る教育段階の才能教育機関を、最終的に国家が管理・統制し、才能教育制度のシステム化および効率化を図ろうという意図が読み取れる。そして第2に、英才学校を頂点としたピラミッド型構造であることから、英才教育院や英才学級については、ピラミッドの底辺を広げることで可能な限り大きな母集団に「網かけ」をし、そこから最も優れた層の才能児を選抜して、彼らをピラミッドの上部へと送り込む役割を期待されていることが読み取れる。なぜなら、仮に英才教育院

や英才学級に対して、できるだけ多くの子どもに多様な才能教育の機会を提供するという役割を期待するなら、各教育段階を通じて幅が等しい長方形型の構造を想定するはずだからである。

ある才能教育政策立案者は、「英才は国家の資源である。特に天然資源が不足しているわが国においては、人的資源だけが唯一の資源であるといえる。最高級の創造的な人的資源を開発していかなければならない現在の状況においては、ただ1名の英才といえど逃してはならない」[33]と述べている。こうした認識を理念的に表したのが、まさにピラミッド型構造であるといえよう。

5. 2000年代における才能教育制度の概況と動向

本節では、科学高校など既存の才能教育機関も含め、2000年代における才能教育制度の全体的な概況と動向について検討する。

(1) 才能教育制度の現況——数学・科学分野への偏重——

科学高校など既存の才能教育機関を含め、序章の表序-1で示したすべての才能教育機関の現況について整理したものが**表4-2**である。

これをみると、2008年の時点で、才能教育の対象者は10万名を超え、同年齢層の1.4%が何らかのかたちで才能教育を受けていることが分かる。このうち既存の才能教育機関である特殊目的高校の生徒数が約5万名、英才教育振興法に基づく才能教育機関（新たな才能教育機関）の生徒・受講者数もやはり約5万名と拮抗している。

さらに、同年齢層の1.1%が認知分野（数学・科学・情報・発明・言語・人文社会関連）の才能教育を受けており、同じく0.7%が数学・科学分野の才能教育を受けている。つまり、現在、韓国で才能教育の対象となっている子どものうち、約8割は認知分野の才能教育を受けており、約半数は数学・科学分野の才能教育を受けていることになる。このように才能教育制度全体で認知分野が強く、特に数学・科学分野が大きなプレゼンスを占めている背景としては、才能教育対象者の半数を収容する新たな才能教育機関における教育プロ

表4-2 才能教育機関の現況（2008年時点）

機関の類型	機関の種類	機関数（学校数）	生徒・受講者数
特殊目的高校	科学高校	20 (注1)	3,470
	外国語高校	30	25,580
	芸術高校	26	17,009
	体育高校	15	3,519
	小　計	91	49,578
英才教育振興法に基づく才能教育機関（「英才教育機関」）	英才学校	1	428
	英才教育院 (注2)	265 (注3)	35,501
	英才学級	580	19,125
	小　計	846	55,054
総　計		937	104,632
同年齢層に占める割合（全分野）(注4)		−	1.4%
同年齢層に占める割合（認知分野）(注5)		−	1.1%
同年齢層に占める割合（数学・科学分野）(注6)		−	0.7%

出所：教育科学技術部、韓国教育開発院『教育統計年報2008』韓国教育開発院、2008年a、キム・ミスク（研究責任者）『市道教育庁と大学の英才教育機関運営効率化方案研究』韓国教育開発院、2008年、19頁、29頁、韓国科学英才学校ホームページ、http://www.ksa.hs.kr/、2011年1月18日アクセスをもとに筆者が作成。
注1： 科学高校には英才学校は含まない。
注2： 英才教育院には市・道教育庁英才教育院、教育庁支援大学附設英才教育院、大学附設科学英才教育院が含まれる。
注3： 英才教育院の機関数の計において、初・中または初・中・高をともに運営している機関は1機関として計算している。なお機関の単位は、英才学校は学校数であるが、英才教育院と英才学級については、これらの才能教育機関を設置している学校数であると考えられる。ただし後者については統計上明示されておらず詳細が不明なため、機関数は参考に留められたい。
注4： 同年齢層に占める割合（全分野）は、表中の才能教育機関に所属する生徒・受講者数を合計した数が初等学校・中学校・高校の全児童・生徒数に占める割合。
注5： 同年齢層に占める割合（認知分野）は、科学高校の生徒数、英才学校の生徒数、外国語高校の生徒数、英才教育院および英才学級において数学・科学・情報・発明・言語・人文社会に関するプログラムの受講者数を合計した数が初等学校・中学校・高校の全児童・生徒数に占める割合。
注6： 同年齢層に占める割合（数学・科学分野）は、科学高校の生徒数、英才学校の生徒数、英才教育院および英才学級において数学・科学・情報に関するプログラムの受講者数を合計した数が初等学校・中学校・高校の全児童・生徒数に占める割合。

グラムの実施分野が、極端に数学・科学分野に偏っていることが影響している。

英才教育振興法に基づく才能教育機関で実施される教育プログラムには、実施分野に関して特に制限はなく、当初は数学・科学分野だけでなく、言語や芸術、スポーツなど多様な分野においてバランスのとれた発展を目指す計画であった[34]。しかし2002年にいざ英才教育振興法が施行されると、各才能教育機関は数学・科学分野の教育プログラムを数多く開設していった。同法が施行されて間もない2003年の時点で、英才教育振興法に基づく才能教育機関の教育対象者の実に8割（82%）が数学と科学に関するプログラムを履

修していたのである[35]。

2008年の時点でもこうした状況にまったく変化はない。英才学校は依然として数学・科学分野の科学英才学校しか存在しておらず、英才教育院と英才学級の受講者の約9割（88.3%）が数学・科学分野（数学・科学・情報関連）のプログラムを履修している。一方で言語分野と芸術分野のプログラムの受講者はそれぞれ2.5%、スポーツ分野は0.1%に過ぎない。新たな才能教育機関がカバーする分野は当初の計画とは異なり非常にアンバランスになっており、数学・科学分野に極端に偏重していることが分かる[36]。

このような数学・科学分野への偏重は、才能教育制度が科学高校の設立によって始まり、20年以上に渡って科学技術分野の高度なマンパワーの育成を主たる目的の1つとしてきたことと無関係ではないと考えられる。韓国で才能教育といえば、おそらく多くの人びとの脳裏に真っ先に浮かぶのは数学・科学分野のそれであろう。こうした国民の認識と志向がIMF危機後の人的資源開発政策の強力な推進と相まって、現実の才能教育プログラムの数学・科学分野への過度の傾倒とそれを許容する社会的状況をもたらしていると考えられるのである。韓国は、「国際競争主義・科学ノーベル賞型」の理念に基づいて才能教育制度を構築している典型的な国の1つといえよう。

(2) 才能教育機関の急激な量的拡大

現在、科学高校など既存の才能教育機関と英才学校など新たな才能教育機関の生徒・受講者数が拮抗していることは先にも述べたとおりである。2002年以降に設立されていった新たな才能教育機関がわずか数年のうちに、20年以上に渡って拡大を続けてきた既存の才能教育機関に量的側面で肩を並べたという事実からも分かるように、新たな才能教育機関はその登場以降、爆発的ともいえる量的拡大を遂げてきた。図4-2は、新たな才能教育機関における生徒・受講者数の変遷を示したものである。

英才教育振興法が施行された2002年時点で、同法に基づく新たな才能教育機関の生徒・受講者数の合計は8,655名であり、同年齢層（初等学校〜高校）の0.11%に留まっていた[37]。しかし翌年には2万名を超え、その後も猛烈な

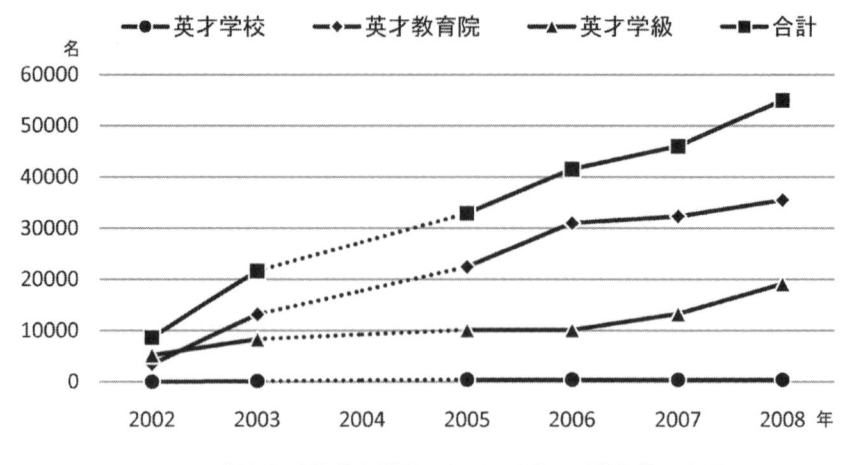

図 4-2　新たな才能教育機関における生徒・受講者数の変遷

出所：韓国教員団体総連合会、韓国教育新聞社『韓国教育年鑑2003』韓国教員団体総連合会、韓国教育新聞社、2003年、226～231頁、ソ・ヘエ、ソン・ヨンア、キム・ギョンジン『英才教育機関教授・学習実態研究』韓国教育開発院、2003年、40頁、キム・ミスク（研究責任者）『英才教育強化事業成果指標評価研究』韓国教育開発院、2005年、7頁、韓国教員団体総連合会、韓国教育新聞社『韓国教育年鑑2007』韓国教員団体総連合会、韓国教育新聞社、2007年、228頁、教育科学技術部、韓国教育開発院『教育統計年報2008』教育科学技術部、韓国教育開発院、2008年 a、キム・ミスク（研究責任者）『市道教育庁と大学の英才教育機関運営効率化方案研究』韓国教育開発院、2008年、19頁、創意と探究附設英才研究所『科学創文中等－A』創意と探究出版社、2008年、6頁、韓国科学英才学校ホームページ、http://www.ksa.hs.kr/、2011年1月18日アクセスをもとに筆者が作成。
注：2004年はデータなし。

　勢いで増加を続けた結果、2008年には5万5,054名に達している。これは同年齢層の0.72％に相当する。生徒・受講者数からみた場合、英才教育振興法が施行されてからわずか6年の間に、新たな才能教育機関は約7倍の量的拡大を遂げたのである。

　こうした新たな才能教育機関のめざましい量的拡大により、2000年代の才能教育制度の総体的規模は、90年代に比べ2倍以上に拡大した[38]。ただし2003年（**表4-3**）と2008年（**表4-4**）の機関類型別の生徒・受講者数を比べてみると分かるように、新たな才能教育機関の量的拡大の多くの部分は、英才教育院と英才学級によっている。中でも市・道教育庁が設置・運営する英才教育院（市・道教育庁英才教育院）の果たした役割が大きかった。一方、2003年度に初めて設立された英才学校はその後2008年までは増設されておらず、

第4章　新たな才能教育制度の構築　157

表4-3　新たな才能教育機関の種類別生徒・受講者数（2003年時点）

		生徒・受講者数（機関数）				
		初等学校	中学校	高校	小　計	
英才学校		0 (0)	0 (0)	144 (1)	144 (1)	
英才教育院	市・道教育庁	3,264 (74)	4,923 (91)	309 (6)	8,496 (155)	13,147 (176)
	大学附設	1,884 (17)	2,697 (16)	70 (5)	4,651 (21)	
英才学級		4,039 (101)	3,172 (95)	1,114 (29)	8,325 (225)	
小　計		9,187 (176)	10,792 (202)	1,637 (41)	合計 21,616 (402)	
合計に占める割合		42.5%	49.9%	7.6%	100.0%	
同年齢層に占める割合		0.22%	0.59%	0.09%	0.28%	

出所：ソ・ヘエ、ソン・ヨンア、キム・ギョンジン『英才教育機関教授・学習実態研究』韓国教育開発院、2003年、40頁をもとに筆者が作成。
注1：ここに示した機関は英才教育振興法によって「英才教育機関」として規定されているものに限る。
注2：英才教育院の機関数の計において、初・中または初・中・高をともに運営している機関は1機関として計算している。なお機関の単位は、英才学校は学校数であるが、英才教育院と英才学級については、これらの才能教育機関を設置している学校数であると考えられる。ただし後者については統計上明示されておらず詳細が不明なため、機関数は参考に留められたい。
注3：大学附設の英才教育院には、韓国科学財団の支援を受ける大学附設科学英才教育院と市・道教育庁の支援を受けるものが含まれる。
注4：合計に占める割合は小数点第2位を四捨五入しているため小計と一致しない場合がある。

表4-4　新たな才能教育機関の種類別生徒・受講者数（2008年時点）

		生徒・受講者数（機関数）				
		初等学校	中学校	高校	小　計	
英才学校		0	0	428	428 (1)	
英才教育院	市・道教育庁	13,181	14,519	633	28,333 (226)	35,501 (265)
	大学附設	2,373	4,721	74	7,168 (39)	
英才学級		11,456	6,023	1,646	19,125 (580)	
小　計		27,010	25,263	2,781	合計 55,054 (846)	
合計に占める割合		49.1%	45.9%	5.1%	100.0%	
同年齢層に占める割合		0.74%	1.24%	0.15%	0.72%	

出所：教育科学技術部、韓国教育開発院『教育統計年報2008』韓国教育開発院、2008年 a、キム・ミスク（研究責任者）『市道教育庁と大学の英才教育機関運営効率化方案研究』韓国教育開発院、2008年、19頁、韓国科学英才学校ホームページ、http://www.ksa.hs.kr/、2011年1月18日アクセスをもとに筆者が作成。
注1：ここに示した機関は英才教育振興法によって「英才教育機関」として規定されているものに限る。
注2：英才教育院の機関数の計において、初・中または初・中・高をともに運営している機関は1機関として計算している。なお機関の単位は、英才学校は学校数であるが、英才教育院と英才学級については、これらの才能教育機関を設置している学校数であると考えられる。ただし後者については統計上明示されておらず詳細が不明なため、機関数は参考に留められたい。
注3：大学附設の英才教育院には、韓国科学財団の支援を受ける大学附設科学英才教育院と市・道教育庁の支援を受けるものが含まれる。
注4：合計に占める割合は小数点第2位を四捨五入しているため小計と一致しない場合がある。

多額の国家財源を必要とするピラミッド型構造の先端部は、新入生による自然増を除けば、この間まったく拡大されなかったのである。

さらに量的拡大の内容について検討した場合、市・道教育庁英才教育院の機関数はこの間1.5倍の伸びであるのに対し、受講者数は3.3倍に増加していることから、1機関当たりの受講者数を増やしての、比較的「安上がり」な拡大路線をとったことが分かる。後述するように、市・道教育庁英才教育院に対する公的支援は決して潤沢でなく、現場の負担に大きく依存しているのが実情である。しかし政府は今後も量的拡大を推進する意向であり、2007年の「第2次英才教育振興総合計画（'08～'12）」において、2012年までに新たな才能教育機関の生徒・受講者数を7万名以上に増やし、同年齢層の1%にまで引き上げる計画を示している[39]。

さて、一方の既存の才能教育機関も2000年代に入って量的拡大を遂げている。図4-3と図4-4の線で四角く囲った枠内をみると分かるように、90年代の混乱のほとぼりも冷めた科学高校と外国語高校は、2000年代以降の「平準化」適用地域拡大（第1章の表1-3参照）と、2001年の特殊目的高校の指定・告示権限の地方（市・道教育監）への完全委譲にともない[40]、2004年度以降再び増設・拡充期に入っている。2003～2008年度までの入学者数の増加率は、科学高校40.2%、外国語高校44.6%とそれぞれ4割を超えている[41]。

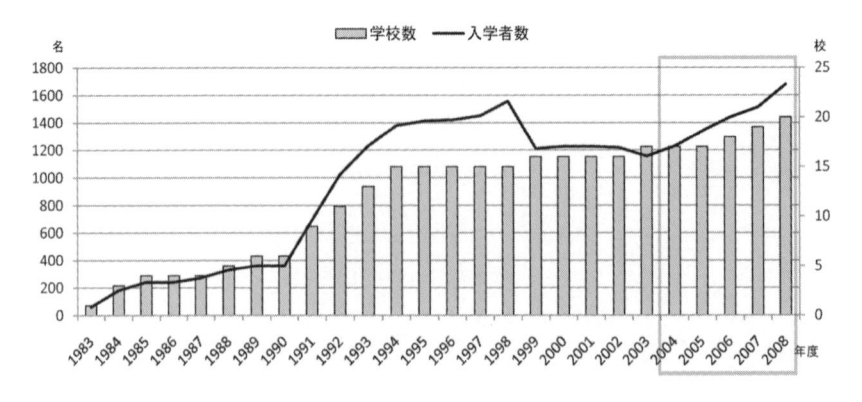

図4-3　科学高校における学校数・入学者数の状況

出所および注：第2章の図2-3に同じ。

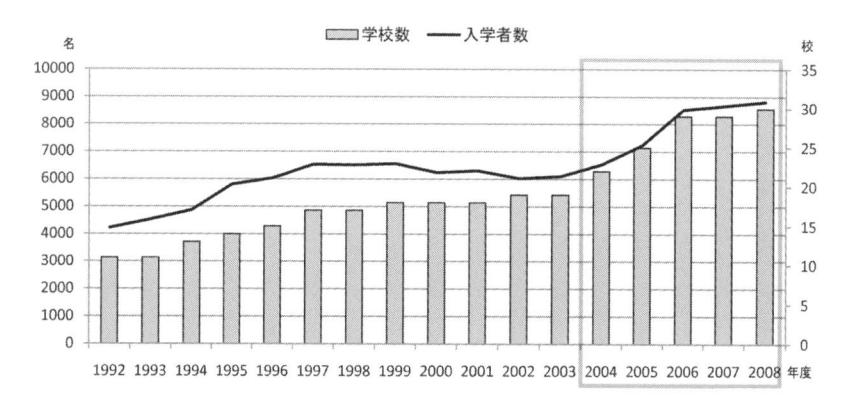

図4-4　外国語高校における学校数・入学者数の状況
出所：第3章の図3-3に同じ。

(3) 才能教育機関の複系統化

前述した才能教育機関の量的拡大に関連する動向として指摘できるのが、才能教育機関の複系統化である。英才教育振興法施行後も科学高校をはじめとする既存の才能教育機関は存続し、新たな才能教育機関が急速な量的拡大を遂げたため、才能教育制度全体の中で初・中等教育法施行令第90条に基づく既存の才能教育機関（特殊目的高校）と、英才教育振興法に基づく新たな才能教育機関（「英才教育機関」）の2系統の才能教育機関が量的に拮抗するかたちで並存することとなった。

さらにいえば、表4-4から分かるように、2008年時点で新たな才能教育機関の生徒・受講者数の95.0％を初等学校および中学校の児童・生徒が占めている。これに対して既存の才能教育機関に所属するのは全員高校生である。つまり、才能教育機関の複系統化は、主に初等学校・中学校段階をカバーする新たな才能教育機関と、高校段階をカバーする既存の才能教育機関というように系統と教育段階がリンクするかたちで生じているといえる。

今後も「平準化」適用地域の拡大にともない科学高校と外国語高校は増加するものと予想される。また、新たな才能教育機関の生徒・受講者数も引き続き増やされる予定である。ここから、才能教育機関の複系統化は、才能教

育制度全体の規模の拡大をともないつつ今後も継続されていくものと考えられる。

6. おわりに

　本章では、2000年に制定された韓国初の才能教育関連法である英才教育振興法の制定とその背景に注目し、同法に基づく新たな才能教育制度の構築の方向性について明らかにした。2000年代以降の韓国では、最も優秀な層の才能児を全国から選び出し、彼らを世界的な競争力を持つ人材（たとえばノーベル賞級の科学者）に育て上げるための国家的な才能教育制度の構築が進められていた。その契機となったのが、1997年のIMF危機であった。韓国における才能教育制度の理念にはその登場時点から、「平準化」の下でその才能を損なわれかねない才能児の教育機会を保障するという「適能教育主義」と、科学技術分野における高度なマンパワーを育成するという「国際競争主義・科学ノーベル賞型」の両側面が存在しており、90年代までは前者が才能教育制度発展の主たる原動力であった。しかし2000年代以降は、グローバル化・情報化の進展という強力な「外圧」によって、才能教育に対する社会的要請の重点が前者から後者へと移っていった。さらに才能教育制度はこうした「外圧」を利用することでめざましい量的拡大と才能教育機関の多様化を推し進め、公教育制度内部における自立性とプレゼンスをより確固たるものとした。今や才能教育制度は、韓国の公教育制度を支える柱の1つとなっている。

　しかし一方で、2000年代の才能教育制度では経済発展への貢献を強調し過ぎるがゆえに、数学・科学分野への偏重や選別主義的傾向がさらに助長されていたし、才能児を一個人としてではなく国家発展のための資源とみなす傾向も強まっていた。これは新たな才能教育制度構築に関わる影の部分といえるだろう。

　さてそれでは、本章でその概要を述べるに留まった新たな才能教育機関は、実際にどのように運営されており、そこにはどのような特徴と課題がみられ

第4章　新たな才能教育制度の構築　161

るのであろうか。また、才能教育機関の多様化や複系統化によって、2000年代における才能教育制度の構造と機能はどのように変化したのであろうか。次章ではこうした点について明らかにするために、ケース・スタディをまじえつつ、新たな才能教育機関の運営実態について具体的かつ詳細に検討する。そしてその後、一般学校教育制度との関係性をふまえつつ、2000年代における才能教育制度が総体としてどのような構造と機能を有しているのかについて考察したい。

【注】
1 　馬越徹「韓国―21世紀に向けた『世界化』戦略―」佐藤三郎編『世界の教育改革―21世紀への架ケ橋―』東信堂、1999年、196頁。
2 　韓国では国家の定める「教育課程」(わが国の学習指導要領に相当する)に基づき教育内容の基準が決定されているため、長らく教育内容の画一性が指摘されてきた。しかしながら、第6次教育課程(1992年公示、1995年から実施)や続く第7次教育課程(1997年公示、初等学校は2000年、中学校は2001年、高校は2002年から実施)を通じて、90年半ば以降、カリキュラム編成・運営の「分権化」、「多様化」、「自律化」が進められている。すなわち、長らく国家の絶対的基準として機能してきた教育課程が、第6次教育課程以降「一般的・全国的共通基準」として位置付けられることになり、市・道教育庁および各学校にカリキュラム編成・運営の裁量権が一定範囲で付与されるようになったのである。特に各学校に自律裁量権が認められるようになったのは、第6次教育課程が韓国教育課程史上初めてのことであったし、さらに第7次教育課程では市・道教育庁の裁量幅を減らして各学校の裁量幅を増やすとともに、児童・生徒の科目選択権を認めている。こうした90年代半ば以降の矢継ぎ早の教育課程改訂の背後には、IMF危機をはじめとするグローバル・インパクトが作用していたといわれる(馬越徹「韓国におけるグローバル・インパクトと中等教育改革」西野節男(研究代表者)『アジア諸国の国民教育におけるグローバル・インパクトに関する比較研究―中等学校カリキュラム改革を中心に―』平成11～12年度科学研究費補助金基盤研究(B)(2)研究成果報告書、2001年、37～39頁)。なお、井手が指摘しているように、韓国におけるグローバル・スタンダードに則った人材育成には「国家競争力ある人材の育成」と「生涯学習能力を持つ人材の育成」の2つのカテゴリーが存在している(井手弘人「『世界化』される教育、文化をさまよう『学力』―韓国における『グローバル・スタンダード』挑戦の10年―」日本比較教育学会第45回大会公開シンポジウム発表資料、2009年6月28日付)。井手が例に挙げている「人的資源開発

政策細部課題現況」をみても、第7次教育課程の目指す一般学校教育制度における多様化・自律化やそれを通じた人的資源開発の目的は、グローバル化・情報化時代を生き抜くことのできる「生涯学習能力を持つ人材の育成」に重点が置かれていると考えることができ、「国家競争力ある人材の育成」はもっぱら才能教育制度に委ねられているとみることができる。

3 「各分野別に英才を判別できる科学的なツールを開発・適用し、英才を早期に発見するようにし、英才が英才として教育を受けられるよう、正規学校内の英才教育と、英才教育機関を通じた英才教育を活性化し、研究所または大学への『英才教育センター』設置・運営を支援する」(大統領諮問教育改革委員会『世界化・情報化時代を主導する新教育体制樹立のための教育改革方案』大統領諮問教育改革委員会、1995年、26頁)。

4 「国家および地方自治体は、学問・芸術または体育等の分野において才能が特に優れた者の教育に関して必要な施策を樹立・実施しなければならない」(教育基本法第19条、1997年12月13日制定、法律第5437号)

5 90年代半ばの才能教育批判の代表的なものは、少数の者にだけ特別な教育を提供することは不平等である、社会階層の再生産を助長する恐れがある、親の教育熱を煽って受験競争を過熱させる等であった(イ・ギュファン「国家競争力強化論理と教育改革」『韓国教育研究』第1号、韓国教育研究所、1994年、15～19頁、ソン・ジフィ「高校平準化『補完論』の虚構性と新しい平準化理念」『教育批評』第8号、教育批評、2002年、22頁)。

6 大田科学高等学校『大田科学高二十年史1984～2004』大田科学高等学校、2004年、205頁。

7 世界日報、2001年1月16日付。

8 たとえばイ・スホ全国教職員労働組合委員長は、英才学校卒業生に対する大学無試験進学制度の導入に関して、「英才を育てなければならないということは認める。しかし普通の児童・生徒との違和感を造成する方式の選抜であれば非教育的であるので反対する」と述べており、さらに韓国教員団体総連合会のチョ・フンスン代弁人も「英才教育の必要性は認める。ただし副作用を憂慮する」と述べている(韓国日報、2001年2月22日付)。

9 ここでいうアメリカにおける才能教育に関する公的な定義とは、
・「マーランド報告」(1972年)
・「『初等・中等教育法(ESEA)』の修正条項」(1978年)
・「ジャヴィッツ法」(1988年)
・『国家の卓越』(1993年)
の4つに記されている文言である。参考までに以下に原文を引用しておく(原文は Gubbins, E. J. "NRC/GT Query: Are Programs and Services for Gifted and Talented

第4章　新たな才能教育制度の構築　163

Students Responsive to Beliefs?" Retrieved 2003.12.05, from http://www.sp.uconn.edu/~nrcgt/news/spring02/sprng021.html, Ross, P. O. (Project director). *National excellence : a case for developing America's talent.* Washington. DC: Office of Educational Research and Improvement, U.S. Dept. of Education, 1993 を参照し、訳文は松村暢隆『アメリカの才能教育―多様なニーズに応える特別支援―』東信堂、2003年、17 ～ 20頁、本多泰洋『オーストラリア連邦の個別化才能教育―米国および日本との比較―』学文社、2008年、106 ～ 113頁を参照した）。

- 「マーランド報告 (Marland Report)」(1972年)

　　Gifted and talented children are those identified by professionally qualified persons who by virtue of outstanding abilities are capable of high performance. These are children who require differentiated educational programs and services beyond those normally provided by the regular school program in order to realize their contributions to self and society.

　　Children capable of high performance include those with demonstrated achievement and/or potential in any of the following areas:

1. General intellectual ability
2. Specific academic aptitude
3. Creative or productive thinking
4. Leadership ability
5. Visual or performing arts
6. Psychomotor ability

- 「『初等・中等教育法 (ESEA)』の修正条項 (Educational Amendment of 1978, P. L. 95-561, IX (A))」(1978年)

　　Children and, whenever applicable, youth who are identified at the pre-school, elementary, or secondary level as possessing demonstrated or potential abilities that give evidence of high performance capability in areas such as intellectual, creative, specific academic or leadership ability or in the performing and visual arts, and who by reason thereof require services or activities not ordinarily provided by the school.

- 「ジャヴィッツ法 (Jacob K. Javits Gifted and Talented Education Act)」(1988年)

　　The term "gifted and talented" means children and youth who give evidence of high performance capability in areas such as intellectual, creative, artistic, or leadership capacity, or in specific academic fields, and who require services by the school in order to fully develop such capabilities.

- 『国家の卓越 (*National Excellence: A case for Developing America's Talent*)』(1993年)

　　Children and youth with outstanding talent perform or show the potential for performing at remarkably high levels of accomplishment when compared with others of their age, experience, or environment.

These children and youth exhibit high performance capability in intellectual, creative, and/or artistic areas, possess an unusual leadership capacity, or excel in specific academic fields. They require services or activities not ordinarily provided by the schools.
　　　Outstanding talents are present in children and youth from all cultural groups, across all economic strata, and in all areas of human endeavor.

10　松村暢隆、前掲書、2003年、17～20頁、本多泰洋、前掲書、2008年、106～113頁。
11　東亜日報、1995年10月19日付、世界日報、1995年11月17日付、ハンギョレ新聞、2000年4月1日付、「『課外で英才作り』子どもつかむ」『週間東亜』第363号、東亜日報、2002年、78～79頁、韓国日報、2003年3月10日付など。
12　たとえばキム・チョンイルは、「人間は平等に出生したが、個々人の能力は各者異なるように創造されている」と述べている（キム・チョンイル「優秀児教育の史的変遷過程」『特殊教育学会誌』第4号、韓国特殊教育学会、1983年、94頁）。また、中央日報は社説の中で、「保護者らも『英才性は生まれ持ったもので、英才ではない子どもに英才教育を強要した場合、望ましくない結果が現れることもある』という専門家の意見に耳を傾ける必要がある」としている（中央日報インターネット日本語版、http://japanese.joins.com/、2002年4月11日付）。
13　ソウル科学高等学校『ソウル科学高等学校五年史』ソウル科学高等学校、1994年、8～9頁。
14　たとえば、大田科学高校のチャン・ギサン校長は、「朝鮮半島にはユダヤ人より平均知能指数が高いわが同胞が約7,000万名集まり暮らしているのに、ようやくノーベル平和賞を1名受けただけである」（大田科学高等学校、前掲書、2004年、発刊の辞）と民族主義的志向をあらわにしている。なお韓国では、科学高校や科学英才学校などの才能教育機関を初め、民族史観高校やPOSTECHなど才能教育を教育目的の一環として掲げる学校においても、軒並み自然科学分野のノーベル賞受賞者輩出を目標として掲げている。これは同賞の受賞者輩出が、世界における自国の科学技術力の位置を示す指標となるものであるとともに、特に韓国社会においては自民族の優秀性を再確認し、それを世界に証明する意味を有しているからであると考えられる。2008年時点の韓国では自然科学分野のノーベル賞受賞者は1名も出ておらず、同分野の受賞者輩出は国家的悲願であり、民族的悲願ともなっている。
15　韓国の外国人登録者数は1995年に12万3,881名に過ぎなかったのが、2007年の時点で76万5,429名まで増えており、その割合はすでに人口の1.6％に達している（韓国統計庁国家統計ポータル、http://www.kosis.kr/domestic/theme/do01_index.jsp、2008年3月12日アクセス）。
16　才能教育の理念と目的はほとんど同じ意味で用いられることも多いが、本書

では、「一国において何のために才能教育を実施するのか」という問いに対し、「社会の活性を高め、国家の国際的地位を高める」といった、より普遍的で才能教育実施の根底を支える答えをその国における才能教育の理念と位置付け、その理念を実現するための「科学技術分野における高度なマンパワーを育成する」といった、より具体的で個別的な答えをその国における才能教育の目的と位置付ける。したがって、社会の活性を高め、国家の国際的地位を高めるために、科学技術分野における高度なマンパワーを育成するとともに、世界的な芸術家の卵を早期に発掘し育成するというように、1つの理念の下に複数の目的が存在するケースも想定できる。

17　杉本均「才能教育の国際的動向」杉本均（研究代表者）『児童・生徒の潜在的能力開発プログラムとカリキュラム分化に関する国際比較研究』平成15～16年度科学研究費補助金基盤研究(C)(2)研究成果報告書、2005年b、5頁。

18　チョ・ソクフィ（研究責任者）『英才教育政策研究』韓国教育開発院、1997年、21頁。

19　韓国産業情報院『2002韓国教育統計年鑑』韓国産業情報院、2001年、535頁。

20　たとえば、キム・ミスクらによる、英才教育院または英才学級の講師と受講者の保護者に対する質問紙調査（2005年）によれば、才能教育が社会に寄与する人材を育成する一助となるかを5点尺度（5：とてもそうだ、4：そうだ、3：普通だ、2：そうでない、1：まったくそうでない）で尋ねたところ、講師は平均3.80点、保護者は平均3.93点、全体平均3.89点と高かった。また、同じ尺度で、才能教育が韓国の競争力向上に寄与するかどうかを尋ねたところ、講師は平均3.87点、保護者は平均3.97点、全体平均3.93点とやはり高かった。これは才能教育に関わる講師と保護者の多くが、才能教育が国家・社会に寄与すると考えていることを示しており、中でも保護者がより強くそう考えていることを示している（キム・ミスク（研究責任者）『市道教育庁と大学の英才教育機関運営効率化方案研究』韓国教育開発院、2008年、44～45頁、108頁、206頁、212頁）。

21　チョ・ソクフィ「疎外された英才の発掘と才能啓発のための教育プログラム運営方案」韓国教育開発院『英才教育政策活性化方案』韓国教育開発院、2004年d、1～35頁。

　なお2008年には、英才教育振興法に示された特別措置の対象が、障害のある子ども、すなわち「特別支援教育対象者」（韓国では「特殊教育対象者」）にまで拡大された。韓国の才能教育の長い歴史の中で、個人の障害にまで制度的な配慮の目が向けられたのは初めてのことである。これは、韓国における障害を抱える才能児のための教育的措置（いわゆる「2E教育」）の芽生えであるといえよう（石川裕之「障害のある子どもに配慮し始めた韓国の才能教育」『実践障害児教育』第446号、学研教育出版、2010年、27～31頁）。

22　松村暢隆、前掲書、2003年、19〜20頁。
23　国民基礎生活保障の所得認定額基準は、2008年の時点で以下のとおりである。
1人世帯：46万3,047ウォン／月、2人世帯：78万4,319ウォン／月、3人世帯：102万6,603ウォン／月、4人世帯：126万5,848ウォン／月、5人世帯：148万7,878ウォン／月、6人世帯：171万2,186ウォン／月、7人以上の世帯：1人増加するごとに22万4,308ウォン／月ずつ加算。
　　※所得認定額＝所得評価額＋財産の所得換算額
　　※所得評価額＝実際所得－世帯特性別支出費用－勤労所得控除
　　※財産の所得換算額＝（財産－基礎控除額－負債）×所得換算率
（保健福祉家族部ホームページ、http://team.mohw.go.kr/blss/、2008年10月7日アクセス）。
　なお韓国では近年少子化が進み、両親と1人っ子の3人世帯が増えているため、おおまかにいってひと月の所得認定額100万ウォン（約10万円）前後の層が、国民基礎生活保障の主な受給対象となっていると考えられる。
24　世宗科学高等学校ホームページ（「世宗科学高校2009年度入試要項」）、http://www.sjsh.hs.kr/doum/index.jsp、2008年10月7日アクセス。
25　松村暢隆、前掲書、2003年、14頁。
26　韓国では、CreativeやCreativityの訳語として、「創意的（창의적）」や「創意性（창의성）」が一般的に用いられるが、本書では引用文中を除き、「創造的」や「創造性」に統一して表記することとする。
27　松村暢隆、前掲書、2003年、18頁。
28　英才学級において、正規の授業時間中に才能教育プログラムを実施する場合は、教科活動外の裁量活動および特別活動などの形態でおこなわなければならない（英才教育振興法施行令第32条第5項）。一方、英才教育院については、対象者が保護者の同意を得て所属学校長の許可を得た場合、正規の授業時間中であっても才能教育プログラムを受けることができる。この場合、学校長は学則の定めるところにより英才教育院への出席を所属学校の出席として認定することができる（同法施行令第32条6項）。
29　チョ・ソクフィ「英才教育の具体的実践方案」『英才教育実践方案に関するセミナー』韓国教育開発院、2001年、60頁。
30　たとえば、チョン・ヨンスク「数学英才学級に参与して」『釜山教育』第303号、釜山広域市教育科学研究院、2002年、46頁やキム・ミスク（研究責任者）『英才教育連係性強化方案研究―英才教育機関、学校、大学―』韓国教育開発院、2007年a、137頁。
31　学校運営委員会とは、保護者や教師、地域住民に学校運営への参画の機会を拡大することを目的として1995年に導入された制度であり、おおよそわが国の

学校運営評議会に相当する。
32　チョ・ソクフィ（研究責任者）『英才教育中長期総合発展方案』韓国教育開発院、2000年a、23〜24頁。
33　チョ・ソクフィ「英才教育の方向」『ソウル教育』2003春号、ソウル特別市教育科学研究院、2003年a、20頁。
34　チョ・ソクフィ、前掲書、2000年a、30頁。
35　ソ・ヘエ、ソン・ヨンア、キム・ギョンジン『英才教育機関教授・学習実態研究』韓国教育開発院、2003年、40頁。
36　キム・ミスク、前掲書、2008年、29頁。
37　教育人的資源部、韓国教育開発院『教育統計年報2002』韓国教育開発院、2002年、韓国教員団体総連合会、韓国教育新聞社『韓国教育年鑑2003』韓国教員団体総連合会、韓国教育新聞社、2003年、226〜231頁。
38　1998年時点の才能教育対象者数（特殊目的高校の生徒数）は4万686名であったが、2008年時点の才能教育対象者数（特殊目的高校および英才教育振興法に基づく才能教育機関の生徒・受講者数）は10万4,632名であり、その差は2.57倍であった（教育科学技術部、韓国教育開発院『教育統計年報2008』韓国教育開発院、2008年a、韓国教育開発院教育統計サービス、http://cesi.kedi.re.kr/index.jsp、2009年7月5日アクセス）。
39　教育人的資源部、科学技術部、文化観光部、女性家族部、企画予算処、特許庁『第2次英才教育振興総合計画('08〜'12)』教育人的資源部、科学技術部、文化観光部、女性家族部、企画予算処、特許庁、2007年、12頁。
40　特殊目的高校の指定・告示権限保持者の変遷に関しては、第3章の注55を参照されたい。
41　増加率＝（2008年度の入学数－2003年度の入学者数）÷2003年度の入学者数×100。なお、芸術高校と体育高校の2003年度と2008年度の学校数および入学者数は以下のとおりである（韓国教育開発院教育統計サービス、http://cesi.kedi.re.kr/index.jsp、2009年11月7日アクセス）。
・芸術高校：　25校、5,612名　→　26校、5,742名（増加率2.3％）
・体育高校：　14校、1,345名　→　15校、1,289名（増加率-4.2％）
　同じ期間（2003〜2008年度）の入学者数の増加率をみれば、科学高校や外国語高校に比べて、芸術高校や体育高校はほとんど拡大していないか、むしろ縮小していることが分かる。ここから、2000年代以降、才能教育の実施分野の認知分野への偏りはさらに強くなっているとみることができる。

第5章 新たな才能教育機関の運営実態と選抜システムの複合化

1. はじめに

　本章では、英才教育振興法によって規定される新たな才能教育機関、すなわち英才学校、英才教育院、英才学級の運営実態についてケース・スタディをまじえて分析し、最後に前章での考察もふまえつつ、2000年代の才能教育制度における選抜システムの複合化について明らかにする。まず第2節では、韓国科学英才学校を事例に英才学校の運営実態について検討し、続く第3節では、ソウル大学科学英才教育センターを事例に、国家の支援を受けて運営される英才教育院である大学附設科学英才教育院の運営実態について検討する。さらに第4節では、ソウル市江西教育庁英才教育院を中心的な事例として、市・道教育庁の支援を受けて運営されるローカルな才能教育機関である市・道教育庁英才教育院および英才学級の運営実態について検討する。そして第5節では、科学高校など既存の才能教育機関も含めた、2000年代における才能教育制度にみられる特徴と課題について検討する。最後の第6節では、2000年代における才能教育制度の構造について明らかにする。

2. 英才学校——韓国科学英才学校——

(1) 設立の経緯

　90年代、科学高校や外国語高校などの特殊目的高校は受験名門校化し、比較内申制廃止をめぐって大きな混乱に陥った。政府はその反省をふまえ、一般の大学受験システムから完全に独立した、才能児が自己の能力を最大限

に伸長できる新しいタイプの才能教育機関設立を構想するようになった。それが英才教育振興法に定められた特別学校形態の才能教育機関、英才学校である。その特徴は、同校が国家による直接の指定を受けて設立・運営される才能教育機関という点にある。英才学校が中央政府のイニシアチブによって計画的に指定・設立・運営されることになったのは、90年代に地方の要求に押されて科学高校の相次ぐ設立を許したことで、結果的に科学高校の受験名門校化を招いたという反省をふまえてのことである[1]。

英才学校に関する初期の構想は、1999年に出された韓国教育開発院の報告書、『英才教育振興法具現のための英才教育制度と運営方案』において示されている。その中では、「現在の科学高等学校入学総定員は非常に多く、英才のための弁別的で特殊な教育課程を同一に適用するには、生徒個人間の差が非常に大き」く、「一般学校、または他の特殊目的高等学校と同じ基準によってプログラムを運営し、評価を受けなければならないという難しさがある」とし、「創意的な科学者養成が国家的に重要な目標であるというのであれば、上位0.01％のごく少数の児童・生徒を対象とする特別な英才教育を実施できるよう学校を設立することが必要である」と述べられている[2]。当初はすべての科学高校を英才学校へ転換する案もあったが、その場合、科学高校の抱えている問題がそのまま英才学校へ持ち越される可能性があることや、集中的な投資をおこなうには対象者数が多くなり過ぎるという理由から、「科学高校のうち、条件が適合する1～2校を国立英才学校に転換する」という案が最も有力視されていた[3]。

また、英才学校を、①初・中・高一貫制、②中・高一貫制、③高校のいずれの形態で運営するかも論点とされたが、まだ低年齢層を対象とした才能教育に関するノウハウの蓄積が十分でないという理由から、初期には高校段階で運営し、その後、ノウハウの蓄積に応じて中学校、初等学校へと拡大していく案が望ましいとしている[4]。

さらに大学との連携については、科学高校の受験名門校化と比較内申制廃止による混乱をふまえた上で、KAISTに学士課程から博士課程までを統合した特別コースを設け、通常9年の課程を圧縮して7年課程で運営し、英才学

校卒業生はこのコースに無試験進学できるという特典を与える案を提示している。また、一般大学に進学する場合には、定員外で入学できるよう大学と協議し、海外の有名大学への留学についても積極的に支援すべきであるとしている[5]。

このように、第2章でみた京畿科学高校が、個人的なネットワークに依存したかたちで設立され、当初は才能教育を教育目標に掲げることさえ困難であったのに比べ、英才学校は構想段階から政府の全面的なバックアップを受けて設立される別格の才能教育機関として計画されていたのである。

しかし実際の英才学校設立までの経緯は平坦ではなかった。政府が発表する英才学校設立案は発表されるたびにその内容が変更され、一貫性に欠けるものとなった。その原因は、教育部内で設立案に対する意思統一ができていなかったためと、科学高校の轍をふむのではないかという警戒感を持つ教育界から強い抵抗があったためである[6]。中でも政府にとって衝撃だったのは、首都ソウル市の教育監であるユ・インジョンが、科学高校の英才学校転換案にいち早く反対を表明したことである。ユ教育監は、「科学高校を英才学校に転換した場合、初等・中学校だけでなく未就学児童にも、先を争って課外学習を受けようとするなどの深刻な副作用が発生するだろう」とし、「現在の科学高校が『早期英才発掘』という設立趣旨から外れ、入試競争の手段として悪用されたことで失敗したことからも、英才学校転換を通じて大学入試で利点を与える場合、入試競争をさらにけしかけることになるだろう」[7]と指摘している[8]。

こうした中、政府が出す英才学校設立案が二転三転したため、保護者の間からは、「いったい英才学校を設立するのかしないのか分からない」という不満の声が上がったほどであった[9]。2001年1〜2月にかけての新聞紙面には、「科学高校『英才学校転換』非難」、「英才教育出発から『いったりきたり』」、「科学英才高校設立、計画段階で『陣痛』」といった見出しが踊っている。最終的には、「既存の学校の中から適切な学校を選び、関係省庁から予算と経験を市・道教育庁に支援して英才教育を委託」し、「具体的な内容については、関係省庁と市・道教育庁が協約を締結する」という案に落ち着き、国立学校新

設案はいったん棚上げされた[10]。注目すべきは、英才学校設立案への反対が才能教育のさらなる拡大実施の可否をめぐるものではなく、受験競争の過熱に対する危惧をめぐるものであったという点である。第4章でも指摘したように、2000年代の才能教育をめぐる議論の焦点は、すでに才能教育の実施を前提として、いかにそのデメリットを最小化しつつメリットを最大化するかという段階に移っているのである。

2001年10月、英才学校転換の候補となったいくつか科学高校の中から、最終的に旧釜山科学高校(後の韓国科学英才学校)が選ばれ、科学技術部により「科学英才学校」として「選定」された(英才学校の「指定」は教育部長官がおこなう)。科学技術部は当初、科学英才学校を2校選定する予定であったが、旧釜山科学高校以外の候補の施設が基準に満たなかったため、最終的に旧釜山科学高校1校だけが選ばれたということである[11]。ただし、科学技術部による科学英才学校選定の公募に申し込んだのは当時16校あった科学高校のうち5校に過ぎず[12]、ソウル市に所在するソウル科学高校と漢城科学高校の2校(2001年当時)は、科学英才学校選定のための計画書を科学技術部に提出したものの、ソウル市教育監からの申し込みがなかったため選定過程で除外されたという[13]。旧釜山科学高校が選定された理由の1つとしては、ソウル市とは対照的に釜山市教育監の英才学校設立に対する意志が明確であったことが考慮されたとのことである[14]。

このように市・道教育監の中に科学高校の英才学校転換を忌避する者がいる理由としては、受験競争や課外学習を煽る恐れがあるという以外にも、より現実的な問題として、地域内に英才学校を持つことで生じる財政的負担が挙げられる。所管の科学高校を英才学校に転換した場合、市・道教育庁にも支援の義務が生じるが、大学並みの充実した施設・設備と質の高い教員を数多く確保しなければならない英才学校の設立・運営には、巨額の財源が必要となる。たとえば、旧釜山科学高校を韓国科学英才学校へ転換した釜山市教育庁の場合、同校に対して50億ウォン以上の初期投資をおこない、毎年48億ウォンもの予算を支援してきたといわれている(10ウォン≒1円)[15]。科学高校時代の旧釜山科学高校に対する釜山市教育庁の財政支援は2001年時点で7

第5章　新たな才能教育機関の運営実態と選抜システムの複合化　173

億ウォンであったというから[16]、旧釜山科学高校の英才学校転換によって釜山市教育庁の負担は約7倍に増えたことになる。このように英才学校の設立・運営には多額の財政支援が求められるため、いくら政府からの支援も期待できるとはいえ、財政的に苦しい地域では地元の科学高校の英才学校転換を躊躇せざるを得ないのである。

　このように地域から多額の財源を投入することになる英才学校の設立・運営であるが、その投資に比べて地域が享受する現実的なメリットが少ない点もまた、多くの地域が所管の科学高校の英才学校転換にふみ切れない理由の1つである。科学高校が英才学校に転換されると、入学者募集地域がそれまでの市・道レベルから全国レベルに拡大される。このことは、地域が多額の財政支援をおこなっている学校に、他市・道の生徒も入学してくるということである。また、英才学校転換によって地域内に既存の科学高校が存在しなくなった場合、その地域の中学生が科学高校へ進学する機会は消滅してしまう。なぜなら、科学高校の入学者募集地域はあくまで市・道レベルであり、地域に科学高校がなくなったからといって他市・道の科学高校へ越境して志願することはできないからである。英才学校への転換を積極的に検討したある首都圏の科学高校の場合にも、入学者募集地域に関する異論が出て結局転換を断念することになったという[17]。釜山市教育庁の場合、旧釜山科学高校の英才学校転換と同時に、新たに科学高校（蔣英實科学高校[18]）を1校設立することで地域の中学生が科学高校へ進学する機会を確保した。しかし当然、新たな科学高校の設立・運営にも追加の財源が必要となる。つまり、市・道教育監が英才学校設立に積極的であり、巨額の財政支援に耐えることができ、代わりの科学高校を新設できるだけの財源を準備できる中規模以上の都市でなければ、現実問題として英才学校を設立・運営することは難しいのである[19]。

　以上のような紆余曲折を経て2002年5月に旧釜山科学高校は教育部長官より正式に英才学校の指定を受け、2003年に韓国科学英才学校[20]として出発した。

(2) 学校運営

　韓国科学英才学校の教育目的は、①科学的探究能力と創造性の伸長、②新しい知識を創出する自己主導的学習能力の培養、③世界的な水準の科学者としての資質と品性の涵養の3点であり、設立後20年以内に自然科学分野のノーベル賞受賞者を輩出することを標榜している。

　韓国科学英才学校は最初の英才学校としてモデル運営校的性格も持っていたため、その運営形態からみた法制的位置付けは複雑である。まず同校は教育部所管の正規課程の高校である。そして英才教育振興法上は、教育部長官の指定を受けた英才学校であり、科学技術部からも科学英才学校として選定されている。さらにその運営は科学技術部と釜山市教育庁の協約に基づいておこなわれ、半国立・半公立的な学校となっている(2008年時点)。同校は政府(教育部および科学技術部)と釜山市による手厚い支援を受けつつ、充実した施設・設備やスタッフの下、全国から選りすぐりの才能児を集め、全寮制を敷いて将来の世界的科学者を育成している。韓国科学英才学校1校のために、初期投資として科学技術部から100億ウォン、釜山市教育庁から50億ウォンの支援がなされ、大学顔負けの最先端の設備を誇る同校の先端科学館の建設には140億ウォンもの予算が投じられた。財政支援としては、釜山市教育庁からの恒常的な運営予算に加え、政府からも毎年45億ウォンの支援を受けているといわれる[21]。既存の科学高校でさえ一般の高校に比べると多くの財政支援を受けているが、その科学高校よりはるかに多額の財源が韓国科学英才学校には投じられているのである。

　教育運営面に目を向けてみると、韓国科学英才学校は、早期修了・卒業が盛んな既存の科学高校と異なり、原則3年制を採っている点が特徴である(通常より半年早い卒業は可能)。これは、既存の科学高校が早期修了・卒業によって実質的に1年半しか教育期間を持てておらず、教員や生徒も大学入試を念頭に置いた教授・学習をしがちになるという反省をふまえての措置である。同校では、学習の速度を速めることよりも潜在能力の啓発に重きを置いている[22]。なお、**表5-1**は同校の学級数と生徒数を示したものである。

　これをみると、同校の1学級当たりの生徒数は6～8名と非常に少なくなっ

表5-1　韓国科学英才学校の学級数と生徒数（2005年3月時点）

学　年	学級数	生徒数
3学年	16	138
2学年	18	144
1学年	24	144
計	58	426

出所：韓国科学英才学校ホームページ、http://www.ksa.hs.kr/、2006年2月1日アクセス。

ているが、これは「学事指導教師」（Academic advisor）制という独特な制度を採っているためである。同制度では1名の学事指導教師が6名の生徒を担任し、教科や進路に関する指導をおこなう。学級編成の方法は入学年度によって若干異なるが、2005年度入学生を例にとると、まず144名の入学定員を8クラスに分け（1クラス18名）、これをさらにA・B・Cの3つの班に分ける（1班6名）。つまり、1学年当たりに1-Aから8-Cまでの24班が存在することになり、それぞれの班に1名ずつ学事指導教師が付き、狭義の学級として機能するのである[23]。

　韓国科学英才学校は、教員の量と質においても恵まれた環境にある。**表5-2**に示した学校種別の生徒数対教員数の比率をみてみると同校は5.5：1となっており、科学高校と同等で、外国語高校や一般系高校よりも格段に低いことが分かる。さらに博士学位を所持する教員の割合は51.4%となっており、外国語高校や一般系高校はもちろん科学高校よりも圧倒的に高いことが分かる。

　また、英才教育振興法に基づく英才学校の場合、一般の学校と異なり、教員資格を持たない専門的人材の任用も可能となっている。韓国科学英才学校

表5-2　学校種別の生徒数対教員数比率および博士学位を所持する教員の割合

学校種別	生徒数：教員数 （2005年時点）	博士学位を所持する教員の割合 （2008年時点）
英才学校（韓国科学英才学校）	5.5：1	51.4%
科学高校	5.7：1	9.4%
外国語高校	16.7：1	3.3%
一般系高校	15.9：1	1.4%

出所：韓国教育開発院『韓国教育60年成長に対する統計的分析』韓国教育開発院、2005年、33頁、37頁、38頁、教育科学技術部、韓国教育開発院『2008教育統計分析資料集』韓国教育開発院、2008年c、281頁、韓国科学英才学校ホームページ、http://www.ksa.hs.kr/、2006年2月1日および2009年11月7日アクセス。

表5-3 韓国科学英才学校の教員数（2005年3月時点）

区 分	教員数	備 考
校長	1	
教頭	1	
教員	42	
KAIST教員	9	KAISTから派遣
専任契約職教員	10	
招聘教員	2	ロシアから招聘
ネイティブ・スピーカー教員	3	現在は英語教員のみ
相談教師	4	
司書教師	1	
新進研究員	7	実験・実習の補助
計	79	

出所：韓国科学英才学校ホームページ、http://www.ksa.hs.kr/、2006年2月1日アクセス。

では、数学・科学分野に特化した高度な才能教育プログラムを実施するために、高い専門性を持った多様な教員が配置されている。表5-3をみて分かるように、外国語の授業のためのネイティブ・スピーカー教員や、大学教員レベルの専任の契約教員が配置されているし、KAISTから現役の大学教員が派遣され、特定教科で特に優れた生徒（たとえば物理に関しては高校1年生ですでに大学レベルにある生徒など）をマンツーマンで指導している。また、2004年にはロシア連邦のノボシビルスク州立大学の教授を2名招聘し、英語を使用して数学と物理を教えている[24]。

このように韓国科学英才学校は、財政面でも教育環境面でも格別の待遇を受けているにも関わらず、生徒の支払う学費は一般の公立高校と同一で、生活費用については食費と暖房費のみ実費とし、寮費は無料となっている。さらに同校の生徒は企業や後援会からの奨学金を受けることができるため、実質的に一切の経済的負担なしで教育を受けることができるという[25]。彼らは将来の国家・社会の発展を担う人材として徹底的に優遇され、「保護」されているのである。ただしそれは一方で、同年齢集団からの才能児の空間的・心理的な「隔離」を意味していることにも留意せねばならないだろう。

(3) 入学者選抜方法——キャンプを採り入れた多段階方式——

　韓国科学英才学校は、その教育目標を達成するために、独自の入学者選抜方法を有している。同校の入学者募集地域は全国レベルであり、市・道レベルである科学高校よりも広い。1学年の定員はわずか144名であり、全国から上位0.1％とも0.01％ともいわれる数学・科学分野に卓越した能力と適性を持った少数精鋭の才能児が集められる。こうして集められた同校の生徒の知能指数は、平均145であるといわれている[26]。

　同校への志願資格は、数学または科学分野において優れた才能と潜在力を有すると認定された者で、学校長、指導教師、担任教師または釜山市教育監が認定した才能教育関連機関（事実上、英才教育院や英才学級を指す）の推薦を受けた者となっている。同校には中学校3年生だけでなく中学校1・2年生も志願可能であり、初年度から持続的に早期入学者が出ている。中学校1・2年生が同校に合格した場合は、英才教育振興法施行令（2002年4月18日制定、大統領令第17578号）および関連規定により自動的に中学校を早期卒業したものとみなされるため[27]、万が一同校で不適応に陥っても他の高校に転校することができる。また同校の場合、一般の中学校での勉強に興味を持てなかったり、教科ごとに成績の偏りがある潜在的な才能児を募集段階で弾いてしまわないよう、既存の科学高校とは異なり、優秀な学校成績を志願の要件として求めていない点も特徴である。

　選抜方法については、全3段階の過程を設けている。第1段階は「学生記録物評価」であり、提出された「学生記録物」（内申書、自己紹介書、推薦書、数学・科学分野の競技試験大会入賞歴など）によって当該分野の才能を評価し1,500名以下を選抜する。第2段階は「創造的問題解決能力検査」であり、科学・数学分野の問題解決能力を評価し、入学定員の1.5倍（216名）以下を選抜する。そして第3段階が、同校の入学者選抜における最大の特徴である「科学キャンプ」であり、3泊4日のキャンプによって科学的問題解決能力、創造性、人間性などを総合的に評価し、最終的な合格者144名を選抜する[28]。選抜の各段階の目的を要約するなら、第1段階で既存の記録や資料によって志願者の学習態度、能力などを評価し、第2段階で志願者が有している知識・情報

を活用した問題解決能力を評価し、第3段階では志願者にとってまったく未知の概念を提示し、その習得速度や活用能力を評価し、志願者の持つ創造的能力を評価することをねらいとしている[29]。同校の入学者選抜方法が既存の科学高校と異なる点は、学科筆記試験が禁止されていない点、中学校内申成績のウェイトが非常に低い点、キャンプを採り入れるなどユニークな多段階方式で選抜している点にある。

なお、英才教育振興法によって規定される英才学校には、その他の正規学校のように前期校・後期校という初・中等教育法施行令の区分が適用されないため、自由な時期に入学者選抜を実施することができる。英才学校は科学高校よりも早い日程で入学者選抜を実施し[30]、優先的に全国から最上位層の才能児を集めている。このため近年では、数学・科学分野の才能教育機関を目指す子どもの相当数が、英才学校を第1志望、科学高校を第2志望として併願しているという[31]。このことは、才能教育機関の受験機会の複数化を示しているだけでなく、90年代まで存在しなかった英才学校＞科学高校という才能教育機関の間の序列化が生じていることを示している。

(4) 教育プログラム —— R＆Eを核とした独自のプログラム ——

韓国科学英才学校の教育プログラムは正規の高校教育課程として位置付けられている。ただし、既存の科学高校が教育部告示の国家カリキュラムに則っているのとは異なり、表5-4のように、英才教育振興法により規定される才能教育機関として独自のプログラムを編成・運営している（ただし、教科の名前や種類などの大枠は、国家カリキュラムに準じている）。

なお、既存の科学高校では、基本的に1学年までは一般の高校と同じく国民共通基本教育課程を履修し、2・3学年で当該分野に特化した専門教科教育課程を履修するカリキュラム編成になっている[32]。一方の韓国科学英才学校の教育プログラムは、国民共通基本教育課程の縛りを受けずに無学年・単位制で運営されている。このため入学してすぐに専門分野に特化した教育を受けることができるし、生徒の教科選択における裁量についても科学高校より幅広くなっている。

表5-4 韓国科学英才学校の教育プログラム(正規教育課程)

区分		教科	必修	選択		計
				基本選択	深化選択	
教科	一般	国語	6	6	0	12
		社会	5	9		14
		外国語	8	14 (うち第2外国語4)		22
		芸術・体育	8	2		10
		小計	27	31		58
	専門	数学	12	6	29	77
		科学	24			
		情報科学	4			
		先端科学	2			
		小計	42	6	29	135
非教科	研究活動	自律研究	20			35
		現場研究および学習	10			
		卒業論文研究	5			
	特別活動	団体活動	合計120時間以上			
		奉仕活動	合計120時間以上			
		計				35
		総計				170

出所:釜山科学高等学校『科学英才学校運営計画』釜山科学高等学校配付資料、2003年 a、9頁および韓国科学英才学校ホームページ、http://www.ksa.hs.kr/homepage/school/contents/eduinfo.jsp?content_cd=10013、2009年7月7日アクセス。

　同校の教育プログラムは、「一般教科」、「専門教科」、「研究活動」、「特別活動」に大きく分けられている。一般教科と専門教科にはそれぞれ、「必修科目」と「選択科目」が設けられており、さらに後者の選択科目は「基本選択科目」と「深化選択科目」の2つに分かれている。基本選択科目は数学や科学、情報科学などにおける科学的素養を養う内容である。深化選択科目は高い水準の専門的な内容で、生徒が自己の能力と関心によって選択する。科目履修はまず必修科目から始め、その後、基本選択科目を経て深化選択科目へと段階的に履修する。なお同校では、国語や国史(韓国史)等の一部を除いて、1年次から英語の原書を教科書として使用しており、さらに2年次以上になると英語で授業をおこなったり、レポートを書かせたりするという[33]。

　また、団体活動および奉仕活動では、全人教育の一環としてクラブ活動や

ボランティア活動、自治会運営や学校行事運営などをおこなっている。さらに、Placement Test を通じた単位認定や大学の科目の早期履修も可能となっており、アクセラレーションとエンリッチメントの機会が豊富に用意されている。

　韓国科学英才学校の教育プログラムの中核であり、才能教育としての特徴を最も色濃く有しているのが「研究活動」である。研究活動はR＆E（Research & Education）と呼ばれる自己主導・経験中心型プログラムに基づいて遂行される。R＆Eプログラムは原則として指導教授1名、指導教師1名、生徒4名で1チームを構成しておこなわれる（1学年36チーム）。各チームは土曜日や夏休みなどの長期休暇を利用して、同校の先端科学館やKAISTなど指導委託先の大学の実験室で研究・学習活動を実施し、その成果として卒業論文を作成する。キム・ミンチョル（2004年）の調査によれば、R＆Eプログラムは通常週1回実施しており、7割の生徒が土曜日1・2時間目の正規の時間におこなっていた。また、同じく7割の生徒がR＆Eプログラムの回数を週2回程度に増やすべきと答えており、指導教授との協力関係や研究テーマに対する理解、研究テーマ決定に対する自律性などについても、大部分の生徒が「とても満足している」または「満足している」と答えたという[34]。以上から、R＆Eプログラムに対する生徒の意欲や満足度はおおむね高いといえる。

　ただし一方で、「教科学習のためにR＆Eプログラムを遂行する時間的・精神的余裕がない」や「テーマが自分の関心と合っていない」、「結果の導出が難しいテーマがある」など、生徒間の学力水準の差によって共同研究が難しいという意見もあった。また、「R＆Eプログラムを委託する大学が非常に遠く、指導教授としばしば会うことが難しかった」（たとえば主要な委託先であるKAISTの場合、韓国科学英才学校が所在する釜山市からKAISTが所在する大田市まで約280km離れている）、「長期休暇中の委託教育の日程が短く、委託大学において十分な教育を受けることができなかった」などの声も上がっており、プログラム運営の改善や委託先の各大学とのさらなる連携の強化が求められている。

　なお、韓国科学英才学校の教科成績の評価は、大学と同じようにA・B・C・D・Fのグレード制の絶対評価となっている[35]。同校の生徒の2003年度1学

表5-5　2003年度1学期の総合成績分布

区分	A+	A⁰	B+	B⁰	C+	C⁰	D+	D⁰	F+	計
人　数	10	18	22	29	25	11	11	16	1	143
割合（％）	6.9	12.6	15.4	20.3	17.5	7.7	7.7	11.2	0.7	100.0

出所：キム・ミンチョル『英才教育機関の運営体制評価―釜山科学英才高を中心に―』国立ソウル大学校行政大学院碩士学位論文、2004年、108頁。

期の総合成績は、最上位の A+ が全体の6.9％であり、B⁰ 以上が55.2％であった（表5-5）。

　ここから、最上位の成績をおさめた生徒の数は決して多くないものの、半数以上の生徒がほどほどに良い成績をおさめているといえる。しかし一方で D⁰ 以下の「学業不良者」も12％いた。全国から選りすぐりの生徒が集められる同校において、1割もの生徒が本当に「学業不良」であったとは考えにくい。同校の関係者によればその理由は、生徒の達成度が実際に低かったというよりも、教師側の「生徒にさらに多くのことを期待して、足りない部分を悟らせ努力させる意図」により、あえて成績を低く付けたのだろうということである[36]。ここからも、国家を代表する才能児集団に対する期待の大きさが読み取れる。また、こうしたエンカレッジメントの意図を込めた成績評価は、教師が期待する達成水準を柔軟に設定できる絶対評価を採用していることに加え、在学中の成績があまり大学進学に影響しないからこそ可能となっていると考えることができる。そこで次項では、同校の大学進学制度についてみていく。

（5）大学進学制度──協約による事実上の無試験進学制度──

　韓国科学英才学校の大学進学制度は、大学との協約による事実上の無試験進学制度をその中心に据えており、現在は KAIST や浦項工科大学（Pohang University of Science and Technology: POSTECH）と特別選抜実施の協約を結んでいる[37]。KAIST については韓国科学英才学校の設立当初から釜山市教育庁との間で協約が結ばれており、同校の生徒が「所定の教育課程を成功的に履修」[38]した場合、100名程度が定員外特別選抜によって、事実上無試験で KAIST に

進学できることになっている[39]。また、KAISTと並ぶ理工系の名門であるPOSTECHについても、協約に基づき内申成績や修能試験によらない定員外特別選抜（約30名）が実施されている[40]。さらにソウル大学の場合、KAISTやPOSTECHのような定員外特別選抜の実施には至っていないものの、韓国科学英才学校の卒業生についてはA$^+$の成績をおさめたり、数学オリンピック等に出場・入賞した場合、ソウル大学の随時2学期の「特技者選考（自然系列学部）」に志願できることになっており、同校の卒業生は主にこの制度を利用してソウル大学に進学している[41]。

　韓国科学英才学校における大学進学制度の最大の特徴であり、かつ一般系高校や既存の科学高校と決定的に異なる点は、いずれの選抜方法においても学内席次による相対評価が勘案されない点と（そもそも韓国科学英才学校の成績評価はグレード制であるため、詳細な学内席次が算出できない）、修能試験が課されない点である。第1章でみたように、学内席次に基づく高校内申成績と修能試験の成績は韓国の大学入試における重要な選抜基準となっていたが、同校はそうした一般の大学受験システムから独立した存在なのである。韓国科学英才学校のユニークな大学進学制度は、生徒が大学入試準備に追われることなく、才能教育プログラムに集中できるようにするための措置であるが[42]、こうした措置は、同校が一般の教育法体系の諸規制から自由な、英才教育振興法に基づく才能教育機関であるからこそ可能なものといえよう。

　なお、韓国科学英才学校は2005年度に最初の卒業生を出したが、当初の予想どおりその大学進学実績は良好であった。彼らが受験した2006年度の大学入試では、KAIST 117名を筆頭にソウル大学24名、POSTECH 16名、延世大学3名、さらにプリンストン大学やスタンフォード大学等アメリカの著名な大学に7名が合格するなど（以上、重複合格を含む）、卒業生全員が一流大学に合格し、ニュースや新聞で大々的に報じられた[43]。また、2003年度に最年少の満12歳で早期入学した生徒はその後も順調に学業をおさめ、3学年の1学期にやはり最年少の15歳で早期卒業した。彼は韓国を代表する企業から毎年5万ドルの奨学金を確約され、マサチューセッツ工科大学に進学することになったという[44]。

表5-6　韓国科学英才学校の卒業生の進路状況（2005〜2007年度）

卒業年度	卒業生数	進学先					
		KAIST	POSTECH	ソウル大学	延世大学その他	海外留学	計
2005	137名	85 (62%)	16 (12%)	16 (12%)	5 (4%)	15 (11%)	137名 (100%)
2006	142名	93 (65%)	9 (6%)	23 (16%)	3 (2%)	14 (10%)	142名 (100%)
2007	142名	93 (65%)	7 (5%)	19 (13%)	8 (6%)	15 (11%)	142名 (100%)
合計	421名	271 (64%)	32 (8%)	58 (14%)	16 (4%)	44 (10%)	421名 (100%)

出所：韓国科学英才学校ホームページ、http://www.ksa.hs.kr/homepage/school/contents/scinfo.jsp?content_cd=10006、2008年1月4日アクセスをもとに筆者が作成。

表5-6は、2005〜2007年度までの卒業生の進路状況である。どの年度も大学進学率は100％となっている。おおまかな傾向としては、6割がKAISTへ進学し、1割がPOSTECH、1割がソウル大学、1割が海外の大学、残りわずかがその他の大学へ進学している。KAISTとPOSTECHを合わせた7割の卒業生が、協約に基づく事実上の無試験進学制度を用いて進学している点、1割がコンスタントに海外の大学に進学している点が、科学高校卒業生の進路にはない特徴である。

それでは韓国科学英才学校は、90年代の科学高校が有していた大学進学制度上の問題を克服できたのであろうか。第1に、科学高校の大学進学制度が一般系高校卒業生の大学進学機会を圧迫していた問題に関しては、韓国科学英才学校の卒業生の7割がKAISTまたはPOSTECHの特別選抜を利用して事実上無試験で進学しており、彼らが一般系高校の大学進学機会を圧迫することはない。ソウル大学等の一般大学への進学についても、まず何より一般大学進学者の数が初期の科学高校並みに少なく（毎年20〜30名程度）、さらにソウル大学の「特技者選考（自然系学部）」のような、数学・科学分野に特化した随時募集に志願するため[45]、やはり一般系高校卒業生の大学進学機会を圧迫することは少ないと考えられる。現在のところ、韓国科学英才学校では、90年代の科学高校の反省がよくふまえられた大学進学制度が構築・維持されていると評価できる。

第2に、KAISTへの進学が優秀な生徒にとって十分に魅力的たり得なかった問題に関しては、表5-6のとおり韓国科学英才学校からKAISTへ進学する者の数は毎年90名程度であり、同校の卒業生のためにKAISTが用意した100名の定員はほぼ満たされている。その理由の1つめは、やはり事実上の無試験進学制度が施行されている点が大きく影響していると考えられる。大学入試のための特別な勉強が一切必要ないことは、生徒にとって大きなメリットであろう。

　2つめの理由としては、上述したようにKAIST教員の招聘やR＆Eプログラムにおける連携など、韓国科学英才学校の生徒は在学中からKAISTとの深い組織的・人的結び付きを持っており、これが彼らをKAISTに引き付ける要因として働いていることが考えられる。なお本書の対象とする時期から外れるため詳しくは述べないが、2009年度から同校はKAISTの附属校となっている[46]。

　そして3つめの理由として、同校の生徒の強い海外留学志向とこれに対応した特別選抜の影響が考えられる。同校が第1期生に進路希望調査をおこなったところ、約4割に上る生徒が海外留学を希望していたという[47]。同校の卒業生のためにKAISTは特別選抜を用意しているが、そこでは国内では例外的に9月入学が認められている（通常は翌年の3月入学）。また、韓国科学英才学校は無学年・単位制であるため、規定の卒業単位を満たしていれば高校3学年8月時点での卒業が認められる（通常は翌年の2月卒業）。この韓国科学英才学校とKAISTの連携による8月卒業・9月入学制度は、大学院での海外留学に対応した措置である。KAISTに9月入学した場合、4年後または6年後の8月にKAISTの学士課程または修士課程を終えることができ、9月に新学期が始まる海外（主にアメリカ）の大学院修士課程または博士課程に時間的なロスなく留学することができる。

　90年代、科学高校からKAISTへの早期入学制度が、比較内申制を利用したソウル大学への進学以上に魅力的たり得なかったのは、科学高校の生徒にとって大学進学段階での選抜が大きな意味を持っていたからである。しかし、初めから大学院での海外留学を念頭に置いている多くの韓国科学英才学校の

生徒にとっては、大学進学段階での選抜はいわば通過点でしかなく、本当の勝負は大学院進学段階ということになる。こうした韓国科学英才学校の生徒の海外留学志向の強さとそれに対応した進学システムが、KAISTへの無試験進学制度をうまく作動させる一因となっていると考えられる。

(6) 英才学校の課題

　ここまで韓国科学英才学校の教育実践についてみてきた。韓国科学英才学校は、徹底した少数精鋭主義と手厚い公的支援によって世界的な科学者の卵を発掘・育成することを目指していた。また同時に、国内最先端の才能教育機関として、21世紀における韓国の才能教育の姿を国民と世界に向けてアピールし、これをリードしていく役割も期待されている。しかし一方で、そこにはすでにいくつかの課題もみられる。

　第1の課題としては、男女比の著しい不均衡を挙げることができる。同校が英才学校に転換された前年度に当たる2002年度、旧釜山科学高校の入学者の男女比は6：4（男子85名、女子53名）であった[48]。しかし同校が英才学校に転換された2003度の入学者の男女比は8：2（男子114名、女子30名）となっている[49]。つまり英才学校転換後に女子の割合が2割も減少しているのである。その後も合格者における女子生徒の割合は減り続け、2006年度の男女比は実に9：1（男子127名、女子17名）となっている[50]。

　数学・科学分野の才能教育における男女格差については、韓国の先行研究において経済的要因よりも文化的要因に由来するという見解が示されている。たとえば「性別によって適切な才能の分野と職業の種類がある」という既成観念により女子が数学・科学分野へ進むことを保護者が望まないこと、女子生徒の能力に対する教師の不信感や無関心などが、女子生徒が数学・科学分野の才能を発揮する際の阻害要因になっているという[51]。しかし、同じ数学・科学分野の才能教育機関である科学高校の女子生徒の割合が平均3割あるのに比べても[52]、韓国科学英才学校の1～2割という女子生徒の割合はあまりにも少ない。第4章で述べたように、近年の才能教育政策では、社会経済的な格差や地域格差に配慮されるようになってきているが、ことジェン

ダー格差については相対的に配慮が乏しいといわざるを得ない。こうした状況の放置は、才能教育を受ける機会の男女間の公平性という観点からみても、優秀な女性科学者の育成という観点からみても、決して望ましいことではないと思われる。

　第2の課題もやはり教育機会の公平性に関係しており、社会経済的に恵まれ才能にも恵まれた者に、さらに国家が特恵を施すことの是非に関する問題である。近年、韓国科学英才学校の生徒の両親の経済階層や学歴が高いことが明らかになってきている。たとえばパク・スンオらによる同校の生徒への質問紙調査によれば、家庭の経済水準が「普通」以上だと答えた生徒が84％おり、「豊かなほうだ」や「非常に豊かだ」と答えた生徒も34％に上った。また、同校の生徒の両親はその78％が大卒以上という「高学歴集団」であったという[53]。この調査にはやや主観的な指標もみられるものの、同校の生徒の多くが比較的恵まれた社会経済階層の出身であることは確かであろう。経済発展を優先する才能教育制度の下では、仮に恵まれた階層出身の才能児であっても将来国家・社会の発展に寄与するならば、国家・社会の負担により育成すべきであるという考え方もあるだろう。一方で、才能教育を受ける機会の公平性を考えた場合、経済的に余裕がある家庭の子どもには何らかの金銭的負担を求め、余剰分を低所得層の子どもを対象とした才能教育プログラムに回すべきであるという考え方や、あるいは、恵まれた階層出身の才能児にはいかなる特恵も与えるべきでないという考え方もあるかも知れない。このことは、無償で才能教育プログラムが提供されている英才教育院や英才学級にも共通する問題であり、今後の才能教育制度のあり方をめぐる重要な議論となるため、終章でさらに詳しく検討する。

　第3の課題としては、韓国科学英才学校進学をめぐる競争の過熱が挙げられる。受験競争の過熱は、韓国の教育における最大のタブーであり、英才学校設立反対の根拠ともなっていた。韓国科学英才学校が設立された2003年度入試の競争倍率は8.29倍であり、当初から90年代の最盛期の科学高校に匹敵するほど高かった。同校の競争倍率はさらに年々上昇し、2008年度入試では実に20.25倍に達している[54]。150名弱の定員に3,000名近くの受験生

が殺到したのである。この結果、同校は現在、合格率5%という非常に狭き門となっている。2000年代に入ってからの科学高校入試の競争倍率は3～5倍程度であるから[55]、韓国科学英才学校の募集地域が全国レベルであり、入学定員が少ないことを勘案しても、同校への進学競争が過熱気味であることは間違いない[56]。第4章で指摘したとおり、2000年代の韓国の才能教育制度には、可能な限り大きな母集団から最も優れた層の才能児を選び出そうという意図が読み取れた。その意味では、韓国科学英才学校は多くの母集団を引き付け、その中から最も優れた層の才能児を選抜しうる状況を作り出しているともいえる。一方で、同校への進学をめぐる競争の過熱は、学校側の疲弊と入学選抜方法の形骸化を招きかねない危険性をはらんでいる。なぜなら、同校では志願者の能力と適性を正確に把握するために、3泊4日の科学キャンプを採り入れた手間と時間のかかる多段階方式の入学者選抜方法を採っていたが、これは対応できる人数に限りがある選抜方法でもあるからである。今後、あまりに志願者数が増加すれば、第1段階の書類選考で大半を不合格にせざるを得なくなると予測される。だがもしそうなれば、潜在的な才能児を見逃してしまう可能性が高くなるし、結果として厳しい志願要件を求めている既存の科学高校の入学者選抜とさほど違いがなくなってしまう。韓国科学英才学校の高い人気は、それがいき過ぎた場合、潜在的な才能児発掘のために同校が開発したユニークな入学者選抜方法を機能不全に陥らせる危険性をはらんでいるのである。

(7) 英才教育院および英才学級の種類

さて次節以降では、英才教育振興法に示された3つの才能教育機関のうち、英才教育院と英才学級の運営実態および課題について検討していく。韓国の才能教育機関は法令上規定されている機関の種類と実際に運営されている機関の種別の対応関係が複雑なため、論考に入っていく前にまずこの点について整理しておきたい。表5-7のように、英才学級に関してはすべて地方自治体の支援を受けており、現在のところ種類と種別も1対1で対応している。ただし、設置・運営方法に関しては、1つの学校に設置しその学校が単独で

表5-7 英才教育院および英才学級の法令上の種類と才能教育機関の種別

機関の種類	英才教育院			英才学級
機関の種別	大学附設英才教育院		市・道教育庁英才教育院	英才学級
	大学附設科学英才教育院	教育庁支援大学附設英才教育院		
主な支援元	国家(韓国科学財団)		地方自治体(市・道教育庁)	
主な設置先	大学		一般学校	
主な実施段階	初等学校高学年～中学校			初等学校高学年
機関数(2008年時点)	25	14	226	580
受講者数(2008年時点)	5,993	1,175	28,333	19,125

出所：キム・ミスク（研究責任者）『市道教育庁と大学の英才教育機関運営効率化方案研究』韓国教育開発院、2008年、19頁、21～22頁を参考に筆者が作成。

運営する場合と、複数の学校が1つの学校に設置し共同で運営する場合が存在している。後者は「地域共同英才学級」と呼ばれ、英才学級の多くは現在この設置・運営方法を採用している。

　一方で英才教育院の場合は複雑であり、主な支援元と設置先によって3つの種別に分かれている。英才教育院のうち、国家（科学技術部傘下の韓国科学財団）の支援を受けて大学に設置されるのが「大学附設科学英才教育院」、地方自治体（市・道教育庁）の支援を受けて大学に設置されるのが「教育庁支援大学附設英才教育院」、地方自治体の支援を受けて地域の一般学校（協力学校）に設置されるのが「市・道教育庁英才教育院」である。

　本書では以上の才能教育機関のうち、受講者の多さや支援元・設置先の多様性を考慮し、大学附設科学英才教育院、市・道教育庁英才教育院、英才学級の3つの種別を考察の対象とする。初めに、国家支援により大学に設置される大学附設科学英才教育院についてみていきたい。

3．大学附設科学英才教育院

(1) 大学附設科学英才教育院の概要

　大学附設科学英才教育院（以下、科学英才教育院）は、科学技術部傘下の韓

国科学財団の支援を受けて大学に設置・運営される才能教育機関であり、週末や長期休暇中に年間100時間以内の教育プログラムを実施している。科学英才教育院はその名が示すとおり、数学・科学および情報科学分野の教育プログラムのみを提供しており、このうち情報科学分野の教育プログラムを受けている受講者は1割に過ぎず、残り9割は数学・科学分野の教育プログラムを受けている[57]。なお、授業料は無償を原則としている。

　科学英才教育院の設立目的は、「科学分野に無限の可能性と潜在力を持っている科学英才たちに、人本主義的立場から適切な教育を提供し、人間の可能性を最大限開発することで、創造的な高級科学技術人力を早期に確保し、21世紀科学技術先進国進入のための国家発展の土台を準備すると同時に、現在の科学英才教育システムとの連携を強化し、国家科学英才育成事業の効果を極大化する」[58]ことにある。ここには、科学英才教育院の設立目的が、単に個人の才能伸長だけにあるのではなく、最終的に彼ら才能児を国家・社会の発展に寄与する優れた科学者として育成することにあるという意図が明確に示されている。

　科学英才教育院は1998年、ソウル大学など8つの大学（KAISTを除く）に「大学附設科学英才教育センター」として初めて設置された。その後、2002年にすべての機関が英才教育振興法に基づく英才教育院へと転換され、「大学附設科学英才教育院」となっている。表5-8に示したように科学英才教育院は、2008年の時点で全国5つの圏域に25機関（KAIST科学英才教育院を除く）が設置・運営されている。すでに十分な数が設置されたからか、それとも財源の問題かは不明であるが、2007年以降設置されておらず、2005年あたりから設置の勢いが弱まっているようにみえる。

　なお、この表をみて分かるように、科学英才教育院が附設されている大学の中には私立大学や公立大学も含まれている。しかし、すべての科学英才教育院は韓国科学財団によって設置認定を受け、運営予算の大半も同財団から支給されるため[59]、実質的には大学と韓国科学財団を通して政府（科学技術部）の統括下にある国立の教育機関に近いといえる。

　すべての科学英才教育院は、韓国科学財団によって年次評価と3年に1度

表5-8　大学附設科学英才教育院の設置状況（2008年時点）

(国)＝国立、(公)＝公立、(私)＝私立

圏域／設置年	1998	1999	2000	2001	2002	2003	2004	2005	2006	計
ソウル市・京畿道・江原道圏域	(国)ソウル大学 (公)仁川大学 (私)亜州大学	(私)延世大学 (国)江原大学		(国)ソウル教育大学 (国)江陵大学			(私)曙園大学	(私)大眞大学		9
釜山市・慶尚南道圏域	(私)慶南大学	(国)釜山大学				(国)昌原大学	(私)蔚山大学 (国)慶尚大学			5
大邱・慶尚北道圏域	(国)慶北大学					(国)安東大学				2
大田市・忠清南道・忠清北道圏域	〔(国)KAIST〕※ (国)清州教育大学			(国)公州大学		(国)忠南大学				3〔1〕
光州市・全羅南道・全羅北道・済州道圏域	(国)全南大学 (国)全北大学		(国)済州大学			(国)順天大学	(国)木浦大学		(国)群山大学	6
計	8〔1〕	3	1	3	0	4	4	1	1	25〔1〕

出所：チェ・ドンヒョン（研究責任者）『科学英才教育センター運営および評価方案研究』韓国教育開発院、2001年、10頁、キム・ミスク（研究責任者）『市道教育庁と大学の英才教育機関運営効率化方案研究』韓国教育開発院、2008年、21〜22頁、各科学英才教育院のホームページを参考に筆者が作成。
注：※印を付したKAISTの科学英才教育院は、2000年度まで教育機関として機能していたが、現在は「科学英才教育研究院」として同分野に関する研究活動を中心に遂行しているので合計に含めず、〔 〕内に別途示した。

の総合評価を受けることになっている。これは、政府による科学英才教育院への間接的な管理・統制とみることができる。年次評価および総合評価の評価領域は、①教育目標の妥当性や達成度などをみる「事業趣旨」、②人員の確保や施設の充実度などをみる「組織と施設」、③受講者選抜方法や成績評価の妥当性などをみる「学生選抜と管理」、④教育プログラム編成の合理性などをみる「教育プログラム」、⑤地域社会への貢献度や関連機関との協力体制などをみる「支援体制」の5領域であり、これらの領域別評価を総合して5等級の評語（秀・優・美・良・可）で最終評価が下される。年次評価の結果は「是正勧告事項」や「勧奨事項」などとして各機関に通告され、3年に1度の総合評価の結果によって支援する予算額の等級（A・B・C）や支援取り消しの是非が決定される[60]。つまり、科学英才教育院の運営予算は政府から与えられる競争的な資金によっており、政府は厳格な評価を通じて科学英才教育院を

互いに競争させることで教育の質の向上を図ろうとしているのである。教育プログラムの編成や受講者選抜など現場における教育実践のあり方については各機関に大幅な自律性が与えられている科学英才教育院であるが、財政支援と評価を通じて政府の管理・統制下に置かれていることが分かる。

科学英才教育院における受講者選抜方法の決定権は各機関にあるが、おおむね各機関とも①推薦・書類選考→②筆記試験→③面接という多段階方式を採っている[61]。受講者の募集地域は原則として、附設されている大学が所在している市・道レベルである。科学英才教育院の入学定員は1機関当たり100～150名程度が主流であり[62]、全受講者数は200～250名程度である[63]。

科学英才教育院の主な教育対象は初等学校高学年の児童（初等課程）と中学生（中等課程）である。2008年の時点で初等学校生の受講者数が1,658名であるのに対し、中学生の受講者は4,261名と2倍以上の数字となっており、特に中学生を対象としたプログラムに重点が置かれていることが分かる[64]。また、機関ごとに若干の差異はあるものの、多くの科学英才教育院では教育年次によってクラス名が共通しており、1年次が「基礎クラス」、2年次が「深化クラス」、3年次が「師事クラス」と呼ばれている。たとえば中等課程の基礎クラスは中学校1年生を、深化クラスは中学校2年生を、師事クラスは中学校3年生を対象とするといった具合である。科学英才教育院の教育プログラムは原則として1年単位（授業時間数は約100時間）で完結するように作られている。科学英才教育院が登場した当初は多くの機関において深化クラス1年間のみを開設していたため、教育プログラムの継続性のなさが指摘されていた[65]。しかし現在は基礎クラス・深化クラス・師事クラスの3クラスを開設している機関も多く、こうした機関では最長3年間の才能教育を受けることができるようになっている[66]。ただし、図5-1のように、受講者数は課程や教育年次が上がるほど減少していくため、上の課程やクラスに上がれない者も依然として少なくない。

科学英才教育院の特徴の1つが、設置大学や外部の大学の教員が講師の大半を兼任する点である。2002年におこなわれた調査では、科学英才教育院で教育を担当している講師のうち、6割近くが大学教員であった。この他に

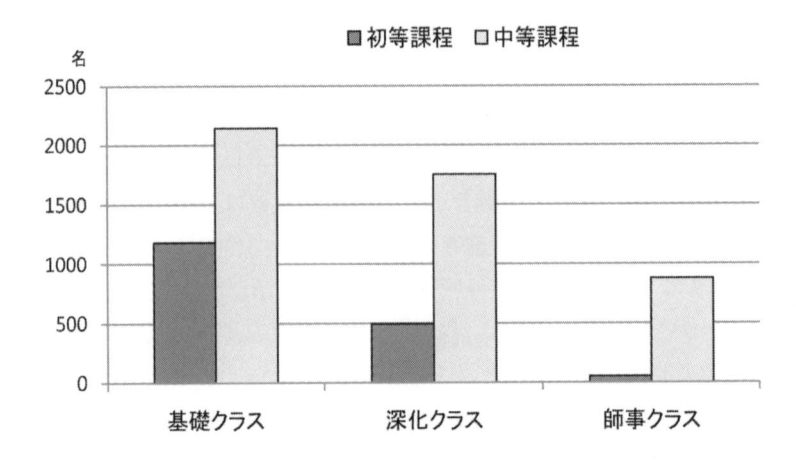

図5-1 大学附設科学英才教育院の教育年次別受講者数

出所:キム・ミスク(研究責任者)『市道教育庁と大学の英才教育機関運営効率化方案研究』韓国教育開発院、2008年、33頁をもとに筆者が作成。

一般学校の教員や大学院生なども講師を務めるが、講師全員が修士以上の学歴を有している[67]。

なお、数学・科学分野の才能児の早期発見と同分野への人材誘導を目的とする科学英才教育院にとって、修了者が上級教育段階(主に高校段階)の才能教育機関に進学するように誘導することは重要な役割の1つである[68]。実際、科学英才教育院の修了者の中には、科学高校や韓国科学英才学校への進学者が少なからず存在しており、2004年までに科学英才教育院修了者の24%が科学高校に進学したという。また、韓国科学英才学校の2003年度入学者のうち59%が科学英才教育院の修了者であったということであり、2004年度には入学者のうち実に68%が科学英才教育院の修了者であった[69]。科学高校や韓国科学英才学校が特例的な学校別競争入試を認められた最難関校であることを勘案した場合、科学英才教育院における上級教育段階の才能教育機関への進学率は、比較的良好であるとみることができる。

ただし注意すべき点としては、科学英才教育院の教育プログラムは非正規課程であるため、その修了履歴は正式な学歴にはならないことである。し

がって、修了者が科学高校や韓国科学英才学校といった正規の高校へ進学する際は、あくまで所属中学校の卒業生としての身分・資格に基づいて進学することになる。つまり才能教育制度の構造としてみた場合、科学高校や韓国科学英才学校に直接接続しているのは、同じ才能教育機関である科学英才教育院ではなく、一般学校教育制度に属する中学校ということである。

(2) ケース・スタディ――ソウル大学科学英才教育センター――

以下では、科学英才教育院のケース・スタディとして、ソウル大学に附設された科学英才教育院であるソウル大学科学英才教育センター[70]の教育実態について検討する。その理由は、同センターが韓国を代表する科学英才教育院の1つであり、歴史が長いため運営や教育実践におけるノウハウの蓄積も多く、科学英才教育院の実態を探るための事例として最適であると考えられるからである[71]。

①センターの概要

ソウル大学科学英才教育センターは、科学英才教育院の中でも最も早い1998年に設立された。科学英才教育院では1つの機関に初等課程と中等課程が併設されている場合が一般的であるが、ソウル大学と延世大学は中等課程のみを、ソウル教育大学は初等課程のみを置いており、これらソウル市所在の3校で相互に連携を図っている[72]。ソウル大学科学英才教育センターの設立目的は、「体系的な英才教育実施を目標とし、21世紀科学技術先進国への進入の土台となる創造的な高級科学技術人力の確保のために、科学英才の早期発掘および科学英才の能力と潜在性の最大限の発現」を図ることにある[73]。ここにも、科学英才教育院における教育の目的が単に個人の才能の伸長のみにあるのではなく、最終的に彼ら才能児を国家・社会の発展に寄与する優れた科学者として育成することにあるという意図が示されている。同センターには数学・物理・化学・生物・地球科学・情報の6つの分科(いずれも中等課程)が設置されている[74]。教育対象はソウル市内の中学生であり、中学校1年生対象の「基礎クラス」、同センターの教育の中心である中学校2年生対象の「深

化クラス」、継続教育的扱いで中学校3年生対象の「師事クラス」の3クラスが開設されている。受講者数は年度ごとに変動があるが、全クラス合計で140～170名程度であり、授業料は完全に無償となっている。

②受講者選抜方法

ソウル大学科学英才教育センターでは、分科ごとに自律的に受講者を選抜している。同センターの選抜対象は、基礎クラスがソウル市内の初等学校6年生（センター入学時は中学校1年生）、深化クラスが同じくソウル市内の中学校1年生であり（センター入学時は中学校2年生）、その上の師事クラスについては深化クラス修了者の中から別途の方法で選抜することになっている[75]。選抜過程は、他の多くの科学英才教育院と同様に、①推薦・書類選考→②筆記試験→③面接という多段階方式を採っている。第1段階で志願者の所属学校の教師（学校長、担任教師、数学教師、科学教師のうち1名）の推薦および書類選考により入学定員の約9倍を選抜する[76]。第1段階において興味深いのは、推薦できる人数は1つの学校につき各分科に3名ずつという推薦枠が決められている点である。これは受講者が特定地域の学校（たとえば江南地域など富裕層が多く住む地域の学校）に偏らないようにするための制度的配慮とみることができる。

続く第2段階は「創意的問題解決力検査」であり、筆記試験を通じて各分科の特性に応じた問題解決能力と科学的思考力を評価し、学習能力と創造力が高い者を選抜する。評価の際には、ただ単に難しい問題を解く能力を測るのではなく、いかに創造的に問題を解くかに注目する。なお、入学定員の約9倍に当たる第1段階通過者は、この第2段階において入学定員とほぼ同数までしぼられることになっている。ここから、同センターの受講者選抜においては第2段階が最も大きな関門であり、筆記試験の結果が重要視されていることが分かる。第3段階では、志願者に関する資料と面接により最終的な合格者を決定する[77]。なお、同センターの2004年度の受講者選抜の結果について、分科別に示したのが**表5-9**である。

これをみると、同センターの受講者選抜の競争倍率は平均13.4倍となっ

表5-9 ソウル大学科学英才教育センターにおける受講者選抜の結果（2004年度）

分科（クラス）	合格者	志願者	競争倍率
数学（基礎）	15	437	29.1
数学（深化）	15	329	22.1
物理（深化）	18	259	14.3
化学（深化）	21	215	10.2
生物（深化）	20	233	11.7
地球科学（深化）	20	196	9.8
情報（基礎）	15	105	7.1
情報（深化）	15	95	6.3
計／平均競争倍率	139名	1,869名	13.4倍

出所：ソウル大学校科学英才教育センター『2002～2004年度科学英才教育事業事業遂行結果報告書』ソウル大学校科学英才教育センター、2005年 a、42頁。
注：2005年度に物理・化学・生物・地球科学の4分科共通の科学分科・基礎クラスが新設された。また2005年度以降、数学分科と情報分科は深化クラスの募集を停止している。

ており、人気が高いことが分かる。詳しくは後述するが、その背景には近年、科学高校入試における加算点獲得をめぐって科学英才教育院入学熱が高まっていることがある。中でも数学分科の競争倍率は極めて高く、基礎クラスでは30倍に迫っている。一方で、情報分科は6～7倍と相対的に競争倍率が低く、分科（分野）によって人気に差があることも読み取れる。

③教育プログラム

ソウル大学科学英才教育センターも他の科学英才教育院と同様に設立当初は深化クラスのみを開設していたが、2001年に師事クラスが増設され、2004年に基礎クラスが増設されたことで、基礎・深化・師事の3クラスが運営されるようになっている（一部の分科では深化クラスのみ開設）。

同センターの授業は通常毎週土曜日にソウル大学の施設（講義室や実験室など）を利用しておこなわれ、1回の授業は基本的に午後3～6時の3時間となっている[78]。教育プログラムは、①6分科共通でおこなう基礎教育である「全体教育」、②各分科別の講義や現場学習を実施する「分科教育」、③各領域間の有機的な関係性を知ることを目的に所属分科以外の領域（数学分科ならば物理や情報など）のエンリッチメント・プログラムを受ける「循環教育」、④同センターのホームページを通じた「遠隔教育」の4つによって構成されている。

一例として、表5-10に示した2004年度の物理分科（基礎および深化クラス）のプログラムをみてみよう。

これをみると分かるように、学期区分は大きく1学期と2学期に分かれて

表5-10　ソウル大学科学英才教育センター物理分科の年間プログラム（2004年度）

学期		日程	教育方式	テーマ
		2004.3/20	入学式・オリエンテーション	センターの紹介・各分科のオリエンテーション等
1学期	春学期	3/27	全体	「物理でみる宇宙」
		4/3	全体	「われわれは何者か？」
		4/10	循環	「紙飛行機の飛行原理」
		4/17	循環	
		5/15	循環	
		5/22	循環	
		5/29	循環	「波および音に対する基本概念理解」
		6/5	循環	「コンピューターを利用した音分析／管楽器の原理」
	夏学期	7/26	分科	「光の認識」「水コップに指を入れるとさらに重くなるか」
		7/27	分科	「光の反射と屈折」「倒れたり揺れる現象」
		7/28	分科	「力学講義」「光の合成と分解」
		7/29	分科	「エクセルを活用した科学学習」「科学日記の案内」◆1学期教育内容整理および評価試験
2学期		8/2～10/2	遠隔	「科学日記」
	秋学期	9/11	全体	「ナノ・テクノロジーとは何か？」
		9/18	全体	「ショウジョウバエと遺伝学の発達」「DNA構造の発見と生命工学の発達」
		10/16	循環	「静電気の力はどれくらい大きいか？」
		10/23	循環	
		10/30	循環	
		11/6	循環	
		11/13	循環	「物理共同探究討論」
		11/20	循環	「静電気関連現象の深化探究」
	冬学期	12/18	分科	「オンライン探究討論大会の案内」
		2005.1/3	分科	「髪の毛の精密度測定」
		1/4	分科	「オフライン探究討論大会」
		1/5	分科	「生活の中における摩擦力の作用」
		1/6	分科	◆2学期教育内容整理および評価試験
		2004.11/13～2005.1/3	遠隔	「組別探究およびオンライン討論」
		2/28	修了式	◆独立研究課題発表

出所：ソウル大学校科学英才教育センター『2002～2004年度科学英才教育事業事業遂行結果報告書』ソウル大学校科学英才教育センター、2005a、50～51頁、152～153頁をもとに筆者が作成。

おり、さらに1学期は春学期と夏学期（夏休み期間中）、2学期は秋学期と冬学期（冬休み期間中）に分かれている。1学期と2学期の最後の時間には評価試験がおこなわれる。また、受講者が所属する中学校に通っている春学期と秋学期は週末に全体教育および循環教育を実施し、夏休みと冬休みに当たる夏学期と冬学期には分科教育を集中的に実施している。このプログラムの対象は中学校1・2年生であるが、教育内容は「エクセルを活用した科学学習」を除きすべてが高校レベルである[79]。

なお、筆者が観察をおこなった科学分科・基礎クラスの授業（「ショウジョウバエを使った遺伝の仕組みの理解」）でもDNA複製の仕組みに関する詳細な説明や専門的な器具を使った染色の実験があり、内容はやはり高校レベルであった。中学校1年生向けとしては相当にレベルが高い授業であったが、講師の質問に対する受け答えなどから、受講者の理解度はおおむね良好であると見受けられた。

④ 講　師

ソウル大学科学英才教育センターでは、それぞれの分科に1名ずつの主任教授（韓国語では「指導教授」）がおり、その他に数名の講師（「教授級講師」および「教師級講師」の2ランクがある）やアシスタント（韓国語では「助教」[80]）が所属している。筆者が観察した科学分科・基礎クラスの授業では、まず初めに1時間程度ソウル大学の教授がスライド（Power Point）を用いて講義をおこない、次に博士課程の大学院生（科学才能教育に関する学位論文を執筆予定で、現役の教師でもある）が実習授業をおこなった。この間、アシスタント1名が常に授業進行や実験の補助をおこなっていた。複数の高い専門知識を持つ大学教員や大学院生が、1クラス20名程度の少人数の中学生を教えるという点において、同センターの教員体制は一般の教育機関に比べて格段に専門分野に特化し、充実しているといえる。

同センターの授業観察の中で特に印象的だったことの1つに、講師による受講者へのエンカレッジメントが盛んにおこなわれていたことがある。たとえばワトソンとクリックの写真を提示し、彼らがDNAの二重らせん構造を

発見した当時の年齢と受講者の現在の年齢を比較して「あと9年で君たちも彼らと同じ年齢ですよ」といったり、依然解明されていない科学的事象に対し「これを解くのは君たちの仕事です」、「人類の幸福は君たちの手にかかっているのですよ」等々、ことあるごとに受講者を励ましていた。講師のこうした言動は受講者に自信をつけさせるとともに、世界的な科学者としての将来の自己イメージをより明確にさせ、国家の科学技術力発展に対する使命感を涵養することに役立つと考えられる。このようなエンカレッジメントは、講師自らが現役の科学者であることによってこそ強い説得力を持ちうると考えられるので、大学教員が初等学校生や中学生を直接指導する科学英才教育院ならではの教育効果であるといえよう。

⑤比較的良好な上級教育段階の才能教育機関への進学率

　ソウル大学科学英才教育センターは、韓国科学財団に提出する事業遂行結果報告書において、「重要成果」の1番目として修了者の科学高校および韓国科学英才学校への進学率を挙げている。同センターも科学英才教育院の設立趣旨に則り、修了者をこれらの学校へ進学させることを自らに課せられた重要な役割として認識していることがうかがえる[81]。

　具体的な数字をみていくと、過去に同センターの深化クラスで教育を受けた経験があり、2003年度から2005年度の3年間に高校に進学した328名のうち、科学高校(実質的にソウル科学高校と漢城科学高校の2校)に進学した者は52名、韓国科学英才学校に進学した者は8名であった。つまり深化クラス修了者のうち16％が科学高校に、2％が韓国科学英才学校に進学した計算となる。同様に、同センターの師事クラスまで修了した後、2003年度から2005年度の3年間に高校に進学した77名のうち、科学高校に進学した者の合計は32名、同じく韓国科学英才学校に進学した者は5名であった。つまり師事クラス修了者のうち42％が科学高校に、6％が韓国科学英才学校に進学したことになる。これら深化クラス修了者と師事クラス修了者を合わせると、修了者の21％が科学高校に、3％が韓国科学英才学校に進学した計算になる[82]。つまり同センターの場合、修了者の4名に1名(24％)が科学高校または韓国科

学英才学校へ進学しているのである。

　なお参考までであるが、同センターの募集地域であるソウル市の場合、2004年度の中学校卒業生のうち科学高校に進学した者の割合はわずか0.3%に過ぎなかった[83]。もちろん、中学校卒業生の全員が科学高校への進学を希望しているわけではないが、同センター修了者の21%という科学高校進学率は、単純計算でいけば中学校卒業生の平均に比べ70倍も高いのである。同センター修了者の上級教育段階の才能教育機関への進学率は、比較的良好であるといえよう。

4. 市・道教育庁英才教育院および英才学級

　本節では、市・道教育庁の支援によって設置・運営され、2000年代の才能教育制度の裾野を支えるローカルな才能教育機関である、市・道教育庁英才教育院と英才学級の運営実態について考察する。特に、市・道教育庁英才教育院については、ケース・スタディをまじえて詳細に検討する。

(1) 市・道教育庁英才教育院および英才学級の概要

　市・道教育庁英才教育院は、市・道教育庁による支援を受け、週末や長期休暇中に70〜150時間の教育プログラムを実施している。2008年の時点で機関数226、受講者数2万8,333名であり、英才教育振興法に基づく才能教育機関のうち最大の規模を誇る[84]。実際の運営方法としては、市・道教育庁の施設に直接附設するのではなく、地域の一般学校に「協力学校」として運営を委託する場合が多い。一方の英才学級は、市・道教育庁の支援を受け、一般学校に設置・運営される才能教育機関であり、主に放課後を利用して週2〜4時間程度の教育プログラムを実施している[85]。現在のところ英才学級は、講師や施設・設備を単独の学校で用意することが難しいため、複数の学校が共同で設置・運営するケースが多い[86]。市・道教育庁英才教育院と英才学級のいずれも、授業料は原則無償である。

　このように法令上の種類は異なるものの、市・道教育庁の支援を受け、既

存の一般学校の施設を利用し、地域の教員を活用するなど、市・道教育庁英才教育院と英才学級の実際の設置・運営形態はよく似ている。ただし、英才学級よりも市・道教育庁英才教育院のほうが一般的に募集地域が広く、前者が基本的に通学区レベルであるのに対し、後者は市・郡・区（市町村）レベルである。また、市・道教育庁英才教育院が初等学校高学年の児童から中学生までをまんべんなく対象としているのに対し、英才学級は初等学校高学年の児童のみを対象としている場合が圧倒的に多い[87]。なお、交通の便が悪く市・郡・区レベルまで募集地域を広げることが難しい小都市や農村・漁村部においては、英才学級が多く設置される傾向にある[88]。

表5-11は市・道教育庁英才教育院および英才学級の地域別現況である。これをみると、英才学級が英才教育院より多くの受講者を受け入れている地域は、仁川市や大田市など灰色で網かけした4地域しかない。その他12地域は

表5-11 市・道教育庁英才教育院および英才学級の地域別現況（2007年時点）

地域	英才教育院		英才学級	
	機関数	受講者数	設置学校数	受講者数
ソウル市	19	3,900	29	730
釜山市	12	5,650	—	—
大邱市	12	2,060	1	112
仁川市	8	1,083	17	1,318
光州市	4	640	10	440
大田市	6	803	50	1,152
蔚山市	5	1,010	12	560
京畿道	30	2,881	112	4,626
江原道	18	1,355	14	427
忠清北道	12	900	23	460
忠清南道	27	1,600	20	800
全羅北道	20	2,120	19	440
全羅南道	13	1,720	18	1,320
慶尚北道	18	1,954	75	1,401
慶尚南道	23	1,934	10	303
済州道	4	280	23	680
計	231機関	29,890名	433校	14,769名

出所：教育人的資源部「2007年市・道教育庁英才教育施行計画集発刊」教育人的資源部報道資料、2007年5月9日付をもとに筆者が作成。

すべて英才教育院の受講者数が英才学級の受講者数を上回っており、中でも大邱市の場合、英才教育院の受講者数が英才学級の受講者数の約18倍に及んでいる。このように大部分の地域で英才学級よりも英才教育院の受講者数が多い理由は、政府が新たな才能教育制度を整備していく過程において、まずは募集地域が広い分利用可能な人的・物的資源も多い市・道教育庁英才教育院を優先的に設置・運営するよう奨励してきたためである[89]。

新たな才能教育機関における生徒・受講者数の変遷（図5-2）をみると、政府の奨励どおり、英才教育院（図では科学英才教育院等も含む）の受講者が英才学級に先行して増加していることがよく分かる。そして、英才教育院の量的拡大が一段落した2007年から、ようやく英才学級の受講者が増加し始めていることも読み取ることができる。英才教育院や英才学級はともに市・道教育庁が支援・設置・運営するローカルな才能教育機関であるとはいえ、その設置・運営計画には中央政府の意向が強く影響しているのである。

市・道教育庁英才教育院の受講者選抜は一般に、①学校長推薦→②「英才性検査」（筆記試験）→③「学問適性検査」（筆記試験）→④面接の多段階方式で実施することが多い。これは英才学級も同様である[90]。また教師（または学校長）の推薦、筆記試験、面接という3つの要素を含んだ多段階方式という点では、

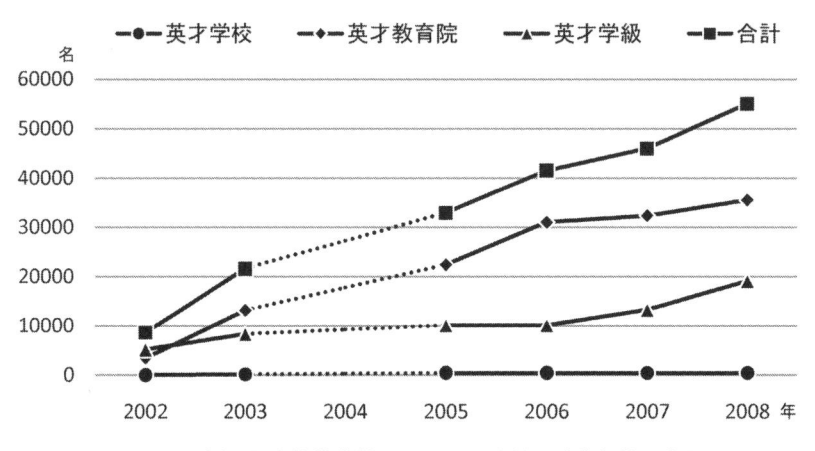

図5-2　新たな才能教育機関における生徒・受講者数の変遷

出所および注：第4章の図4-2に同じ。

前節でみた科学英才教育院とも共通している。一方で、科学英才教育院が機関ごとに独自の試験でもって受講者を選抜していたのとは異なり、市・道教育庁英才教育院や英才学級の場合、第2段階と第3段階の筆記試験は教育部傘下の韓国教育開発院が開発し、2006年以降はすべての地域の市・道教育庁英才教育院や英才学級がこれを使用しているため、受講者選抜方法や基準は全国的に標準化されている。しかも英才教育院の場合は、いずれの機関も同一日程で受講者選抜をおこなっているという[91]。これが政府の勧奨によるものか市・道教育庁間の連携によるものかは不明であるが、ローカルな才能教育機関であるにも関わらず全国レベルで統制がとれている点は注目すべきであろう。

市・道教育庁英才教育院の教育プログラムは市・道ごとに異なるが、全般的にアクセラレーションよりはエンリッチメント・プログラムに重点が置かれている。英才学級の教育プログラムも同様にエンリッチメント・プログラムに重点を置いており、その内容は市・道教育庁英才教育院で実施されているものと大差がないとされる。これは多くの市・道教育庁英才教育院や英才学級が、韓国教育開発院と各市・道教育庁が共同開発した教育プログラムを活用しているためである[92]。

市・道教育庁英才教育院および英才学級の講師は、ほとんどの場合、地域の一般学校の教員が兼任している。市・道教育庁英才教育院および英才学級の講師の最終学歴を調べた2002年度の調査では、約5割の講師の最終学歴が学士であり、約4割が修士であった。これは一般学校の教育のみを担当している教員（学士：約7割、修士：約2割）よりも高く、大学教員が直接授業を担当する科学英才教育院には及ばないものの、市・道教育庁英才教育院や英才学級の講師の専門性は比較的高いといえる[93]。

なお、上でみた科学英才教育院の受講者数は課程や教育年次が上がるにつれて減少していたが、市・道教育庁英才教育院や英才学級の場合はどうであろうか。表5-12は、複数の市・道教育庁英才教育院および英才学級に対し、自らの機関の受講者のうちどの程度が上級学年に進級した後も継続して才能教育プログラムを履修しているかについて質問した結果である。これをみる

表5-12 上級学年進級後も継続して才能教育プログラムを履修している者の割合
(2005年時点)

各機関の回答	市・道教育庁英才教育院	英才学級	合計
81％以上が上級学年進級後も継続して履修	33 (35.5)	37 (23.3)	70 (27.8)
41〜80％が上級学年進級後も継続して履修	24 (25.8)	41 (25.8)	65 (25.8)
40％以下が上級学年進級後も継続して履修	36 (38.7)	81 (51.0)	117 (46.4)
合計	93機関 (100.0%)	159機関 (100.0%)	252機関 (100.0%)

出所：キム・ミスク（研究責任者）『英才教育強化事業成果指標評価研究』韓国教育開発院、2005年、136頁をもとに筆者が作成。

と、上級学年に進級した後も継続して才能教育プログラムを履修している者の割合が40％以下であると回答した機関が、全体の約半数 (46.4％) に上っている。

さらに表5-13は、各機関の受講者のうちどの程度が上級学校に進学（初等学校→中学校または中学校→高校）した後も継続して才能教育プログラムを履修しているについて質問した結果である。これをみると、上級学校進学後も継続して才能教育プログラムを履修している者の割合が40％以下と回答した機関が、全体の実に7割強 (73.6％) に上っている。一方、81％以上が上級学校進学後も継続して才能教育プログラムを履修していると回答した機関は全体の1割に満たない。

このように全体的にみた場合、市・道教育庁英才教育院や英才学級における教育の継続性は決して高くないといえる。その要因としては、第1に、市・道教育庁英才教育院や英才学級の才能教育プログラムが1年単位で編成され

表5-13 上級学校進学後も継続して才能教育プログラムを履修している者の割合
(2005年時点)

各機関の回答	市・道教育庁英才教育院	英才学級	合計
81％以上が上級学校進学後も継続して履修	11 (12.4)	11 (8.0)	22 (9.7)
41〜80％が上級学校進学後も継続して履修	23 (25.8)	15 (10.9)	38 (16.8)
40％以下が上級学校進学後も継続して履修	55 (61.8)	112 (81.1)	167 (73.6)
合計	89機関 (100.0%)	138機関 (100.0%)	227機関 (100.0%)

出所：キム・ミスク（研究責任者）『英才教育強化事業成果指標評価研究』韓国教育開発院、2005年、137頁をもとに筆者が作成。
注：ここでの回答者は、初等学校と中学校の児童・生徒に限定されている。

ており、いったん選抜されたからといって必ずしも持ち上がりで上級のクラスに進めるわけではないこと[94]、第2に、学年が上がるにつれて塾通いが忙しくなり、特に中学生の場合は科学高校など上級の才能教育機関に進学する際に優遇措置が与えられないとプログラム履修に対する意欲が低下してしまうこと[95]、第3に、たとえば数学・科学分野の場合、高校段階の才能教育機関(科学高校、英才学校、英才教育院、英才学級)の受け入れ能力が、中学校段階の才能教育機関(英才教育院および英才学級)の約3割に過ぎないため[96]、多くの履修者が高校進学時に才能教育プログラムの対象から外れてしまうことが挙げられる。

(2) ケース・スタディ──ソウル市江西教育庁英才教育院──

　本項では、市・道教育庁英才教育院の運営実態と課題についてより具体的に検討するために、ソウル市の江西教育庁英才教育院をケース・スタディとして取り上げる[97]。

① 江西教育庁英才教育院の概要

　現在ソウル市教育庁の傘下には地域別に11の地域教育庁があり、それぞれの地域教育庁に1つずつ英才教育院が設置されている。本項で取り上げる江西教育庁はソウル市の南西部にある、江西区と陽川区を管轄する地域教育庁であり、ソウル市の中でも比較的、経済的余裕のある階層が居住している地域である。同教育庁が運営する英才教育院である江西教育庁英才教育院は、2003年に科学分科をもって開設された。2007年の時点で、同機関には初等課程(数学分科、科学分科、情報分科の3分科)と中等課程(数学分科、科学分科、音楽分科の3科)の2課程6分科が開設されており、教育対象は初等課程が初等学校4～6年生、中等課程が中学校1～3年生となっている[98]。英才教育院の分科編成や対象年齢設定としては標準的であるといえる。

　江西教育庁英才教育院の実際の授業は、教育庁の施設を使わずに協力学校に指定された地域内の学校でおこなう。2005年度の中等課程を例にとると、科学分科の中学校1・3学年の協力学校は木洞中学校、中学校2学年は空港中

学校であり、数学分科の中学校1・2学年の協力学校は傍花中学校であった[99]。なお協力学校は固定制ではなく、諸事情により数年ごとに不定期で変更される（たとえば2006年度以降、数学分科の中学校1・3学年の協力学校は、木洞中学校から新西中学校に変更されている）。江西教育庁英才教育院の現場運営は協力学校に委任されるが、最終的な管理・統制権限や監督義務は江西教育庁を通じてソウル市教育庁が有している。

　江西教育庁英才教育院の受講者の定員は分科ごとに決まっており、初等課程の場合は数学分科60名、科学分科60名、情報分科20名、中等課程の場合は数学分科が各学年20名ずつの計60名、科学分科も同様に計60名、音楽分科は中学校1〜3学年の合計で20名と少数になっている。ただし実際に募集する定員は分科ごとに変則的である[100]。なお、江西教育庁英才教育院の授業料は、キャンプなどの特別活動を除き原則無償である。同機関の運営に必要な予算は、市・道教育庁（ソウル市教育庁）→地域教育庁（江西教育庁）→協力学校という順序で降りていく。なお、こうした運営予算の流れは、ソウル市内に所在する英才学級の場合も同様である[101]。

　以下では筆者が観察をおこなった江西教育庁英才教育院の中等課程を中心に述べていくこととする。

②受講者選抜方法

　江西教育庁英才教育院の2007年度の中等課程数学分科および科学分科の受講者選抜方法は以下のとおりである。まず受験資格は、①江西教育庁管内の初等学校（6学年）・中学校（1・2学年）の在学生のうち、所属学校長の推薦を受けた者、②江西教育庁管内に居住する児童・生徒のうち、所属学校長の推薦を受けた者、③ソウル市内の地域教育庁が運営する英才教育院または大学附設科学英才教育院の2006年度修了者（修了予定者を含む）であり、このうち1つに該当する者となっている。興味深いのは、①と②の場合に学校規模に応じて各学校が推薦可能な人数が決められている点である[102]。これは先にみたソウル大学科学英才教育センターの場合と同様に、受講者が特定の学校に偏らないようにするための措置と考えられ、公的支援によって運営されてい

る才能教育機関であるがゆえの配慮と考えられる。

　選抜過程は全部で4段階に分かれており、第1段階は所属学校の学校長の推薦、第2段階は筆記試験（「問題解決力検査」）、第3段階は面接（「深層面接」）をおこない、その後第4段階の選定審査委員会の審議を経て最終合格者を決める[103]。筆記試験が1回しかおこなわれない点は一般的な市・道教育庁英才教育院の受講者選抜方法と異なるが、教師（または学校長）の推薦、筆記試験、面接という3つの要素を含んだ多段階方式という点では共通している。

　なお、以前ソウル市では各地域教育庁の英才教育院ごとに試験問題を作成していたが、問題の傾向や質のばらつきに対して保護者からクレームが出たため、ソウル市内の英才教育院の間で協議して共通試験を作成するようになったという[104]。現在はソウル市でも全国の市・道教育庁英才教育院とほぼ同じ試験問題を使用している。しかし江西教育庁英才教育院の講師の間からは、試験問題の標準化によって問題の内容が画一化し、機関ごとの特色を出すことが難しくなったという指摘も出ている。また、共通試験の問題は市中の競技試験大会で出題される問題とさして違いがないため受験対策もしやすく、近年書店には英才教育院の受講者選抜対策のための参考書が並び[105]、英才教育院入学のための塾もできている。試験問題が標準化されて以降、高い創造性を示す才能児というよりも、数学や科学の勉強が「よくできる」子どもが入学してくるようになったという講師の指摘もある[106]。

③教育プログラム

　江西教育庁英才教育院の中等課程数学分科を例にとると、その教育目標は、「数学の問題の解決に留まらず、数学を作り出す数学的な力を強化し、英才に真性の『数学をする』経験をさせることで、彼らの潜在的可能性を極大化する」としている[107]。興味深いのは、教育プログラム運営の前提として、「基礎学問としての数学は工学と科学の母体である。科学と工学分野における国家競争力は何よりも数学分野の特別な能力を持つ個人の特別な貢献を必要として」おり、「優れた数学的能力は貴重な社会的財産である」という認識が示されている点である[108]。ここからは、ローカルな才能教育機関における教

表5-14 江西教育庁英才教育院数学分科の年間プログラム構成

課　程	基本課程	深化課程	選択課程
主題数	各分野8主題 (16時間)	テーマ別16主題 (32時間)	段階別12主題 (24時間)
方　向	各分野の探索活動を通した体験および創造的思考力啓発	アクセラレーションよりも、創造的、高度な水準の探求活動によって創造的思考力向上	各生徒が特性ある探求主題を設定できるよう、ホームページ活用およびメンターを通した相談指導
示唆点	多様性、好奇心、探求動機	探求深化、チーム別討論	個人別探求、発表

出所：ソウル特別市江西教育庁英才教育院『2005江西英才教育院英才教育運営報告書』ソウル特別市江西教育庁英才教育院、2006年a、12頁。

育プログラムの運営に至るまで、才能児を国家・社会の発展のための人的資源とみなす認識が浸透していることが読み取れる。

　江西教育庁英才教育院の教育プログラムも科学英才教育院と同様に1年単位で作られており、年間プログラムは「基本課程」、「深化課程」、「選択課程」の3種類の混合で構成されている（表5-14）。これら3種類は、科学英才教育院の基礎クラス、深化クラス、師事クラスような教育年次に対応したクラス名ではなく、あくまで1つの年度内でおこなわれるプログラムの名称である。

　江西教育庁英才教育院では、基本的にいったん入学した受講者は最長3年間教育を受けられるようにしているとのことであるが、現在も運営体制が試行錯誤中であるため、入学年度や受講者ごとに実際の教育期間にばらつきがある。たとえば中等課程では、ある年度の入学者は1年次から3年次まで持ち上がりだが、他の年度の入学者は学力不足の者を進級不可とし、その分を補充募集したりしている。

　同英才教育院の授業は週末や夏休みを利用しておこなわれ、1日の授業時間は3時間、期間は毎年4月から12月までの9ヶ月間となっている。夏休み中には午前・午後の集中講義が4日間に渡っておこなわれたり、体験学習やキャンプがおこなわれる[109]。

　なお、筆者が観察した数学分科の中学校3年生を対象とした授業は、土曜日の午後2時から午後5時までおこなわれた。授業方法は数学の授業ということもあってか、黒板を使った一般的な講義形式であったが、教材は講師自らが作成したプリントを使用していた。内容はわが国でいう「集合と論理」

の単元に当たるもので、講師によればその難易度は高校1学年～大学学部レベルということであった。中学校課程の水準を越えた難解な内容であったが、複数の受講者に尋ねたところ、全体的な理解度は良好であった。興味深かったのは、一般の生徒によくみられるようにノートを取ることに熱中している者がみられなかった点であり、受講者は講師の話によく耳を傾けていた。20名という少人数クラスは一般の学校ではなかなか実現できないものであり、3時間という授業時間の長さも、講師に授業進行上の余裕を与えるものであると考えられる。こうした余裕からか、授業中講師が受講者の質問に対しそのつど丁寧に答える様子がみられ、受講者の能力を伸長するのに適した教育環境が提供されていた。

④講　師

　江西教育庁英才教育院の講師は協力学校や地域の学校の教員が兼任している。これらの講師はソウル市教育庁による才能教育教員としての研修を受けている。筆者が観察した数学分科の授業の講師は、大学院博士課程在学中で現役の高校の数学教員でもあり、その専門性の高さは十分なものであった。

　このように、市・道教育庁英才教育院には地域の優れた人材を活用できるという長所があり、講師に対するしっかりとしたサポート体制を築くことができれば、才能教育の裾野を広げるのに適した形態だといえるだろう。しかしながら現在のところ、そうしたサポート体制は十分に整っているとはいえず、現場の講師の負担は非常に大きいものとなっている。たとえば江西教育庁英才教育院の数学分科においては、教材の開発、講師や受講者の人事管理はもちろん、予算管理に至るまで、現場運営に関するほぼすべての業務を講師が受け持っていた。ある講師によれば、こうした状況は他の市・道教育庁英才教育院においても大差がないとのことである。市・道教育庁英才教育院の講師の大部分は地域の中学校や高校の教員が兼任しているため、平日は自らの所属する学校で教え、週末や夏休みなどに英才教育院で教えるという二重の負担を負っている[110]。市・道教育庁からは運営に必要な最低限の経費が支援されるだけで、実際の運営過程で生じるさまざまな業務負担に対する行

財政的なサポートはまったく不足しているのが実情であるといえる[111]。このため、協力学校がわずか3〜4年で音を上げてしまい、他の学校に交代するケースも少なくないという。こうした兼任による教員の負担増の問題は、同じく地域の学校の教員を活用する英才学級においても、以前から指摘されてきたことである[112]。

さらに、このような現場の過大な負担の背景の1つとして考えられるのが、才能教育機関の急激な拡大政策である。2002年に英才教育振興法が施行されると、政府は同法に基づく新たな才能教育機関に所属する生徒・受講者数を、2007年までに4万名(同年齢層の0.5%)に増やす計画を発表した[113]。新たな才能教育機関に所属する生徒・受講者数は、2007年に4万名を突破し、2008年の時点で、約5万名(同年齢層の0.7%)に達している(第4章の表4-4を参照)。上記の計画は見事に達成されたのである。しかしそのためには、英才教育振興法が施行されてからわずか6年の間に全体で約7倍の量的拡大が必要であった。特に科学英才教育院を含む英才教育院の受講者数はこの間約9倍に増加しており(第4章の図4-2を参照)、そうした量的拡大の多くの部分は1機関当たりの受講者数を増やすという、「安上がり」な方法によって達成されていた。ソウル市において2003年以降に市・道教育庁英才教育院が急ピッチで設置・拡充されていったのも、上記の2002年の政府の計画を受けてのことであった[114]。こうして、しっかりとしたサポート体制が整わないまま英才教育院の量的拡大が進められた結果、運営業務の多くを現場の負担に頼らざるを得なくなってしまったと考えられるのである。

5. 2000年代における才能教育制度にみられる特徴と課題

(1) 運営実態からみた才能教育機関の分類

まず、2000年代における才能教育制度の第1の特徴として指摘できるのは、法的根拠や法令上の種類からみた場合の才能教育機関の分類と、運営実態からみた場合の才能教育機関の分類には違いがあるということである。科学高校などの特殊目的高校と新たな才能教育機関(英才学校、英才教育院、英才学級)

は、法的根拠を別にする才能教育機関であるが、運営実態からみた場合、高校段階の正規課程の特別学校という形態で運営されている英才学校は、むしろ科学高校など特殊目的高校と同じカテゴリーに入る才能教育機関といえよう。これに対して英才教育院や英才学級は、初等学校・中学校段階を中心として非正規課程の教育プログラムを実施しており、既存の学校に附設されたり「間借り」するかたちで運営されていた。したがって運営実態からみた場合、韓国の才能教育機関を、①高校段階の正規課程の特別学校（特殊目的高校および英才学校）と、②初等学校・中学校段階の非正規課程のノンフォーマル教育機関（英才教育院および英才学級）の2つに分類することが可能である。

　さらに細かくみていくと、英才教育振興法ではそれぞれ異なる種類の才能教育機関として位置付けられる市・道教育庁英才教育院と英才学級であるが、それらの運営実態には差異点よりも類似点のほうが多かった。たとえば、同じく市・道教育庁の支援を受け、同様の枠組みを用いた受講者選抜をおこない、同じように地域の一般学校の施設や教員を活用して教育プログラムを実施していた。両者にみられる明確な差異点は、募集地域の広さ（市・郡・区レベルか通学区レベルか）、主な教育対象の範囲（中学生が中心か初等学校高学年の児童が中心か）、教育プログラムを実施する時間（週末・長期休暇中か放課後か）の3点のみであるといえよう。

　一方で、法令上は同じ種類に位置付けられる科学英才教育院と市・道教育庁英才教育院の運営実態の間には、類似点よりも差異点のほうが目立った。科学英才教育院が国家から支援を受け、独自の受講者選抜によって市・道レベルで受講者を募集し、附設先の大学の施設や教員を活用して教育プログラムを実施していたのに対し、市・道教育庁英才教育院は市・道教育庁から支援を受け、全国共通の受講者選抜によって市・郡・区レベルで受講者を募集し、地域の一般学校の施設や教員を活用して教育プログラムを実施していた。両者にみられる明確な類似点は、主な教育対象の範囲（中学生が中心）と教育プログラムを実施する時間（週末・長期休暇中）の2点のみであるといえよう。したがって英才教育院や英才学級などのノンフォーマル教育機関も、その運営実態から、①国家の支援を受ける才能教育機関と、②地方自治体の支援を受

ける才能教育機関の2つに分類することが可能である[115]。

(2) 才能教育機関の序列化

2000年代における才能教育制度の第2の特徴として指摘できるのが、高校段階の正規課程の特別学校と初等学校・中学校段階の非正規課程のノンフォーマル教育機関というそれぞれの分類の内部で、才能教育機関の序列が生じている点である。まず明確なかたちをとって表れているのが、同分野・同教育段階の才能教育機関である英才学校(韓国科学英才学校)と科学高校の間の序列である。韓国科学英才学校は才能教育機関としての法的位置付け、公的財政支援の額、募集地域の広さ、入学競争倍率、学校運営や教育プログラムの自律性、大学進学時の特恵など、いずれをとっても科学高校より格段優位にあったし、近年は科学高校志願者の相当数が英才学校を第1志望として併願していた。これらの事実は、90年代まで数学・科学分野の才能教育のための特別学校として唯一無二の存在であった科学高校に、2000年代になってより上位の存在が出現したことを意味している。

さらには、非正規課程のノンフォーマル教育機関である英才教育院や英才学級の間にも募集地域の広さ、利用可能な人的・物的資源の質や量、公的財政支援の額、そして上級の才能教育機関である英才学校や科学高校への進学率や進学時の特典の有無などによって、科学英才教育院＞市・道教育庁英才教育院＞英才学級という序列がみられることが指摘できる。

募集地域は、上述したように科学英才教育院が市・道レベル、市・道教育庁英才教育院がその下の市・郡・区レベル、英才学級がさらに狭い通学区レベルとなっていた。また、科学英才教育院が大学の恵まれた施設や高度の専門性を持った教員を活用できるのに対し、市・道教育庁英才教育院と英才学級が活用できるのは、それぞれの機関がカバーする地域内の一般学校の施設や教員に限られていた。したがって、英才学級より市・道教育庁英才教育院のほうが、また、市・道教育庁英才教育院より科学英才教育院のほうが利用可能な人的・物的資源の質や量は優位にあると考えられる。

しかし何よりも端的に才能教育機関の序列化を物語るのは、公的な財政支

援の格差であろう。英才学校と科学高校の間にみられたように、ノンフォーマル教育機関の間にも財政支援の格差が存在している。いくつかの資料はすべて、公的な財政支援の額が科学英才教育院＞市・道教育庁英才教育院＞英才学級の順に多く、特に科学英才教育院が際立って手厚い支援を受けているという状況を示している。たとえば各機関に対する2002年の財政支援額をみてみると、科学英才教育院の場合、韓国科学財団等から1機関当たり平均2億5,000万ウォンの支援を受けていた[116]。一方で同年の市・道教育庁英才教育院1機関当たりの年間運営予算は2,000万ウォン以下が85％を占めている。また英才学級の場合、同年の年間予算は1,000万ウォン以下が95％を占め、さらにこのうち9割近くがわずか200万ウォン以下で運営していた。この時期、1機関当たりの受講者数の比率はおよそ科学英才教育院：市・道教育庁英才教育院：英才学級＝6：1.5：1であったのに対し[117]、1機関当たりの財政支援額の比率はおおよそ100：10：1という大きな格差があったのである。

　こうした格差はその後、政府と地方自治体の才能教育予算が増加したことによって緩和されてきている[118]。ただし、2008年時点での1機関当たりの予算は、科学英才教育院の2億6,900万ウォンに対し、市・道教育庁英才教育院7,926万6,000ウォン、英才学級1,435万2,000ウォンとなっており、依然として格差が残っている。さらに科学英才教育院は1機関当たりの受講者が多いことを勘案し、受講者1名当たりの予算を比較してみても、科学英才教育院の112万2,000ウォンに対し、市・道教育庁英才教育院64万5,000ウォン、英才学級43万5,000ウォンであり、やはり機関種別ごとの格差が存在していた[119]。特に英才学級の場合、慶尚南道のように市・道教育庁からの財政支援をまったく受けられず、設置学校自体が運営費を捻出しなければならない地域もいまだ存在している[120]。

　さらに問題を複雑にしているのは、英才学級の場合、財政支援が少ないだけでなく、科学高校志願時の特典付与の対象からも除外されるケースが存在していることである。2004年度以降の科学高校入試では、才能教育政策推進の一環として、一定の基準を満たした英才教育院修了者に志願資格を与えたり、加算点を与える優遇措置が導入された。2007年の時点で、19校すべ

ての科学高校が英才教育院の修了者を対象とした特別選考を実施したり、あるいは英才教育院修了を一般選考における志願資格付与の基準の1つとしており、このうち10校は英才教育院の教育プログラムを履修した期間等（たとえば2年以上など）によって別途の加算点を付与していた[121]。

しかしこうした優遇措置は科学英才教育院や市・道教育庁英才教育院など英才教育院にのみ付与されており、英才学級はその対象から除外されている場合が多い。たとえば2009年度の科学高校入試では、全国19校の科学高校のうち17校が特別選考、一般選考、募集定員外選考のいずれかの志願資格として英才教育院の履修歴を認定している[122]。しかしこの17校のうち慶南科学高校、慶北科学高校、慶尚科学高校、全北科学高校の4校が、募集地域（慶尚南道、慶尚北道、全羅北道）内に数学・科学分野の中等課程の英才学級が存在するにも関わらず、その履修歴を志願資格や加算点の対象として認めていなかったのである[123]。なお、特典付与の対象として英才学級の履修歴が認められているのに、英才教育院の履修歴は認められていないといった逆のケースはなかった。ここから、英才学級の教育プログラムの履修歴は、英才教育院のそれよりもオーソライズされている度合いが低いといえ、英才教育院と英才学級の間の序列を示している。

さらに近年では、才能教育機関の間の序列化だけでなく、才能児個人の間の序列化も生じつつある。たとえば、京畿道教育庁は2008年度以降、市・道教育庁英才教育院や英才学級の受講者の中からさらに1％を「スーパー才能児」（韓国語では「スーパー英才」）として選び出し、手厚いメンターシップ・プログラムを提供している[124]。市・道教育庁が運営する公的なプログラムに付けられた「スーパー才能児」という名称そのものが、いみじくも才能児の中に「優れた才能児」と「普通の才能児」（あるいは、もしかすると「劣った才能児」）といった序列が存在することを物語っている[125]。

このように、英才教育振興法に同じように示された才能児（「英才」）であっても、さらには法令上同じ種類として位置付けられる才能教育機関に所属する才能児であっても、実際にはどの種別の才能教育機関に所属するかによって、才能児個人が享受できる教育の質や待遇が大きく異なってくるのである。

そして彼らをそれぞれの才能教育機関に分配する役割を果たすのは、先でみたとおり競争的な入学者・受講者選抜であり、その基準はもっぱらどれだけ国家・社会の発展に寄与する可能性が高いかということによっている。2000年代の才能教育制度の中で生じているこうした才能教育機関と才能児の序列化は、どの学校においても誰もが均質な教育を受けられるようにするために、中等教育段階以下における競争・選抜・序列化原理を排除し、学校間格差をなくすことに努めてきた一般学校教育制度とは対照的であるといえる。

(3) 英才教育院の「科学高校入試予備校」化

　2000年代における才能教育制度の第3の特徴であり、課題としても指摘できるのが、英才教育院の「科学高校入試予備校」化である。上述した科学高校入試における優遇措置の導入が主たる誘因となり、近年、英才教育院への志願者が急増しているのである[126]。前述したように、書店には英才教育院の受講者選抜対策のための参考書が並び、英才教育院に入学するための塾まで登場した。「英才教育院の修了証は上位学校進学のための資格証」[127]であるとして、子女を初等学校低学年から塾に通わせて高学年での英才教育院入学に備える保護者も増えてきており、韓国社会では今や英才教育院を「科学高校など特殊目的高校にいくための架け橋」、「特殊目的高校を出て名門大学にいくための1つの過程」とみなす雰囲気も生じている[128]。

　2004年度の優遇措置導入後、市・道教育庁英才教育院の人気は上昇傾向にあるが[129]、科学高校進学率が比較的良好な科学英才教育院の人気はさらにすさまじい。たとえばケース・スタディで取り上げたソウル大学科学英才教育センターでは、2002年度の競争倍率が4.4倍だったのに対し、優遇措置導入の前年の2003年度には7.4倍、導入直後の2004年度には13.4倍へとはね上がっている[130]。実は英才教育振興法が施行される以前まで、科学英才教育院（当時は前身の科学英才教育センター）はそれほど人気のある才能教育機関ではなかった。一部の機関では才能教育プログラムの負担によって学校成績に悪影響が出ることを嫌った受講者の自主退学が問題となっていたほどである[131]。こうした問題は英才教育振興法の施行と優遇措置の導入後一気に沈静化し、

その後は逆に年々志願者が増加している。

　また、科学英才教育院の人気上昇には、2003年の韓国科学英才学校の登場も関係していると考えられる。近年の韓国科学英才学校の入学競争倍率は20倍に及び超難関校となっているが、前述したとおり同校の新入生のうち、実に6～7割を科学英才教育院の修了者が占めている状況である[132]。こうした状況は、将来韓国科学英才学校への進学を目指す子どもの科学英才教育院入学に対するアスピレーションを加熱させるに十分であろう。

　科学高校入試における修了者への優遇措置や韓国科学英才学校入学者に占める修了者の高い割合を、科学技術分野への人材誘導と当該分野の才能伸長という側面からみた場合、英才教育院は下級教育段階の才能教育機関としての機能を効果的に果たしているといえる。ただし、韓国社会において常に問題となるのが、それらが受験競争を過度に煽る場合である。科学高校入試における優遇措置についても、「科学英才教育を受けた学生たちをして持続的に科学高等学校に進学するように誘導し、これによって科学英才教育を活性化する効果があるだろう」という意見がある一方で、「科学英才教育を科学高等学校入学の手段に転落させる」可能性があり、英才教育院が「上級学校入学の手段として機能することになる危険をはらむことになった」という声もある[133]。90年代に科学高校が「名門大学入試予備校」[134]といった非難を受けたのと同様に、今度は英才教育院が「特殊目的高校入試のための予備校」[135]という非難を受けることになったのである。

　こうした中、ソウル市教育庁は、「この間、英才教育院が科学高入試に有利であるという認識が広がりつつ、私教育助長の非難が提起されてきた」として、ソウル市内の科学高校について、2010年度の入試を目途に加算点制度を廃止することを明らかにしている[136]。今後ソウル市以外でもこうした動きが出てくるかは不明であるが、英才教育院修了者の優遇措置を完全に取り払った場合、かつての科学英才教育院のように自主退学者が続出する状況に逆戻りし、数学・科学分野への人材誘導機能が低下するという副作用が出る可能性も考えうる。政府や地方自治体は、受験競争を煽り過ぎることなく、それでいて適度に才能教育に対するアスピレーションを加熱するための選抜

システムの構築に向けて、模索を続けている。

6. 2000年代における才能教育制度の構造

　最後に、前章および本章における論考をふまえ、選抜システムと進学ルートからみた2000年代における才能教育制度の構造について検討したい。なお、2000年代における才能教育制度の機能の全体像については、公教育制度において才能教育制度が果たしている機能として終章にて総括的に考察する。

(1) 才能教育制度の構造

　これまでの論考から、2000年代の才能教育制度の構造を、一般学校教育制度との接続関係をふまえ、簡略に図示すると図5-3のようになる。
　第1章でみたとおり、2000年代に入ると、一般系高校の大学進学率は90％、専門系高校の大学進学率も70％台に達し、一般学校教育制度におけ

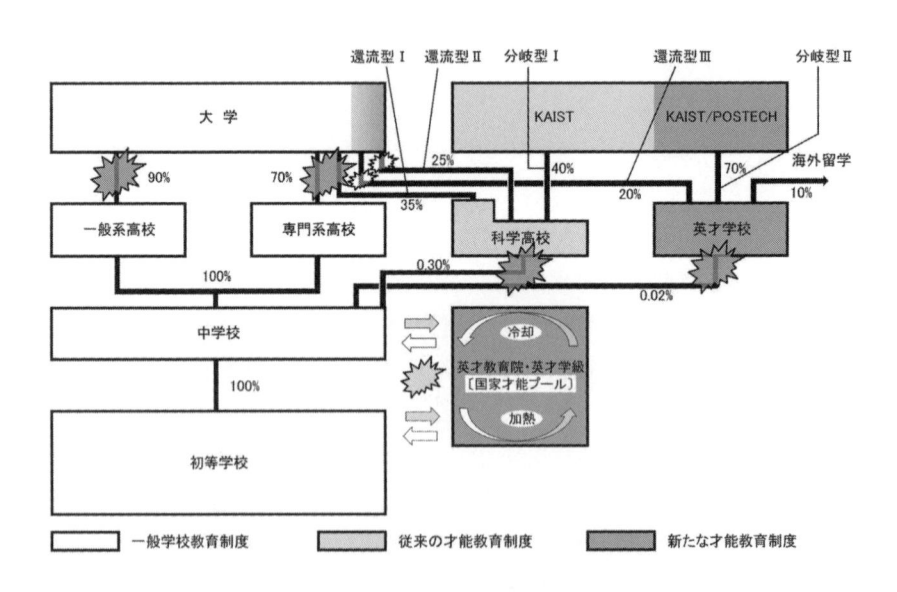

図5-3　2000年代における才能教育制度の構造

る決定的な選抜の機会は大学進学段階に残るのみとなった。さらにこの時期、「平準化」は再び拡大期に入り、2008年の時点で適用地域は過去最高の28地域に達している。

　2000年代に至り、一般学校教育制度の中等教育段階以下における教育の機会均等化は、ほぼ完成の域に達したといえる。しかしその裏側で同時進行していたのが、これまでみてきたように才能教育制度の急速な拡大であった。図5-3の才能教育制度の構造を一見して分かるのは、90年代までの比較的シンプルな構造と比べ、2000年代は進学ルートが一気に複雑化しており、それと同時に中学校段階以下において周囲と直接の接続関係を持たない新たな才能教育機関（英才教育院・英才学級）が生じ、選抜システムが複合化している点である。前章でみたようにこの時期、法的根拠の違いによって既存の才能教育機関と新たな才能教育機関の複系統化が生じた。これは才能教育制度の内部に2つの系統の選抜システムと進学ルートが生じたことを意味している。しかし、たとえば英才学校は科学高校から転換された学校であり、同分野・同教育段階の才能教育機関として科学高校の上位に位置していたり、英才教育院の履修歴が科学高校入試の際に勘案されるなど、新旧2つの才能教育制度の系統は相互に連携して機能しており、1つの教育システムとしての体系性を備えているとみることができる。

　次に各進学ルートの変化について具体的にみてみよう。まず、新たに設立された英才学校の進学ルートは3つ存在している。第1に、協約に基づく特別選抜を通じて、KAISTやPOSTECHへ事実上無試験で進学するルートである。英才学校（韓国科学英才学校）の卒業生の70％がこのルートを経て大学へ進学している[137]。本書では、この「英才学校→KAIST／POSTECH」という「分岐型」の進学ルートを、「分岐型Ⅱ」ルートとする。第2に、「特技者選考」などの随時募集を利用して、ソウル大学をはじめとする一般大学に進学するルートである。同校の卒業生の20％がこのルートを経て大学へ進学している。このルートには若干の選抜性がみられるものの、選抜方法や時期が才能教育機関の卒業生を念頭に置いたものであるため[138]、一般大学に接続していながら、一般系高校卒業生の大学進学機会を圧迫しない仕組みとなっている。

本書では、この「英才学校→一般大学」という「還流型」の進学ルートを、「還流型Ⅲ」ルートとする。第3に、同校の卒業生の10％は、大学進学時に直接海外の大学へ留学している。これは、従来の才能教育制度にはみられない、新たな才能教育制度における進学ルートの特徴である。

一方、科学高校にも3つの進学ルートが存在している。第1に、80年代に形成された「科学高校→KAIST」という「分岐型Ⅰ」ルートである。このルートへは、90年代と同じく40％の卒業生が進んでいる[139]。第2に、90年代に形成された「科学高校→一般大学」という「還流型Ⅰ」ルートである。90年代には卒業生の60％がこのルートを経て大学へ進学していたが、比較内申制廃止によって大きなダメージを受け、2000年代には卒業生の35％のみが進むようになっている[140]。もはや「還流型Ⅰ」ルートは、かつてのように科学高校卒業生の大半が進む進学ルートではなくなったのである。現在、科学高校卒業生が3学年を終えて普通に大学を受験する際には、一般系高校と同様の学内席次による内申成績算出方法が適用され、同じく非常に選抜性の高い大学入試を受験することになる。このため、2000年代に「還流型Ⅰ」ルートを経て一般大学へ進学するのは、医学部などをねらう成績上位層（彼らは科学高校内でも最上位の席次なので、通常の算出方法であっても高い内申成績を受けることができる）か、もしくはKAISTへ進学することが適わない成績下位層に限られるといわれている[141]。

それでは、2000年代に入って「還流型Ⅰ」ルートに進まなくなった残りの科学高校卒業生とはどのようなルートで大学へ進学しているのであろうか。図5-3をみると、科学高校2学年から一般大学へと延びる新たな「還流型」の進学ルートが形成され、卒業生の25％[142]がこのルートを経て大学に進学していることに気付くだろう。これが科学高校の第3の進学ルート、「還流型Ⅱ」ルートである。この「還流型Ⅱ」ルートは、高校早期卒業・大学早期入学制度を利用したものであり、比較内申制廃止による「還流型Ⅰ」ルートの縮小を補完しつつも、一般系高校卒業生の大学進学機会を圧迫しない仕組みとなっている。この「還流型Ⅱ」ルートの形成過程とその意味については、次章で詳しく検討する。

(2)「国家才能プール」の形成

　次に、中学校段階以下における新たな種類の才能教育機関として2000年代に登場した英才教育院と英才学級が、才能教育制度の構造の中でどのような機能を果たしているのかについて検討したい。

　2000年代の科学高校への進学率は90年代よりさらに増えて0.3％となり、新たに設立された英才学校への進学率は0.02％となっている。中学校までの進学率がほぼ100％であることから、科学高校が同年齢層の0.3％を受け入れ、英才学校が同年齢層の0.02％を受け入れていることを意味する。これら高校段階の数学・科学分野における才能教育機関は、高度に専門化した少数精鋭教育を志向する全寮制の特別学校という運営形態上、その受け入れ定員は同年齢層のごく少数に限られており、こうした特徴は90年代以前から変化がない。しかし2000年代に入って、才能教育制度の中学校段階以下には同年齢層の0.7～1％程度が在籍する英才教育院と英才学級が出現しており、これらノンフォーマル才能教育機関の受講者のうち約9割が数学・科学分野の教育プログラムを受けていた。本章の第5節でみたように、それらのノンフォーマル才能教育機関には機関の種別ごとに序列がみられ、厳しい競争と選抜をくぐり抜けた者には、その序列に応じた行財政的な支援が約束されていた。これらの選抜は、その後の上級教育段階の才能教育機関（科学高校および英才学校）への進学可能性に影響を与えるため、一定の選抜性を有しているといえる。

　しかし、いったん選抜された者であっても、必ずしも継続的に才能教育プログラムを受けられるとは限らず、1年や2年といった比較的短期間のうちに一部の受講者の入れ替わりや脱落が生じていることも明らかになった。また、中学校段階以下の才能教育機関の受講者の9割近くが在籍する市・道教育庁英才教育院および英才学級の受講者選抜方法は、全国的に標準化されていた。

　以上から、英才教育院と英才学級は、才能教育制度の内部において次のような機能を果たしていると考えられる。第1に、競争的な選抜機会の提供や

さまざまな公的支援、科学高校や英才学校への進学可能性の増大はもちろん、各機関の序列化そのものによって、国民の才能教育に対するアスピレーションを加熱することで、できるだけ大きな母集団に「網かけ」をするという、「加熱」および「網かけ」機能である。第2に、中学校段階以下において同年齢層の約1%[143]という比較的多くの数学・科学分野の才能児を、全国的に標準化された選抜方法によって選び出し、高校段階で提供される高度に専門化された才能教育プログラムの候補者をその内部にプールしておく、「選抜」および「プール」機能である。第3に、正規学校と直接の接続関係を持たない非正規課程のノンフォーマル才能教育機関としての特長を生かし、プールされている才能児の中から継続して才能教育を受ける一部の者を除き、上級学年への進級時の入れ替えや脱落、上級の才能教育機関への進学時の選抜を通じて、正規課程に及ぼす影響を最小限にしつつ一般学校教育制度に還流させるという、「冷却」機能である。

　数学・科学分野における高校段階のすべての才能教育機関（科学高校、英才学校、英才教育院、英才学級）の受け入れ能力は、中学校段階の才能教育機関（英才教育院、英才学級）の約3割に過ぎないし、科学技術分野への教育ルートが確実に保障される科学高校と英才学校に限定すれば、約2割の受け入れ能力しか持っていない[144]。しかも、高校段階の才能教育機関へは、中学校段階で才能教育機関に所属していない者も進学するので、実際にはこの割合はさらに小さくなる。このことは、中学校段階以下での才能教育対象者、すなわち英才教育院や英才学級の受講者のうち、少なくとも7割、多く見積もれば8割以上が高校段階以上での才能教育対象者に選ばれることなく、一般学校教育制度へと逐次還流されていくことを意味する。しかも科学高校や英才学校への進学機会は基本的にワン・チャンスであるし、高校課程を運営している英才教育院や英才学級も決して多くないため、この時点で還流された者が再び才能教育の機会を得ることはかなり難しいと考えられる。このように英才教育院や英才学級は、それ自体が教育機能を有する才能教育機関でありつつも、才能教育制度の内部において「競争と淘汰」[145]をおこなう1つの巨大な選抜システムとしての機能を果たしていることが分かる。こうした国家的

第5章　新たな才能教育機関の運営実態と選抜システムの複合化　221

に構築・維持されている機能を、本書では「国家才能プール」[146]と名付ける。

　「国家才能プール」の構築と維持には莫大な国家・地方予算が投入されているが、どれだけ多くの才能児を科学技術分野へとつながる教育ルートへ誘導できるかという点からみれば、非常にロスの多い選抜システムである。1学年当たり8,000名近い[147]数学・科学分野の才能児を、その何倍もの志願者の中から手間と時間のかかる多段階方式によって選抜し、少なくとも1年以上の才能教育プログラムを提供した後、最終的には2〜3割だけ才能教育制度に残して、あとの7〜8割を一般学校教育制度に還流させてしまうことは、一般的にみれば極めて非効率的といえよう。もちろん、教育的効果という観点からみれば、才能教育プログラムを受けた者の才能はその間伸長されたのかも知れないし、その時に受けた教育の影響でたとえば大学進学時に理工系の進路を選択することも考えられる。しかしそれらは未知数であり、選抜システムとしての「国家才能プール」の主眼ではないと考えられる。

　こうした一見非効率的なシステムを支えているのが、才能教育関係者にみられる「21世紀の知識基盤社会においては、1名の卓越した才能児が数万〜数百万名の国民を養っていく力を持つ」という信念である[148]。英才学校の対象は同年齢層の0.01〜0.1％が想定されていたが、これに照らすなら、1学年当たり60〜600名程度の最優秀層の才能児を確実に選抜・育成しうるシステムを構築できれば、韓国は国際競争に生き残り、国家・社会の発展を図っていけるということになる。こうした考えの下では、莫大なコストをかけてごく少数のトップ層の才能児を選び出す選抜システムの構築・維持も、むしろ「生産的な投資」[149]とみなされるのである。このようなある種の「神話」ともいえるような信念は、才能教育に関する報告書や研究論文はもちろん、才能教育機関の教員や、果ては英才教育院進学塾経営者の言葉の中にまで見受けられる[150]。また、こうした信念の内部に垣間みえるのは、自国民（自民族）の中に世界的な科学者になるだけの潜在的能力を有する才能児が確実に存在するという確信と、方法さえ誤らなければそうした才能児を必ずみつけ出すことができ、世界的な科学者として育成できるという自信である。こうした認識の下で重要視されるのは、みつけ出した才能児を国家・社会の発展に寄

与する人材として育成する方法(教育プログラム)の開発はもちろんであるが、何よりもその前提として、世界的な科学者となる可能性を秘めたごく少数の才能児を、多くの子どもの中から一人たりとも逃すことなくみつけ出す仕組み(選抜システム)をいかにして作り上げるかということであろう。この課題に対して韓国が導き出した現時点での答えの1つが、「国家才能プール」の構築であったと考えられる。

多くの国々における才能教育制度は、初等教育レベルにおいては可能な限り多数の子どもを対象として含むという原則を採用しており、その後の発達段階を経て漸次その対象者をしぼっていくのが普通である[151]。しかしながら韓国の才能教育制度の場合、初等学校段階で同年層に占める対象者の割合が0.7%と少なく、中学校段階でそれが2倍近くに増え、さらにそこから高校段階で8分の1までしぼられるという変則的な構造をとっている。量的側面からみた場合、そもそも韓国の才能教育制度の構造自体が才能教育の継続性を想定したものとなっていないのである。キム・クムフィ(2007年)らはこうした韓国の才能教育制度の進路システムについて、一貫性がなく不十分で、今後改善されるべきものとして捉えている[152]。しかし、韓国の才能教育制度にみられるこうした特異性について、教育機能よりも選抜システムとしての機能を重視した結果生じたものと捉えた場合、それは不十分で改善されるべきものというよりは、ある明確な意図に基づいて構築され、現時点で一定の完成度を有したものとして理解できるのである。

7. おわりに

本章では、英才教育振興法に基づく新たな才能教育機関の運営実態についてケース・スタディをまじえて分析し、これをふまえて2000年代の才能教育制度における選抜システムの複合化の状況について明らかにした。

2000年代、英才学校の設立によって「分岐型Ⅱ」や「還流型Ⅲ」といった新たな進学ルートの構造ができていたし、科学高校2学年より伸びる新たな「還流型Ⅱ」の進学ルートも形成されており、才能教育制度における進学ルー

トが多様化していた。さらにこの時期、英才教育院や英才学級の設立によって中学校段階以下に出現した「国家才能プール」は、それ自体が教育機能を有するとともに、才能教育制度内部における巨大な選抜システムとしての役割を果たしていることが明らかになった。

また、この時期の変化として注目すべき点は、才能教育機関とそこに所属する才能児の序列化が生じていたことである。もちろん法令や規則にはそのような序列は明示されていないし、公に語られることもない。しかしながら、それぞれの才能教育機関の運営実態を検討した結果、享受できる行財政的支援や各種の条件によって、高校段階の特別学校では、英才学校＞科学高校という序列が、初等学校・中学校段階のノンフォーマル教育機関では、科学英才教育院＞市・道教育庁英才教育院＞英才学級という序列が明確に存在していた。このように才能教育制度においては、教育の機会均等化原理を追求してきた一般学校教育制度とは対照的に、競争・選抜・序列化原理が強く働いているといえる。

なお、本章でケース・スタディとして取り上げた英才教育院や英才学級の数は少なく、所在地にも偏りがあった。これらローカルな才能教育機関の実態は地域ごとや機関ごとに多様であると予想される。より多くの事例を収集し、中でも地方の事例について調査していくことを今後の課題としたい。

次章では、才能教育制度においてアクセラレーションが果たす機能について、高校早期卒業・大学早期入学制度を中心に検討していくこととする。本章でみた「還流型Ⅱ」ルートの形成は、2000年代の高校早期卒業・大学早期入学制度の隆盛と密接に関連している。

【注】
1　チョ・ソクフィ「英才育成体制定立のための英才教育振興法改正方案」韓国教育開発院『英才教育振興法、何が問題か？』韓国教育開発院、2004年a、9頁。
2　チョ・ソクフィ（研究責任者）『英才教育振興法具現のための英才教育制度と運営方案』韓国教育開発院、1999年、117～118頁。
3　同上書、118～119頁。
4　同上書、122～123頁。

5 同上書、127 〜 128頁。
6 京郷新聞、2001年3月9日付。
7 京郷新聞、2001年1月21日付。
8 ユ教育監は、2004年の自分の任期終了までは、英才学校新設や科学高校の英才学校転換は受け入れることができないと明言するほど英才学校設立に対して強く反対していた（韓国日報、2001年2月22日付）。しかしながら才能教育全般に対して否定的であったわけではなく、たとえば、2001年にソウル市内の2校ある科学高校内に中学生のための放課後英才クラスを作っている（国民日報、2001年4月14日付）。
9 韓国日報、2001年2月22日付。
10 東亜日報、2001年9月3日付。
11 文化日報、2001年11月5日付。
12 応募したのは、釜山科学高校、大田科学高校、京畿科学高校、全北科学高校、慶南科学高校の5校であった（国民日報、2001年10月31日付）。
13 文化日報、2001年11月5日付。
14 同上。
15 ネイル新聞、2008年3月6日付。なお、韓国ウォンと日本円の為替レートは変動が激しいため正確な換算が難しいが、2000年代についてはおよそ10ウォンを1円として計算されたい。
16 ソウル新聞、2001年11月14日付。
17 国民日報、2002年10月29日付。
18 蔣英實科学高校は2010年に、韓国科学英才学校の科学高校時代と同じ校名である「釜山科学高等学校」へと改称している。
19 実際に、2番目の英才学校として2009年度に転換されたのは首都ソウル市のソウル科学高校であった。しかもソウル科学高校の入学者募集地域は全国であるにも関わらず、運営費は全額ソウル市とソウル市教育庁が負担する予定であり、その予算は5年間で350億ウォンという巨額に上る（マネートゥデイ・インターネット版、http://stock.moneytoday.co.kr/、2008年4月30日付、ソウル科学高等学校ホームページ、http://www.sshs.hs.kr/doum/index.jsp、2008年12月29日アクセス）。
20 なお厳密にいえば、同校の正式名称が韓国科学英才学校（Korea Science Academy）となったのは2005年度のことである。これは、2004年度までは科学高校時代に入学した生徒が同校に残っていたためであり、科学高校時代の入学者と英才学校転換後の入学者双方の保護者が校名をめぐって衝突し、暫定的に旧校名である「釜山科学高等学校」を使用し、英語名のみ Busan Science Highschool から Busan Science Academy へ変更していた（大韓毎日、2002年10月8日付および10月10日付）。本書では便宜上、2004年度以前についても、韓国科学英才学校

の名称を使用する。

21　キム・スビョン「英才たち『ノーベル賞登山』の位置に付く―超一流科学者を目指して走る釜山の科学英才学校：創意力教育・進路・教授陣問題解決できるか―」『ハンギョレ21』第528号、ハンギョレ新聞社、2004年、88～91頁。

22　イ・サンチョン（研究責任者）『科学英才高等学校設立および学事運営に関する研究』韓国科学財団、2002年、45頁。

23　韓国科学英才学校ホームページ、http://www.ksa.hs.kr/、2006年2月1日アクセス。
　　表5-1で2学年の学級数が少ないのは、6クラスしかないためであり、3学年の学級数が少ないのは、各クラスのC班がないためである。

24　国際新聞、2004年9月14日付、韓国科学英才学校ホームページ、http://www.ksa.hs.kr/、2006年2月1日アクセス。

25　ネイル新聞、2004年4月22日付。

26　イ・サンヨプ「入試から抜けだし論文を書く高校生たち」『科学東亜』2005年12月号、東亜日報社、2005年、127頁。
　　なお、知能指数指数140以上で同年齢層の上位1％以内の知能指数に該当するといわれているため、韓国科学英才学校の生徒は知能指数において少なくとも上位1％以内の集団であることになる。もちろん、高い知能指数が数学・科学分野における優れた能力と適性を保証するものではないし、知能指数はその子どもが持っている多様な能力の一部（主に言語、数、空間能力）を示すのみである。知能指数のみで子どもの能力を測ろうとすることについては、これまで多くの問題点や欠点が指摘されてきたことはいうまでもない（たとえば、パク・ソンイクほか『英才教育学原論』教育科学社、2003年、112～113頁、松村暢隆『アメリカの才能教育―多様な学習ニーズに応える特別支援―』東信堂、2003年、25～28頁）。しかしここで取り上げた調査からも分かるように、韓国では、知能指数はしばしば才能の認定に際して重要な指標として用いられてきた。たとえば、1996～1999年の間、早期進級・卒業の際の教科別早期履修対象者として選定されるための条件の1つに、「標準化知能検査の点数が学年の上位1％以内（または知能指数140以上）であること」が含まれていた。この上位1％以内（知能指数140以上）という指標は、ターマン（Terman, L. M.）による才能児の追跡調査の際に用いられたものであり、それ以降しばしば才能児認定の指標に用いられてきた（清水義弘、向坊隆編著『英才教育（教育学叢書第14巻）』第一法規出版、1969年、118～121頁、Shurkin, J. N. *Terman's Kids: groundbreaking study of how the gifted grow up.* Boston: Little, Brown and Company, 1992, p.30）。

27　以下の規定による。「初等学校・中学校・高等学校およびこれに準じる各種学校の長は、才能の優れたものに対し、第23条・第24条・第26条・第39条・第42条・および第46条の規定に関わらず、授業年限の短縮（授業上の特例を含む）によっ

て、早期進級または早期卒業をできるようにしたり、上級学校早期入学のための資格を付与することができる」(初・中等教育法第27条第1項)。「第1項の規定によって上級学校への早期入学のための資格を付与され、上級学校に入学した場合は、早期卒業したものとみなす」(初・中等教育法第27条第2項)。「中学校およびこれに準じる各種学校の長は、当該学校の在学生が英才学校に指定・配置される場合には、初・中等教育法第27条第1項の規定による上級学校早期入学のための資格を付与することができる」(英才教育振興法施行令第14条第2項)。

28　釜山科学高等学校『Busan Science Academy』釜山科学高等学校配付資料、2003年b、3頁。

29　チョ・ソクフィ「これが韓国政府が建てた最初の英才学校だ」『教育開発』第143号、韓国教育開発院、2004年c、71〜72頁。

30　韓国科学英才学校は6〜8月に、科学高校は10〜12月に入学者選抜を実施する。

31　東亜日報、2008年10月6日付。

32　ただし、科学高校における実際のカリキュラム運営は、90年代には「速進課程」と「深化課程」の2本立てで運営されていたり、2000年代には早期卒業のための早期履修が盛んになるなど、時代や学校ごとにある程度柔軟におこなわれている。

33　なお音楽、美術、体育については、教員が独自に韓国語で教材を作成し、韓国語で授業をするという(筆者による韓国科学英才学校の教員へのインタビュー、2003年8月26日)。

34　キム・ミンチョル『英才教育機関の運営体制評価―釜山科学英才高を中心に―』国立ソウル大学校行政大学院碩士学位論文、2004年、114〜115頁、121頁。

35　ただし、一般教科の芸術・体育科目、専門教科の基本選択科目、先端科学教科の評価は、A・B・C・D・Fのグレード制ではなく、"Pass or Fail"で評価する(韓国科学英才学校ホームページ、http://www.ksa.hs.kr/、2009年7月7日アクセス)。

36　キム・ミンチョル、前掲書、2004年、106〜108頁。

37　ネイル新聞、2006年6月13日、国民新聞、2009年3月11日付。

38　釜山科学高等学校、前掲資料、2003年b、27頁。

39　韓国科学英才学校卒業生のための試験は、KAISTの「学士課程4次選考(英才/早期)」であり、志願資格は同校卒業予定者に限られている。同試験は内申成績や修能試験によらず、書類審査と面接によって合否を判定する点が、一般の大学入試と決定的に異なる。志願者は願書を提出した後は、1日面接にいくのみであり、事実上の無試験進学制度といえる(韓国科学英才学校ホームページ、http://www.ksa.hs.kr/、2009年7月7日アクセス、韓国科学技術院(KAIST)入学処ホームページ、http://admission.kaist.ac.kr/sub01/sub01_5.do、2009年7月7日アクセス)。

40　韓国日報、2006年2月23日付、韓国科学英才学校ホームページ、http://www.

第5章　新たな才能教育機関の運営実態と選抜システムの複合化　227

ksa.hs.kr/、2008年12月29日アクセス、浦項工科大学校（POSTECH）ホームページ（「2009学年度POSTECH大入選考計画重要事項」）、http://www.postech.ac.kr、2008年12月29日アクセス。
41　韓国科学英才学校ホームページ、http://www.ksa.hs.kr/、2008年12月29日アクセス。
42　韓国科学英才学校の内申成績によらない大学進学制度は、比較内申制廃止以降、厳しい内申成績獲得競争にさらされ、生徒が大学入試準備にふり回されて才能教育プログラムに集中できない状態が続いている既存の科学高校にとって、非常に魅力的に映っているようである。筆者が訪問したある科学高校の校長も、「比較内申制さえあれば、わざわざ英才学校への転換など望まない」と述べていた。近年、科学高校の中から英才学校への転換を希望する学校が増えているが、その理由の1つには内申成績によらない大学進学制度の適用という目的が存在しているのである。
43　たとえば文化日報、2005年12月27日付。
　なお表5-6の2005年度の進路状況で、海外の大学が15名と報道にある合格者数より多くなっている。その理由としては、たとえばアメリカの大学は夏入学が基本であるため、報道以後に海外の大学から合格通知を受け、KAISTやソウル大学などへの入学を辞退して（あるいはいったん入学してから中途退学して）海外の大学へ進学したケース等が考えられる。
44　国民日報、2005年8月25日付、韓国日報、2006年2月23日付。
45　たとえば2008年度のソウル大学の随時募集「特技者選考（自然系列学部）」では、志願資格として、以下の5つが例示されている。①数学または科学教科の平均席次等級が2等級以内の者（筆者注：学内席次は全9等級）、②席次等級が4等級以内の数学または科学専門教科が15単位以上の者、③評定A$^+$の数学または科学専門教科が20単位以上の者、④数学または科学分野の国際オリンピック参加者または国内オリンピック入賞者、⑤その他、上記の水準に相応する数学または科学分野の学業能力を示す者など。このうち、②と④が科学高校卒業生（早期卒業者を含む）を、③と④が韓国科学英才学校卒業生を想定した基準となっている（ソウル大学校『2008学年度大学新入学生入学選考案内―随時2学期募集、定時募集（ナ群）、定員外特別選考―』ソウル大学校、2007年、6頁、10～13頁）。もちろん「特技者選考（自然系列学部）」には一般系高校の卒業生も志願可能であるが、科学高校より高い席次等級が要求されていたり、書類審査や面接・口述試験で優秀な科学高校や韓国科学英才学校の卒業生と比較されるなど、よほど数学・科学分野で優秀な成績や業績を上げていない限り、一般系高校卒業生にとってあえて選択するような選抜方式ではないといえる。
46　2009度に同校は釜山市教育庁の管轄から離れ、KAISTの附属校に転換された。これにより同校は開校後7年目にして、正真正銘の国立学校となった。なお、盧

武鉉政権から李明博政権へと交替した2008年2月には、教育人的資源部と科学技術部が統合・再編されて「教育科学技術部」となった。このため、それまで科学技術部所管の高等教育機関であったKAISTも、一般大学同様に教育科学技術部の所管となり、その附属校である韓国科学英才学校も一般系高校や科学高校などと同様に教育科学技術部所管の学校となった。本書では、基本的に省庁再編前の盧武鉉政権までを考察の対象としているため、釜山市教育庁管轄時代の韓国科学英才学校について述べることとする。

47 筆者による韓国科学英才学校のムン・ジョンオ校長へのインタビュー、2003年8月26日。
48 教育人的資源部、韓国教育開発院『教育統計年報2002』韓国教育開発院、2002年、226〜227頁。
49 釜山科学高等学校『科学英才学校運営計画』釜山科学高等学校配付資料、2003年a、3頁。
50 国民日報、2003年9月5日付、ニュートン・コリア、2004年10月26日付、大徳ネット、2005年9月1日付。
　なお、2003年度の受験生のうち女子生徒の割合は23％、2006年度は20％であった(ファイナンシャル・ニュース、2002年6月25日付、国際新聞、2005年6月16日付)。
51 韓国教育開発院『英才教育政策活性化方案』教育政策フォーラム資料、韓国教育開発院、2004年、9〜10頁。
52 教育人的資源部、韓国教育開発院『教育統計年報2005』韓国教育開発院、2005年、238〜239頁。
53 韓国教育開発院、前掲資料、2004年、7頁。
54 ハンギョレ新聞、2005年6月16日付、釜山日報、2006年8月17日付および2008年6月13日付。
55 国民日報、2005年11月12日付。
56 なお、2009年度に2番目の英才学校として転換されたソウル科学高校への進学競争も過熱気味で、同校の初年度の競争倍率は、16.9倍という高さであった。2009年度の入試においては、2校の英才学校の入学定員264名に対し、実に4,679名の受験生が殺到したという(韓国経済、2008年6月20日付)。
57 なお、教育庁支援大学附設英才教育院の場合も、74％の受講者は数学・科学および情報分野のプログラムを受けている(キム・ミスク(研究責任者)『市道教育庁と大学の英才教育機関運営効率化方案研究』韓国教育開発院、2008年、29頁)。
58 チェ・ドンヒョン(研究責任者)『科学英才教育センター運営および評価方案研究』韓国教育開発院、2001年、9頁。
59 その他、設置大学や地方自治体からも支援を受ける。2002年度の場合、1機関当たりの平均予算額2億4,921万ウォンのうち、約6割(1億5,735万ウォン)を

韓国科学財団（科学技術部）から、約2割（4,791万ウォン）を設置大学から、約1割（2,546万ウォン）を地方自治体から、残り（1,856万ウォン）をその他から支援されていた（チョ・ソクフィ（研究責任者）『英才教育振興総合計画樹立方案』韓国教育開発院、2002年a、39～40頁）。

60　チェ・ドンヒョン、前掲書、2001年、35～49頁、瀬沼花子「創造性育成に関する韓国現地調査の概要―釜山大学校、慶南大学校、慶南科学高等学校、釜山科学高等学校―」瀬沼花子（研究代表者）『算数・数学教育における創造性の育成に関する日米露韓の国際比較研究』文部科学省科学研究費補助金特定領域研究(2)「新世紀型理数科系教育の展開研究」平成14年度研究成果報告書、2003年、97頁。

61　キム・ミスク、前掲書、2008年、23頁、26～28頁。

62　韓国教員団体総連合会、韓国教育新聞社『韓国教育年鑑2006』韓国教員団体総連合会、韓国教育新聞社、2005年、273～274頁。

63　キム・ミスク、前掲書、2008年、21～22頁。

64　同上書。

65　ハンギョレ新聞、2004年4月26日付。

66　ただしこれは中等課程に限ったことであり、初等課程の場合、師事クラスはほとんど開設されておらず、深化クラスですら約半数の機関しか開設していない。このため、初等課程では、基礎クラスの1年で教育プログラムを終了してしまうケースが多いと考えられる（キム・ミスク、前掲書、2008年、23頁、32頁）。また上級クラスが開設されている場合でも、下級クラスから全員が持ち上がりで進級できるわけではない。たとえば釜山大学附設科学英才教育院の場合、初等課程に初等学校5年生で入学した受講者のうち、毎年4～5名が上級クラスに進級できないという。同院でも下級クラスの全員が上級クラスに進級した年があったが、韓国科学財団の委託を受けた運営委員会の才能教育の専門家から「なぜ全員が上がるのか」との指摘を受けたという。ここから、競争と評価の結果としての一部受講者の脱落は、科学英才教育院において容認（あるいは勧奨）されているものと考えられる（瀬沼花子、前掲論文、2003年、97頁）。

67　チョ・ソクフィ、前掲書、2002年a、41～42頁。

68　チェ・ドンヒョン、前掲書、2001年、26頁。

69　毎日経済、2004年10月13日付。

70　正式名称は「ソウル大学校科学英才教育センター」。韓国では総合大学を「大学校」、単科大学および学部を「大学」と呼称している。なお同センターは、英才教育院転換後も大学附設科学英才教育センター時代の名称をそのまま用いている。

71　筆者は2006年6月3日、同センター研究員の協力を得て、中学校1年生対象の「科学基礎クラス」の授業観察および関係者へのインタビュー調査をおこなった。同

センターの基礎クラスとしては、「数学分科基礎クラス」、「情報分科基礎クラス」、その他4分科共通の「科学基礎クラス」の3種類が設置されている。
72　韓国教員団体総連合会、韓国教育新聞社、前掲書、2005年、273頁。
73　ソウル大学校科学英才教育センター『2002～2004年度科学英才教育事業事業遂行結果報告書』ソウル大学校科学英才教育センター、2005年 a、9頁。
74　設置する分科の数や種類については韓国科学財団がガイドラインを定めているので（初等課程は初等科学・初等数学・初等情報の3分科のうち1分科以上、中等課程は数学・物理・化学・生物・地球科学・情報の6分科）、すべての科学英才教育院におおよそ共通している。
75　師事クラスについては、深化クラスにおける教育を修了した者の中から、才能教育プログラムへの参加具合や一般の学校の内申書に当たる「学生カード」などを総合して、分科ごとに5名程度を選抜することになっている（同上書、42頁）。
76　なお、ソウル教育大学附設の科学英才教育院やソウル市所在の市・道教育庁英才教育院の在学生または修了者は、教師の推薦がなくとも同センターに志願することができる（同上書、12頁、41頁、ソウル大学校科学英才教育センター『2006学年度ソウル大学校科学英才教育センター主幹科学英才選抜試験要項（案）』ソウル大学校科学英才教育センター、2005年 b、1頁）。
77　ソウル大学校科学英才教育センター、前掲書、2005年 a、40～42頁。
78　ソウル大学校科学英才教育センター、前掲書、2005年 b、52頁。
　　なお師事クラスに関しては、講義よりも討論やセミナー、自主研究、グループ・プロジェクトなどを中心に進められ、その分、授業時間は年間約50時間と少なく設定されている（ソウル大学校科学英才教育センター、前掲書、2005年 a、47～48頁）。
79　同上書、152～153頁。
80　韓国の助教はわが国のTAやRAなどに近く、大学院生が在学中になるケースが多い。
81　その他の成果としては、数学オリンピックなどの競技試験大会の入賞歴や論文発表、特許出願等が挙げられている（同上書、79～88頁）。
82　同上書、77頁。
83　2004年度のソウル市内の中学校3学年の生徒数は12万597名であり、2005年度のソウル市所在の科学高校1学年の生徒数は309名であった（韓国教育開発院教育統計サービス、http://cesi.kedi.re.kr/、2009年7月20日アクセス）。
84　キム・ミスク、前掲書、2008年、19頁。
85　同上書、17～18頁。
86　韓国教員団体総連合会、韓国教育新聞社『韓国教育年鑑2004』韓国教員団体総連合会、韓国教育新聞社、2004年、281～282頁、教育人的資源部『「一般系高

校にも英才班作る」記事に対する解明資料』教育人的資源部報道資料、2007年12月4日付。

　たとえば2008年の時点でソウル市東部教育庁の管轄地域では、近隣の学校（14～15校）が共同で3つの英才学級を設置・運営しており、数学英才学級1つが紅把初等学校に、科学英才学級2つが典東初等学校と墨賢初等学校に設置されている（ソウル特別市東部教育庁『2008学年度初等英才学級教育対象者選抜選考計画』ソウル特別市東部教育庁、2008年、2頁）。

87　教育人的資源部『2007年市・道教育庁英才教育施行計画』教育人的資源部、2007年 b、55～56頁、教育人的資源部『2007年市・道教育庁英才教育施行計画集発刊』教育人的資源部報道資料、2007年5月9日付、キム・ミスク、前掲書、2008年、20～21頁。

88　Ministry of education and human resources development and Sixteen city and provincial offices of education, Korean educational development institute. *Gifted Education in Korea.* Seoul, Korea: Ministry of education and human resources development and Sixteen city and provincial offices of education, Korean educational development institute, 2005, p.16.

89　チョ・ソクフィ、前掲論文、2004年 a、10頁。

90　キム・ミスク、前掲書、2008年、23頁。

　たとえば、ソウル市東部教育庁管轄下の英才学級の場合、受講者選抜は学校単位で実施するものの、選抜方法はソウル市教育庁の例示にしたがうこととなっている（教育人的資源部、前掲書、2007年 b、60頁）。この例示内容はソウル市所在の市・道教育庁英才教育院と同一である。このため、その選抜プロセスは、第1段階は学校長推薦を受けての書類審査、第2段階は「英才性」や論理的思考力を測るための「学問専門適性検査」、第3段階は面接、第4段階は選定審査委員会の審議というように、ほぼ江西教育庁英才教育院と同様になっている（ソウル特別市東部教育庁、前掲書、2008年、3頁）。

91　創意と探究附設英才研究所『科学創文中等－Ａ－』創意と探究出版社、2008年、8頁、キム・ミスク、前掲書、2008年、23頁、朝鮮日報・おいしい勉強、英才創意思考全国学力評価ホームページ、http://gifted.matgong.com/、2009年1月12日アクセス。

　なお、全国の市・道教育庁英才教育院と英才学級が受講者選抜で共通の問題を使用するのは、依然として各機関単独では信頼性の高い試験問題を作成するだけのノウハウがないことも理由の1つである。しかし、その場合であってもすべての地域が同じ日程で試験をおこなう必要はない。ソウル市所在の市・道教育庁英才教育のように、問題の傾向や質のばらつきに対する保護者のクレームがもとで共通問題に切り替えた例があることも合わせて推察すると、やはり共通の問題を使用した同一日程での受講者選抜の実施には、選抜方法の標準化という

意図が強く働いていると考えられる。
92 教育人的資源部、前掲書、2007年b。
93 チョ・ソクフィ、前掲書、2002年a、23〜25頁。
94 キム・ミスク(研究責任者)『英才教育強化事業成果指標評価研究』韓国教育開発院、2005年、190頁。
95 同上書、171頁。
96 2008年の英才教育院と英才学級の中学校段階の受講者は、1学年当たり平均8,421名であり、数学・科学分野のプログラムの受講者を9割と想定すると、その数は7,579名となる。これに対し、英才教育院と英才学級の高校段階の受講者は1学年当たり784名に過ぎず、数学・科学分野のプログラムの受講者は706名という計算になる。また、数学・科学分野に特化した才能教育機関である科学高校と英才学校の入学定員の合計は1,821名である。つまり、高校段階で数学・科学分野の才能教育プログラムを受けられるのは1学年当たり2,527名ということになり、これは中学校段階における数学・科学分野の才能教育プログラムの受講者7,579名の33.3％に相当する(教育科学技術部、韓国教育開発院『教育統計年報2008』韓国教育開発院、2008年a、キム・ミスク、前掲書、2008年、19頁、韓国科学英才学校ホームページ、http://www.ksa.hs.kr/、2009年3月14日アクセス)。
97 筆者は、2006年7月15日、同英才教育院の講師の協力を得て、中学校3年生対象の数学分科の授業観察および関係者へのインタビュー調査を実施した。
98 ソウル特別市江西教育庁英才教育院『2007学年度江西教育庁英才教育院新入生募集要項(案)―初等英才教育(数学・科学・情報)分野―』ソウル特別市江西教育庁英才教育院、2006年b、ソウル特別市江西教育庁英才教育院『2007学年度江西教育庁英才教育院中等英才選抜要項』ソウル特別市江西教育庁英才教育院、2006年c。
99 ソウル特別市江西教育庁英才教育院『2005江西英才教育院英才教育運営報告書』ソウル特別市江西教育庁英才教育院、2006年a、9頁。
100 2007年度の初等課程を例にとると、数学分科は初等学校4・5学年については20名ずつ新規募集するが、初等学校6学年については補充というかたちで7名を募集するに留めており、科学分科も同様に初等学校6学年を補充で5名を募集するに留めている(同上書、同頁、ソウル特別市江西教育庁英才教育院、前掲書、2006年b、1頁、ソウル特別市江西教育庁英才教育院、前掲書、2006年c、1頁)。
101 たとえば、ソウル市東部教育庁管轄下の英才学級運営のための財源は、ソウル市教育庁→東部教育庁→英才学級を設置している学校の順に配分されるため、実質的にソウル市教育庁が負担している(筆者によるソウル特別市東部教育庁のチェ・チュシク奨学士への電話インタビュー、2008年2月20日)。
102 たとえば、募集対象の学年の学級数が1〜4学級の場合は各1名、16学級以

上の場合は各5名以内などである(ソウル特別市江西教育庁英才教育院、前掲書、2006年c、1頁)。
103　同上書、2頁。
104　筆者による江西教育庁英才教育院の講師へのインタビュー、2006年7月15日。
105　たとえばパク・ミョンジョン『教育庁／大学附設英才教育院入試対備的中予想問題集』エデュワン、2007年など。
106　筆者による江西教育庁英才教育院の講師へのインタビュー、2006年7月15日。
107　ソウル特別市江西教育庁英才教育院、前掲書、2006年a、12頁。
108　同上書、同頁。
109　ただし、実際には各科や学年ごとに数時間単位の誤差がある(同上書、11～19頁)。なお英才学級の場合、ソウル市東部教育庁管轄下の機関では、基本的には水曜日の午後2時から午後5時までの3時間に教育プログラムを実施している。これは韓国の初等学校では通常、水曜日は午前中に教科活動が終わるためである。なお、体験学習などについては特別に土曜日に実施することがある。同英才学級の年間の総授業時間は68時間であり、本文で述べた江西教育庁英才教育院の数学分科中等課程(72時間)と大差はない。実施する曜日は違えども、基本的に週に1回、3時間の教育プログラムという同じ形式を採っているためである(筆者によるソウル特別市東部教育庁のチェ・チュシク奨学士への電話インタビュー、2008年2月20日)。
110　ただし、一部の英才教育院では一般学校からの派遣発令を受けた専任の教員を配置している(韓国教員団体総連合会、韓国教育新聞社『韓国教育年鑑2003』韓国教員団体総連合会、韓国教育新聞社、2003年、228頁)。
111　キム・ミスクらの市・道教育庁英才教育院の講師に対する質問紙調査でも、講師を取り巻く課題として「業務過重で授業準備がなおざりになる」(33.3%)が最も多く挙がっており、次に「インセンティブ不足」(28.9%)が多かった(キム・ミスク、前掲書、2008年、85～86頁)。ここから、市・道教育庁英才教育院の講師が、重い業務負担の中、十分な支援や報酬を受けることができていないことが読み取れる。なお、市・道教育庁英才教育院の講師が所属学校や市・道教育庁から受けている支援としては、「出張を許容」(56.6%)が最も多く、次に「金銭的支援」(39.9%)、「担当奨学士の理解や配慮」(37.1%)、「学校管理者の理解や配慮」(28.3%)、「加算点付与」(26.1%)の順で多かった(複数回答)。ここに示されている支援のうち「出張を許容」や「担当奨学士の理解や配慮」などは、講師個人に対するインセンティブではなく、あくまで業務遂行上の支援である。こうした中、講師からは所属学校での業務軽減や加算点付与を求める声が上がっている(キム・ミスク、前掲書、2005年、114頁、159～160頁)。
112　韓国教員団体総連合会、韓国教育新聞社、前掲書、2003年、226頁。

なお、上述のキム・ミスクらの質問紙調査では、英才学級の講師が考える講師を取り巻く課題として、やはり「業務過重で授業準備がなおざりになる」(44.0%)が最も多く挙がっており、次に「インセンティブ不足」(22.2%)が多かった(キム・ミスク、前掲書、2008年、85〜86頁)。

113　チョ・ソクフィ、前掲書、2002年a、119頁。
114　ソウル特別市江西教育庁英才教育院、前掲書、2006年a、1頁。
115　なお、本書では、地方自治体の支援を受け、大学に設置される教育庁支援大学附設英才教育院の運営実態を検討することができなかった。運営実態からみたノンフォーマル才能教育機関の分類をより正確なものとするには、教育庁支援大学附設英才教育院に関する調査が不可欠であり、今後の課題としたい。
116　チョ・ソクフィ、前掲論文、2004年a、25〜26頁。
　なお、ケース・スタディで取り上げたソウル大学科学英才教育センターが韓国科学財団から支給された2006年度の予算は、2億7,000万ウォンであった。
117　ただし、この比率は2003年度の数値をもとにしている(ソ・ヘエ、ソン・ヨンア、キム・ギョンジン『英才教育機関教授・学習実態研究』韓国教育開発院、2003年、40頁)。
118　たとえば、政府と地方自治体の才能教育予算の合計は2003年度の238億ウォンから2007年度の515億ウォンへと2.2倍に増加している(教育人的資源部、科学技術部、文化観光部、女性家族部、企画予算処、特許庁『第2次英才教育振興総合計画('08〜'12)』教育人的資源部、科学技術部、文化観光部、女性家族部、企画予算処、特許庁、2007年、5頁)。ただし、ほぼ同じ期間(2003〜2008年)で市・道教育庁英才教育院と英才学級の受講者数は2.8倍に増加しているため、才能教育機関間の予算格差は緩和される傾向にあるものの、受講者1名当たりの予算は横ばいか、むしろ減少していると考えられる(チョ・ソクフィ「科学英才育成体制定立のための英才教育振興法改正方案」『科学英才育成体制定立のための英才教育振興法改正方案―公聴会資料集―』韓国教育開発院英才教育研究室、2003年b、26頁、キム・ミスク、前掲書、2008年、38頁)。
119　同上書、同頁。
120　教育人的資源部、前掲書、2007年b、344〜345頁。
121　ネイル新聞、2007年5月11日付。
122　各科学高校の2009年度入学者選抜要項。
123　各科学高校の2009年度入学者選抜要項およびキム・ミスク、前掲書、2008年、19頁。
　たとえば慶北科学高校の場合、志願資格や加算点の対象となるのは、安東大学科学英才教育院または慶北大学科学英才教育院の教育プログラムを1年以上履修した者、あるいは慶尚北道教育庁管轄の英才教育院の教育プログラムを修了

した者となっている(慶北科学高等学校『2009学年度慶北科学高等学校(特殊目的高校)新入生選考要項』慶北科学高等学校、2008年、2～5頁)。
124 このプログラムは、「スーパー英才師事教育プログラム」と名付けられており、京畿道内の市・道教育庁英才教育院や英才学級の受講者1万7,683名の中から、3段階の多段階式選抜方式で150名を選抜し、受講者1名と才能教育分野の修士号所持者や当該分野の専門家2～3名がチームを組んでおこなう課題解決型メンターシップ・プログラムを運営している。対象は初等学校4年生から中学校1～3年生で、毎年成績を算出し、下位10％の受講者については脱落させる可能性があるとしている。プログラムの実施分野はやはり数学・科学分野であり、「初等数学・情報クラス」、「初等科学クラス」、「中等数学クラス」、「中等科学クラス」の4クラスが設けられている(佳林初等学校附設英才学級『スーパー英才師事教育参加案内』佳林初等学校附設英才学級配布資料、2009年4月6日付、京畿新聞インターネット版、2009年6月30日付、京畿道教育庁スーパー英才師事教育ホームページ、http://ggsge.com/、2009年7月21日アクセス)。
125 もちろん才能児に関する認知的研究においても、たとえば知能指数を基準に、「優れた才能児(highly gifted)」、「普通の才能児(moderately gifted)」、「平均的な児童・生徒(average students)」といった具合に区分することは珍しくない(Davis, G. A. and Rimm, S. B. (Eds). *Education of the gifted and talented (Fifth edition)*. Boston: Allyn and Bacon, 2004, pp.36-37)。しかしこれはあくまで認知的研究上の、しかも多様な知能の中で知能指数に焦点を当てた「才能の水準(level of giftedness)」による区分である。したがって、韓国のように法制化された教育システムの下、国家・社会の発展に貢献する可能性に応じておこなわれる、享受する教育の質や待遇の違いをともなった才能児の序列化とは根本的に異なる。
126 チョ・ソクフィ(研究責任者)『科学英才学校拡大発展方案』韓国教育開発院、2003年c、35頁。
127 文化日報、2006年7月18日付。
128 文化日報、2007年11月21日付、朝鮮日報、2008年10月28日付。
129 チョ・ソクフィ、前掲書、2003年c、35頁。
　たとえば2005年度の市・道教育庁英才教育院の競争倍率は全国平均4.12倍であったが、2007年度には4.74倍に上昇している(文化日報、2007年11月21日付)。
130 ソウル大学校科学英才教育センター、前掲書、2005年a、42～43頁。
131 自主退学率は、1998年は4.3％、1999年は9.1％、2000年は17％と増加傾向にあった(大韓毎日、2001年4月19日付)。たとえば、亜州大学科学英才教育センター(当時)は、1997年に160名の才能児を選抜したが、このうち45名が翌98年に自主退学した。1999年には数学分科に入学した23名のうち8名が自主退学した。また、仁川大学科学英才教育センター(当時)の場合は、1998年に60

名中10名が、翌99年には103名中18名が、2000年には160名中45名が自主退学している。さらに、延世大学科学英才教育センター（当時）は2001年3月に144名の才能児を選抜したが、ひと月も経たないうちに自主退学者や長期欠席者が続出したという（大韓毎日、2001年4月3日付）。なお、ソウル大学科学英才教育センターではこうした自主退学の問題は従来からあまりみられないとのことであった。同センターの研究員によれば、自主退学問題は個々の科学英才教育院や科学英才教育院が設置されている地域によって大きく異なる可能性が高いとのことである。同センターの場合は首都ソウル市のしかも韓国で最も権威の高い大学に設置されていることもあるため、自主退学に関してはあまり問題のなかった特殊なケースなのではないかということであった（筆者によるソウル大学科学英才教育センターの研究員へのインタビュー、2006年6月3日）。

132　なお、こうした科学英才教育院修了者の韓国科学英才学校入学者に占める割合の高さには、①科学英才教育院が市・道レベルという広い範囲から受講者を選抜しており、高い競争倍率を勝ち抜いた優秀な子どもが入学してくること、②市・道教育庁英才教育院や英才学級と比べ、より恵まれた環境で質の高い才能教育プログラムを受けることができること、そして、③「創造的問題解決力」に重点を置いた受講者選抜方法や教育プログラム自体が、韓国科学英才学校の入学者選抜方法と親和性が高いことなどが影響を与えていると考えられる（ネイル新聞、2007年5月25日付、創意と探究附設英才研究所、前掲書、2008年、8頁）。

133　チョ・ソクフィ、前掲書、2003年 c、35頁。

134　「名門大入試学院へ転落した特殊目的高の現住所」『月刊初等ウリ教育』1993年3月号、ウリ教育（初等）、1993年、60頁。

135　文化日報、2007年11月21日付。

136　韓国日報、2007年2月13日付。

　　ソウル市内に所在する世宗科学高校は、設立初年度の2008年度入試から英才教育院修了者に加算点を付与していない。同じくソウル市内の漢城科学高校の場合は少なくとも2010年度入試までは英才教育院修了者に加算点を付与しているが、認定範囲は2008年度までの修了履歴に限定しており、加算点廃止の方針が発表された時点で英才教育院に合格または所属していた者に対する経過措置と考えられる。なお、英才教育院修了者のための定員外特別選考については、どちらの科学高校も少なくとも2010年度までは実施している（漢城科学高等学校『漢城科学高等学校2010学年度新入生入学選考要項』漢城科学高等学校、2009年、世宗科学高等学校『世宗科学高等学校2010学年度新入生入学選考要項』世宗科学高等学校、2009年）。

137　POSTECHは一般の私立大学であるが、英才学校卒業生を対象とした特別選抜は明らかに才能教育機関の出身者を受け入れることで当該分野への進路誘導

を図ろうというものである。このため、ここでは英才学校卒業生を対象とした特別選抜に限定して、才能教育制度を構成する教育機関の1つとして扱う。
138　カン・ヨンヘ（研究責任者）『特殊目的高等学校政策の適合性研究』韓国教育開発院、2007頁、154頁。
139　ここでは2000～2005年度の平均値を用いた。この時期の科学高校の大学進学者数は6,754名であり、うちKAISTへの進学者は2,621名であった（教育人的資源部、韓国職業能力開発院『国家人的資源開発白書』教育人的資源部、韓国職業能力開発院、2006年、252頁）。
140　2005年の時点で科学高校卒業生の65％が早期卒業しているということであり、また、科学高校からKAISTへの進学者のほぼ全員が早期卒業者であり、上記に含まれることを考えると、残り35％の卒業生は3学年を終えて一般大学へ進学したものと推定できる（ソ・ヘエ（研究責任者）『科学高等学校発展方案研究』韓国教育開発院、2006年、12頁、151頁）。
141　筆者による漢城科学高校の教員へのインタビュー、2006年11月29日およびソウル科学高校の教員へのインタビュー、2008年2月21日。
142　注140で述べたように、2005年の時点で科学高校卒業生の65％が早期卒業しており、この時期、卒業生の40％がKAISTへ早期入学していると考えられるため、一般大学への早期入学者は25％と推定できる（教育人的資源部、韓国職業能力開発院、前掲書、2006年、252頁、ソ・ヘエ、前掲書、2006年、12頁、151頁）。
143　第4章の表4-4のとおり、2008年の時点で、中学校段階で英才教育院もしくは英才学級に在籍している者は同年齢層の1.24％であり、そのうち数学・科学分野のプログラムを受講している者が9割を占めていると想定して計算した。
144　注96で述べたように、2008年の英才教育院と英才学級の中学校段階の受講者は、1学年当たり平均8,421名であり、このうち数学・科学分野のプログラムの受講者を9割と想定すると、その数は7,579名となる。これに対し、科学高校と英才学校の入学定員の合計は1,821名である。これは中学校段階における数学・科学分野の才能教育プログラムの受講者の21.6％に相当する（教育科学技術部、韓国教育開発院、前掲書、2008年a、キム・ミスク、前掲書、2008年、19頁、韓国科学英才学校ホームページ、http://www.ksa.hs.kr/、2009年3月14日アクセス）。
145　「競争と淘汰」は、斉藤利彦が明治期のわが国の中等教育を貫く構造と論理を明らかにする際に用いた用語であるが、その特徴は本章で述べた韓国の「国家才能プール」の構造と論理にも当てはまる。斉藤によれば、「競争」とは「優劣を人とせり合うこと」であり、「淘汰」とは「競争によって不適のものを選り分け排除すること」を指している。「淘汰」は競争をめぐって引き起こされる1つの帰結であり、両者は一連の事象として捉えることができる（斉藤利彦『競争と管理の学校史―明治後期中学校教育の展開―』東京大学出版会、1995年、11～12頁）。

146 レンズーリ（Renzulli, J. S.）が70年代後半に開発した才能の認定モデルである「回転ドア認定モデル（Revolving door identification model）」において、「才能プール（Talent pool）」という概念が示されている。この認定モデルでは、エンリッチメント・プログラムの対象候補を設定し、彼らに多様なプログラムを実施し、子どもの反応をみながら、誰が高度なタイプのエンリッチメント・プログラムに進むかを決定する。この際には才能の認定からプログラムの教授・学習へと一度だけ一方向に進むのではなく、ふり返りながら複数の手段でチェックを繰り返す。この回転ドア認定モデルにおいて、エンリッチメント・プログラムの対象候補に選抜された生徒集団を「才能プール」と呼ぶ。レンズーリによる「才能プール」の概念は、その後、彼が提案した「全校拡充モデル（Schoolwide enrichment model）」でも引き続き使用されている。もちろん、レンズーリによる「才能プール」の概念は、あくまで才能認定において規定される概念であり、本書で言及しているような才能教育機関が教育システムの中で果たす機能を示すものではない。また、その目的も対象としている才能児の割合もまったく異なり、レンズーリの「才能プール」が、より多くの多様な子どもを才能教育の対象とすべく、児童・生徒全体の15～20％前後を含んでいるのに対し、韓国の英才教育院や英才学級は児童・生徒全体の0.7～1％しか教育対象としておらず、しかも才能教育の対象者はほとんど、国家・社会の発展に寄与する数学・科学分野の才能を持つ者に限定されている。教育部が2004年に発表した「秀越性教育総合対策」をみても、韓国の才能教育は最大で5％までしかその対象を想定していない。こうした選別主義的な才能教育は、むしろレンズーリたちエンリッチメント・プログラムの推進者が批判の対象としてきたものである。しかしながら、「才能プール」という概念の持つ、より高度なプログラムに進む候補者をプールしておくという発想と、「広く網をかける（cast a wide net）」ことがより多くの才能児をすくい上げることになるという仮定を含んでいる点が、韓国における英才教育院や英才学級が才能教育制度の選抜システムの中において果たす機能の特徴を表現するのに最適であると考えられるため、「才能プール」の語を援用し、本書では「国家才能プール」という用語を使用した（チョン・ギョンウォン『英才教育学』学文社、2000年、179頁、122～140頁、教育人的資源部、韓国職業能力開発院、前掲書、2006年、175頁、松村暢隆、前掲書、2003年、61～66頁、Renzulli, J. S."The schoolwide enrichment model: developing creative and productive giftedness."In Colangelo, N. and Davis, G. A. (Eds). *Handbook of gifted education (Third edition).* Boston: Allyn and Bacon, 2003, pp.187-188, Davis, G. A.and Rimm, S. B., *op.cit.*, 2004, pp.82-84, pp.99-100, Renzulli, J. S. and Reis, S. M."The schoolwide enrichment model executive summary." Retrieved 2009.07.13, from http://www.gifted.uconn.edu/sem/semexec.html）。

147 2008年時点で、中学校段階以下の才能教育機関の1学年当たりの受講者数は

8,712名（主な教育対象を初等学校高学年の児童〜中学生とした場合）であり、このうち数学・科学分野のプログラムを受けている者を9割と想定して計算すると7,841名となる。また、中学校段階に限定して計算した場合でも、数学・科学分野のプログラムを受けている1学年当たりの受講者数はほぼ同じ数値（7,579名）となる（キム・ミスク、前掲書、2008年、19頁）。

148　「特に、英才教育振興法の制定など、国家次元で英才教育を推進するようになった最も大きな理由は、『1名の英才が数百万名を養うことができる』という理由、すなわち創意的な人材の育成・活用が、21世紀知識基盤社会の国家競争力を左右するという事実のためである」（チョ・ソクフィ（執筆責任者）『英才教育白書2004』韓国教育開発院、2004年b、10頁）。

149　「英才教育は一般教育よりさらに多くの費用がかかるものの、生産的な投資であるといえる。1名の創意的な最高級の頭脳は百万名以上を養うことができるからである」（チョ・ソクフィ（研究責任者）『科学英才の持続的発掘・育成・管理のための国家英才教育体系定立に関する研究』韓国教育開発院、2002年b、20頁）。

150　たとえば、韓国科学英才学校初代校長のムン・ジョンオは、「全世界の様々な国家が、ビル・ゲイツのような1名が百万名以上を養うことができる人材の養成に熱を上げている」と述べているし、ソウル科学高校のイ・ギョンウン教務部長（2005年当時）は、「『0.5％の科学英才が、残り99.5％を養う』というのが、政府の真正の政策意志」であると指摘している。さらに、ある英才教育院進学塾の経営者は、「正しく育てた英才1名が10万名の国民を養うという話があるじゃありませんか」と述べている（ムン・ジョンオ「英才教育の体系的支援方案」『科学英才育成体制定立のための英才教育振興法改正方案―公聴会資料集―』韓国教育開発院英才教育研究室、2003年、82頁、韓国経済、2005年10月10日付、CMSエデュケーション『CMS特講大学附設英才教育院対備（中等課程・数学）』CMSエデュケーション、2007年、巻頭言）。ただし、筆者はこれまで多数の韓国の才能教育立案者、研究者、才能教育機関の教員（講師）などに直接会い、話を聞く機会があったが、彼らの多くが個人としては、一人ひとりの子どもの才能の伸長とそれによる自己実現を一番に願い、才能教育に取り組んでいたことを申し添えておきたい。ある才能教育政策立案者が筆者に語ってくれた、「ある時、才能教育プログラムに参加していた一人の子どもが私に向かってこういったんです。『僕は自分のクラスでずっと透明人間のように過ごしてきたんだ。でもこのプログラムに参加するようになって、何だか一筋の光が降りてきたみたいだよ』と。その言葉を聞いた時、私はどうしようもなく涙がこぼれてきました」というエピソードは深く印象に残っている。

151　キム・クムフィ、シム・ジェヨン、キム・オンジュ「韓―中英才たちの早期進学および早期卒業に関する比較考察」『教育研究論叢』第28巻第1号、忠南大学校

教育研究所、2007年、179頁。
152　同上論文、同頁。

第6章　アクセラレーションが果たす機能
——高校早期卒業・大学早期入学制度を中心に——

1. はじめに

　本章では、韓国の才能教育制度においてアクセラレーション（本章ではもっぱら「フル・アクセラレーション」を指すこととする）が果たす機能について明らかにする。まず第2節では、韓国においてアクセラレーションが制度化された背景と概況について述べ、続く第3節では、満5歳での初等学校早期就学制度の実施状況について考察する。そして第4節以降では、現地の大学や高校での調査結果をふまえつつ、高校早期卒業・大学早期入学制度に焦点を当てて検討する。まず第4節では、KAISTにおける早期入学制度の実施状況や入学者選抜方法について考察し、続く第5節では、一般大学における早期入学制度について、同様に考察する。第6節では、科学高校における早期卒業制度の運営実態に焦点を当て、高校早期卒業・大学早期入学制度について高校の側から検討する。最後の第7節では、前節までの考察をふまえ、韓国におけるアクセラレーションが才能教育制度において果たす機能とその課題について明らかにする。

　なお現在の韓国においては、高校早期卒業者のほぼ全員が大学へ早期入学しているため、高校早期卒業制度（高校側による早期卒業認定）と大学早期入学制度（大学側による早期卒業者の受け入れ許可）は2つ併せて活用される制度となっている。このため本章においては、高校早期卒業者と大学早期入学者をほぼ同じ意味で用いる。ただし、高校側の視点に立つ場合は高校早期卒業制度や高校早期卒業者、大学側の視点に立つ場合は大学早期入学制度や大学早期入学者というように区別して用いる。

2. アクセラレーションの制度化の背景と概況

(1) 制度化の背景

　同年齢層に比べて知的に早熟であったり、特定の分野に秀でた才能を持つ児童・生徒を対象に、その能力と適性に応じた教育機会を適時に提供すべく、早期入学や早期進級、早期卒業といったアクセラレーションを制度化している国や地域は少なくない。一方で、年齢規範の強い社会においては、同年齢集団と一緒に学び、ともに遊ぶ中で成長していくことを重視したり、異なる年齢集団に入ることでいじめや不適応等の問題が起こる可能性から、アクセラレーションは一般に忌避されがちである。わが国でも1998年度に千葉大学において初めて大学への早期入学制度が実施されたものの、2006年度に同制度を実施した大学は5校、早期入学者はわずか10名に留まっている[1]。

　一方、隣国の韓国では、これまで20年以上に渡ってアクセラレーションが実施されてきた。韓国において初めて体系的にアクセラレーションが実施されたのは、1986年度に導入されたKAISTにおける早期入学制度であり、その後、1996年度に満5歳での初等学校早期就学制度および初・中・高段階での早期進級・卒業制度が導入されたことで、アクセラレーションの機会は広く国民に開かれたものとなった。

　わが国以上に儒教の影響が強く、年齢規範の強い韓国においてアクセラレーションが実施されてきた理由としては、それが特定分野の人材の早期発掘・育成のために必要とされてきたためである。第2章でみたように、KAISTにおける早期入学制度は、科学高校卒業生の受け入れをその主たる目的とし、優秀な科学者の速成という明確な目標を持って導入されたものであった。同じく早期進級・卒業制度の導入も、90年代半ばに推進された人的資源開発のための才能教育の法的基盤整備の一環としておこなわれたものであった。2004年の「秀越性教育総合対策」や2006年の「第2次国家人的資源開発基本計画」など、人的資源開発に関する国家計画においても早期進級・卒業制度の振興が示されている。

　一般的にアクセラレーションに期待される効果としては、①才能の伸長に

関わる時間的ロスの回避、②学費など経済的な節約、③達成への強い動機付け、④有益な才能を社会が利用する期間の増大の4つが挙げられるが[2]、韓国のアクセラレーションの特徴は、4番目の効果が特に強く期待されている点である。政府が大田市教育庁に作成させて全国の学校に配布した早期進級・卒業制度の運営マニュアルには、同制度実施の必要性として次のように述べられている。「21世紀知識・情報化社会を先導する優秀な人材の育成のためには、秀越性教育を強化し、多様な教育と促進の機会を提供し、才能に優れた学生たちが自己実現を図ることができるようにしなければならない」[3]。ここには、第4章でみた韓国の才能教育における「適能教育主義」と「国際競争主義」の2つの理念が如実に反映されている。

(2) 実施状況からみた制度の分類

次に、アクセラレーションの概況について触れておきたい。法的にみた場合、現在の韓国には満5歳での初等学校早期就学制度、KAIST早期入学制度、初・中・高段階での早期進級・卒業制度の3つの制度が存在している[4]。このうち前者2つについては、後述するように一定数の適用者が存在している。それでは、3つめの初・中・高段階での早期進級・卒業制度についてはどうであろうか。**表6-1**は2008年度における全国の早期進級者および早期卒業者数を教育段階別で示したものである。

これをみると、早期進級者は初等学校段階で10名、中学校段階で1名、高校段階でもやはり1名に過ぎないことが分かる。また、早期卒業者は高校段階で1,288名と比較的多かったのに対し、初等学校段階では1名、中学校段

表6-1　各教育段階における早期進級者および早期卒業者数（2008年度）

	早期進級者	早期卒業者	小　計
初等学校	10	1	11
中 学 校	1	33	34
高　　校	1	1,288	1,289
合　　計	12	1,322	1,334

出所：韓国教育開発院教育統計研究センターからの提供資料（2011年1月19日付）をもとに筆者が作成。

階でも33名に過ぎなかった。ここから分かるように、早期進級・卒業制度の中で実際に働いているのは、高校早期卒業制度だけなのである。

　韓国におけるアクセラレーションには、法的にみた場合、上述した3つの制度が存在した。しかし、一定数の適用者が存在し、実際に制度が働いている教育段階は、「就学前→初等学校就学」と「高校卒業→大学入学」の2つのポイントに限られているため、実施状況からみた場合、満5歳での初等学校早期就学制度と高校早期卒業・大学早期入学制度という2つの制度に焦点をしぼることができる。次節ではまず、満5歳での初等学校早期就学制度の実施状況についてみていくことにする。

3．満5歳での初等学校早期就学制度

　図6-1は、年度別の初等学校早期就学者の数を示したものである。これをみると初等学校早期就学者は、制度が導入されて間もない90年代後半には、年間9,000名に迫る勢いであったことが分かる。

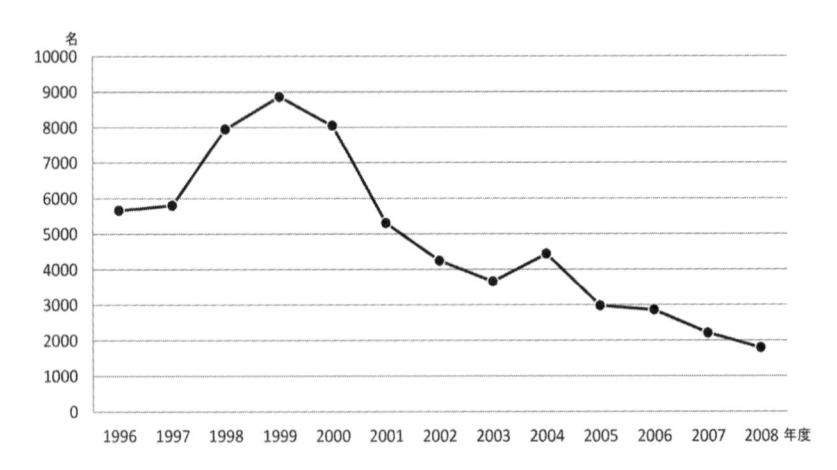

図6-1　初等学校早期就学者数の推移

出所：ペク・ギョンスン『満5歳早期就学児童の初等学校3学年適応度に関する研究』培材大学校大学院碩士論文、1999年、9～13頁、京畿道教育庁学校設立課『初・中等教育法および同法施行令改正による初等学校就学業務推進基本計画』京畿道教育庁学校設立課、2008年、22頁、韓国教育開発院教育統計サービス、http://cesi.kedi.re.kr/、2011年1月18日アクセスをもとに筆者が作成。

当時これほど大量の早期就学者が出た要因としては、第1に、韓国ではもともと就学前の早期教育が盛んであり、ハングルの基礎的な読み書きや計算などの知識・スキルを身につけている幼児が少なくないこと、第2に、初等学校就学時であれば、まだ先輩・後輩の序列ができ上がっておらず、いじめに遭うなどの心配も比較的少ないこと、第3に、早期就学の認定基準が緩やかであり、申請さえすれば大半の子どもが早期就学することが可能であること[5]、第4に、興味深い点であるが、共働きであったり子どもを幼稚園や保育所に預けるだけの経済的余裕がない保護者が、1年でも早く子どもを初等学校に入れたいと早期就学を希望するケースがあること[6]が挙げられる。

しかし同じく図6-1をみると、2000年前後を境に初等学校早期就学者は減少に転じ、2008年度の早期就学者は約1,800名となっている。9年前の最盛期のおよそ5分の1にまで落ち込んだのである。こうした初等学校早期就学制度の急速な衰退の背景としては、第1に、近年になって満5歳児に対する幼稚園や保育所の学費支援が開始されたことで、経済的な理由で子どもを早期就学させるケースが減少したこと[7]、第2に、早期就学した子どもが学校生活に適応できない場合が決して少なくないことが徐々に明らかになってきたため[8]、その結果として早期就学制度への不信が拡散したこと[9]が挙げられる。

さらに第3の背景として指摘できるのが、90年代後半以降、子育て戦略の流行が、早期就学から逆に就学猶予へと移ったことである。たとえばソウル市の場合、就学適齢児童のうち就学猶予者の割合は、1998年度には4.8%(7,104名)に過ぎなかったが、年々その割合が増していき、2007年度には14.8%(18,541名)となっている。これは実に、就学適齢児童の7名に1名近くが就学を猶予している計算になる[10]。初等学校への就学猶予は本来疾病等の事情を抱える子どものために設けられた措置である。しかし近年では早期留学[11]のためや、1月や2月の早生まれ(韓国の新学期は3月)の子どもが就学後に学業成績で遅れをとったり、同級生より体が小さいことによって友人関係等で不利益を被ることを心配した保護者が1年間の就学猶予を申請するケースが多いという[12]。

このように、韓国における初等学校早期就学制度は、当初、才能児の早期

発掘とその能力・適性に応じた教育機会の提供のために導入されたが、実際にはその時々の子育て戦略の流行や、共働き家庭の経済的事情など、才能教育の趣旨とは別の要因に大きく左右されてきたことが分かる。ただし、年齢規範の強い社会においても、就学時のアクセラレーションであれば比較的抵抗なく受け入れられていたことや、一方で初等学校早期就学制度の衰退と就学猶予の流行が、子どもの学校生活への適応（特に情緒的・身体的な側面）に対する不安によってもたらされた表裏一体の現象であったことなどは、年齢規範の強い社会における教育段階初期でのアクセラレーション導入に関して一定の示唆を持つといえよう。

次節以降では、高校早期卒業および大学早期入学制度について検討していく。

4．KAISTにおける早期入学制度

(1) 実施状況

まず、KAISTにおける早期入学制度の実施状況からみていく。第2章で述べたように、韓国において初めて大学早期入学制度が導入されたのは、1986年度のKAISTにおいてであった。その主要な目的は、1983年に設立された科学高校の卒業生を受け入れ、彼らをいち早く国家・社会の発展に寄与できる優秀な科学者へと育成することにあった。このように韓国の大学早期入学制度は、政府の才能教育政策の一環として、科学技術分野の高度なマンパワーの育成という明確な目的を持って導入された点が特徴である[13]。

もちろん科学高校を3年で卒業してからKAISTに入学することも可能であるものの、その割合は圧倒的に少なく、科学高校からKAISTに進学者する者のうち実に9割が早期入学者となっている[14]。図6-2は、KAISTの全入学者数と科学高校からの早期入学者数の推移を示したものである。これをみると、科学高校からKAISTへの早期入学者は80年代に増加を続け、90年代に入ると約300名で推移し、2000年代には約400名まで増加してそのまま推移していることが分かる。また、全入学者に対する科学高校からの早期入学者の割合についても、90年代は約5割、2000年代は約7割と、年代ごとに比較

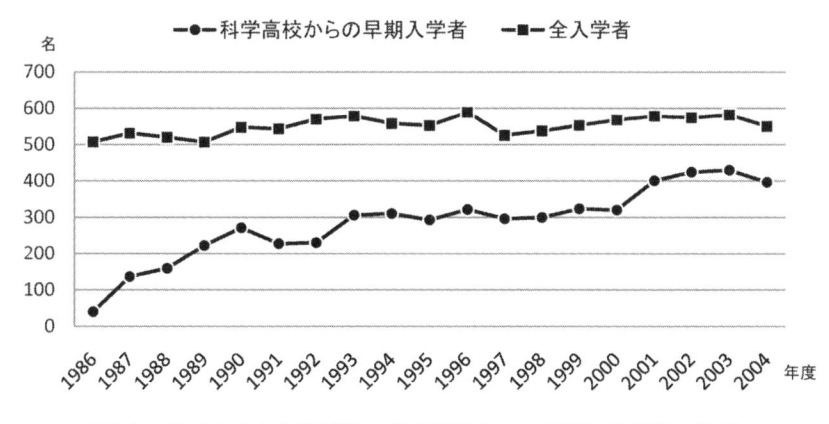

図6-2　KAISTの全入学者数と科学高校からの早期入学者数の推移

出所：キム・ジョンドゥク（事業責任者）『2004年度科学英才発掘・育成事業結果報告書―科学高早期卒業生の進学および大学適応に関する研究―』KAIST科学英才教育研究院、2005年、23〜26頁をもとに筆者が作成。
注：1991〜2000年度の科学高校からの早期入学者のデータは、数校分が原文データから抜けているため参考値。

的安定している。

　なお、80年代に科学高校からの早期入学者が増加していった理由は、初期の科学高校の設立によって卒業生が増えていったためである。第2章でみたとおり、80年代には科学高校卒業生のほぼ全員がKAISTへ早期入学していた。また、90年代の科学高校からの早期入学者数の推移をみると、第3章でみた科学高校の急激な増設・拡充と卒業生の急増とまったくリンクしていないことが分かる。90年代を通じてKAISTの受け入れ定員はほぼ一定であり、そこからあふれた大量の卒業生は比較内申制を利用して一般大学へ進学していたのである。さらに、2000年代に科学高校からの早期入学者が増加した理由としては、比較内申制の廃止が挙げられる。90年代末の比較内申制廃止によって科学高校から一般大学への進学が厳しくなった影響で、相対的にKAIST早期入学への志願者が増えたのである。

　KAISTは1986〜2004年度までの間に、科学高校から5,108名に上る早期入学者を受け入れてきた[15]。KAISTにおける早期入学制度の実施は、才能教育制度の構造内に、「分岐型Ⅰ」という80年代から現在まで続く確固たる進

学ルートを作り出したのである。

(2) 入学者選抜方法

　KAIST の入学者選抜の特徴は、第1に、科学技術部の所管であるため、教育部の干渉や一般の大学入試制度に関する諸規制を受けることなく独自の方法で実施することができる点が挙げられる。このため志願者は、一般大学志願時のように修能試験を受験する必要がない。第2の特徴としては、KAISTへの早期入学者に対して、1988年より法令[16]に基づき、高卒と同等の学力が自動的に認定されている点が挙げられる。この場合、後の早期卒業と区別して「早期修了」と呼ばれる。KAIST の早期入学制度は、あくまで一大学が独自に実施する制度であるが、科学技術分野における高度なマンパワーの育成という国家目標の下、法令に基づいた特例的な学力認定制度が整備されているのである。このため、早期入学者が万が一ドロップ・アウトした場合にも、他大学への転学等の対処が可能であり、早期入学者個人が負うリスクはある程度軽減される。学力認定制度が早期入学者に対するある種のセイフティ・ネットとなっているのである。このことは、わが国の大学早期入学制度に高校の学力認定がともなわないのとは対照的である。

　なお、上述したように1996年度からは初・中・高段階における早期卒業制度が導入されたが、90年代までは早期卒業のための要件が厳しかったため[17]、KAIST に進学する者はもっぱら早期修了の資格で早期入学していた。しかし2000年度に早期卒業のための要件が大幅に緩和され、比較的容易に認定を受けることができるようになったため[18]、現在では KAIST の早期入学者のほとんどが、高校早期卒業の資格で進学してくる[19]。

　それでは KAIST 早期入学制度の具体的な選抜方法についてみていこう。KAIST の学士課程では第1～4次募集までの選抜時期を設けているが、毎年9～11月にかけておこなわれる第1次募集で定員の9割以上を選抜している。基本的には早期入学者もこの第1次募集で選抜する (**表6-2**)。

　選抜方法は書類審査と面接のみであり、修能試験も課されないため、志願者は一般的な大学入試準備から解放されることになる。特徴的なのは、早期

表6-2 KAISTにおける早期入学制度の実施状況（2007年度）

開始年度	1986年度
選抜時期	第1次募集（書類審査9月初旬、面接10月下旬、合格発表11月初旬）
選抜方法	書類審査（TOEFL等英語能力を含む）、面接
募集分野	自然科学学部、工学部、学際学部
募集定員	640名（第1～4次の全募集定員は約700名）

出所：KAISTの2007年度募集要項を参考に筆者が作成。

入学の志願者に対して、事前に学内の科学英才選抜委員会による「入学志願資格認定」を課している点である。早期入学志願資格の認定基準は、科学高校生とそれ以外の高校（事実上は一般系高校）の生徒で区別されており、科学高校生の場合、2学年に在学しており科学技術分野に卓越した能力があると所属学校長が認定し推薦した者となっている。一方で、科学高校以外の高校の生徒の場合、2学年1学期までの全学年・全科目換算平均が100点中80点以上または評点基準5.0中4.0以上で、科学技術分野に卓越した能力があると所属学校長が認定し推薦した者となっており、科学高校に比べて具体的で厳しい条件が設けられていることが分かる[20]。なお、2007年度の入学者選抜においては申請者全員が志願資格の認定を受けており、資格審査は形式的な面が強いと考えられる。つまり科学高校生の場合、学校長の推薦を受けて、本試験の書類審査と面接をパスすれば、別途の試験なしにKAISTへ早期入学できるのである。ここからも分かるように、「科学高校→KAIST」という「分岐型Ⅰ」ルートは、非常に選抜性が低い進学ルートであるといえる。志願資格の緩さからみても、科学高校生は高校進学段階ですでに厳しい選抜を経た存在と位置付けられているといえよう。

なお、表6-3は2004年度のKAIST入学者に関して出身学校の種別と高校の

表6-3 KAIST入学者の出身学校種別と卒業状況（2004年度）

	早期卒業	通常卒業	既　卒	小計
科学高校	396名(72.0)	40名(7.3)	1名(0.2)	437名(79.5)
科学高校以外の高校	34名(6.2)	54名(9.9)	16名(2.9)	104名(18.9)
合計	430名(78.2)	94名(17.1)	17名(3.1)	550名(100.0)

出所：キム・ジョンドゥク（事業責任者）『2004年度科学英才発掘・育成事業結果報告書―科学高早期卒業生の進学および大学適応に関する研究―』KAIST科学英才教育研究院、2005年、26頁をもとに筆者が補足。
注：入学者には編入生5名、外国の高校出身者3名、外国人1名を含む。カッコ内は全入学者数を分母とした百分率。

卒業状況をまとめたものである。これをみると、KAISTの全入学者のうち、科学高校からの早期入学者は72.0%で、これに科学高校以外の高校からの早期入学者を合わせると78.2%になる。つまりKAISTは、全入学者の8割を早期入学者が占め、しかもそのうち9割が科学高校出身者というかなり特殊な学生構成を持った大学であることが分かる。

(3) 早期入学者の大学生活への適応状況

　大学早期入学制度に対する批判として、早期入学者は年上の同級生の中で孤立しがちであり、このことが学業にも悪影響を及ぼすといった指摘がある[21]。つまり、早期入学者は周囲より早く大学に進学したことで人間関係や学業成績の面で不適応を起こしやすいということであり、特に韓国のように年齢主義が強い社会ではその可能性が高いと推定される。それではKAISTにおける早期入学者の大学生活への適応状況はどのようであろうか。これに関して、2004年にキム・ジョンドゥクらが科学高校出身の学部1・2年生を対象とする満足度調査(調査項目は、教員の質と配慮、授業の質、交友関係など)をおこなっている。その結果によれば、科学高校2学年から早期入学した者と科学高校3学年を終えて入学した者の適応状況に統計的な有意差はなく、むしろ早期入学者のほうが全般的に大学生活に対する満足度が高かったという[22]。また、筆者のインタビュー調査によれば、KAISTの早期入学者の学業成績は非常に良好とのことであった[23]。

　ここから、KAISTにおける早期入学者の大学生活への適応状況はおしなべて良好であると考えられる。その要因としては、中・高段階に比べて大学では浪人生なども多く、学生間での年齢規範が比較的緩やかになることもあろう。だがKAISTの場合、主たる要因は次のような特殊な環境にあると考えられる。まず第1に、早期入学者の大部分が科学高校出身者で占められている点である。科学高校に入学するためには、全国でもトップレベルの数学・科学分野に関する学力を有している必要があるため、彼らの当該分野における能力と適性は元来非常に高い。第2に、早期入学者の割合の高さである。上述したようにKAISTでは全入学者の約8割が早期入学者であり、一般の大

学とは逆に、むしろ早期入学者がマジョリティとなっている。KAISTでは、科学高校出身の早期入学者は出身校ごとに集まってグループを作り、一般系高校出身者や科学高校を3年で卒業した者などもそれぞれ境遇の近い者同士で集まって結束するという。このため、特定の早期入学者が周囲から浮いてしまったりする状況はほとんどみられないとのことである[24]。このように、KAISTは大学自体が非常に特殊な環境を有しているため、早期入学者に対する特別な教育プログラムや心理的サポートは実施されていない。

これまでKAISTが5,000名以上の早期入学者を受け入れてきたことは先に述べたが、その中には現在科学者として第一線で活躍している者も多い。同校における早期入学制度の実施は、その目的であった科学技術分野の高度なマンパワーの育成という点からみた場合、おおむね成功していると評価できる。ただしこのような一種の「純粋培養」方式のアクセラレーションにおいては、万が一早期入学者が科学技術分野へ進むことを希望しなくなったり、他の分野に興味を持った際には進路変更が難しい（つまり「つぶし」が利かない）という点でリスクがあることにも留意しなければならないだろう。

次節では一般大学における早期入学制度の実施状況についてみていく。

5. 一般大学における早期入学制度

(1) 実施状況

一般大学への早期入学については、KAISTの早期修了のような特例措置が認められていない。このため、原則的に早期卒業の認定を受けない限り一般大学へ早期入学することはできない。こうした事情から、一般大学において早期入学制度が本格的に実施され始めたのは意外に遅く、早期卒業認定の要件が大幅に緩和された2000年度以降のことであった。同年にPOSTECHが一般大学としては初めて正式に早期入学制度を導入し（ただし初年度は志願者なし）、これに続くように、ソウル大学などの主要な一般大学が相次いで早期入学制度を導入していった。韓国では現在、大部分の一般大学が早期入学制度を導入している（すなわち、高校早期卒業者の志願を許可している）といわれる[25]。

```
名
1500 ━●━ 高校早期卒業者数    ━▲━ うち科学高校卒業生

1200                                              ●
                                            ▲
                                    ●
 900                              ▲
                         ●
               ●       ▲
 600         ▲

 300

   0
          2004      2005      2006      2007      2008 年度
```

図6-3　高校早期卒業者数の推移

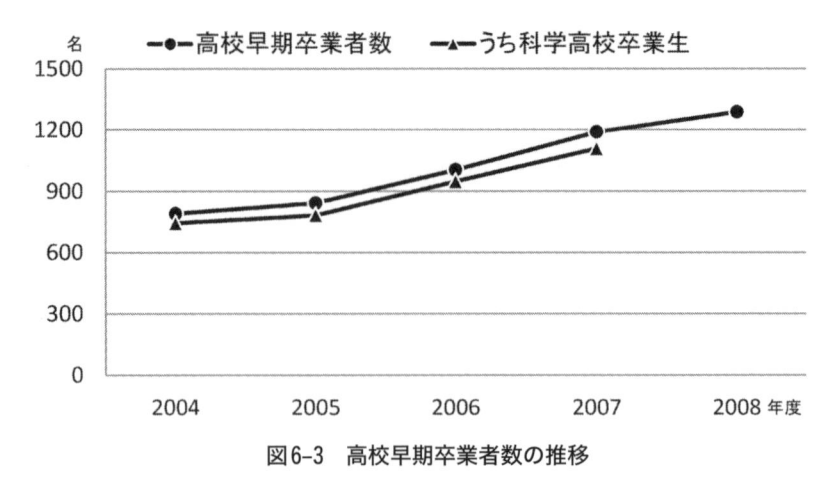

出所：韓国教育開発院教育統計研究センターからの提供資料（2011年1月19日付）および教育科学技術部、韓国教育開発院『2008教育統計分析資料集』韓国教育開発院、2008年c、284頁をもとに筆者が作成。
注：2008年度の科学高校の早期卒業者数はデータなし。

　1996年度に導入された高校早期卒業制度であったが、90年代には適用者が年間わずか数名しかおらず有名無実の状態であった[26]。しかし2000年代に入ると一転して高校早期卒業者が急増し、2008年度には1,288名に達している（図6-3）。

　このように2000年代に入って急激に高校早期卒業者数が増加した理由としては、第1に、2000年度に早期卒業の認定要件が緩和されたことで、それまで早期修了資格をもってKAISTに進学していた科学高校生が、正式な早期卒業資格を取得して進学するようになったことが挙げられる。これにより、以前は早期修了者としてカウントされていたKAIST早期入学者が、早期卒業者としてカウントされるようになったのである。
　そして第2に、この時期にソウル大学や延世大学、高麗大学といった一般大学が相次いで早期入学者の受け入れを開始したことで、科学高校生がこぞって早期卒業を選択してこれらの大学へ進学するようになったことが挙げられる。第3章でみたように、90年代末の比較内申制の廃止により、多くの科学高校生にとって最上位の内申成績を受けることはほとんど不可能になった。このため、通常に3年で卒業して一般入試を受ける場合、科学高校生は

一般系高校生と比べて相対的に不利になり、結果的にソウル大学をはじめとする一流大学への進路を大きく狭められていた[27]。しかし、一般大学が早期入学者の受け入れを開始したことで、高校早期卒業を通じて一般大学へ早期入学するという新たな進学ルートが立ち現れたのである。これが第5章の図5-3で示した、科学高校2学年から一般大学へと延びる新たな「還流型」の進学ルート、すなわち「還流型Ⅱ」ルートが生じた背景である。

図6-3から分かるように、高校早期卒業者数は年々増え続けているが、その9割以上は科学高校卒業生によって占められている。一方で、一般系高校の場合、2000年度に初めて早期卒業者が出たものの[28]、その数はあまり伸びず毎年30～50名強に留まっている[29]。母集団の大きさを考えれば、一般系高校から高校早期卒業者が出るのは、まさに「日照りに豆が生える」(韓国のことわざで『ごく希である』ことの喩え)ほどであるといえよう[30]。外国語高校からの早期卒業者も毎年数名いるかいないかであり[31]、「還流型Ⅱ」ルートは事実上、科学高校卒業生専用の進学ルートとなっているのである。

なお、**図6-4**の科学高校卒業生の進路状況をみても、比較内申制廃止後落

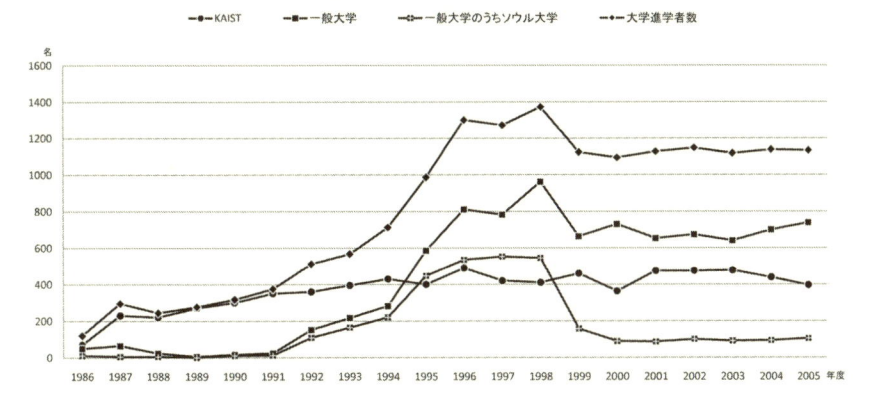

図6-4 科学高校の卒業生(早期修了者・早期卒業者を含む)の進路状況

出所:キム・オンジュ(研究責任者)『科学高等学校卒業生に対する追跡研究』韓国科学財団、1999年、11～13頁、教育人的資源部、韓国職業能力開発院『国家人的資源開発白書』教育人的資源部、韓国職業能力開発院、2006年、252頁より筆者が作成。
注1:年度別の進学者数は2学年早期修了・2学年早期卒業をもって大学に早期入学した者も含む。
注2:1993年度の大学別進学者数は不明であるため推定値。
注3:原文では、1997年度と1998年度において、大学進学者数と大学別進学者数の合計の間に齟齬があったため、ここでは後者の数字を採用した。

ち込んでいた一般大学進学者数が、早期卒業者数の増加とリンクするように2004年度以降再び増加しているのが分かる（図では判別しにくいが、ソウル大学進学者数も2000年代初めを底に、増加傾向にある）。そして一般大学進学者数が増加するのと反比例するように、KAIST進学者数が減少している。

2000年代以降、科学高校において早期卒業制度を利用した大学早期入学が盛んになる中、以前はKAISTに限られていた早期入学先も多様化している。たとえば2005年度の科学高校の全早期卒業者のうち、KAISTに早期入学した者は56％であったということであるから、浪人生や海外留学者を考えなければ残り44％がKAIST以外の大学に進学したことになる。さらにこのうち、ソウル大学が7％、POSTECHが6％、延世大学、高麗大学、韓国情報通信大学(Information and Communications University: ICU)[32]3校の小計が25％（5校の合計38％）であることが分かっている[33]。これは換言すれば、科学高校から一般大学へ早期入学した者のうち8割以上がソウル大学、延世大学、高麗大学、ICU、POSTECHのわずか5校に進学したということである。これら5校はいずれも韓国でトップクラスの大学である。上述したように、韓国では現在、大部分の大学が早期入学制度を実施している。しかしながら科学高校の例をみると、実際には一部の一流大学に早期入学者が集中しているものと推察される[34]。

それでは、一般大学における早期入学者の具体的な受け入れ方法はどのようになっているのだろうか。早期入学者の有力な受け入れ先になっていると考えられる一般大学6校について、各大学の募集要項の内容や入試業務担当職員へのインタビュー調査に基づいてみていくことにする。

(2) 入学者選抜方法

表6-4は、主要な一般大学6校における2007年度の早期入学制度の実施状況を整理したものである。まず選抜時期についてであるが、どの大学も随時募集を通じて早期入学者(高校早期卒業者)を受け入れている。つまり、韓国の一般大学における早期入学制度は、一般の大学入試制度の枠内において、入学者選抜の多様化の一環として実施されているのである。このため、実際

表6-4 一般大学における早期入学制度の実施状況（2007年度）

校名	積極派			中間派		消極派
	延世大学※ （私立）	POSTECH （私立）	ICU （私立）	高麗大学※ （私立）	梨花女子大学※ （私立）	ソウル大学※ （国立）
所在	ソウル市	浦項市	大田市	ソウル市	ソウル市	ソウル市
開始年度	2004年度	2000年度	2001年度	2002年度	2005年度	2001年度
選抜時期	随時2学期	随時2学期	随時2学期	随時2学期	随時2学期	随時2学期
選抜方法	内申成績 書類評価 深層面接および口述試験	内申成績 書類評価 面接と口述試験	内申成績 書類評価 面接	内申成績 書類評価 深層面接	内申成績 書類評価 口述面接	書類評価 面接および口述試験 （自然系学部）
選抜方式 （対象）	「早期卒業者選考」	「高2早期卒業者随時募集」 （数学・科学に卓越した才能を有する者）	「早期卒業者選考」	「随時2学期科学英才選考」 （科学高校出身者や数学・科学の成績が平均席次の上位20％以内の者） など	「未来科学者特別選考」 （数学・科学に優秀な力量を持つ者） など	「特技者選考」 （当該分野の教科成績が極めて優秀な者） など
早期入学者特別選抜の有無	有	有	有	無	無	無
最低学力基準の要求	無	無	無	有	無	自然系は無（系列によっては有）
募集分野	理学部 工学部 （早期卒業者選考）	数学科 物理学科 化学科等 （高2早期卒業者随時募集）	工学部 IT経営学部 （早期卒業者選考）	生命学部 工学部 情報通信学部 （科学英才選考）	自然科学部 薬学部 工学部 （未来科学者特別選考）	人文系・自然系の各学部 美術・音楽学部 教育学部の体育教育科 （特技者選考）
募集定員	220名（早期卒業者選考）	60名（高2早期卒業者随時募集）	40名程度（早期卒業者選考）	60名（科学英才選考）	70名（未来科学者特別選考）	683名（特技者選考）
実際の早期入学者の数	募集定員にほぼ準じる	募集定員にほぼ準じる	募集定員にほぼ準じる	数十名	21名（未来科学者特別選考）	139名（全系列含む）

出：各大学の2007年度募集要項、筆者による各大学の入試業務担当職員へのインタビュー、漢城科学高等学校歴史編纂委員会『漢城科学高等学校が歩んできた道―1992～2004―』漢城科学高等学校、2005年、193頁、ソ・ヘエ（研究責任者）『科学高等学校発展方案研究』韓国教育開発院、2006年、151頁、国民日報、2006年12月16日付、ソウル大学校入学管理本部『2008学年度ソウル大学校随時募集選抜結果』ソウル大学校報道資料、2007年12月15日付、3頁を参考に筆者が作成。

注：校名の※印は筆者が実地調査をおこなった大学。

の選抜方法も内申成績や書類の評価、面接、口述試験といった随時募集において一般的に使用される方法を採っている。わが国が一般の大学入試制度から隔絶した例外的な措置として早期入学制度を実施しているのとは対照的である。

ここで挙げた6校のうち、早期入学者に対象をしぼった特別選抜を実施しているのは、延世大学、POSTECH、ICU の3校である。ただし、特別選抜を別途設けていない大学についても、高麗大学の「科学英才選考」や梨花女子大学の「未来科学者特別選考」のように「早期入学希望者であればおおよそこの方式に志願する」という選抜方式が存在している。

　また、早期入学者を主な対象とする選抜方式の募集分野には、理工系への偏りがみられることも特徴である。ソウル大学を除く5つの大学では募集分野が理工系に限定されているし、ソウル大学の場合も結果的に早期入学者の志願先は理工系の学部・学科に集中するという。これは、各大学の早期入学者に占める科学高校卒業生の割合が圧倒的に大きく、大学側も早期入学制度の主な対象として科学高校卒業生を念頭に置いているためである。

　今、早期入学者に対象をしぼった特別選抜の募集定員についてみてみると、延世大学の220名が突出して多い。しかし同校は1学年6,000名を超える学生を擁する大規模総合大学であるので、全募集定員に占める特別選抜の定員の割合は3～4%程度と相対的に小さくなる。これに対し、小規模単科大学である POSTECH は20%、ICU は33%と、全募集定員に占める特別選抜の定員の割合が高い。

　一方、特別選抜を実施していない大学における早期入学者の数についてみてみると、高麗大学は数十名程度であるといい、梨花女子大学は21名[35]となっている。ソウル大学の早期入学者数は139名と比較的多いが、これは自然系(理工系)の学部以外にも人文系や芸術系の学部への早期入学者も含んでいるためである。したがって、募集定員も高麗大学や梨花女子大学の10倍近くとなっている。これら3校も延世大学と同様に1学年の在学生が3,500～6,000名の大規模総合大学であり、多く見積もっても早期入学者の割合は2%程度に留まる。このように、POSTECH や ICU のような早期入学者が全募集定員の2～3割を占める大学がある一方で、大規模総合大学の早期入学者は2～4%程度であり、依然として圧倒的なマイノリティであることが分かる。

　なお、随時募集を通じて早期入学制度を実施する際に焦点となるのは、修能試験による「最低学力基準」が求められるかどうかという点である。随時

募集は夏から秋にかけて修能試験の前に実施されることが多いが、最低学力基準を求められる場合、随時募集に合格した後に修能試験を受け、大学の指定した成績を上回らなければ最終的な入学許可がおりない。この場合、定時募集（一般入試）の志願者と同じく修能試験の準備をしなければならず、大学入試準備の負担はさほど軽減されない。再び表6-4をみると、6校のうち最低学力基準を求めているのは高麗大学だけである[36]。このように早期入学者を主な対象とした入学者選抜で最低学力基準を求めない理由としては、もともと志願資格の基準が高く設定されているためと、現時点でこれらの入学者選抜に志願し合格する者は科学高校卒業生など学力水準が極めて高い集団であることが大きいと考えられる。また、科学高校卒業生側にとっても、修能試験の準備をしなくても済み、一般系高校のトップ層との競争も避けられる早期入学制度は魅力的であろう。

以上から分かるように、早期入学者を主な対象とする入学者選抜は、一般の大学入試制度の枠内に留まりつつも、一般の高校卒業生を対象とするものとは志願資格や選抜方式などにおいて一線を画している。つまり一般大学における早期入学制度は、一般の大学入試制度の中において科学高校卒業生と一般系高校卒業生の大学進学ルートを分ける機能を果たしており、一般系高校卒業生の大学進学機会を圧迫しない仕組みを作り出しているのである。また、早期入学者を主な対象とする選抜方式の募集分野には理工系への偏りがみられたが、このことは一般大学における早期入学制度が、KAIST 早期入学制度と同様に、科学高校卒業生を科学技術分野へと誘導する機能を果たしていることを意味している。

(3) 早期入学者の受け入れに対する大学側の認識

それでは、早期入学者の受け入れに対する大学側の認識はどのようなものであろうか。各大学の早期入学者受け入れに対する姿勢を分類するなら、まず、特別選抜を実施している延世大学、POSTECH、ICU の3校については、早期入学者の受け入れに積極的な「積極派」と分類できよう（表6-4）。たとえば延世大学の場合、「現在のところ早期入学者は成功的である」として、年

を追うごとに特別選抜の定員を増やしていた[37]。その一方でソウル大学は、「十分に高校3学年レベルの実力を持っている者に対しては、門を閉ざすのではなく、一般の志願者と同じガイドラインに基づき『特技者選考』の定員の一部として受け入れる」としている。早期入学者の実数は比較的多いものの、早期入学者の受け入れはあくまで「例外措置扱いである」というスタンスをとっており[38]、ソウル大学は相対的に「消極派」と分類できる。高麗大学や梨花女子大学は特別選抜こそ実施していないものの、早期入学制度の実施そのものについては前向きな姿勢を示しており、今後も推進していくつもりであるという[39]。この2校はいわば、「積極派」と「消極派」の間に位置する「中間派」であるといえよう。

　早期入学制度実施によって大学側が享受するメリットとしては、「高校早期卒業者の中から優秀な者を選ぶことができる」(延世大学)や「優秀な学生を先に取ることができる」(高麗大学)を挙げていた。もちろんこれら少ない事例を一般化することはできないが、早期入学者受け入れの背景には、優秀な学生(特に科学高校卒業生)を獲得するための「青田買い」的なねらいが含まれているとみることができる。逆にソウル大学が早期入学者の受け入れに消極的な理由としては、同校の場合、わざわざ早期入学制度を使って「青田買い」しなくとも、韓国社会における圧倒的な威信によって十分に優秀な学生を集めることができるためであると考えられる[40]。

　なお、筆者が調査をおこなった4校においては、KAISTと同じく早期入学者を対象とした特別な教育プログラムや心理的サポートを実施しておらず、わずかに梨花女子大学が早期入学者同士の親睦会を非公式に支援しているのみであった。こうした早期入学者に対するサポート体制の不在については、高麗大学と梨花女子大学が今後改善したい意向を示していたものの、基本的に4校とも共通して「大学側としては、あくまで高校卒業と同等の学力を有すると認定された者の中から入学者を選抜している」というスタンスをとっていた。ここには、早期入学者の基礎学力等の保証に関する一義的な責任が、早期卒業を認定した高校側にあるとみなす大学側の認識がうかがわれ、それが早期入学者に対する特別なサポートを実施しない根拠の1つとなっている

ことが分かる。

このように、高校早期卒業制度を前提とした大学早期入学制度のあり方は、大学側の責任や負担を軽減し、同制度の導入・実施におけるハードルを引き下げる推進材料となっていると考えられる。しかし一方で、KAIST とは異なり、一般大学（特に大規模総合大学）において早期入学者は依然として圧倒的なマイノリティであることを考えると、高校早期卒業の認定に対する過剰な信頼や依存が、ややもすると早期入学者に対するサポート体制の不備を正当化する結果につながりかねないことにも注意すべきであろう。

それでは、高校早期卒業認定の一義的責任を負い、大学早期入学者を送り出す立場にある高校側の対応や認識はどのようなものであろうか。また、同制度を実際に利用する生徒はどういった目的でこれを利用しているのであろうか。次節では大学早期入学者の主要な供給先である科学高校に注目し、高校早期卒業制度の運営実態を探ることで、近年の高校早期卒業・大学早期入学制度の隆盛の中に潜む課題について検討したい[41]。

6．科学高校における早期卒業制度

(1) 早期卒業の認定方法

初めに、具体的な高校早期卒業の認定方法についてみていく。科学高校の早期卒業に関する規定や認定方法の詳細は学校ごとに少しずつ異なるが、ソウル市所在の漢城科学高校における早期卒業の認定方法は以下のとおりである[42]。まず早期卒業を希望する者は、保護者同意の上で2学年進級後45日以内に早期履修申請書を提出する。その後、校長によって早期履修対象者が選定される。早期履修対象者は、3学年担当の各教科教員の指導の下で3学年のカリキュラムを、原則的に自習にて学習する。そして、その学習成果に対して校内の履修認定評価委員会による評価を受け、最終的に早期卒業対象者として認定される。なお合格基準は、2学年1学期におこなわれる遂行評価（50点）と筆記試験（50点）において計70点以上を取ることとなっている。

以上から、早期履修は原則として自習によっておこなわれ、早期履修認定

の可否は2回の試験の結果によって決定されることが分かる。しかも、早期履修対象者が選定されてから2学年1学期の試験までわずか2ヶ月半しかなく、3学年のカリキュラムを学習する時間はごく限られている。同様の傾向は他の科学高校にもみられ、早期履修認定の判断基準が学業成績に偏り過ぎているとの批判もある[43]。なお、自習を原則とした上級学年のカリキュラム学習や試験を中心とした履修認定方法は、同じソウル市に所在するソウル科学高校にもほぼ共通している[44]。

　さらに注目すべきは、漢城科学高校では、仮に早期履修認定評価で合格基準を上回らない教科があった場合にも、夏休みに補習を受けるなどの救済措置によって最終的には早期卒業が認定されることになっている点である。また甚だしくは、早期履修をおこなわなかった場合でさえ、KAISTの特別選抜や一般大学の随時募集等に合格して大学側から入学許可がおりた者には、補習やボランティア活動、レポート提出等の救済措置によって早期卒業が認定されることがあるという。その一方で、たとえ定められた早期履修課程を修了した者であっても、大学入試に不合格となった場合には早期卒業認定の対象から除外され、そのまま3学年に進級することになる。ソウル科学高校の場合も、仮に早期履修認定評価で合格基準を上回らない教科があった時には、補習などの救済措置を講じるケースがあるとのことである。また、随時募集に志願して合格した場合には、特例措置として早期卒業の認定が可能になっている[45]。さらにKAISTから早期入学の許可を受け、その後入学登録した場合については、早期履修課程そのものを履修せずとも、早期卒業を認定することになっている[46]。

　このように、申請者が最終的に早期卒業を認定されるかどうかは、大学入試の合否に決定的に依存していることが分かる。事実上、大学から入学許可が出た者に対しては全員無条件に早期卒業を認めている状況であり、たとえ教員が妥当と考える学力水準に達していない生徒であっても早期卒業を認定しているケースもあるという[47]。ある科学高校の教員によれば、このような変則的な措置が取られているのは、大学から入学許可がおりた生徒については早期卒業させるようにとの教育部からの通達があるためという。このよう

に、上級学年の教育課程の履修について厳密な評価がおこなわれないまま、大学入試の結果に基づいて早期卒業の如何が決定されている現状を突き詰めていけば、近年の高校早期卒業・大学早期入学制度の隆盛は一方で、高校教育そのものの存在意義を揺るがせかねない危険性をはらんでいるといえよう。

(2) 早期卒業制度の副作用

　近年の高校早期卒業・大学早期入学制度の隆盛は、一方で科学高校における教育の空洞化という副作用をもたらしている。高校早期卒業者を対象とした大学入試の合否はおおよそ2学年の10月までには決定するため、卒業年限が1年早まるだけでなく、早期卒業までの残り半年も事実上空白期間となるのである。もちろん各学校は大学早期入学が決定した生徒のために特別授業や論文作成などの教育プログラムを組んでいるものの、すでに大学進学が決定した生徒の授業に対するモチベーションを維持させることは難しいという。むしろ、内申成績が重視される定時募集を目指す学友に高い学内席次を与えるために、大学進学が決定した生徒は定期試験などで良い成績を取らないことが美徳とされる雰囲気まで存在しているという[48]。

　さらに科学高校では平均65％の生徒が早期卒業しており（2005年時点）[49]、3学年の生徒が極端に減少するため教育課程の正常な運営が難しい状況にあるという。たとえば漢城科学高校の場合、医学部進学希望者などの成績上位層[50]と、KAISTへの早期入学が適わない成績下位層を合わせた3割を除き、中間層の約7割の生徒が早期卒業を選択するということである[51]。実際、漢城科学高校では、2005年度に2年生の7割が早期卒業したため、翌2006年度の3年生はわずか45名となってしまった[52]。こうした傾向は、ソウル科学高校でも同じくみられるということであった[53]。

　科学高校における教育課程の運営状況についての教員に対する質問調査では、1学年については93％の教員が「忠実に運営されている」と答えたのに対し、2学年については32％、3学年については7％の教員のみが「忠実に運営されている」とした[54]。早期卒業制度が盛んになって以降、科学高校に

おける実質的な教育期間は2学年前半までの1年半しかなくなり、現場の教員は教科教育をおこなうだけで精一杯であるという[55]。ほとんどの卒業生がKAISTに早期入学していた80年代にはこうした声は聞かれなかったことから、一般大学への早期入学者が増えたことで大学との連携が取りにくくなったことも、教育課程の運営状況悪化の要因となっていると考えられる。

(3) 生徒側からみた早期卒業制度

次に、生徒たちが早期卒業制度どのように認識し、利用しているかについて検討したい。近年、科学高校生の早期卒業に対する選好度が高くなっている最大の理由は、前述したように、比較内申制の廃止にある。比較内申制廃止後は学内席次による内申成績算出方法が科学高校卒業生にも一律に適用されるようになったため、一般系高校ならば最上位層に位置する学力を持つ生徒であっても、科学高校では中位や下位の内申成績しか取れないケースも出てきた。このため、内申成績が重視される定時募集で一般系高校卒業生と競争することを嫌った科学高校生が、大挙して早期卒業を選択するようになったのである。

図6-5、6-6、6-7、6-8は、データを入手できた科学高校4校について、年度別の卒業・修了状況 (3学年を終えての通常卒業、KAIST早期入学による2学年を終えての早期修了、2学年を終えての早期卒業) を示したものである。これをみると、学校ごとに差異はあるものの、おおよそ以下の状況が読み取れる。まず80年代から90年代にかけては科学高校の大学進学制度の柱とされた早期修了 (KAISTへの早期入学) が隆盛であった。しかし90年代半ば以降、科学高校増設・拡充政策により卒業生が急増し、KAISTの受け入れ定員を超過したため早期修了が減少し[56]、代わりに3学年を終えての通常卒業 (比較内申制を利用した一般大学への進学) の割合が増えた。その後、90年代末には比較内申制が廃止されて一般大学への進学が難しくなったため通常卒業が減り、大量の自主退学者が出たことも加わって、再び早期修了の割合が相対的に増加した。さらに、早期卒業の認定要件が緩和され、一般大学が早期入学者の受け入れを拡大した2000年代以降、早期修了が一気に早期卒業に置き換わると

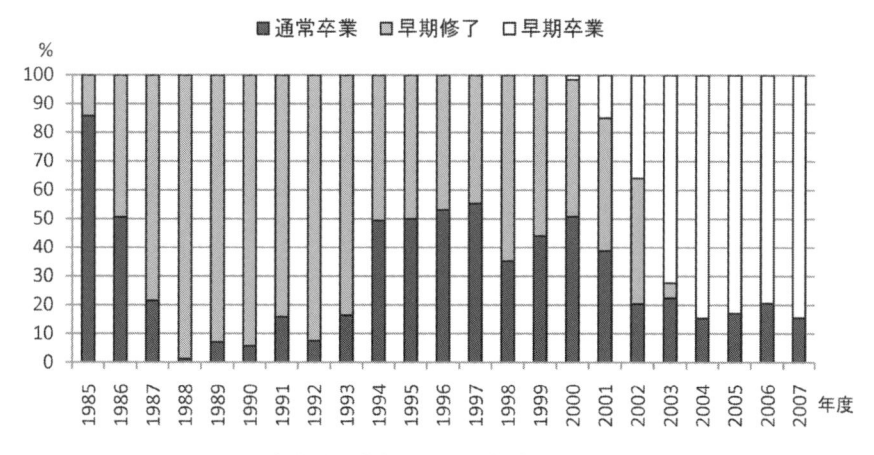

第6章 アクセラレーションが果たす機能　263

■通常卒業　■早期修了　□早期卒業

図6-5　京畿科学高校における年度別卒業・修了状況

出所：京畿科学高等学校『京畿科学高等学校20年史1983〜2003』京畿科学高等学校、2003年、118頁。京畿科学高等学校ホームページ、http://www.kshs.hs.kr/contents.do?menuId=13、2008年8月24日アクセスより筆者が作成。

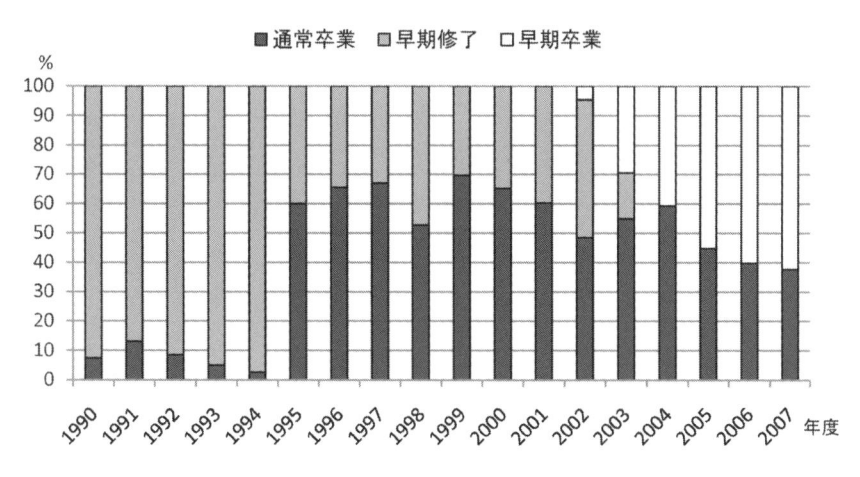

■通常卒業　■早期修了　□早期卒業

図6-6　大邱科学高校における年度別卒業・修了状況

出所：大邱科学高等学校ホームページ、http://www.ts.hs.kr/introduction/introduction08.asp、http://www.ts.hs.kr/introduction/introduction08-1.asp、2008年8月24日アクセスより筆者が作成。
注：1989年度に最初の早期修了者（第1期生）を輩出しているが、比較対象である通常の卒業生が出る前であるため、ここでは省略した。

図6-7　忠北科学高校における年度別卒業・修了状況

出所：忠北科学高等学校ホームページ、http://cbs.hs.kr/sub1_2.htm、2008年8月24日アクセス、ラインアップエデュ特殊目的高校情報、http://www.line-upedu.com/tkmok_info.php?p_si_code=21、2009年7月19日アクセスより筆者が作成。
注：1990年度に最初の早期修了者（第1期生）を輩出しているが、比較対象である通常の卒業生が出る前であるため、ここでは省略した。

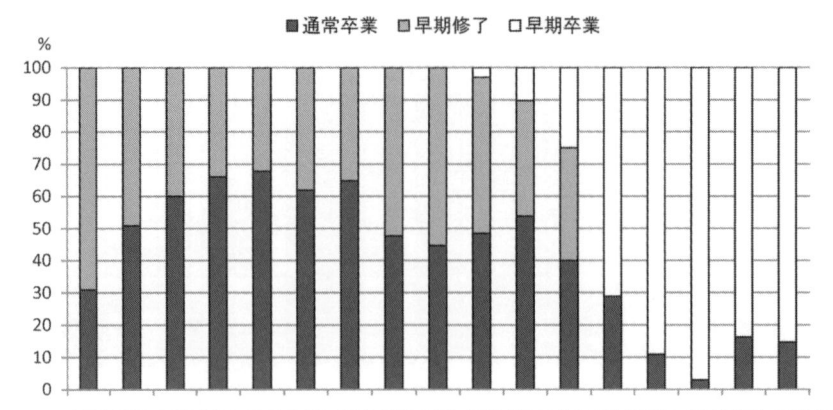

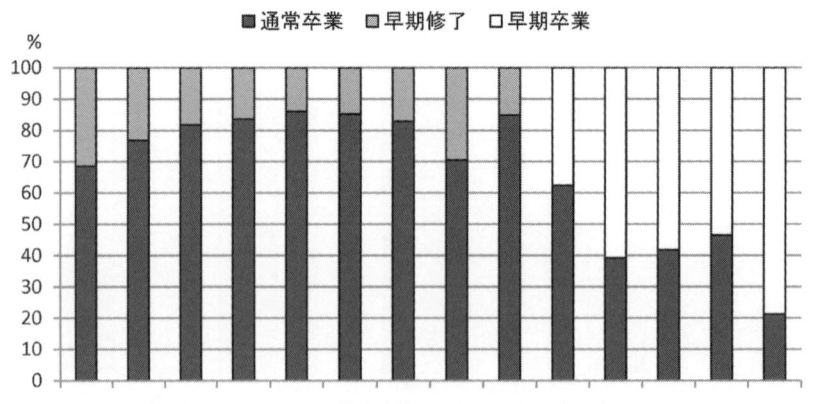

図6-8　全南科学高校における年度別卒業・修了状況

出所：全南科学高等学校ホームページ、http://www.chonnam-sh.hs.kr/、2008年8月24日アクセス、ラインアップエデュ特殊目的高校情報、http://www.line-upedu.com/tkmok_info.php?p_si_code=25、2009年7月19日アクセスより筆者が作成。
注：1993年度に最初の早期修了者（第1期生）を輩出しているが、比較対象となる通常の卒業生が出る前であったため、ここでは省略した。

ともに、早期卒業の割合がその後も漸増している[57]。
　ここからは、科学高校生がいかに敏感に大学入試制度の変化に反応し、その時々で最も有利な進学ルートを選択してきたかが分かる。確かに、これまで大学入試制度のあり方（比較内申制の導入・廃止や早期進級・卒業制度の振興を含む）を決定してきたのは基本的に政府であった。しかし、決定された制度を大学側がどのように受け止め、それに生徒や保護者がいかに対応するかによって、科学高校の進学ルートは、80年代の「分岐型Ⅰ」→90年代の「分岐型Ⅰ」＋「還流型Ⅰ」→2000年代の「分岐型Ⅰ」＋「還流型Ⅰ」＋「還流型Ⅱ」というように、ダイナミックに変化してきたのである。
　ところで韓国の隣国で広大な中国には、「上に政策あり、下に対策あり」[58]という言葉があるという。一方、国土が狭く中央政府の管理・統制がいきとどきやすい韓国の場合、国民は政府の決定したルールには基本的に則りつつも、常に合法的な抜け穴を探し、むしろルールを逆手に取って自らの利益を追求しようとする。ルールを骨抜きにされた政府は抜け穴をふさぐために新たな政策を出し、これに国民が再び対応するといった状況が繰り広げられている。政府の相次ぐ大学入試制度改革と、これに対応した科学高校生の進学ルートの選択は、「上に政策あれば下に対応あり、下に対応あれば上に政策あり」とでも表現できるような、韓国における政府の政策と国民の対応の応酬のパターンを示しているといえよう。これを単なる「いたちごっこ」と断定することもできるが、こうした政策と対応の激しい応酬が韓国のダイナミックな教育発展の1つの原動力となってきたこともまた事実なのである。

7. アクセラレーションが果たす機能と課題

(1) アクセラレーションが果たす機能
　最後に、これまでの論考をふまえ、才能教育制度においてアクセラレーションが果たす機能について検討したい。まず、満5歳での初等学校早期就学制度については、才能児の早期発掘とその能力や適性に応じた教育機会の提供というよりも、むしろその時々の子育て戦略として利用されていた。もちろ

ん個々の事例をみれば、初等学校への早期就学が子どもの能力を伸長し、才能を活かす機会となったケースは存在するだろう。しかしマクロな視点からみた場合、同制度が才能教育制度全体の構造や機能に大きな影響を与えているとみることはできなかった。

一方、高校早期卒業・大学早期入学制度については、才能教育制度において「還流型Ⅱ」ルートという新たな進学ルートを形成する機能を果たしていた。第3章でみたように、「科学高校→一般大学」という「還流型Ⅰ」ルートは、90年代末の比較内申制廃止によって大きなダメージを受けた。しかし2000年代、高校早期卒業・大学早期入学制度の隆盛によって「還流型Ⅱ」ルートが形成され、「還流型Ⅰ」ルートに進めなくなった科学高校卒業生は、このルートを通じて一般大学へ進学するようになっていた。また、「還流型Ⅱ」ルートは、科学高校からの早期入学者を主な対象とする随時募集を利用した進学ルートであるため、かつての比較内申制と異なり、一般系高校卒業生の進学ルートと衝突せず、彼らの大学進学機会を圧迫しない仕組みになっていた。

さらに「還流型Ⅱ」ルートは、多くの場合修能試験を受験しないで済む進学ルートであるため、科学高校卒業生にとっても大学入試準備の負担が軽減されるといった利点がみられた。また、進学先がほぼ理工系の学部・学科に限定されているため、科学技術分野へ人材を誘導する機能も果たしていた。ここから「還流型Ⅱ」ルートは、才能教育制度における進学ルートとして「還流型Ⅰ」ルートよりも優れた特徴を持っているといえる。高校早期卒業・大学早期入学制度は、導入時の意図とは異なる利用のされ方であったものの、「還流型Ⅰ」ルートを比較的望ましいかたちで補完する機能を果たしていると評価できる。

(2) アクセラレーションの課題

最後に、韓国におけるアクセラレーションの課題について何点か指摘しておきたい。第1に指摘できるのが、アクセラレーションが子女や自らの受験競争を有利に進めようという国民の思惑に大きく左右されていた点である。

繰り返し述べているように、満5歳での初等学校早期就学制度の隆盛と衰退は子育て戦略の流行に左右されていたし、高校早期卒業・大学早期入学制度もやはり、科学高校生の受験戦略や大学の学生獲得戦略として利用された側面があることは間違いない。高校早期卒業・大学早期入学制度の場合は、比較的望ましい方向に利用されたといえるが、今後の政府の大学入試制度改革の行方によっては、再び科学高校の大学進学ルートが変化する可能性もある。大学進学ルートが不安定であることは、才能教育の実施にとって決してプラスには働かないだろう。

　第2に指摘できるのが、高校早期卒業・大学早期入学制度の実施に際して、大学側が義務的に負う責任や負担が軽い分、結果として高校側に過重な負担を強いることになっていた点である。もちろん法制上は、高校早期卒業の認定に対する一義的責任は高校側が負うべきものである。しかしながら、大学入試の結果が最終的な早期卒業の認定に決定的な影響を与える現状が存在している以上、大学側も高校早期卒業者の基礎学力等の保証について一定の責任を負うのが自然であろう。問題は、こうした現状に対して大学側が無自覚な点である[59]。政府による早期進級・卒業制度の振興策によって、高校早期卒業者および大学早期入学者の数は今後さらに増加していくものとみられる。こうした中、大学側もこれまでのように同制度のメリットだけを享受し、それにともなう責任や負担を高校側に全面的に依存するということは難しくなってくるのではないだろうか。

　第3に指摘できるのが、大学早期入学者に対するサポート体制の不在である。これまで大学早期入学者の主流は科学高校卒業生が担ってきた。彼らは元来トップレベルの学力を有する集団であるため、KAISTはもちろん一般大学においても早期入学後の学業成績はおおむね良好とのことである[60]。しかし2000年代以降、高校早期卒業者が急増しており、今後は一般の高校からの早期入学者の割合が増加し、早期入学者の質が多様化していく可能性もある。そうなれば、早期入学者個々の学力や適性に即した教育プログラムの提供が必要となってくるだろう。また、現在でも大規模総合大学においては、早期入学者は歴然たるマイノリティであるので、学力の面からだけでなく、

彼らに対する心理的な面からのサポートも必要であると考えられる[61]。この点に関しては、梨花女子大学がおこなっている早期入学者の親睦会への支援に今後の可能性を感じる。また、わが国の大学早期入学者に対するサポートの実践事例[62]が、韓国に示唆を与えることもできるだろう。

8. おわりに

　本章では、韓国の才能教育制度においてアクセラレーションが果たす機能について、特に高校早期卒業・大学早期入学制度に焦点を当てて検討してきた。80年代半ば以降、才能児の早期発掘・育成を目的に制度化されていったアクセラレーションであったが、実際には「就学前→初等学校就学」と「高校卒業→大学入学」の2つのポイントでしか働いておらず、年齢規範の強い社会におけるアクセラレーション実施の難しさを物語っている。

　一方で、高校早期卒業・大学早期入学制度については、科学高校生の受験戦略や大学の学生獲得戦略として利用されている一面があったものの、「還流型Ⅱ」ルートを形成することで才能教育制度における進学ルートとして比較的望ましい機能を果たしていた。このように、導入時の意図とは異なるところでアクセラレーションが才能教育制度に貢献したという事例は興味深い一方、受験競争が激しく国民の教育熱が高い社会においてはアクセラレーションを意図どおりに定着させることが容易でないことを示しているともいえよう。

　なお本書では実地調査できた高校や大学の数や種別、所在地が限られていたため、事象の一般化に限界があった。今後はさらに多くの高校や大学における高校早期卒業・大学早期入学制度の実施事例を収集する必要がある。特に本書で触れることができなかった一般の高校や科学高校以外の特殊目的高校における早期卒業制度の実施状況について、なぜ早期卒業者が増えないのかも含めて詳細に調査・検討することを今後の課題としたい。

　次章では、第1章から第6章までの論考をふまえ、韓国の才能教育制度の構造と機能について総合的に考察する。

【注】

1　大学への早期入学及び高等学校・大学間の接続の改善に関する協議会『報告書──一人一人の個性を伸ばす教育を目指して──』文部科学省、2007年、巻末参考資料。
　　なお、2006年度の実施大学・学部および入学者数は以下のとおり。千葉大学理学部、工学部、文学部（計9名）、名城大学理工学部（1名）、昭和女子大学人間文化学部、人間社会学部、生活科学部（計0名）、成城大学文芸学部（0名）、エリザベト音楽大学音楽学部（0名）、会津大学コンピュータ理工学部（1名）。
2　麻生誠、岩永雅也編『創造的才能教育』玉川大学出版部、1997年、57頁。
3　大田広域市教育庁『[中学校] 早期進級および早期卒業このように運営します──早期進級および早期卒業マニュアル──』大田広域市教育庁、2006年、6頁。
4　2008年2月時点における、各制度の法的根拠は以下のとおり。
　　・満5歳での初等学校早期就学制度
　　　初・中等教育法第13条（就学義務）第2項
　　　初・中等教育法第20条（満5歳児童の就学）
　　・KAIST早期入学制度
　　　初・中等教育法施行令（大統領令）第98条（高等学校卒業者と同等の学力認定）第1項第4号
　　　「韓国科学技術院学事規定」（大統領令）第16条（入学資格）第1項第3号
　　　「韓国科学技術大学入学生の早期卒業認定輿部質疑に対する回信」
　　・初・中・高段階での早期進級・卒業制度
　　　初・中等教育法第27条（早期進級および早期卒業等）
　　　初・中等教育法施行令（大統領令）第9条（学校規則の記載事項）および第53条（早期進級・早期卒業等）
　　　「早期進級および早期卒業に関する規定」（大統領令）
5　初・中・高における早期進級・卒業制度には、早期履修に関する規定など細かな基準が設けられている一方で、満5歳での初等学校早期就学制度の場合、早期教育熱を煽らないようにとの配慮もあって、保護者が希望し、受け入れ側の学校の収容定員に余裕があれば、簡単な身体検査と能力検査のみで大部分の子どもが就学を許可されることになっている。中には大田市や済州道のように事前に一切の試験や検査をおこなわないケースさえある。なお、もし早期就学希望者が受け入れ可能な定員を超過した場合は、生年月日順で入学が許可される（石川裕之「韓国における義務教育制度の弾力化──年齢主義の弾力化とオルタナティブ教育の新たな法制化に注目して──」杉本均（研究代表者）『義務教育の機能変容と弾力化に関する国際比較研究』平成18～19年度科学研究費補助金基盤研究(B)

最終報告書、2008年、147〜150頁)。
6　世界日報、2001年1月27日付。
7　文化日報、2003年1月30日付。
　　現在、5歳児無償教育・保育の段階的導入が進められており、低所得層と農村地域の幼稚園・保育所を利用している5歳児から優先して教育費・保育料の無償化が進められている (勅使千鶴編『韓国の保育・幼児教育と子育て支援の動向と課題』新読書社、2008年、223〜224頁)。
8　初等学校早期就学制度の場合、就学後1〜2ヶ月は仮就学として適応期間を設け、教師が早期就学者の学校生活適応状況を観察したのちに、学校と保護者が協議した上で最終的な就学可否を判断することで対処している。今、ソウル市を例に取ると、1996年度には9.7%、1997年度には4.0%、1998年度には5.4%、1999年度には3.2%、2000年度には4.5%の早期就学者が学業不振や情緒不安、交友関係の問題等の理由で、仮就学中に脱落している (東亜日報、1999年1月5日付および韓国日報、2000年10月20日付)。平均して約5%、およそ20名に1名の脱落率は決して低くないといえよう。
9　チャン・ミョンリム「幼児教育学制改編、するならきちんとせねば」『教育政策フォーラム』第148号、韓国教育開発院、2007年、16〜19頁、忠清日報、2007年3月12日付。
10　文化日報、2004年5月24日付、中央日報、2008年1月13日付。
11　韓国では1998年の海外旅行と海外送金の自由化以降、初・中・高段階で主に英語研修を目的として英語圏に留学する「早期留学」が大流行し、社会問題となっている (なお、両親の正式な海外転勤に同行する場合などは早期留学とみなされない)。早期留学者の数は、2008年時点で2万7,349名に達しており、うち初等学校の児童が1万2,531名、中学生が8,888名であり、義務教育段階の子どもが大部分を占めている (教育科学技術部、韓国教育開発院『2009教育統計分析資料集』韓国教育開発院、2009年、74頁)。義務教育段階での早期留学は原則として違法であるため、親が学校に知らせないまま子どもを早期留学させてしまうケースも多い。たとえば、ある初等学校で夏休み明けにクラスの何名かが登校してこないため、教師がクラスメートにたずねてみたところ、夏休み中にアメリカやフィリピンに早期留学にいってしまったという答えが返ってきたという (九鬼太郎『"超"格差社会・韓国—あの国で今、何が起きているのか—』扶桑社新書、2009年、35〜42頁)。早期留学の問題は、就学猶予者の増加のみならず、国富や外貨の流出、韓国に一人残された父親 (キロギ・アッパ) の孤独死など韓国社会に暗い影を落としている。
12　本書が対象とする時期から外れるため詳しく述べないが、こうした現状を追認するかたちで、2007年12月に初・中等教育法が一部改正され、2008年度以降、

疾病以外にも子どもの発育状態を勘案しての満7歳での初等学校就学が合法化されている。就学標準年齢は変わらず満6歳であるが、これにより満5・6・7歳いずれかの年齢での就学を選択できるようになった。

13 石川裕之「韓国の才能教育における高大接続に関する考察―科学高等学校と英才学校の大学進学制度を事例に―」『教育制度学研究』第11号、日本教育制度学会、2004年、263〜264頁。

14 キム・ジョンドゥク（事業責任者）『2004年度科学英才発掘・育成事業結果報告書―科学高早期卒業生の進学および大学適応に関する研究―』KAIST科学英才教育研究院、2005年、26頁。

15 キム・ジョンドゥク、キム・オンジュ（事業責任者）『2004年度科学英才発掘・育成事業結果報告書―科学英才関連第1次縦断研究、科学英才教育のための人材養成現況分析および政策開発―』KAIST科学英才教育研究院、2005年、90頁。

16 旧教育法施行令第81条（学力認定）第1項第4号。なお、現行法では初・中等教育法施行令第98条（高等学校卒業者と同等の学力認定）第1項第4号による。

17 早期卒業のためには、教科別の早期履修を受ける必要がある。90年代まで、早期履修対象者として選定されるためには次のような条件が求められていた。
①標準化知能検査の点数が学年の上位1％以内（または知能指数140以上）であるか、または全科目の学業達成が優れているか、もしくは特定の学問分野の才能が優れた者。
②心身発達と健康状態が良好であり、社会適応能力が優れている者。
③創造的問題解決能力検査（国語、数学、科学探究）において優秀な成績を示した者。
以上①から③の条件をすべて満たす者に1年間にわたってエンリッチメント・プログラムを受けさせるか、または上級学年で学習させるか、もしくは放課後に上級学年の学習内容を学習させ、その結果を学年末に評価し、早期卒業に値すると判断されれば、本人と保護者の同意を得た上でこれを実施する。このように、90年代まで早期卒業に際しては、その対象者を上位1％と狭く定め、1年間にわたる長期の観察期間を経た上で判別していた。

18 2000年に、早期卒業に関する学則の樹立および執行の権限が、市・道教育監から各学校の校長に委譲され、早期卒業認定の要件が事実上大幅に緩和された。また、初等学校段階で1回、中学校・高校段階で1回という早期進級・卒業の回数制限も完全に撤廃された。

19 たとえばソウル市に所在する漢城科学高校では、高校2学年から大学へ早期入学した者のうち、1998年度（第6期）までは早期卒業者はおらず早期修了者だけであったが、1999年度（第7期）に1名早期卒業者が出て、2002年度（第10期）には早期卒業者と早期修了者が半々となり、2003年度（第11期）には全員が早期

卒業者になっている（漢城科学高校玄関の卒業者名掲示板より：筆者による漢城科学高校への訪問調査、2006年11月29日）。
20 韓国科学技術院（KAIST）入学処ホームページ、http://admission.kaist.ac.kr/1_5.htm、2007年9月5日アクセス。
21 たとえば久保田力「『飛び級』の実施拡大」『教職研修総合特集』第132号、教育開発研究所、1997年、61頁や原田義也「飛び入学について」『パリティ』第13巻第7号、丸善、1998年、71頁、金城啓一「日本の飛び入学は成功するか」『パリティ』第13巻第8号、丸善、1998年、61頁のわが国の事例、および多賀幹子「『飛び級』復活の光と影」『サイアス』1997年8月1日号、アスキー、1997年、62頁のイギリスの事例など。
22 キム・ジョンドゥク、前掲書、2005年、48～50頁。
23 筆者による韓国教育開発院のチョ・ソクフィ研究員（当時）へのインタビュー、2006年11月23日およびKAIST科学英才教育研究院のシム・ジェヨン研究員（当時）へのインタビュー、2006年11月28日。なお、シム・ジェヨン研究員はKAISTの早期入学者の満足度調査に直接関わっている。
24 筆者によるKAIST科学英才教育研究院のシム・ジェヨン研究員（当時）へのインタビュー、2006年11月28日。
25 漢城科学高等学校歴史編纂委員会『漢城科学高等学校が歩んできた道―1992～2004―』漢城科学高等学校、2005、193頁。
26 文化日報、1999年3月4日付、京郷新聞、1999年3月5日付。
27 たとえば、ソウル科学高校卒業生のソウル大学合格者数は、比較内申制廃止直前の1998年度の132名から、廃止後の2002年度には26名まで激減している。漢城科学高校の場合も、1998年度の100名から2002年度には12名まで減少した（ハンギョレ新聞、2007年10月18日付）。ここには自主退学者が含まれないし、90年代末に優秀な中学生はこぞって科学高校進学を忌避したという事情も勘案しなければならないものの、比較内申制廃止が、科学高校卒業生の一流大学（特にソウル大学）進学の機会をいかに狭めたかが分かる。
28 水原市の水成高校の早期卒業予定者（2年生）のうち、2名が2001年度の随時募集でそれぞれPOSTECH物理学科と化学科に、1名が延世大学機械工学科に合格した（ソウル新聞、2000年9月28日付、京郷新聞、2000年11月9日付）。
29 一般系高校からの早期卒業者数は、2004年度に28名、2005年度に36名、2006年度に31名、2007年度に56名であった（教育科学技術部、韓国教育開発院『2008教育統計分析資料集』韓国教育開発院、2008年c、284頁）。
30 文化日報、2008年11月10日付、ソウル新聞、2009年9月5日付。
31 外国語高校からの早期卒業者数は、2004年度はなし、2005年度に3名、2006年度に6名、2007年度はなしであった（教育科学技術部、韓国教育開発院、前掲書、

2008年c、284頁）。

32　ICUは設立形態としては私立大学であるが、政府（情報通信部）とIT関係企業により設立されたいわば国策大学である。なお、同校は2009年度にKAISTに吸収・統合され、KAIST ICC（IT Convergence Campus）となった。

33　ソ・ヘエ（研究責任者）『科学高等学校発展方案研究』韓国教育開発院、2006年、151頁。

34　たとえば中堅の地方国立大学である忠南大学（大田市）では、高校早期卒業者の志願は許可しているものの、実際には志願者がほとんどおらず、早期入学者も1年間に数名いるかいないかということである（筆者による忠南大学の入試業務担当職員へのインタビュー、2006年11月26日）。

35　2007年度の未来科学者特別選考に合格した高校早期卒業予定者の数（同選考への志願者のうち高校早期卒業予定者は132名であった）。なお、2005年度は6名（志願者30名）、2006年度は36名（志願者83名）の高校早期卒業予定者が同選考に合格している。

36　その基準は、修学能力試験の4つの領域を受験し、そのうち2領域以上で2等級以上を取ることである（高麗大学校『2007学年度高麗大学校入学選考案内』高麗大学校、2006年）。これは科学高校卒業生にとっては、さほど厳しい基準ではないと推察される。

37　筆者による延世大学の入試業務担当職員へのインタビュー、2006年11月23日。延世大学では2000年度から非公式なかたちで若干名の早期入学者（高校早期卒業者）を受け入れ始めていたが、入学後の彼らの学業達成度が高かったため、2004年度に公式に特別選抜を作り、下記のとおり順次定員を拡大していった。
　　2004年度：70名
　　2005年度：140名
　　2006年度：140名
　　2007年度：220名

38　筆者によるソウル大学の入試業務担当職員へのインタビュー、2006年11月22日。

39　筆者による高麗大学の入試業務担当職員へのインタビュー、2007年2月7日、梨花女子大学の入試業務担当職員へのインタビュー、2007年2月7日。

40　たとえば、2007年度の自然系列学部の「特技者選考」では、合格者の約半数（243名）が科学高校卒業生であったが、この中には科学高校を3年で卒業した者が100名程度含まれると考えられる（ソウル大学校入学管理本部『2008学年度ソウル大学校随時募集選抜結果』ソウル大学校報道資料、2007年12月15日付、3頁）。このように、ソウル大学の場合、わざわざ早期入学者に対象をしぼった選抜を実施せずとも、優秀な科学高校卒業生を十分確保できるのである。

41 筆者は、ソウル市に所在する漢城科学高校とソウル科学高校の2校について、それぞれ2006年11月29日と2008年2月21日に訪問調査をおこなった。ソウル市所在の2校を調査対象として選択したのは、ソウル市は韓国の人口の4分の1が密集する首都であり、教育の先進地域であるとともに、政府施策の影響を直接的に受ける地域でもあるからである。また、両校は科学高校の中でも最も在学生数の多い学校であるため、事例として適当と考えられる。
42 漢城科学高等学校『規定集』漢城科学高等学校、2005年、76～79頁。
43 チョ・ソクフィ（研究責任者）『早期進級および早期卒業活性化方案』韓国教育開発院、2006年、87頁。
44 ソウル科学高等学校『2007学年度学校運営規定』ソウル科学高等学校、2007年、11～15頁。
45 なお、早期履修評価で合格基準を上回らない教科があった場合、学校側は生徒が定時募集に志願することを禁止しているが、そもそも比較内申制廃止以降、内申成績算定で相対的に不利になる定時募集に志願する科学高校生はほとんどいない状況である。毎年100名を超えるソウル科学高校の早期卒業者の中でも、定時募集に志願する者は5名程度に過ぎないという（筆者によるソウル科学高校の教員へのインタビュー、2008年2月21日）。
46 ソウル科学高等学校、前掲書、2007年、11～14頁。
47 漢城科学高等学校、前掲書、2005年、76～79頁、145頁、筆者による漢城科学高校の教員へのインタビュー、2006年11月29日。
　なお、学校ごとにこうした際の対応は異なり、たとえばソウル科学高校では大学入試に落第した場合もそのまま早期卒業させているということである（筆者によるソウル科学高校の教員へのインタビュー、2008年2月21日）。ただし、大部分の科学高校は漢城科学高校と同様の措置を取っていると考えられる（ソ・ヘエ、前掲書、2006年、18頁）。
48 キム・ジョンドゥク、前掲書、2005年、27～28頁。
49 ソ・ヘエ、前掲書、2006年、12頁、151頁。
50 科学高校から医学部に進学する場合、内申成績が重視される定時募集に志願しなければならないため、科学高校内において最上位の席次にいる必要がある。2003現在、科学高校卒業生（早期修了・卒業者を含む）のうち、73.6％が同一系列である理工系の学部・学科に進学しているが、13.5％は医学系の学部・学科に進学している（キム・ヨンチョル（研究責任者）『特殊目的型高等学校体制研究（Ⅰ）』韓国教育開発院、2003年、53頁）。
51 筆者による漢城科学高校の教員へのインタビュー、2006年11月29日。
52 漢城科学高等学校『2006学年度科学英才教育の敷地』漢城科学高等学校、2006年、6頁、18頁。

こうした状況はその後さらに進んでいると考えられ、漢城科学高校の2009年時点の在学生は、1・2学年各155名に対して、3学年はわずか26名となっている。2009年時点の3学年の入学時の数を155名と仮定すると、2008年度に83％が早期卒業したと推測される（漢城科学高等学校ホームページ、http://www.hansung-sh.hs.kr/doum/index.jsp、2009年7月19日アクセス）。

53　筆者によるソウル科学高校の教員へのインタビュー、2008年2月21日。
54　ソ・ヘエ、前掲書、2006年、106〜107頁。
55　筆者による漢城科学高校の教員へのインタビュー、2006年11月29日。
　　また、筆者が面会したある科学高校の校長は、3年間の課程を実質1年半で終えないといけないため教員の負担が大きいなど、早期卒業制度の実態は、その理念や目的ほどうまくいっていないと率直に認めていた。
56　これは、単純に一般大学進学希望者が増加したことと、科学高校卒業生の数が増えてもKAISTの受け入れ定員は一定に維持されたため、たとえ希望してもKAISTへ進学しにくくなったことの2つの要因が重なったと考えられる。
57　同様の傾向が、ソウル科学高校や慶南科学高校、光州科学高校、済州科学高校の卒業・修了状況でも確認できた。なお、2008年度の通常の卒業生と早期卒業者の割合は、慶南科学高校で3：7、光州科学高校では2：8、済州科学高校では1：9となっている（慶南科学高等学校ホームページ、http://www.gshs.hs.kr/intro/?fd=page00_05、2009年7月19日付、光州科学高等学校ホームページ、http://www.kwangju-s.hs.kr/、2009年7月19日付、済州科学高等学校ホームページ、http://www.jeju-s.hs.kr/home/home.jsp、2009年7月19日付、ラインアップエデュ特殊目的高校情報、http://www.line-upedu.com/tkmok_info.php?p_si_code=11、2009年7月19日付）。
58　楠山研『現代中国初中等教育の多様化と制度改革』東信堂、2010年、169〜172頁。
59　筆者が実地調査をおこなった4つの大学の入試業務担当職員のうち、科学高校における最終的な早期卒業の認定に、大学側の出す入学許可が決定的な影響を与えていることを認識していたのは、ただ1校のみであった。
60　筆者による延世大学の入試業務担当職員へのインタビュー、2006年11月23日、KAIST科学英才教育研究院のシム・ジェヨン研究員（当時）へのインタビュー、2006年11月28日、高麗大学の入試業務担当職員へのインタビュー、2007年2月7日、梨花女子大学の入試業務担当職員へのインタビュー、2007年2月7日。
61　一般にフル・アクセラレーションに適したタイプの才能児としては、知能指数が160を超えるような「知的に極度に早熟」(Extreme intellectual precocity) な子どもが挙げられる。こうした子どもには、取り出し授業 (Pull-out) など通常の才能児のために開発されたパーシャル・アクセラレーションのみでは不十分であり、パーシャル・アクセラレーションよって補完されたフル・アクセラレーションを、適切な間隔を置いて複数回おこなうのが適しているとされる。しかし同時

に、心理的ケアが不可欠な才能児の事例としても、同じく極めて高い知能指数を示す子どもが挙げられる。臨床心理学者のハリングワース (Hollingworth, L. S.) によれば、知能指数が125～155の子どもは「社会的に最適の知能」を持っており、情緒的バランスも良く、社会的によく適応し、友人も多いという。しかし知能指数が160を超えると、その他の子どもとの違いがあまりに大き過ぎて、能力や興味などを共有できず、逆に社会に適応できなくなる傾向があるということである。ハリングワースは、社会的適応性が高いとされる一般的な才能児についても、心理的ケアは不可欠であるとし、才能児の情緒的特性に配慮し、すべての才能教育プログラムにカウンセリングなどの心理的ケアが組み込まれるべきであるとしている。韓国に限らず、才能教育を制度化する際には、心理的ケア体制まで含めて制度設計されるべきであろう (Gross, M. U. M. "Social and emotional issues for exceptionally intellectually gifted students." In Neihart, M., Reis, S. M., Robinson, N. M. and Moon, S. M. (Eds). *The social and emotional development of gifted children: What do we know?*. Wnashington, DC: Prufrock Press, 2002, p.21, Morelock, M. J. and Feldman, D. H. "Extreme precocity: prodigies, savants, and children of extraordinarily high IQ." In Colangelo, N. and Davis, G. A. (Eds). *Handbook of gifted education (Third edition)*. Boston: Allyn and Bacon, 2003, p. 456, Gross, M. U. M. "The use of radical acceleration in cases of extreme intellectual precocity." In Brody, L. E. (Ed). *Grouping and acceleration practices in gifted education (Essential readings in gifted education vol. 3)*. California: Crown press, 2004, p.15)。

62 わが国においては、千葉大学の「先進科学プログラム」や名城大学の「総合数理プログラム」など、早期入学者のための特別な教育プログラムが実施されている。

終章　才能教育制度の構造と機能

1. 才能教育制度の現状と特徴

　本章では、本書におけるこれまでの論考をふまえ、韓国の才能教育制度について総合的に考察し、その構造と機能について検討する。本書における研究課題の第1は、韓国における才能教育制度の現状と特徴について明らかにすることであった。

(1) 才能教育の理念と目的

　韓国における才能教育の理念は、「才能が優れた者を早期に発掘し、生まれついての潜在力を啓発できるように、能力と素質に合った教育を実施することで、個人の自己実現を図り、国家・社会の発展に寄与せしめる」(英才教育振興法第1条) ことにあった。これを杉本の分類[1]に照らせば、韓国の才能教育の理念は、社会の活性を高め、国家の国際的地位を高めるために、科学技術分野を中心に革命的な発見や発明を導こうとする「国際競争主義・科学ノーベル賞型」と、個々の子どもの能力に適した教育を提供するという「適能教育主義」の2つの側面を有しているといえた。

　また、才能教育の理念の2つの側面に対応するかたちで、韓国の才能教育には、科学技術分野の高度なマンパワー育成と、「平準化」の補完という2つの目的が存在していた。第2章でみたように、特に「平準化」の補完という目的は才能教育の実施に大義名分を与え、才能教育制度の登場に決定的な役割を果たしていた。このように、他の教育システム (一般学校教育制度) 内において実施されている制度・政策 (「平準化」) の補完をその目的として前面に

押し出している点が、韓国の才能教育制度の大きな特徴といえるだろう。

(2) 才能教育機関の法的位置付け

　才能教育機関の法的位置付けについては、初・中等教育法施行令第90条に基づく才能教育機関(特殊目的高校)と、英才教育振興法に基づく才能教育機関(「英才教育機関」)の2系統・2類型が存在した。前者には科学高校、外国語高校、芸術高校、体育高校があり、後者には英才学校、英才教育院、英才学級があった。特殊目的高校は才能教育を目的とする教育機関であることが法令によって明確に定められ、中でも科学高校は韓国を代表する才能教育機関として才能教育制度の発展を牽引してきた。しかしながら、特殊目的高校はあくまで一般の教育法体系の範疇で定められた学校であるため、入学者選抜方法の決定やカリキュラム編成等において一般の教育法体系の枠組みを大きく逸脱することは不可能であった。このため、90年代には受験競争を煽るという理由で学科筆記試験を禁止されるなど、法的基盤の弱さからくる才能教育機関としての限界がみられた。これに対し、英才教育振興法に基づく才能教育機関の場合、一般の教育法体系の制限を受けずに入学者選抜方法の決定やカリキュラム編成等が可能であり、特殊目的高校にみられた弱点は解消されていた。ただし、英才学校を除いては非正規課程の教育プログラムのみ運営可能なノンフォーマル教育機関として位置付けられており、その場合の修了履歴は正式な学歴とは認められなかった。

(3) 才能教育機関の分類

　韓国の才能教育機関は多種多様であり、その分類には、法的根拠、実施形態、主な設置先、運営者、指定権者、主な支援元、主な実施段階、教育プログラムを実施する時間、教育課程の位置付けなど多くの要素が関連している。これらの要素に応じて、法的位置付けの違いによる機関の類型、法令上に示された機関の種類、実際の設置・運営形態に基づく機関の種別なども変わってくる。それを整理したのが**表終 -1**である。

　上述した才能教育機関の分類に関わるさまざまな要素の中でも、共通項が

終　章　才能教育制度の構造と機能

表終-1　韓国における才能教育機関の分類（2008年時点）

機関の類型	特殊目的高校				英才教育振興法に基づく才能教育機関（「英才教育機関」）			
法的根拠	初・中等教育法施行令第90条				英才教育振興法			
実施形態	特別学校				ノンフォーマル教育機関			
機関の種類	科学高校	外国語高校	芸術高校	体育高校	英才学校	英才教育院		英才学級
機関の種別	—				科学英才学校	大学附設科学英才教育院	教育庁支援大学附設英才教育院	市・道教育庁英才教育院	英才学級
主な設置先	—					大学		一般学校
運営者	各学校				設置先の各学校			
指定権者	市・道教育監				教育部長官	科学技術部長官	市・道教育監	
主な支援元	地方自治体	私立学校法人または地方自治体		地方自治体	国家および地方自治体	国家	地方自治体	
主な実施段階	高校				初等学校高学年～中学校			初等学校高学年
教育プログラムを実施する時間	正規の授業中				週末や夏期休暇中等			放課後等
教育プログラムの位置付け	正規課程				非正規課程			

　多く才能教育機関の性格を決定付ける重要な要素としては、①特別学校かノンフォーマル機関かという実施形態、②高校段階か初等学校高学年～中学校段階かという実施段階、③正規課程か非正規課程かという教育プログラムの位置付けの3つを挙げることができるだろう。したがって、韓国の才能教育機関を最も大きなカテゴリーで分類するなら、高校段階の正規課程の特別学校と、初等学校高学年～中学校段階の非正規課程のノンフォーマル教育機関の2つから成り立っているといえる。

(4) 才能教育の実施分野

　才能教育の実施分野が数学・科学分野に偏重している点も、韓国の才能教育制度の特徴であった。もちろん、外国語高校や芸術高校、体育高校などにおいて言語、芸術、スポーツの分野の才能教育が実施されていたし、英才教育振興法に示された才能の領域にも芸術やスポーツ分野が含まれていた。しかし、独自の進学ルートを持ち、教育段階を越えた体系的な選抜システムを

有するのは、科学高校や英才学校といった数学・科学分野の才能教育機関のみであったし[2]、2008年の時点の才能教育対象者のうち約半数は数学・科学分野の教育プログラムを受けていた。特に英才教育院や英才学級では受講者の約9割が数学・科学分野の教育プログラムを履修しているなど、数学・科学分野への極端な偏重がみられた。このように、韓国の才能教育制度においては全体的に認知分野が強く、中でも数学・科学分野が大きなプレゼンスを占めていた。以上から韓国の才能教育制度は、科学技術分野における高度なマンパワー育成という目的に特化したかたちで構築されているといえる。

(5) 才能教育制度に対する国家の管理・統制

　特殊目的高校が地方に続々と設立されていった90年代前半を除けば、韓国の才能教育制度は一貫して国家の強い管理・統制下に置かれてきたといえる。たとえば、第3章でみたように、科学高校を初めとする特殊目的高校の指定・告示、学校数や入学定員の管理、入学者選抜方法に関する規制、大学進学ルートの調整、内申成績算出方法の決定等には中央政府の影響力が強く働いていた。また、国家が指定や設立・運営に関与する英才学校はもちろん、ローカルな才能教育機関である市・道教育庁英才教育院や英才学級についても、設置・運営計画や標準化された受講者選抜方法などに中央政府の間接的な影響が読み取れた。一方で、こうした管理・統制と引き替えに各才能教育機関に対しては公的な財政支援がおこなわれており、才能教育の対象者は無償あるいは安価で教育プログラムを受けることができた。

　さらに、才能教育実施に関わる認識面においても中央政府の影響は大きく、国家から直接的な支援を受ける科学英才教育院はもちろん、市・道教育庁英才教育院のようなローカルな才能教育機関の教育目的にさえ、才能児を国家・社会の発展のための人的資源とみなす認識が色濃く反映されていた。第5章では触れなかったが、こうした認識は、募集地域が通学区レベルと最もローカルな才能教育機関である英才学級にまで浸透しているとみられる。たとえば、ソウル市東部教育庁管轄の英才学級の初等課程（初等学校4〜6学年）に合格した際には、「本人は、国家の支援下に実施される英才教育に参与する

ようになったことを栄光と考え、個人と社会の発展のために熱心に努力します」[3]という項目が冒頭に掲げられている入学同意書と誓約書を提出することになっている。このように、初等学校高学年の児童が通学区内の才能教育機関で教育プログラムを受ける場合にさえ、国家・社会の発展への寄与を意識させられるのである。

以上のように、国家の管理・統制の下で手厚い公的支援によっておこなわれる才能教育には、才能教育の実施を将来の経済発展に対する先行投資とみなす傾向が強いことが読み取れる。このことは裏返せば、韓国では国家・社会の発展に結び付かない才能教育は、たとえそれが個々の子どもの才能を伸長するために必要なものであっても、公的には実施されにくいということを意味している。

(6) 進学問題や受験競争の影響

進学問題や受験競争に大きく影響されていた点も、韓国の才能教育制度の重要な特徴であった。科学高校を初めとする特殊目的高校は90年代に受験名門校化し、下級学校段階での受験競争を煽ったことや一般系高校卒業生の大学進学機会を圧迫したことで社会から強い批判を浴びた。またその結果として、才能教育のための大学進学制度の1つであった比較内申制が廃止され、大量の自主退学者が発生するなど才能教育制度は混乱に陥った。また、科学英才教育院においても、以前は自主退学者の続出に頭を悩ませるほど人気がなかったにも関わらず、科学高校入試における優遇策が導入されて以降入学競争率が急上昇し、近年では「科学高校入試予備校」という批判を浴びるまでになっている。

さらに、早期入学（就学）・進級・卒業制度などのアクセラレーションも進学問題や受験競争の影響を強く受けていた。たとえば、初等学校早期就学制度は才能児の早期発掘とその能力・適性に応じた教育機会の提供のために導入されたが、実際には時々の子育て戦略の流行に大きく左右されていたし、高校早期卒業・大学早期入学制度も導入時の意図とは異なり、大学による優秀な科学高校生の青田買いや、科学高校生による比較内申制廃止後の大学進

学のための新たな方途として利用されていた。

　極めて教育熱が高い韓国社会においては、進学問題や受験競争の影響をいかに防ぎ、才能児が自己の能力を最大限に伸長できる環境を整備するかが、才能教育制度の中心的な課題とされてきた。たとえば80年代に整備された「科学高校→KAIST」という進学ルートの形成も科学高校生を大学受験競争の圧力から守ることが1つの目的であったし、2000年代に入って整備された「英才学校→KAIST／POSTECH」という進学ルートも、90年代における特殊目的高校の受験名門校化の反省をふまえて作られたものであった。

2. 才能教育制度の歴史的展開と構造的変化

　次に本書における第2の課題である、韓国における才能教育制度の歴史的展開とその構造の変化について、これまでの論考をもとに、各時期の時代背景をふまえた上で検討してみよう。

(1) 60〜70年代──教育の機会均等化政策の始動──

　才能教育制度が導入される以前の60〜70年代の韓国は、朴正煕大統領による軍事独裁政権下にあり、一般学校教育制度の中等教育段階において、競争・選抜・序列化原理から教育の機会均等化原理への大きなパラダイム転換が起こった時期であったといえる。60年代には学校別の中学校入試や高校入試がごく一般的に実施されており、大学進学段階のみならず中学校進学段階や高校進学段階でも決定的な選抜がおこなわれていた。こうした競争・選抜・序列化原理の容認は、韓国社会に熾烈な中学校・高校受験競争を招来した。

　しかし70年代以降、中学校・高校入試制度改革による学校別競争入試の抑制と、中等教育の量的拡大による進学率の引き上げの2本立てによって、中等教育段階における教育の機会均等化政策が本格的に推進されていくこととなった。この時期、中・高「平準化」が導入されるとともに、中学校が急激な量的拡大を遂げたことで、中学校進学段階における選抜性は大幅に減少し、高校進学段階における選抜性も減少した。しかし、70年代の教育の機会均

等化政策は、強力な公権力によって子どもの学校選択権を制限し、個別学校の入学者選抜権を停止し、さらに私立学校の学校運営に関する自律権を制限することによって進められていったため、後にさまざまな副作用を生み出すこととなった。

(2) 80年代──競争・選抜・序列化原理の封じ込めと才能教育制度の登場──

　才能教育制度が登場した80年代の韓国は全斗煥政権下にあり、公教育制度全般に対する中央政府の統制力が非常に強い時期であった。この時期に実施された代表的な教育政策としては、1980年の「7・30教育改革」による課外学習の禁止と大学別本考査の廃止がある。また、80年代はじめには「平準化」適用地域が21地域まで拡大し、この時点でその適用範囲は全中学生人口に対して60%強に達していた[4]。2000年代に入るまで、この時が最も「平準化」適用地域が拡大した時期であった。

　一方で、「平準化」適用地域の拡大が「下向平準化」などの副作用を生み出し、これが「平準化」の補完という大義名分を才能教育に与えた結果、才能教育制度の登場につながった。また80年代は科学技術教育の振興が盛んにとなえられた時期で、科学高校設立の目的の1つも国家発展を先導する優れた科学者の養成にあった。ただし、最初の科学高校である京畿科学高校が個人的ネットワークに相当部分頼るかたちで設立されたことや、当初は才能教育機関であることをあえて標榜しなかったことからも分かるように、教育政策の本流はあくまで教育の機会均等化の推進にあり、才能教育はその補完策として位置付けられていたに過ぎなかった。したがってこの時期の才能教育制度は、もっぱら科学技術分野の高度なマンパワー養成という目標を前面に掲げ、科学高校の学校数と入学定員を抑制して比較的小さい規模で実施されていた。また同様の目的から、科学高校卒業生のための大学進学ルート確保のためにKAIST早期入学制度が導入され、この時期は卒業生のほぼ全員がKAISTへ進学していた。したがって80年代の才能教育制度の進学ルートは、「科学高校→KAIST」という単純な「分岐型Ⅰ」ルートのみが存在し、科学高校卒業生の進路も確実に保障されていた。

このように80年代は、基本的に70年代の強権的な教育の機会均等化政策を継承・推進した時期であり、軍事独裁政権下における強力な中央集権体制によって、一般学校教育制度の中等教育段階以下における競争・選抜・序列化原理は、制度上ほぼ完全に封じ込められていたと考えられる。また、この時期には才能教育制度の規模も非常に小さかったため、公教育制度全体においても、中等教育段階以下における競争・選抜・序列化原理は大部分封じ込められていたとみることができよう。しかしながら一方で、中学校進学率が100％に達し、高校進学率も90％に達したのはこの時期のことである。ユン・ジョイルらが、「われわれが中等教育の普遍化を達成することになり、その趨勢をもって中等教育の義務教育化まで目前にするようになったことは、すべて平準化の成果といっても過言ではない」[5]と述べているように、「平準化」適用地域拡大をはじめとする強権的な教育の機会均等化政策が、中等教育の機会拡大を促進した側面があることは間違いない。政府は80年代、中等教育の量的拡大を進めるとともに、競争・選抜・序列化原理を制度上封じ込めることで、教育の機会均等化を図ったのである[6]。

(3) 90年代——競争・選抜・序列化原理の封じ込め緩和と才能教育制度の量的拡大——

　90年代の韓国は盧泰愚大統領と金泳三大統領の保守政権下にあり、教育の民主化と地方分権化が進展した時期であった。この時期の教育政策としては、まず1990年の「平準化」改革が挙げられる。これによって「平準化」が一部の中小都市で解除されたし、科学高校や外国語高校などの特殊目的高校が急激に新設・増設・拡充されていった。また、1991年には「地方教育自治に関する法律」が制定され、1994年には特殊目的高校の指定権限が市・道教育監へ委任された。さらに、1995年には、5・31教育改革方案が出され、「画一」と「統制」から「多様」と「自律」へという、今日まで続く教育政策の基本方向が示された。才能教育の必要性と強化の方針が公式に表明されたのも、この5・31教育改革方案においてであった。1996年には初等学校早期就学制度と初・中・高における早期進級・卒業制度が導入され、1997年には才能教育の実施が国と地方自治体の義務となった。

この時期、一般学校教育制度における競争・選抜・序列化原理の封じ込めは「平準化」適用地域の縮小によってわずかに緩和されたが、基本的にはほとんどそのまま維持された。大幅な緩和によって「平準化」の枠組みそのものが崩れるのを政府が恐れたためである。しかし、その代替案として科学高校や外国語高校などの才能教育機関が新設・増設・拡充されたことで才能教育制度内において競争・選抜・序列化原理が働くようになり、公教育制度全体における競争・選抜・序列化原理の封じ込めは緩和されたと捉えることができる。このように、教育の民主化と地方分権化が進む中、政府はあくまで一般学校教育制度内では教育の機会均等化原理の追求を継続しようとしたため、そこで吸収できない競争・選抜・序列化原理が才能教育制度によって担保されることになった。そしてこのことが才能教育制度の量的拡大をもたらし、教育システムとしての自立性確保とプレゼンス拡大に寄与したとみることができる。

　90年代の才能教育制度の量的拡大にともない、才能教育制度の進学ルートに既存の「分岐型Ⅰ」ルートに加えて、比較内申制を利用した「科学高校→一般大学」という「還流型Ⅰ」ルートが生じた。しかし科学高校を初めとする特殊目的高校が受験名門校化し下級学校段階での受験競争を煽ったのみならず、「分岐型Ⅰ」ルートから「還流型Ⅰ」ルートへと進学ルートの重心が移ったことで一般系高校卒業生の大学進学機会が圧迫されたため、特殊目的高校は社会から強い批判を浴びることとなった。

　こうした事態を受け、90年代後半には、特殊目的高校での学科筆記試験が禁止されたり、比較内申制が廃止されるなど[7]、才能教育政策推進に急ブレーキがかけられた。ただし、この時の学科筆記試験の禁止や比較内申制の廃止といった措置は、大学入試準備教育へのシフトを阻止するための教育内容そのものに対する措置ではなく、あくまで特殊目的高校入試や大学入試という選抜システムに対する措置であった。ここから分かるように、政府による才能教育政策推進に対する急ブレーキは、特殊目的高校の受験名門校化（大学入試予備校化）そのものへの対応というよりも、一般学校教育制度に入口・出口ともに接続している「還流型Ⅰ」ルートの急速な肥大によって、才能教

育制度で働く競争・選抜・序列化原理が一般学校教育制度にまで影響を及ぼし始めたことへの対応であったといえる。この時の比較内申制廃止によって、「還流型Ⅰ」ルートは一気に縮小されることとなった。

(4) 2000年代──才能教育制度における競争・選抜・序列化原理の先鋭化──

2000年代の韓国は金大中大統領と盧武鉉大統領の進歩政権下にあり、IMF危機後に広がった経済格差・地域格差に起因する教育格差を埋めるための諸政策が推進されるとともに、急激なグローバル化・情報化への対応に追われた時期であった。

2000年代は、90年代の5・31教育改革方案を基本的に継承し、第6次および第7次教育課程の施行によるカリキュラムの弾力化やオルタナティブ・スクールの設立[8]など、一般学校教育制度内でも教育内容の多様化という「横の多様化」が推進されていった。しかしながら、競争や選抜や学校間の序列化をともなう「縦の多様化」については、引き続き抑制された。そのことを如実に表しているのが、2002年に私立高校の多様化・自律化を目指して試験的に導入された自立型私立高校が、その後ずっとモデル運営の状態に置かれていたという事実であろう[9]。ここからは、自立型私立高校のような選抜性の高い学校別競争入試を特例的に許容される学校の存在が、一般学校教育制度内においてどれほど強い向かい風にさらされるのかが分かる。なおこの時期、「平準化」適用地域の再拡大が始まり、2008年の時点で過去最多の28地域に達している。

その一方で才能教育制度内においては、特殊目的高校の再拡大や英才教育振興法の制定にともなう新たな才能教育機関の設立により、競争・選抜・序列化原理がより先鋭化されたかたちで追求されていった。この時期、才能教育機関の種類や種別が増えて多様化すると同時に、各機関が享受できる行財政的支援の差に応じて序列化されることとなった。こうした才能教育機関の序列化は、もっぱら国家・社会の発展に貢献する可能性の高さの違いという基準によって正当化されていた。しかしながら、どの才能教育機関に所属するかによって子どもに与えられる特恵が異なり、1名当たりが受ける財政的

支援の差が数倍から時には数十倍に達するといった事象は、おそらく「平準化」導入以前の一流高校とそれ以外の高校の間にさえ存在していなかったと考えられる。

　また、2000年代に入って才能教育制度の選抜システムは複合化を遂げ、進学ルートも複雑化した。この時期、英才学校の設立により特別選抜を利用した「英才学校→KAIST／POSTECH」という「分岐型Ⅱ」ルートや「英才学校→一般大学」という「還流型Ⅲ」ルートが生まれたし、科学高校についても高校早期卒業・大学早期入学制度を利用した「科学高校→一般大学」という「還流型Ⅱ」ルートが新たに形成された。つまり、90年代後半に才能教育政策推進にかけられた急ブレーキは、一般学校教育制度への競争・選抜・序列化原理の流入を阻止するためのいわば応急措置だったのであり、その後すぐにゆるめられたのである。

　さらにこの時期、英才教育院と英才学級が登場したことで、才能教育制度の中学校段階以下に巨大な選抜システムとしての「国家才能プール」が形成されていた。「国家才能プール」は、才能教育に対する国民のアスピレーションの「加熱」と「冷却」を繰り返しつつ広く「網かけ」をし、そこで選抜された才能児を、より高度に専門化された才能教育プログラムの対象となる候補者として一定数「プール」しておくという独特な役割を果たしていた。この「国家才能プール」は、最終的にプールした候補者の7～8割を一般学校教育制度に還流するという一見ロスの多い選抜システムであったが、一方で「21世紀の知識基盤社会においては、1名の卓越した才能児が数万～数百万名の国民を養っていく力を持つ」という信念に基づき、トップ層の才能児を1人たりとも逃さずに発見することに焦点をしぼったという点では効率的な選抜システムであるともみなすことができた。

(5) 競争・選抜・序列化原理の「水平変移」

　以上のように、才能教育制度の歴史的展開とその構造的変化を通観した場合、才能教育制度は80年代に登場してから20年の間に、その選抜システムと進学ルートを複雑化・複合化させてきたことが分かる。特に2000年代以降

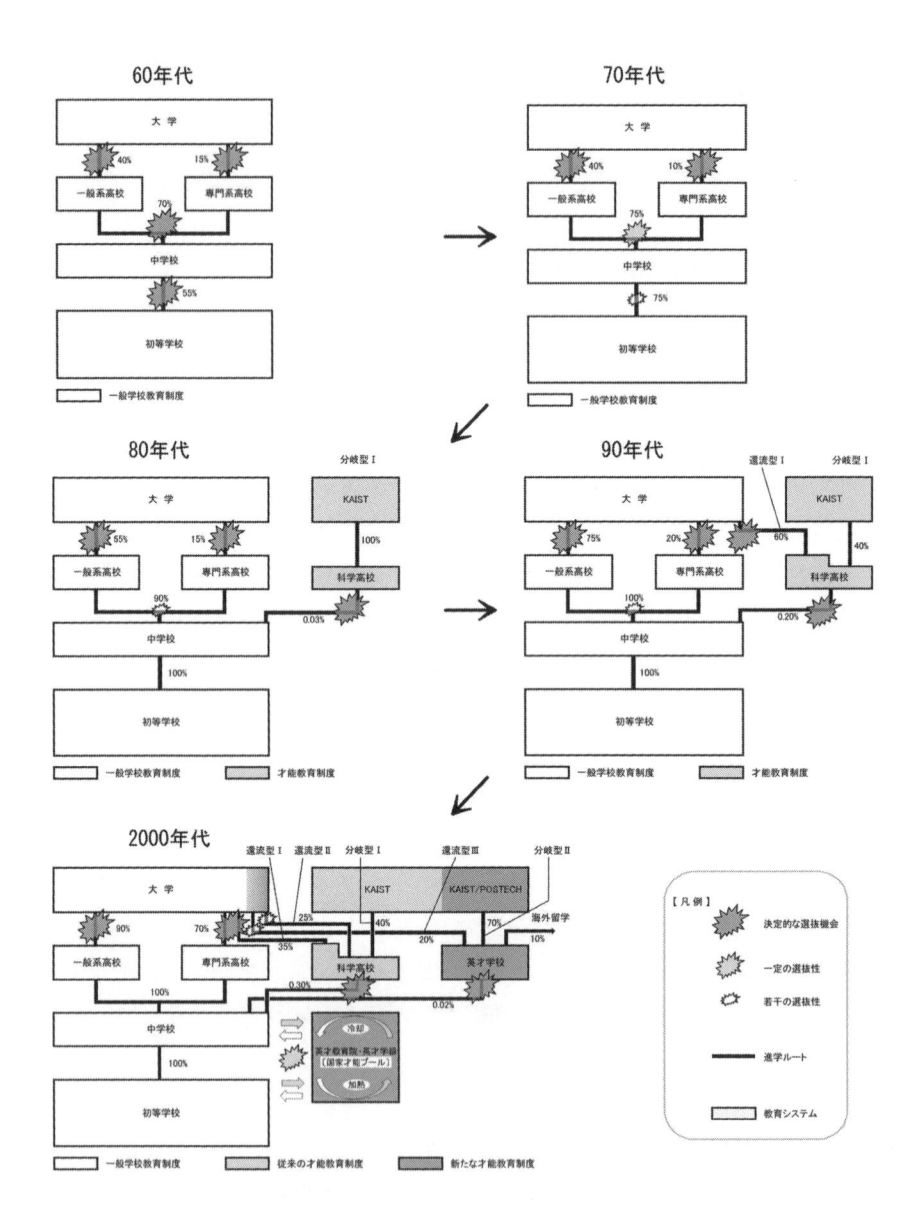

図終-1　一般学校教育制度との関係性からみた才能教育制度の構造的変化
　　　　（60〜2000年代）

の変化は著しい。

　一般学校教育制度だけをみた場合、60年代以降一貫して中等教育段階における選抜性は低下し、決定的な選抜の機会が教育段階の上方へと変移するのにともなって、競争・選抜・序列化原理が働く場所も上方に変移してきた。しかしいったん才能教育制度に目を移すと、80年代の科学高校の登場によって決定的な選抜の機会が高校進学段階に発生し、時代が進むにつれて競争・選抜・序列化原理が働く場所が高校段階を中心に上下の教育段階に広がっていったことが分かる。つまり公教育制度全体をみた場合、競争・選抜・序列化原理は、一般学校教育制度の内部で上方へ変移しただけでなく、才能教育制度の登場と発展により、一般学校教育制度から才能教育制度へと水平方向にも変移していたのである[10]。

　ここまで述べてきた韓国における才能教育制度の歴史的展開とその構造の変化を、一般学校教育制度との関係性に注目して図示すると、**図終-1**のようになる。

3. 才能教育制度が果たす機能と意味

　本書における第3の課題は、公教育制度において才能教育制度が果たす機能とその意味を、一般学校教育制度との関係性に注目しつつ、選抜システムと進学ルートの変遷から明らかにすることにあった。それは韓国の才能教育制度が目的に掲げてきた、「平準化」の補完の意味内容を明らかにすることでもあり、第1章の最後に挙げた2つの疑問に答える作業でもある。

(1) 中等教育段階以下における選抜・教育・分配機能の補完

　韓国の一般学校教育制度のように教育の分化・特殊化の時期が遅く、その水準の低い教育システムにおいては、科学技術分野をはじめとする各分野・領域を先導する高度なマンパワーの育成が困難になり、特定分野・領域に優れた潜在的な能力と適性を持つ人材が損なわれる可能性も高まると考えられた。第1章で挙げた疑問の第1は、韓国がこうした弱点をどのように補完し

てきたのかということであった。

　一般学校教育制度が持つこうした弱点は、これまでみてきたように、才能教育制度によって部分的に補完されてきたといえる。才能教育制度の目的に鑑みれば、韓国の才能教育制度が登場した当初に求められた機能は、第1に科学技術分野における高度なマンパワーを育成すること、第2に特定分野・領域の才能児が有する潜在的な才能の損失を防止するために、その能力と適性に応じた教育機会を提供することであったと考えることができる。この2つの機能は、時代によって強弱はあるものの、これまで一貫して変化しておらず、才能教育制度が果たす基本的な機能となっている。

　これまでみてきたように、韓国の公教育制度において才能教育制度は数学・科学分野を初めとする特定分野・領域に優れた能力と適性を持つ子どもを、その能力の種類と水準に応じて選抜し、そうした選抜プロセスを通じてそれぞれのカテゴリーに分けられた子どもに対して適切な種類の教育プログラムを提供し、教育を終えた子どもをKAISTや一般大学の理工系学部・学科など、科学技術分野へとつながる教育ルート等に分配してきた。このように、時代を追うごとに弱まっていった一般学校教育制度の中等教育段階以下における選抜・教育・分配機能を、公教育制度内における他の教育システム、すなわち才能教育制度が補完することで、前述した「教育システムを越えた競争・選抜・序列化原理の水平変移」が進行していったと考えられるのである。

(2) 競争・選抜・序列化を志向するエネルギーの吸収

　第1章で挙げた疑問の第2は、一般学校教育制度において、70年代以前に中等教育段階でみられた競争・選抜・序列化を志向する韓国国民の激しいエネルギーが、どのように解消されてきたのかということであった。なぜなら、韓国の一般学校教育制度はこの間めざましい量的拡大を達成してきたが、教育の量的拡大は進学熱を冷却することはできても、競争・選抜・序列化を志向するエネルギーそのものを解消できないからである。

　この疑問を解く鍵の1つもやはり才能教育制度にあると考えられる。第5章でみたように、才能教育制度内では一般学校教育制度内とは対照的に、競

争・選抜・序列化が先鋭化したかたちで生じていた。甚だしくは外国語高校のように、一般学校教育制度の枠外で競争や選抜をおこなうための名目として、才能教育機関としての法的根拠が政策的に付与されるケースさえ存在していた。つまり80年代以降の公教育制度においては、中等教育段階以下で生じる競争・選抜・序列化の一部分について、それが才能教育を目的におこなわれるものと法的に位置付けることで正当化し、一般学校教育制度内では解消することが難しい競争・選抜・序列化を志向する国民のエネルギーを、才能教育制度内で生じる競争・選抜・序列化によって「ガス抜き」してきたと考えられるのである。

　このように、競争・選抜・序列化を志向する韓国国民のエネルギーは、一般学校教育制度における大学入試とその結果による序列化を通じてだけでなく、才能教育制度における科学高校入試や英才学校入試、英才教育院や英才学級における受講者選抜とその結果による序列化を通じても吸収されてきたとみることができる[11]。

(3) 相互補完的関係

　それでは逆に、一般学校教育制度が才能教育制度に対して果たしている役割は存在しないのであろうか。何度も述べているように、極端に教育熱が高い韓国社会においては、進学問題や受験競争の影響をいかに防ぐかが、才能教育制度の中心的な課題とされてきた。その一方で才能教育制度には、国民の高い教育熱を自らの発展のエネルギーとして利用してきた側面も存在する。限られた選抜機会の提供やさまざまな制度的特恵を付与することで国民の教育アスピレーションを才能教育制度へと方向付け、数学・科学分野やその先にある科学技術分野など、特定分野・領域につながる教育ルートへと人材を誘導してきたのである。

　たとえば、英才教育院と英才学級によって形成された「国家才能プール」に所属する子どもは同年齢層の約1％に上っていた。英才教育院や英才学級の受講者選抜の競争率を考えた場合、そうした受講者の何倍もの子どもたちを、「国家才能プール」は引き付けていることになる。英才教育院や英才学

級では数学・科学分野の教育プログラムの履修者が約9割を占めており、「国家才能プール」は確実に科学技術分野へ人材を誘導する役割を果たしているといえる。また、いったん科学高校や英才学校へ進学すれば、その後どのような進学ルートをたどるにしろ、大部分は理工系の学部・学科へと進学し、やはりその大部分が科学技術分野へと進出することになる。90年代以降に科学者の身分や収入が不安定になる中でさえ、科学高校への進学熱自体はほぼそのまま維持され、多くの卒業生が科学技術分野へ進出していった。仮定の域を出ないが、もし一般学校教育制度において競争・選抜の機会が十分に確保されており、学校間の序列も存在していたならば、90年代以降必ずしも魅力的な分野とはいえなくなっていった科学技術分野につながる教育ルートへと、才能教育制度は最も優秀な層の子どもを持続的に誘引することができたであろうか[12]。

　韓国では、一般学校教育制度の中等教育段階以下における競争・選抜・序列化原理が制度的に抑制されているため、これに向かう国民のエネルギーが内部に蓄積し、破裂寸前の「圧力釜」状態[13]になっているとみることができる。こうした状況において、才能教育制度は競争・選抜・序列化原理が働く進学ルートを意図的に科学技術分野につながる教育ルートに接続することで、最も優秀な層の子どもを持続的に当該分野へと誘引する仕組みを作り出していると考えられる。喩えていうなら、一般学校教育制度という「圧力釜」が競争・選抜・序列化を志向する国民のエネルギーを十分に蓄積しているからこそ、才能教育制度はその圧力をうまく利用し「ガス抜き」してやることで、自らを発展させるための「ガスタービン」を力強く回すことができているのである。

　以上の点において、一般学校教育制度は科学技術分野における高度なマンパワー育成という才能教育制度の機能を強化する役割を果たしており、両者の間には一部で相互補完的な関係が成り立っているとみることができる。

4. 才能教育制度の不可視化された機能
　　――理念と機能の間の矛盾――

表終-2　韓国における才能教育制度の理念・目的・機能および機能の意味

制度	才能教育制度		
理念	「才能が優れた者を早期に発掘し、生まれついての潜在力を啓発できるように、能力と素質に合った教育を実施することで、個人の自己実現を図り、国家・社会の発展に寄与せしめる」(英才教育振興法第1条)		
	社会の活性を高め、国家の国際的地位を高めるために、科学技術分野を中心に革命的な発見や発明を導く （国際競争主義・科学ノーベル賞型）	個々の子どもの能力に適した教育を提供する （適能教育主義）	
目的	科学技術分野の高度なマンパワー育成	「平準化」の補完	
機能	科学技術分野への人材誘導および当該分野に専門化された教育の実施	特定分野・領域における才能児の能力と適性に応じた教育機会の提供	一流大学への進学ルートにつながる選抜性の高い学校別競争入試の機会の提供
	可視化された機能		不可視化された機能
機能の意味	才能児の早期発見とその能力の伸長 才能児の能力の国家・社会的活用 ＝才能教育		特定の社会経済階層の地位・価値観の再生産　＝エリート教育

　ところで、これまでの論考を振り返ってみると、韓国の公教育制度において才能教育制度が果たす機能には、前述した2つの基本的でみえやすい機能の他に、表面上はみえない、あるいはみえにくくなっている機能が存在しているように思われる。これを明らかにすることが本書における第4の課題であった。

　表終-2は、これまでの論考をもとに、韓国の才能教育制度の理念や目的、およびそれらに対応する機能の内容、さらにそれらの機能が持つ意味について整理したものである。

　英才教育振興法にも示されているように、韓国の才能教育制度の理念は、才能が優れた者を早期に発掘し、生まれついての潜在力を啓発できるように、能力と素質に合った教育を実施することで、個人の自己実現を図ると同時に国家・社会の発展に寄与せしめることにあった。これらは、才能教育制度が登場した背景からみても、韓国における同制度の一貫した理念であると考えられる。そしてそれは、国家への寄与が強調されているなどの特徴はみられるものの、ある国の才能教育制度が有する理念としてそれほど特異なものではないだろう。

前述したように、こうした韓国の才能教育制度の理念はさらに、社会の活性を高め、国家の国際的地位を高めるために、科学技術分野を中心に革命的な発見や発明を導くという「国際競争主義・科学ノーベル賞型」と、個々の子どもの能力に適した教育を提供するという「適能教育主義」の2つの下位理念に分けることができた。そして韓国の場合、その歴史的文脈から、それぞれの下位理念に対応して、科学技術分野の高度なマンパワー育成と「平準化」の補完という政策的な目的が掲げられていた。

　第2章でみたように、才能教育制度が登場して間もない80年代の同制度は、科学技術分野の高度なマンパワー育成と「平準化」の補完という目的にそれぞれ対応する、科学技術分野への人材誘導および当該分野に専門化された教育の実施と、特定分野・領域の才能児の能力と適性に応じた教育機会の提供という機能を果たしていた。これら2つの機能は現在まで才能教育制度の基本的機能となっており、いわば「可視化された機能」であるといえる。

　しかし90年代に入ると、「平準化」の補完を目的として掲げつつ、事実上は「平準化」の枠外で学校別競争入試の機会を提供するために科学高校が増設・拡充され、外国語高校が新設されていった。すなわち、既存の2つの機能に加えて、一流大学への進学ルートにつながる選抜性の高い学校別競争入試の機会を提供するという第3の機能が才能教育制度の中に生じたのである。当然ながらこの第3の機能は、理念や目的、法令等に明示されておらず、表面上は才能教育を名目に、正当な法的根拠に則って果たされる。したがって才能教育制度の第3の機能は、いわば「不可視化された機能」であるといえる。

　さらに第3章でみたように、この時期の科学高校増設・拡充と外国語高校設立が「一部階層の名門高校育成の要求に政治的に応じた結果」[14]なのは明白であった。カン・テジュン（2003年）が指摘するように、90年代後半の比較内申制廃止をめぐる論争の中で、全高校生のわずか1％に過ぎなかったこれらの学校の生徒に関する問題が社会問題化し、まるで韓国教育全体の死活問題のように議論されたことも、彼らの保護者がいかに大きな政治的影響力を有する社会集団（いわゆる「エリート階層」）であったかを物語っている[15]。つまり、才能教育制度の第3の機能の意味するところは、特定の社会経済階層

の子女に一流大学への進学ルートにつながる選抜性の高い学校別競争入試の機会を提供し、その地位や価値観を再生産することにあったとみることができる。序章でみたとおり、これは本来エリート教育が担う機能であり、少なくとも韓国が掲げる才能教育制度の理念とは矛盾する（表終 -2）。

　山内（2005年）が指摘するように、大衆化した教育社会に到達すれば、いずれの国家、社会でもエリート教育を制度化し、分離したかたちで維持するのは困難になってくる。そこで通常であれば、一般学校教育制度にエリート教育を潜在的にビルト・インすることになる[16]。しかし韓国の場合、一般学校教育制度における決定的な選抜の機会はほぼ大学進学段階に限られているため、その内部において、社会生活の諸分野で指導的役割を果たすことが予定されている一定数の人間（エリート候補者）を大学進学段階以前にあらかじめ選抜し、社会のメインストリームへとつながる教育ルートにのせることは難しかった。そこで韓国では、競争・選抜・序列化原理が許容されている才能教育制度の中に、エリート教育の機能の一部がビルト・インされることになったのだと考えることができる。

　さらに、科学高校増設・拡充および外国語高校設立の政策的背景をみた場合、そのビルト・インは意図的になされたとみることができる。つまり90年代以降の韓国は、公教育制度においてエリート教育の機能の一端を担う学校に対して、才能教育機関としての法的位置付けを付与したり、「平準化」の補完というその意味する内容の幅が広く、かつ通用性の高い政策的な目的（大義名分）を媒介とすることで、それらの学校が果たすエリート教育の機能を不可視化しつつ、才能教育制度の内部にエリート教育の機能をビルト・インすることに成功したと考えられるのである。もともと入試準備教育に特化した各種学校を前身に持つ外国語高校が法令上の才能教育機関として位置付けられた経緯は、このことを最も明確に裏付けている事例であるといえる。そこに政策的意図が存在したと考えられる以上、韓国の才能教育制度におけるエリート教育の機能は顕在的機能[17]であるといえるが、重要なのはそれが才能教育という「オブラート」に包まれ不可視化されているという点である。

　韓国の才能教育制度には歴史的に、70年代半ばの「平準化」の導入と90年

代後半のIMF危機という2つの大きな転換点があった。しかし才能教育制度の機能的変容に着目した場合、エリート教育の機能を内包することになった90年代初めもまた、韓国の才能教育制度にとって無視できない転換点であったといえる。

韓国ではどの大学に進学するかがその後の社会経済的地位の獲得に大きな影響を及ぼすが、大学入試は一発勝負的な性格が非常に強い。万が一これに失敗した場合、特定の社会経済階層がその地位や価値観を再生産できる可能性は低くなってしまう。自らの地位や価値観の再生産を願う階層にとって、教育の機会均等化が進んだ一般学校教育制度の選抜システムはリスクの高い選抜システムであるといえる。そうした中で、科学高校入試や外国語高校入試など、それをクリアした場合に将来の一流大学進学の可能性が相対的に高まるような選抜の機会が、才能教育制度の高校進学段階に設けられた。科学高校や外国語高校に進学すれば、同質集団の中で質の高い教育（それは同時に入試準備教育的側面も持っていたが）を受けることができるし、かつては比較内申制のような優遇措置も受けることができた。こうした機会を活用するための資源を十分に有している階層にとって、科学高校や外国語高校の存在は学歴獲得を通じた地位達成競争において非常に有効な手段であったと考えられる[18]。

なお、全国の科学高校、外国語高校、一般系高校の生徒の社会経済的背景を調べたソン・ギソン（2008年）による大規模な調査によれば、科学高校や外国語高校の生徒の親の学歴や職業威信、家庭の所得は一般系高校の生徒に比べて明らかに高いことが分かっている（**表終-3**）。ここから、科学高校や外国語高校などの才能教育機関を最も有効利用しているのは、社会経済的に恵まれた層であることが読み取れる。

このように、才能教育制度がエリート教育の機能をビルト・インするようになってからおよそ10年が経過し、徐々にその「成果」が現れてきている。特に外国語高校の卒業生の中からは近年、法曹界、言論界、医学界、学界などさまざまな分野の若手の中で指導的地位に就く者が現れ始め、京畿高校などかつての一流高校の卒業生に代わる「ニューパワー」として台頭しつつ

表終-3　科学高校・外国語高校・一般系高校の生徒の社会経済的背景（2005年時点）

		科学高校	外国語高校	一般系高校
親の学歴および職業	父親の学歴が4年制大学卒業以上	76.2%	78.0%	46.4%
	母親の学歴が4年制大学卒業以上	60.4%	64.2%	31.3%
	父親の職業が専門職または管理職	40.0%	48.8%	28.3%
家庭の所得	月平均所得が500万ウォン以上	27.4%	38.7%	17.4%

出所：ソン・ギソン『誰が特目高に進学するのか？―一般高、特目高学生特性比較分析―』対話文化アカデミー主催「高校平準化と高校間格差」セミナー資料、2008年4月11日付、7～9頁より筆者が作成。
注：参考までに、韓国雇用情報院の調査によれば、2006年の全労働者の月平均所得は191万3,000ウォンであった（東亜日報、2007年11月27日付）。

あるという[19]。第2・3章で触れたように、外国語高校は法令上「語学英才養成」のための才能教育機関と定められているにも関わらず、卒業生の言語分野への進学率は20～40％と低く、法学部を初めとする社会科学系はもちろん、理数クラスを設置しているケースもあるため医学部等への進学者も少なくない。中でも法曹界には外国語高校卒業生が数多く進出しており、2002～2006年の司法試験合格者の出身高校上位5校はすべて外国語高校であった[20]。今や外国語高校は「法曹人の揺籃であり士官学校」[21]とまで呼ばれるようになっている。もともと外国語高校の生徒の保護者には法曹人が多いといわれているし[22]、富裕層の子女も少なくないとみられる[23]。このように外国語高校は、特定の社会経済階層の地位や価値観の再生産というエリート教育の機能を着実に果たしているといえよう。

　一方で科学高校の場合、どこまでが才能教育の成果であり、どこからがエリート教育の「成果」であるかを区分することは難しい。たとえば科学高校卒業生の多くがいわゆる一流大学に進学しているが、外国語高校の場合と異なり、彼らの進学先は大部分が同一系列（理工系）の学部・学科である。この意味で、科学高校は卒業生を社会のメインストリームにつながる教育ルートへと送り出すと同時に、科学技術分野への人材誘導の機能も果たしている。なお、近年では、科学高校の卒業生が大学や一般企業の主要な研究ポストの大部分を掌握したという声も一部で出始めている[24]。ただし現在すでにそうした主要ポストで活躍している者には年齢から考えて90年代以前の卒業生が多いであろうし、この場合もやはり、科学高校が科学技術分野の高度なマンパワー

育成という才能教育本来の機能を果たしていることは間違いないのである。

　しかしながら科学高校についても、エリート教育の機能を果たしているといわざるを得ない部分が存在する。その1つが医学部進学者の増加である。たとえば2000～2005年度の科学高校卒業生に占める医学部進学者の割合は平均13.2%であり[25]、8人に1人以上は医学部に進学していることになる。また、ソウル大学医学部の2007～2009年度入試における学校別合格者数の上位2校は科学高校であり、同期間の合格者の20.4%を科学高校卒業生が占めたという[26]。さらに近年は、科学技術分野とはまったく無関係の行政高等考試（わが国の国家Ⅰ種試験に相当）や司法試験においても、科学高校はその存在感を示すようになっている。2007年度の行政高等考試合格者の出身高校上位20校のうち11校が特殊目的高校であったが、このうち5校までが科学高校であった[27]。加えて、2005年と2006年の司法試験では、全合格者の約15%を外国語高校出身者が占めて話題となったが、科学高校出身者からも約2%の合格者を輩出している[28]。これらの「成果」は、科学高校の入学定員が外国語高校の5分の1に過ぎないことを考えると驚異的であるといえる。ここで何より留意すべきは、医師はもちろん、高級官僚や法曹といったキャリアが、科学高校の卒業生（出身者）に本来期待されているものとまったく異なる点である。こうしたキャリアの不一致は、才能教育制度の理念・目的と機能の間に乖離をもたらすばかりでなく、才能教育によって身に付けた知識と求められる知識の乖離をもたらすという点で問題がある。特に高級官僚や法曹の場合、高度な数学・科学分野の知識を活用する機会はほとんどないといっていいだろう。

　以上のように、90年代以降の韓国の才能教育制度はその内部にエリート教育の機能を、「平準化」の補完という曖昧かつ通用性の高い政策的な目的を媒介とすることで不可視化しつつ抱え込んだ結果、理念（才能教育）と機能（才能教育＋エリート教育）の間に齟齬や矛盾を抱えることとなった。しかし一方で、韓国の才能教育制度が爆発的な量的拡大を遂げ、1つの教育システムとしての自立性とプレゼンスを確固たるものとしたのは、エリート教育の機能をビルト・インした90年代以降のことであったのも事実である。

確かに80年代は才能教育制度の理念に対応した才能教育の2つの基本的機能を着実に果たしていたが、その規模の小ささから効果の面では弱さもみられた。しかし90年代以降、才能教育の機会は確実に広がったし、科学高校卒業生の増加によって科学技術分野へ送り出す人材の絶対数も増えた。つまり、才能教育制度がエリート教育の機能をビルト・インしたことはその理念と機能の間に矛盾をもたらすことになったが、一方で才能教育制度発展の原動力となり、才能教育の機能を強化する役割も果たしたと考えられるのである。これは、韓国の才能教育制度が発展の過程で抱えることになったジレンマであるといえよう。

才能教育制度の中に存在する理念と機能の間の矛盾は、現在でもしばしば科学高校や外国語高校に対する「名門大学進学予備校」、「一部富裕層のための貴族学校」、「名門高校に子どもを進学させたい親の欲望解消の手段」といった批判のかたちをとって表出する[29]。これは、才能教育制度が内包するエリート教育の機能が、完全には不可視化されていないことの現れとみることもできる。しかし、こうした数々の批判はあくまでも、「才能教育機関は純粋に才能教育の理念と目的に適った教育を実施するために設立・運営されるべきである」という当為性をめぐるものである。そこには、なぜ公教育制度の中において才能教育制度がエリート教育の機能の一端を担うことになったのかや、なぜ90年代以降に才能教育制度が急速に発展したのかというマクロ的かつ歴史的な視点は存在しない。このため、こうした批判はもっぱら既存の才能教育機関、中でも外国語高校に集中しており、英才学校や英才教育院、英才学級など新たな才能教育機関がエリート教育の機能を果たす可能性についてや、才能教育制度全体としてエリート教育の機能を担うことの是非について問われることはほとんどない。政府も外国語高校の募集地域を縮小するといった場当たり的で「技術論」的な対応に終始しており、「平準化」の枠組みを崩してでも一般学校教育制度内でエリート教育の機能を担うべきかや、才能教育制度発展の原動力を弱化させてでもその機能を理念に適合したものに制限すべきかといった大きな議論につながっていかないのである。

第4章で述べたように、2000年代の才能教育制度には「社会矯正主義」の

理念の萌芽がみられ、社会経済的に恵まれない層の子女が才能教育に参加する機会を広げようという動きが出ていた。しかし、才能教育制度の持つエリート教育の機能についてしっかりとした議論がなされないまま同制度が量的拡大を続けていけば、韓国の才能教育制度は今後、一方で特定の社会経済階層の再生産を抑止し、もう一方で特定の社会経済階層の再生産に貢献するという新たなジレンマを抱えることになるだろう。

5. 才能教育制度の課題

(1) セーフティネットに関する課題

　最後に、今後の韓国の才能教育制度の課題について指摘しておきたい。第1に挙げられるのは、一般学校教育制度と才能教育制度が高度に機能分化していることに起因する、セーフティネットに関する課題である。これまでみてきたように、韓国の公教育制度における2つの教育システムの高度な機能分化は、教育の機会均等化原理と競争・選抜・序列化原理という異なる2つの価値を同時に追求していく上でメリットを有しているといえる。しかしそのメリットの裏返しとして、正規の授業中以外や特別学校の形態で才能教育が実施されていたりと、2つの教育システムは時間的・空間的に分離しており、それぞれの教育システムで追求する価値や選抜システム、教育内容等に大きな隔たりがある。このため2つの教育システム間の往来が難しく、「敗者復活戦」や「入れ替え戦」の機会を設けにくいことや、ドロップ・アウトした場合に子ども負うダメージやリスクが高くなるといったデメリットが存在していると考えられる。

　高度に機能分化した2つの教育システムが併存している場合、通常は教育システムの分岐点で決定的な選抜がおこなわれると考えられる。図終-1をみても分かるように、韓国では科学高校入試や英才学校入試が実施される高校進学段階がこの分岐点に当たる。これらの学校へ進学した後の教育ルートの分化・特殊化の水準は高く、いったん選抜が済んだ後は原則として編入などの敗者復活の機会も存在していない。また、高校段階の英才教育院や英才

学級が中学校段階に比べて極端に少ないため、たとえば中学校まで英才教育院に所属していた子どもが、科学高校進学に失敗し一般系高校へ進学した場合、継続して才能教育を受ける可能性は大きく失われることになる。

さらに深刻なのは、科学高校や英才学校に進学した後に不適応を起こしてドロップ・アウトした場合である。なぜなら、高度に機能分化した教育システムにおけるドロップ・アウトは、単に教育プログラムからの脱落を意味するのでなく、教育システムそのものからの脱落を意味するためである。こうした場合、ドロップ・アウトの仕方も退学や転校といった極端な形態をとることになるし、子どもが受けるダメージもより大きなものとなると考えられる。

確かに英才学校進学後に不適応を起こした生徒ためのセーフティネットとして、英才教育振興法施行令第18条(「英才学校学生の転学または編入学」)において一般系高校への転校措置が定められている[30]。しかし、この措置が果たしてセーフティネットとしての実効性を持ち得るかどうかは疑問である。英才学校からのドロップ・アウトは、才能教育制度からの脱落を意味する。その際の子どものとまどいや挫折感は計り知れない。また、一般系高校へ転校した場合、英才学校にいた頃とは教育内容はもちろん、集団編成や教員の質も大きく変化するし、全寮制でなくなるため学校生活そのものが一変する。さらにドロップ・アウトした子どもが痛感するであろうことは、自分がもはや手厚い行財政的支援の対象から外れたということである。このことは、その子どもに対し、自分はそれらの恩恵を受けるに値しない人間であり、国家・社会の発展に寄与し得ない人間であるというメッセージを送ってしまうことになりはしないだろうか。

このように、教育システムの高度な機能分化にともなう最も大きな問題は、構造上発生するデメリットやリスクの多くが、個々の子どもに還元される類のものである点である。才能教育制度におけるセーフティネットの整備は、多くの国において才能教育政策の中心的課題の1つとなっているが、韓国のように一般学校教育制度と才能教育制度の機能分化の度合いが高い国においては、より綿密な制度的・心理的セーフティネットの整備が必要であろう。

(2) 教育の公平性に関する課題

韓国の才能教育制度について指摘すべき第2の課題は、教育の公平性に関するものである。これは、同制度の内部でエリート教育の機能が不可視化されていることや、才能教育機関や才能児の序列化が正当化されていることとも関連する。

①公的支援による才能教育の問題

教育の公平性に関する課題の1つめは、才能教育を公的支援によって実施することにともなう問題である。これまで繰り返し述べてきたように、韓国における才能教育は莫大な公的資金を投入して実施され、対象者はさまざまな行財政的な支援を受けている。このため、韓国の才能教育制度は公共性が高く、教育の公平性を強く問われる存在であるといえる。一般的に才能教育制度の公共性が高い場合、才能教育を受ける機会が、社会経済的に不利な立場に置かれた子どもを含めて、幅広く開かれるというメリットがあると考えられる。特に、めざましい量的拡大を遂げ、「社会矯正主義」の理念の萌芽さえみられるようになった近年の韓国の才能教育制度であれば、より開かれた存在となっているはずである。しかしながら、現時点では必ずしもそうなっていないようである。

キム・ミスクら(2004年)は英才教育振興法に基づく新たな才能教育機関(科学英才教育院や市・道教育庁英才教育院、英才学級等)に所属している中学生および才能教育機関に所属していない一般の中学生に対する大規模な調査をおこなっている。この調査によれば、才能教育機関に所属している中学生の親の学歴や職業威信は一般の中学生の親に比べて明らかに高く、さらに才能教育機関に所属している中学生の家庭の月平均所得は、一般の中学生の家庭の約1.5倍に上ったという(**表終-4**)。さらに第5章で触れたように、韓国科学英才学校の生徒への質問紙調査においても、家庭の経済水準が「普通」以上だと答えた生徒が84%、「豊かな方だ」や「非常に豊かだ」と答えた生徒が34%に上っていた[31]。

表終-4　新たな才能教育機関に所属する中学生と一般の中学生の社会経済的背景

	才能教育機関所属の中学生	一般の中学生
父親の学歴が4年制大学卒業以上	80.5%	44.9%
母親の学歴が4年制大学卒業以上	64.9%	30.0%
父親の職業が専門職または管理職	46.7%	23.0%
家庭の月平均所得	439万400ウォン	297万1,100ウォン

出所：キム・ミスク（研究代表者）『中学生英才の知的・創意的特性による効果的な教授学習戦略探索』韓国教育開発院、2004年、91〜96頁より筆者が作成。
注：参考までに、韓国雇用情報院の調査によれば、2006年の全労働者の月平均所得は191万3,000ウォンであった（東亜日報、2007年11月27日付）。

　これらのことを勘案すれば、新たな才能教育機関に所属している才能児の社会経済的背景は、一般の子どもに比べて相対的に良好であると考えられる。これらの才能教育機関は設立されて間もないため、社会に出ている卒業生・修了者も少なく、現在のところ科学高校や外国語高校など既存の才能教育機関のように特定の社会経済階層の地位や価値観の再生産に寄与していることを示すデータは存在しない。しかし少なくとも、既存の才能教育機関と同様に、新たな才能教育機関を最も有効利用しているのも、やはり社会経済的に恵まれた層であるということはいえるだろう。

　ここで問題となるのは、もともと社会経済的に恵まれた層の子どもに対して、莫大な公的資金を投入して才能教育プログラムを提供し、彼らに各種の制度的優遇措置を与えることの是非である。確かに、優良な才能教育プログラムが無償または安価で受けられるということは、個々の子どもの能力に適した教育を提供するという「適能教育主義」的な才能教育の理念に合致しており、経済的な側面における教育の公平性実現の第一歩であるといえる[32]。しかしながら、公的支援で才能教育を実施しているにも関わらず相対的に貧しい層の子どもがその機会から疎外されていたり、そうした中で恵まれた層の子どもがさらに利益を得ている場合、かえって教育の公平性実現に逆行することもありうるだろう。

　現在の韓国では、「21世紀の知識基盤社会においては、1名の卓越した才能児が数万〜数百万名の国民を養っていく力を持つ」という信念によって、社会経済階層に関わらず公的支援によって才能教育を提供することが正当化

されている。すなわち、才能児の優れた能力を伸長することで将来の国家・社会の発展が約束され、それによって生み出される利益は広く国民に還元されるのであるから、たとえ社会経済的に恵まれた層の子どもであっても公的支援によって才能教育を提供することは国民の利益に適うという論理である。しかし仮に将来、才能教育の対象者が十分に国家・社会の発展に寄与できなかったり、自分自身の利益を優先したり、自らが所属する社会経済的集団の利益にのみ貢献するようなことがあれば、こうした論理に基づく才能教育制度は強い批判にさらされることになるだろう。

　さらに付け加えるならば、利用可能な資源に限界がある以上、社会経済的に不利な立場にあるグループにターゲットをしぼった「社会矯正主義」的な才能教育と、より普遍的な才能教育へのアクセスを保障する「適能教育主義」的な才能教育のバランスをどうとっていくのかも、今後の韓国の才能教育制度の課題の1つといえよう。

②教育システム間の格差の正当化・不可視化の問題

　教育の公平性に関する課題の2つめは、教育システム間の格差の正当化・不可視化の問題である。これまでみてきたように、韓国の才能教育制度の内部では、もっぱら国家・社会の発展に貢献する可能性の高さという基準をもとに才能教育機関が序列化され、個々の子どもが享受する行財政的支援の格差が正当化されていた。こうした格差の正当化は、さらに才能教育制度と一般学校教育制度との間に生じる格差までを正当化あるいは不可視化してしまう可能性があると考えられる。

　近年の才能教育政策の振興によって、才能教育制度内における才能教育機関や個々の子どもの間の格差以上に、才能教育制度と一般学校教育制度という2つの教育システムの間の格差が広がっているとみることができる。たとえば、大学進学に至るまでまったく才能教育の機会に触れることがなかった子どもと、初等学校から中学校まで科学英才教育院に通い、その後韓国科学英才学校へと進み、最終的にKAISTへと無試験進学した子どもとの間には、享受した行財政的支援にどれほどの差があるのか想像もつかない。

さらに、才能教育の機会に触れる子どもとそうでない子どもが享受する教育の質（才能教育プログラムの質や教員の質、用意される教育環境等）の格差については、数値化・客観化されにくいため、ほとんど不可視化された状態であるといってよい。こうした教育の質の格差の不可視化には、才能教育が一般学校における教育から時間的または空間的に分離した状況下で実施されていることが影響していると考えられる。たとえば一般の子どもが、週末に英才教育院でおこなわれる教育プログラムにおいてどのような教材が使われ、どのような教育環境の下でどのような教員が教えているのかを知り、自分の享受している教育と比べる機会はほとんどないだろう。

科学高校や英才学校についてはさらに一般の子どもから縁遠い存在であるといえる。地域内に序列化された一般系高校がいくつもあった時代には、学校間の教育の質の格差は比較的みえやすかったと思われる。しかし全寮制をとり、各市・道に1～2校しかない科学高校や全国に1校しかない英才学校において、どれほど恵まれた教育環境の下で、いかに質の高い教育が公的支援によって提供されているかを、一般の子どもが身近に知る術はほとんどないのである。今後、才能教育制度が発展していけばいくほど、2つの教育システムの機能分化は進み、教育システム間の格差も不可視化されたまま、さらに広がっていくものと予想される。

6. 結　語

韓国の才能教育制度はこの20年の間に、さまざまな葛藤を経験し、矛盾を内包しつつも、めざましい発展を遂げてきた。才能教育制度は、今や韓国の公教育制度を支える1つの教育システムとして確固たるプレゼンスを有しており、韓国教育の存続・発展に不可欠な機能を果たしている。本書では考察の範囲としなかったが、2008年2月に李明博大統領による新政権が誕生し、10年に渡って続いた進歩政権から保守政権へと回帰した。新自由主義的な政策を進める李明博政権の下で才能教育政策はこれまで以上に加速されつつあり、2008～2010年度までの教育部（教育科学技術部）の業務報告書すべて

において、国家発展のための数学・科学分野に重点を置いた才能教育の強化方針が示されている[33]。その中心的な課題の1つが、2003年度以来長らく滞っていた英才学校の増設である。2009年度にソウル科学高校が、そして2010年度には京畿科学高校が英才学校として転換されており、さらに2011年度には大邱科学高校が英才学校へと転換される予定である[34]。これによって英才学校は4校となり、入学定員の合計は464名となる[35]。つまり、英才学校がいよいよ80年代の科学高校と同程度の規模になるということである。このことが英才学校への志願者を分散させ、20倍に達していた英才学校の入学競争率を下げることになるのか、それともさらに英才学校進学熱を高める方向に働くのか、今後を見守る必要がある。

　また、これからの才能教育制度を左右する要素として、英才教育院と英才学級を才能教育制度の中でどう位置付けていくのかという問題が挙げられる。今後、才能教育政策の推進によって才能教育に対する国民の需要がさらに大きくなれば、英才教育院や英才学級を現在のような非正規課程のノンフォーマル教育機関という形態で維持し続けるのは難しくなるだろう。現在でも英才教育院については、保護者の同意を得て所属学校長の許可がおりた場合、正規の授業時間中であっても才能教育プログラムを受けることができるように法令で定められており（英才教育振興法施行令第32条6項）、これは将来の正規課程化への布石とみることもできる。将来的に英才教育院が正規課程化されていった場合、才能教育制度の機能はさらに強化されることになるだろう。しかしその場合、英才教育院入学をめぐる競争はさらに過熱するであろうし、かつての「優劣班」編成の再来として非難を受ける可能性も高い。李明博政権が英才教育院や英才学級をどのように発展させていくのかが注目される。

　さらに才能教育制度の行方を大きく左右すると考えられるのは、今後の「平準化」の動向である。李明博大統領は就任時から「自律と競争という2つの大原則を根幹とし、国民の政府、参与政府（それぞれ金大中政権、盧武鉉政権を指す：引用者注）が維持してきた既存の平準化体制の代わりに、卓越性教育を強化する」[36]との意志を明らかにしている。また、ソウル市でも2010年度に

終　章　才能教育制度の構造と機能　307

高校入試制度を大改編したことで、「平準化」の枠組みを維持しつつ一般系高校進学者の学校選択の幅を広げている[37]。2008年9月には、ソウル市のコン・ジョンテク教育監が「学校間の善意の競争を煽ることで、教育の質を引き上げる土台を準備する」[38]との姿勢を示している。仮に「平準化」が縮小されたりその枠組みが解体された場合、一般学校教育制度内で競争・選抜・序列化原理が一定程度働くようになる代わりに、才能教育制度への競争・選抜・序列化原理の水平変移の勢いが弱まるだろう。また、かつてのような一流高校が復活すれば、エリート教育に対するニーズもある程度は一般学校教育制度内で解消することができるようになると考えられる。近年の高校多様化の急速な進行[39]も、特殊目的高校の位置付けに少なからず影響を与えるだろう。その結果、将来的に才能教育制度の発展が停滞したり、あるいは相対的に衰退していく可能性もある。

　本書では、韓国における才能教育制度の構造と機能について、一般学校教育制度との関係性に注目し、選抜システムと進学ルートの形成過程に焦点を当てることで考察してきた。これによって、これまで明らかにされてこなかった韓国における才能教育制度の特徴と課題、公教育制度の中における位置付けや、果たしている機能を明らかにできたと考える。しかし本書では、各才能教育機関における教育プログラムの運営実態についての事例収集と分析が十分におこなえなかった点が課題として残った。いうまでもなく、ある教育システムは日常的な教育の営みによって支えられており、教育システムと教育実践は相互に影響を与え合っている。才能教育制度が果たす機能の裏付けとなる事例を提示するためにも、今後はよりミクロな観点からも韓国の才能教育について検討していくことが必要であろう。特に、地域や機関ごとの多様性が大きいと思われる英才教育院や英才学級の運営実態の把握・解明は必要不可欠な作業である。

　また、本書で詳しく扱えなかった数学・科学分野以外の才能教育機関の運営実態についても検討し、才能教育制度の構造の中に位置付けていきたい。中でも、才能教育制度が抱えるエリート教育の機能と関連して、外国語高校を才能教育制度の中でどのように位置付けるかが大きな課題である。

さらに、本書で得られた知見から、各国の才能教育制度の構造と機能は、その国や社会の置かれた時代状況、教育文化や風土、公教育制度における位置付け、一般学校教育制度との関係性などの諸要因に影響を受けつつ形成されると考えられる。今後は韓国以外の国や地域、たとえば国家規模なども比較的近い台湾やシンガポールなどアジア諸国の才能教育制度の構造と機能についても検討したいと考えている。こうした国や地域の中には、韓国とは異なり一般学校教育制度と才能教育制度が明確に分離していないケースも含まれていると考えられる[40]。なぜ国や地域によって才能教育制度の分離・非分離の違いが生じるのか、その要因を探り、比較検討することで、韓国の才能教育制度をより深く理解し、その特徴をさらに鮮明に浮かび上がらせるための努力を続けていきたい。

【注】

1　杉本均「才能教育の国際的動向」杉本均（研究代表者）『児童・生徒の潜在的能力開発プログラムとカリキュラム分化に関する国際比較研究』平成15〜16年度科学研究費補助金基盤研究(C)(2)研究成果報告書、2005年b、5頁。

2　なお、スポーツ分野が才能教育制度内で小さなプレゼンスしか占めていないことに関しては、第1章で述べたように、同分野で優れた能力と適性を有する者が「体育特技者」として中・高「平準化」の対象外となっており、同分野に関しては一般学校教育制度内で才能児の能力と適性に応じた教育機会を十分に提供することができるためと考えられる。

3　ソウル特別市東部教育庁ホームページ（「東部初等英才学級学父母へ」）、http://www.sendb.go.kr/、2009年1月12日アクセス。

4　稲葉継雄「韓国の高校改革─『平準化』を中心として─」教育と医学の会編『教育と医学』1993年8月号、慶應通信、1993年、87頁。

5　ユン・ジョンイルほか『韓国の教育政策（改訂版）』教育科学社、1992年、69頁。

6　高等教育段階に関しても、80年代は、大学入試のための課外学習を禁止するなどの強権的な方法で受験競争の過熱を抑える一方、70年代の定員抑制政策から一転して大学入学定員の拡大が図られた（馬越徹『韓国近代大学の成立と展開─大学モデルの伝播研究─』名古屋大学出版会、1995年、265頁）。このように、国民の高い進学熱に対して、一方で封じ込めをおこないつつ、他方で教育の量的拡大によってその冷却を図るという手法は、この時期の中等教育政策にもみられる。しかし、教育の量的拡大によって進学熱は冷却できても、競争・選抜・

序列化を志向するエネルギーそのものは解消できない。このため、競争・選抜・序列化原理に対しては、もっぱら封じ込めのみがおこなわれていたとみることができる。
7　比較内申制廃止は金泳三政権下で決定され、金大中政権下で実施された。
8　韓国のオルタナティブ・スクールには、1998年度に登場した特性化中学校や特性化高校、韓国版チャータースクールとして2007年度に新設された開放型自律学校、各種学校の一種として学力認定を受ける「代案学校」などがある。
9　当初のモデル運営期間は2005年までとされたが、その後2度に渡って延長され2010年までモデル運営状態が続くことが決定された（東亜日報、2005年12月23日付、教育人的資源部指針（「自立型私立高示範運営期間延長通報および示範運営管理徹底」）、2006年10月26日付、ハンギョレ新聞、2009年9月22日付）。序章の注27でも述べたとおり、結局、自立型私立高校という学校類型はモデル運営状態のまま、2011年度までにすべて「自律型私立高等学校」へと転換され消滅することとなった。なお自立型私立高校をめぐる問題の1つとして、納付金の高額化が挙げられる。自立型私立高校の授業料は当該地域の公立高校の3倍以内におさめるように決められているが、規制の隙間をついて高額な納付金を請求したり（授業料に当たる「登録金」ではなく寄宿舎費などを含む「受益者負担経費」として多額の納付金を請求するため、学校によっては年間約1,500万ウォンと公立高校の授業料の約10倍に上る場合もある）、一流大学進学のための受験名門校化したため「貴族学校」であるとの批判が強まり、政府も近年統制に乗り出していた。
10　ある外国語高校の教師が述べた「どのみち競争社会なのに、平準化政策というのは見方によっては競争を後回しにするものじゃありませんか。（中略）中学校を平準化して、中学校で高等学校にいく入試がひどくなったからそれをまた平準化して、結局は、いつか一度は（競争を：引用者注）経験しなければならないことだと思いますよ」という言葉は、一般学校教育制度で競争・選抜・序列化原理が上方変移していったことと、才能教育制度では高校段階で競争・選抜・序列化が働いていることの両方をよく表している（カン・ヨンヘ（研究責任者）『特殊目的高等学校政策の適合性研究』韓国教育開発院、2007年、86〜87頁）。
11　本書では制度レベルのマクロな視点から、公教育制度全体において競争・選抜・序列化を志向する国民のエネルギーが解消される仕組みについて論じたが、金志英が指摘するように、「平準化」導入後の公立学校優位から私立学校優位への学校間序列の変化など、各学校現場レベルのミクロな視点でみた場合、一般系高校の間でも学校間競争が生じていたと考えられる（金志英「韓国の平準化政策が学校現場に与えた影響に関する研究」日本教育制度学会第18回大会発表資料、2010年11月14日付）。また公教育制度外の私教育においても、こうした競争・選

抜・序列化を志向する国民のエネルギーが解消される場は存在したのではないかと推測される。こうした制度上はみえない学校間競争の存在や私教育の果たした役割に関する研究は重要であり、別途の考察が必要であろう。

12 たとえばある外国語高校の卒業生たちは次のように述べている。「高校入学当時、科学高校の学生たちは外国語高校の学生たちよりもっと賢いと思っていた。しかし今みると、彼らの努力に比べて社会的待遇は低いようだ」、「住所録だけで比較してみると、外国語高校卒業生が、科学高校卒業生より平均年俸がかなり多いようだ。私自身は外国語高校出身だが、望ましい現象ではないように思う」(「われわれの学校は第2の京畿高―大元外高1～3回卒業生6名対談／『司法考試合格者86名、医師100名超え』」『時事ジャーナル』2003年11月13日号、独立新聞社、2003年、66頁)。

13 これはもともと馬越が、全斗煥政権が誕生した時点における国民の大学進学熱の状態を指して用いた言葉である(馬越徹、前掲書、1995年、265頁)。

14 カン・ヨンヘ、前掲書、2007年、18頁、50頁。

15 カン・テジュン「特殊目的高等学校と自立型私立高等学校に関連する論難の性格」『教育政治学研究』第9・10巻統合号、韓国教育政治学会、2003年、19～20頁。

16 山内乾史「大衆教育社会におけるエリート形成と学校教育」杉本均(研究代表者)『児童・生徒の潜在的能力開発プログラムとカリキュラム分化に関する国際比較研究』平成15～16年度科学研究費補助金基盤研究(C)(2) 研究成果報告書、2005年、295頁。

17 マートン(Merton, R. K.)によれば、顕在的機能(manifest function)とは、一定の体系の調整ないし適応に貢献する客観的結果であり、体系の参与者によって意図され認知されたものである。この場合、参与者の主観的意図(動機)と客観的結果が一致している。一方の潜在的機能(latent function)とは、一定の体系の調整ないし適応に貢献しつつも、体系の参与者によって意図されず、認知されもしないものである。この場合、その機能は参与者が「予期しない結果」となって現れる(マートン・ロバート・K著、森東吾、金沢実、森好夫、中島竜太郎訳『社会理論と社会構造』みすず書房、1961年46頁、57頁)。韓国の才能教育制度の場合、エリート教育の機能をビルト・インしたのは政府の主観的意図であり、それによって特定の社会経済階層の地位と価値観の再生産がおこなわれるという結果も認知されていたとみることができる。これは、才能教育制度を利用する国民の側も同じであり、意図的に才能教育制度のエリート教育の機能を自らの集団の地位と価値観の再生産に活用していると考えることができる。韓国において特異なのは、そうした機能が意図されたものであり、また、認知されているにも関わらず、それが法的・社会的に認められることはなく、表面上はあくまで才能教育の一環として果たされている点である。

18 カン・テジュン、前掲論文、2003年、16頁。
19 「われわれの学校は第2の京畿高―大元外高1～3回卒業生6名対談／『司法考試合格者86名、医師100名超え』」、前掲記事、2003年、64頁。
20 シン・ウォンシク『初等学生のためのかしこい特目高勉強法』パムパス、2008年、17頁。
21 ノバアライアンス『大韓民国上位1％へいく特目高合格戦略』ネクサスBOOKS、2007年、13頁。
22 「われわれの学校は第2の京畿高―大元外高1～3回卒業生6名対談／『司法考試合格者86名、医師100名超え』」、前掲記事、2003年、64頁。
　　なお、韓国で全職業従事者のうち法曹関係従事者は1％未満に過ぎないが、ソウル市所在の外国語高校6校の在学生(2003～2006年)の保護者の場合、その2.7％が法曹関係従事者であったという(中央SUNDAY、2007年4月1日付)。
23 たとえば、ソウル市所在の外国語高校6校の2005年度入試の合格者のうち、32％が江南地域の出身であったという(ネイル新聞、2006年3月14日)。第2章の注3で述べたように江南地域は、ソウル市はもちろん韓国で最も富裕な層が居住する地域であるといわれている。
24 シン・ウォンシク、前掲書、2008年、17～18頁。
25 カン・ヨンへ、前掲書、2007年、49頁。
26 ソウル新聞、2009年5月28日付。
27 その内訳は、京畿科学高校が6名(単独第3位)、慶南科学高校、大邱科学高校、ソウル科学高校、漢城科学高校が各3名(同列第10位)であった(ソウル新聞、2007年6月13日付)。このように、行政高等考試や司法試験の合格者の出身高校にまで社会的注目がおよぶ点は韓国の特徴であるといえよう。これは、実際に特定の高校の出身者によって威信の高い職業ポストの多くが占められている状況に対する問題意識の表れであるとともに、どういった種類の高校に進学するかがその後の大学進学や社会的な地位達成に大きな影響を及ぼすという国民の認識の表れであると考えられる。
28 第47回司法試験(2005年)では全合格者977名中、科学高校出身者18名、第48回司法試験(2006年)では全合格者999名中、科学高校出身者16名であった。特にソウル科学高校は2005年に5名、2006年に7名の合格者を出しており、これは1校が輩出する合格者としては相当に高い数字である(中央SUNDAY、2007年4月1日付)。
29 「科学高『半分の成功』」『時事ジャーナル』2003年3月20日号、独立新聞社、2003年、44頁、「『特目高設立は麻薬を吸うありさま』―ユ・インジョンソウル市教育監インタビュー／『平準化廃止すれば私教育費さらにかかる―』『時事ジャーナル』2003年11月13日号、独立新聞社、2003年、69頁、「われわれの学校は

第2の京畿高―大元外高1～3回卒業生6名対談／『司法考試合格者86名、医師100名超え』」、前掲記事、2003年、66頁、クァク・ミンウク「『平準化補完論』、仮面を脱げ』『教育批評』第15号、教育批評、2004年、91～105頁。
30 チョ・ソクフィ（執筆責任者）『英才教育白書2004』韓国教育開発院、2004年b、19頁。
　　なお同法施行令によれば、不適応を起こした場合、他の英才学校に転校することも可能である。ただし、英才学校の数や定員が限られていることから、ある英才学校から他の英才学校への移動は実際には容易ではないと考えられる。
31 韓国教育開発院『英才教育政策活性化方案』教育政策フォーラム資料、韓国教育開発院、2004年、7頁。
32 杉本均、前掲論文、2005年b、24頁。
33 教育科学技術部『教育再生、科学技術強国建設―2008年主要国政課題実行計画―』教育科学技術部、2008年、教育科学技術部『教育科学技術の未来競争力強化』教育科学技術部、2009年a、教育科学技術部『教育科学技術先進化で世界一流国家跳躍』教育科学技術部、2009年b。
34 なお、2010年度、2011年度の英才学校転換申請には、京畿、慶南、慶北、光州、大邱、大田、全南の7つの科学高校が名乗りを上げており（国民日報、2008年11月3日付）、かつてと異なり、英才学校誘致に対する各地域の意欲が高くなっていることが分かる。
35 東亜日報、2008年12月19日付。
36 韓国日報、2008年2月26日付。
37 この新たな制度は俗に「高等学校選択制」と呼ばれる。同制度の抽選・配定の過程は全部で3段階に分かれており、抽選・配定作業はコンピュータを使っておこなわれる。志願は各段階まとめて1度におこない、結果は全段階の抽選・配定が終了した後に通知される。第1段階では、一般系高校志願者に市内全域から進学を希望する学校を2つ選ばせ（第1・2希望）、希望順位を勘案しつつ各学校の入学定員の20％を配定する。第1段階で抽選に漏れた者は第2段階に回される。第2段階では、居住地の学群の中から進学を希望する学校を2つ選ばせ（第1・2希望）、希望順位を勘案しつつ各学校の入学定員の40％（都心部の学群は40％）を配定する。第2段階の抽選に漏れた者は第3段階に回される。第3段階では志願者の居住地や通学の便、第1・2段階の志願状況、志願者の宗教などを勘案し、各学校の入学定員の40％を配定する。なお、子どもの数が少ない都心部の学群の学校は、第1段階で60％、第2段階で40％を配定する（ソウル特別市教育庁ホームページ、http://www.sen.go.kr/web/services/page/viewPage.action?page=kor/notice/notice_02_01.html、2010年11月30日アクセス）。同制度は「学校別競争入試の禁止」、「学群の設定」、「抽選による入学者の配定」という「平準化」の枠組みを維持しつ

つ、一般系高校進学者の学校選択権を拡大することを狙ったものである。ただし、「高等学校選択制」の導入によって、一部の学校に進学希望が集中する一方、進学希望者が定員に達しない学校が出るなど（こうした学校には第3段階で入学者が抽選・配定される）、初年度からすでに問題が生じている（ハンギョレ新聞、2010年4月21日付）。

38　韓国日報、2008年9月3日付。

39　李明博政権では、生徒・保護者の学校選択権拡大を目的として、高校の多様化を急速に進めている。2009年にはカリキュラム運営に一定の裁量権を認める「自律型私立高等学校」が登場し、既存の自立型私立高校も2010年度を最後に、ここに統合される予定である。また、産業界の需要にあった高度な専門職業人材（ヤング・マイスター）を養成する「マイスター高等学校」が2010年度に開校しており、2010年3月時点で21校が指定を受けている（文部科学省生涯政策局調査企画課『諸外国の教育動向2009年度版』文部科学省、2010年、232〜233頁、マイスター高等学校ホームページ、http://www.meisterschool.or.kr/、2010年11月30日アクセス）。

40　本多（1993年）、杉本（2003年、2005年）、南部（2005年）、シム・チュン・キャット（2009年）らの先行研究を検討すると、台湾とシンガポールが非分離型の才能教育制度を有しているケースではないかと推察できる。これに関しては、今後詳細な分析をおこなっていきたい（本多泰洋「台湾」天城勲（調査研究代表者）『高等教育研究紀要―才能教育の現状と課題：アメリカ・イギリス・フランス・ドイツ・中国―』高等教育研究所、1993年、188〜190頁、杉本均「アジアにおける才能教育―シンガポールを中心に―」小松郁夫（研究代表者）『知識社会におけるリーダー養成に関する国際比較研究』平成13〜14年度国立教育政策研究所政策研究機能高度化推進経費研究成果報告書（最終報告）、2003年、129〜140頁、杉本均「シンガポールにおける才能教育プログラム」杉本均（研究代表者）『児童・生徒の潜在的能力開発プログラムとカリキュラム分化に関する国際比較研究』平成15〜16年度科学研究費補助金基盤研究(C)(2)　研究成果報告書、2005年c、231〜249頁、南部広孝「台湾における才能児教育の動向」杉本均（研究代表者）『児童・生徒の潜在的能力開発プログラムとカリキュラム分化に関する国際比較研究』平成15〜16年度科学研究費補助金基盤研究(C)(2)　研究成果報告書、2005年、182〜203頁、シム・チュン・キャット『シンガポールの教育とメリトクラシーに関する比較社会学的研究―選抜度の低い学校が果たす教育的・社会的機能と役割―』東洋館出版社、2009年）。

引用文献

(ここでは、本書において引用または図表の出所とした文献のみを挙げている。本書がここに挙げていない数多くの先行研究を参考としていることはいうまでもない)

1. 韓国語文献

イ・ギュファン「国家競争力強化論理と教育改革」『韓国教育研究』第1号、韓国教育研究所、1994年、9～23頁。

イ・グンヒョン(研究責任者)『科学高等学校発展方向定立のための探索研究』韓国科学財団、1988年。

イ・サンチョン(研究責任者)『科学英才高等学校設立および学事運営に関する研究』韓国科学財団、2002年。

イ・サンヨプ「入試から抜けだし論文を書く高校生たち」『科学東亜』2005年12月号、東亜日報社、2005年、122～127頁。

イ・ジョンジェ「特殊目的高等学校比較内申制の争点分析」『韓国教育評論』1997年度号、韓国教育開発院、1998年、201～219頁。

イ・ジョンジェほか『教育発展の展望と課題1978～1991―答申報告書要約―』韓国教育開発院、1978年。

イ・ジョンテ(研究責任者)『特殊目的高等学校の中長期運営方向および発展方案研究』教育人的資源部、2007年。

イ・スンピョ「科学高等学校政策方向」『国会報』1999年11月号、国会事務所、1999年、72～75頁。

オ・ウクファン『韓国社会の教育熱―起源と深化―』教育科学社、2000年。

科学英才教育研究委員会『科学高等学校活性化のための政策建議―答申報告書―』科学英才教育研究委員会、1984年。

韓国教育開発院『初等学校英才深化学習運営方案』韓国教育開発院、1998年。

カン・テジュン「特殊目的高等学校と自立型私立高等学校に関連する論難の性格」『教育政治学研究』第9・10巻統合号、韓国教育政治学会、2003年、1～22頁。

カン・ヨンヘ(研究責任者)『高校平準化政策の適合性研究―実態分析、政策効果の検証および改善方案模索―』韓国教育開発院、2005年。

カン・ヨンヘ(研究責任者)『特殊目的高等学校政策の適合性研究』韓国教育開発院、2007年。

キム・オンジュ(研究責任者)『科学高等学校卒業生に対する追跡研究』韓国科学財団、1999年。

キム・クムフィ、シム・ジェヨン、キム・オンジュ「韓―中英才たちの早期進学および早期卒業に関する比較考察」『教育研究論叢』第28巻第1号、忠南大学校教育研究所、2007年、175〜189頁。

キム・ジョンソ（研究責任者）『英才教育総合遂行方案』ソウル大学校、1982年。

キム・ジョンドゥク（事業責任者）『2004年度科学英才発掘・育成事業結果報告書―科学高早期卒業生の進学および大学適応に関する研究―』KAIST科学英才教育研究院、2005年。

キム・ジョンドゥク、キム・オンジュ（事業責任者）『2004年度科学英才発掘・育成事業結果報告書―科学英才関連第1次縦断研究、科学英才教育のための人材養成現況分析および政策開発―』KAIST科学英才教育研究院、2005年。

キム・スビョン「英才たち『ノーベル賞登山』の位置に付く―超一流科学者を目指して走る釜山の科学英才学校：創意力教育・進路・教授陣問題解決できるか―」『ハンギョレ21』第528号、ハンギョレ新聞社、2004年、88〜91頁。

キム・チョンイル「優秀児教育の史的変遷過程」『特殊教育学会誌』第4号、韓国特殊教育学会、1983年、45〜102頁。

キム・テソ『韓国英才教育の発展過程―1970〜2006―』檀国大学校大学院博士学位論文、2007年。

キム・ミギョン『韓国英才教育制度研究』檀国大学校大学院博士学位論文、2002年。

キム・ミスク（研究代表者）『中学生英才の知的・創意的特性による効果的な教授学習戦略探索』韓国教育開発院、2004年。

キム・ミスク（研究責任者）『英才教育強化事業成果指標評価研究』韓国教育開発院、2005年。

キム・ミスク（研究責任者）『英才教育連係性強化方案研究―英才教育機関、学校、大学―』韓国教育開発院、2007年 a。

キム・ミスク「平準化制度内での秀越性教育は不可能か？」『教育政策フォーラム』第158号、韓国教育開発院、2007年 b、4〜8頁。

キム・ミスク（研究責任者）『市道教育庁と大学の英才教育機関運営効率化方案研究』韓国教育開発院、2008年。

キム・ミンチョル『英才教育機関の運営体制評価―釜山科学英才高を中心に―』国立ソウル大学校行政大学院碩士学位論文、2004年。

キム・ユンテ（研究責任者）『高等学校平準化政策の評価研究―高等学校選抜考査推薦配定制度に関する研究』韓国教育開発院、1978年。

キム・ヨンシクほか編著『教育制度の理念と現状』教育科学社、1982年。

キム・ヨンチョル「ソウル市地域間教育格差の実像」『教育開発』第139号、韓国教育開発院、2003年 a、36〜41頁。

キム・ヨンチョル（研究責任者）『特殊目的型高等学校体制研究（Ⅰ）』韓国教育開発院、

2003年b。
キム・ヨンファ（研究代表者）『韓国人の教育熱研究』韓国教育開発院、1993年。
キム・ヨンファ『韓国の教育と社会』教育科学社、2000年。
教育改革委員会『韓国教育改革白書1994〜1998』教育改革委員会、1998年。
教育改革審議会『高等学校平準化政策―第2次公聴会報告書―』教育改革審議会、1985年。
教育改革審議会『高等学校平準化の改善方案』教育改革審議会、1986年。
教育改革審議会『特殊才能教育の振興方案』教育改革審議会、1987年。
クァク・ミンウク「『平準化補完論』、仮面を脱げ」『教育批評』第15号、教育批評、2004年、91〜105頁。
CMSエデュケーション『CMS特講大学附設英才教育院対備（中等課程・数学）』CMSエデュケーション、2007年。
シン・ウォンシク『初等学生のためのかしこい特目高勉強法』パムパス、2008年。
シン・セホ「英才教育の世界的動向とわれわれの課題」『教育課程研究』第3号、韓国教育課程学会、1983年、139〜155頁。
ソ・ヘエ（研究責任者）『科学高等学校発展方案研究』韓国教育開発院、2006年。
ソ・ヘエ、ソン・ヨンア、キム・ギョンジン『英才教育機関教授・学習実態研究』韓国教育開発院、2003年。
ソン・ギソン『誰が特目高に進学するのか？―一般高、特目高学生特性比較分析―』対話文化アカデミー主催「高校平準化と高校間格差」セミナー資料、2008年4月11日付。
ソン・ジフィ「高校平準化『補完論』の虚構性と新しい平準化理念」『教育批評』第8号、教育批評、2002年、16〜33頁。
大統領諮問教育改革委員会『世界化・情報化時代を主導する新教育体制樹立のための教育改革方案』大統領諮問教育改革委員会、1995年。
チェ・ドンヒョン（研究責任者）『科学英才教育センター運営および評価方案研究』韓国教育開発院、2001年。
チェ・フィソン（研究責任者）『地方教育自治制度定着のための総合対策研究』教育部地方教育自治発展研究委員会、1992年。
チャン・ミョンリム「幼児教育学制改編、するならきちんとせねば」『教育政策フォーラム』第148号、韓国教育開発院、2007年、16〜19頁。
チュ・サンオク『科学英才教育の実態分析と新しい教育制度による改善方案』延世大学校教育大学院碩士学位論文、2001年。
チョ・ソクフィ（研究責任者）『一般学校での効率的な深化学習プログラム運営方案研究』韓国教育開発院、1994年。
チョ・ソクフィ（研究責任者）『英才教育政策研究』韓国教育開発院、1997年。

チョ・ソクフィ(研究責任者)『英才教育振興法具現のための英才教育制度と運営方案』韓国教育開発院、1999年。

チョ・ソクフィ (研究責任者)『英才教育中長期総合発展方案』韓国教育開発院、2000年 a。

チョ・ソクフィ (研究責任者)『創意的知識生産者養成のための科学英才教育活性化政策方案』韓国教育開発院、2000年 b。

チョ・ソクフィ「英才教育の具体的実践方案」『英才教育実践方案に関するセミナー』韓国教育開発院、2001年、17～92頁。

チョ・ソクフィ (研究責任者)『英才教育振興法総合計画樹立方案』韓国教育開発院、2002年 a。

チョ・ソクフィ (研究責任者)『科学英才の持続的発掘・育成・管理のための国家英才教育体系定立に関する研究』韓国教育開発院、2002年 b。

チョ・ソクフィ「英才教育の方向」『ソウル教育』2003春号、ソウル特別市教育科学研究院、2003年 a、17～22頁。

チョ・ソクフィ「科学英才育成体制定立のための英才教育振興法改正方案」『科学英才育成体制定立のための英才教育振興法改正方案―公聴会資料集―』韓国教育開発院英才教育研究室、2003年 b、3～65頁。

チョ・ソクフィ (研究責任者)『科学英才学校拡大発展方案』韓国教育開発院、2003年 c。

チョ・ソクフィ「英才育成体制定立のための英才教育振興法改正方案」韓国教育開発院『英才教育振興法、何が問題か?』韓国教育開発院、2004年 a、3～49頁。

チョ・ソクフィ (執筆責任者)『英才教育白書2004』韓国教育開発院、2004年 b。

チョ・ソクフィ「これが韓国政府が建てた最初の英才学校だ」『教育開発』第143号、韓国教育開発院、2004年 c、70～75頁。

チョ・ソクフィ「疎外された英才の発掘と才能啓発のための教育プログラム運営方案」韓国教育開発院『英才教育政策活性化方案』韓国教育開発院、2004年 d、1～24頁。

チョ・ソクフィ (研究責任者)『早期進級および早期卒業活性化方案』韓国教育開発院、2006年。

チョ・ソクフィ、ハン・スンミ『就学前英才の特性および父母の指導実態と要求に関する調査研究』韓国教育開発院、1986年。

チョ・ナンシム「高校平準化体制と教育課程政策」平準化政策研究室編『平準化政策に対する多様な見解』韓国教育開発院、2005年、145～169頁。

チョン・ギョンウォン『英才教育学』学文社、2000年。

チョン・チョルヨン「実業系高等学校の実態と発展方案」『職業教育研究』第16巻第1号、1997年、1～30頁。

チョン・ヨンスク「数学英才学級に参与して」『釜山教育』第303号、釜山広域市教育科学研究院、2002年、44～50頁。

チョン・ヨンテ（研究責任者）『英才児実態調査および指導』ソウル大学校、1986年。
ナム・ヘヨン『わが国の大学入試制度変遷過程に表れた問題点分析研究』建国大学校大学院碩士学位論文、2002年。
ノバアライアンス『大韓民国上位1％へいく特目高合格戦略』ネクサスBOOKS、2007年。
パク・インホ（研究責任者）『科学高等学校正常化および科学英才教育発展方案研究』韓国科学財団、2002年。
パク・ソンイクほか『英才教育学原論』教育科学社、2003年。
パク・プグォン（研究責任者）『高等学校平準化制度改善研究』韓国教育開発院、1990年。
パク・プグォン『高等学校平準化政策の診断と補完方案に関する研究』教育人的資源部、2002年。
ハン・ジョンハ（研究責任者）『科学英才のための教育政策方案』韓国教育開発院、1984年。
ハン・ジョンハ編著『科学英才教育論―その理論と動向―』学研社、1987年。
ハン・ジョンハ、チェ・ドンヒョン、チョ・シファ『科学高等学校学生学力比較評価研究』科学英才教育研究会、1985年。
ヒョン・ジュ（研究責任者）『韓国学父母の教育熱分析研究』韓国教育開発院、2003年。
文教部普通教育局教育行政課「高等学校平準化施策補完計画」『文教行政』第8号、1982年、文教部、53～54頁。
ペク・ギョンスン『満5歳早期就学児童の初等学校3学年適応度に関する研究』培材大学校大学院碩士論文、1999年。
ホン・チャンギ『科学高等学校の教育』培英社、1988年。
ムン・ジョンオ「英才教育の体系的支援方案」『科学英才育成体制定立のための英才教育振興法改正方案―公聴会資料集―』韓国教育開発院英才教育研究室、2003年、82～84頁。
ヤン・ジョンホ「平準化世論再びみる」『教育政策の自律性と公共性（上）』韓国教育学会2006年春期学術大会論文集、2006年、487～497頁。
ユン・ジョンイルほか『韓国の教育政策（改訂版）』教育科学社、1992年。
ユン・ジョンイルほか『韓国教育政策の争点』教育科学社、2002年。
ユン・ジョンヒョク（研究責任者）『高校平準化政策の適合性研究（Ⅰ）』韓国教育開発院、2003年。

2. 韓国語文献（年鑑・資料集・学校史・学則・入試要項類）

大田科学高等学校『大田科学高等学校二十年史1984～2004』大田科学高等学校、2004年。
大田広域市教育庁『［中学校］早期進級および早期卒業このように運営します―早期進級および早期卒業マニュアル―』大田広域市教育庁、2006年。

佳林初等学校附設英才学級『スーパー英才師事教育参加案内』佳林初等学校附設英才
　　学級配布資料、2009年4月6日付。
韓国科学技術院『韓国科学技術院二十年史――一九七一～一九九一―』韓国科学技術院、
　　1992年。
韓国教育開発院『英才教育政策活性化方案』教育政策フォーラム資料、韓国教育開発
　　院、2004年。
韓国教育開発院『韓国教育60年成長に対する統計的分析』韓国教育開発院、2005年。
韓国教育開発院教育計画研究室編『韓国の教育指標1986』韓国教育開発院、1986年。
韓国教員団体総連合会、韓国教育新聞社『韓国教育年鑑2003』韓国教員団体総連合会、
　　韓国教育新聞社、2003年。
韓国教員団体総連合会、韓国教育新聞社『韓国教育年鑑2004』韓国教員団体総連合会、
　　韓国教育新聞社、2004年。
韓国教員団体総連合会、韓国教育新聞社『韓国教育年鑑2006』韓国教員団体総連合会、
　　韓国教育新聞社、2005年。
韓国教員団体総連合会、韓国教育新聞社『韓国教育年鑑2007』韓国教員団体総連合会、
　　韓国教育新聞社、2007年。
韓国産業情報院『2002韓国教育統計年鑑』韓国産業情報院、2001年。
漢城科学高等学校『規定集』漢城科学高等学校、2005年。
漢城科学高等学校『2006学年度科学英才教育の敷地』漢城科学高等学校、2006年。
漢城科学高等学校『漢城科学高等学校2010学年度新入生入学選考要項』漢城科学高等
　　学校、2009年。
漢城科学高等学校歴史編纂委員会『漢城科学高等学校が歩んできた道―1992～2004
　　―』漢城科学高等学校、2005年。
教育科学技術部『教育再生、科学技術強国建設―2008年主要国政課題実行計画―』教
　　育科学技術部、2008年。
教育科学技術部『教育科学技術の未来競争力強化』教育科学技術部、2009年ａ。
教育科学技術部『教育科学技術先進化で世界一流国家跳躍』教育科学技術部、2009年ｂ。
教育科学技術部学校政策局『学校規制指針一括整備後続措置関連特目高運営正常化お
　　よび入試改善方案』教育科学技術部学校政策局資料、2008年。
教育科学技術部、韓国教育開発院『教育統計年報2008』韓国教育開発院、2008年ａ。
教育科学技術部、韓国教育開発院『2008教育政策分野別統計資料集』韓国教育開発院、
　　2008年ｂ。
教育科学技術部、韓国教育開発院『2008教育統計分析資料集』韓国教育開発院、2008
　　年ｃ。
教育科学技術部、韓国教育開発院『2009教育統計分析資料集』韓国教育開発院、2009年。
教育人的資源部『質疑・回信事例集［Ⅱ］（初中等分野）』教育人的資源部、2007年ａ。

教育人的資源部『2007年市・道教育庁英才教育施行計画』教育人的資源部、2007年b。
教育人的資源部『2007年市・道教育庁英才教育施行計画集発刊』教育人的資源部報道資料、2007年5月9日付。
教育人的資源部『「一般系高校にも英才班作る」記事に対する解明資料』教育人的資源部報道資料、2007年12月4日付。
教育人的資源部、科学技術部、文化観光部、女性家族部、企画予算処、特許庁『第2次英才教育振興総合計画('08 〜 '12)』教育人的資源部、科学技術部、文化観光部、女性家族部、企画予算処、特許庁、2007年。
教育人的資源部、韓国教育開発院『教育統計年報2002』韓国教育開発院、2002年。
教育人的資源部、韓国教育開発院『教育統計年報2005』韓国教育開発院、2005年。
教育人的資源部、韓国教育開発院『2007教育統計分析資料集』韓国教育開発院、2007年。
教育人的資源部、韓国職業能力開発院『国家人的資源開発白書』教育人的資源部、韓国職業能力開発院、2006年。
教育部『教育50年史』教育部、1998年。
京畿科学高等学校『京畿科学高等学校20年史1983 〜 2003』京畿科学高等学校、2003年。
京畿道教育庁学校設立課『初・中等教育法および同法施行令改正による初等学校就学業務推進基本計画』京畿道教育庁学校設立課、2008年。
慶北科学高等学校『2009学年度慶北科学高等学校(特殊目的高校)新入生選考要項』慶北科学高等学校、2008年。
高麗大学校『2007学年度高麗大学校入学選考案内』高麗大学校、2006年。
国政ブリーフィング特別企画チーム、韓国教育開発院『大韓民国教育40年』ハンスメディア、2007年。
世宗科学高等学校『世宗科学高等学校2010学年度新入生入学選考要項』世宗科学高等学校、2009年。
創意と探究附設英才研究所『科学創文中等−Ａ−』創意と探究出版社、2008年。
ソウル科学高等学校『ソウル科学高等学校五年史』ソウル科学高等学校、1994年。
ソウル科学高等学校『2007学年度学校運営規定』ソウル科学高等学校、2007年。
ソウル大学校『2008学年度大学新入学生入学選考案内―随時2学期募集、定時募集(ナ群)、定員外特別選考―』ソウル大学校、2007年。
ソウル大学校科学英才教育センター『2002 〜 2004年度科学英才教育事業事業遂行結果報告書』ソウル大学校科学英才教育センター、2005年a。
ソウル大学校科学英才教育センター『2006学年度ソウル大学校科学英才教育センター主幹科学英才選抜試験要項(案)』ソウル大学校科学英才教育センター、2005年b。
ソウル大学校教育研究所編『教育学用語辞典(剪定版)』ハウドンソル、2006年。
ソウル大学校入学管理本部『2008学年度ソウル大学校随時募集選抜結果』ソウル大学校報道資料、2007年12月15日付。

ソウル特別市教育庁『2008学年度高等学校新入生選考要項』ソウル特別市教育庁、2007年 a。
ソウル特別市教育庁『2008学年度高等学校新入生選考入学願書交付・受付業務処理指針』ソウル特別市教育庁、2007年 b。
ソウル特別市教育庁『2008学年度後期一般系高新入生配定 (案)』ソウル特別市教育庁、2008年。
ソウル特別市江西教育庁英才教育院『2005江西英才教育院英才教育運営報告書』ソウル特別市江西教育庁英才教育院、2006年 a。
ソウル特別市江西教育庁英才教育院『2007学年度江西教育庁英才教育院新入生募集要項 (案) ―初等英才教育 (数学・科学・情報) 分野―』ソウル特別市江西教育庁英才教育院、2006年 b。
ソウル特別市江西教育庁英才教育院『2007学年度江西教育庁英才教育院中等英才選抜要項』ソウル特別市江西教育庁英才教育院、2006年 c。
ソウル特別市東部教育庁『2008学年度初等英才学級教育対象者選抜選考計画』ソウル特別市東部教育庁、2008年。
斗山東亜編集部編『東亜新国語辞典 (第4版)』斗山東亜、2002年。
パク・ミョンジョン『教育庁／大学附設英才教育院入試対備的中予想問題集』エデュワン、2007年。
釜山科学高等学校『科学英才学校運営計画』釜山科学高等学校配付資料、2003年 a。
釜山科学高等学校『Busan Science Academy』釜山科学高等学校配付資料、2003年 b。

3. 韓国語文献 (雑誌記事)

「『課外で英才作り』子どもつかむ」『週間東亜』第363号、東亜日報、2002年、78～79頁。
「科学高『半分の成功』」『時事ジャーナル』2003年3月20日号、独立新聞社、2003年、40～44頁。
「特殊目的高『泣き』地方高『笑った』」『週間韓国』第1657号、韓国日報社、1997年、50～51頁。
「『特目高設立は麻薬を吸うありさま』―ユ・インジョンソウル市教育監インタビュー／『平準化廃止すれば私教育費さらにかかる―』『時事ジャーナル』2003年11月13日号、独立新聞社、2003年、69頁。
「名門大入試学院へ転落した特殊目的高の現住所」『月刊初等ウリ教育』1993年3月号、ウリ教育 (初等)、1993年、50～65頁。
「われわれの学校は第2の京畿高―大元外高1～3回卒業生6名対談／『司法考試合格者86名、医師100名超え』」『時事ジャーナル』2003年11月13日号、独立新聞社、2003年、64～66頁。

4. 日本語文献

麻生誠（研究代表者）『教育上の例外措置に関する基礎的研究』平成10 〜 12年度科学研究費補助金基盤研究 (B) (1) 研究成果報告書、2002年。

麻生誠「才能教育と学校―適能教育を構想する―」麻生誠、山内乾史編『21世紀のエリート像』学文社、2004年 a、97 〜 114頁 a。

麻生誠「英才教育の今日的課題」麻生誠、山内乾史編『21世紀のエリート像』学文社、2004年 b、145 〜 155頁。

麻生誠、岩永雅也編『創造的才能教育』玉川大学出版部、1997年。

天城勲（調査研究代表者）『高等教育研究紀要―才能教育の現状と課題：アメリカ・イギリス・フランス・ドイツ・中国―』高等教育研究所、1993年。

天野郁夫『日本の教育システム―構造と変動―』東京大学出版会、1996年。

荒井克弘、藤井光昭「韓国の大学入試と総合試験」藤井光昭、柳井晴夫、荒井克弘編著『大学入試における総合試験の国際比較―我が国の入試改善に向けて―』多賀出版、2002年、99 〜 111頁。

有田伸『韓国の教育と社会階層―「学歴社会」への実証的アプローチ―』東京大学出版会、2006年。

石井光夫（代表）『第2分冊　東アジアにおける「入試の個性化」を目指した大学入試改革の比較研究』（平成18年度文部科学省先導的大学改革推進委託事業「受験生の思考力、表現力等の判定やアドミッションポリシーを踏まえた入試の個性化に関する調査研究」報告書）、東北大学、2007年。

石川裕之「韓国の才能教育における高大接続に関する考察―科学高等学校と英才学校の大学進学制度を事例に―」『教育制度学研究』第11号、日本教育制度学会、2004年、259 〜 273頁。

石川裕之「韓国の才能教育における科学高校の受験名門校化に関する研究―『平準化』制度との関連に注目して―」『比較教育学研究』第31号、日本比較教育学会、2005年 a、83 〜 100頁。

石川裕之「韓国における才能教育制度の理念と構造―『英才教育振興法』以後を中心に―」『京都大学大学院教育学研究科紀要』第51号、京都大学大学院教育学研究科、2005年 b、114 〜 127頁。

石川裕之「韓国における才能教育の動向」杉本均（研究代表者）『児童・生徒の潜在的能力開発プログラムとカリキュラム分化に関する国際比較研究』平成15 〜 16年度科学研究費補助金基盤研究 (C)(2) 研究成果報告書、2005年 c、204 〜 230頁。

石川裕之「韓国の大学における早期入学者の受け入れ状況に関する考察」『アジア教育研究報告』第8号、京都大学大学院教育学研究科比較教育学研究室、2007年、51 〜 68頁。

石川裕之「韓国における義務教育制度の弾力化―年齢主義の弾力化とオルタナティブ

教育の新たな法制化に注目して一」杉本均（研究代表者）『義務教育の機能変容と弾力化に関する国際比較研究』平成18〜19年度科学研究費補助金基盤研究(B)最終報告書、2008年、141〜182頁。

石川裕之「障害のある子どもに配慮し始めた韓国の才能教育」『実践障害児教育』第446号、学研教育出版、2010年、27〜31頁。

石坂浩一、舘野晳編著『現代韓国を知るための55章』明石書店、2000年。

市川昭午『教育の私事化と公教育の解体―義務教育と私学教育―』教育開発研究所、2006年。

井手弘人「『世界化』される教育、文化をさまよう『学力』―韓国における『グローバル・スタンダード』挑戦の10年―」日本比較教育学会第45回大会公開シンポジウム発表資料、2009年6月28日付。

稲葉継雄「韓国の高校改革―『平準化』を中心として―」教育と医学の会編『教育と医学』1993年8月号、慶應通信、1993年、86〜91頁。

稲葉継雄「『先生様』の国の学校―韓国―」二宮皓編『世界の学校』福村出版、1995年、211〜224頁。

稲葉継雄「韓国における高校の多様化・自律化」望田研吾（研究代表者）『中等学校の多様化・個性化政策に関する国際比較研究』平成13〜15年度科学研究費補助金基盤研究(A)(1)研究成果報告書、2004年、219〜235頁。

井本佳宏『日本における単線型学校体系の形成過程―ルーマン社会システム理論による分析―』東北大学出版会、2008年。

潮木守一「教育制度」日本教育社会学会編『新教育社会学辞典』東洋館出版社、1986年、187〜189頁。

馬越徹『現代韓国教育研究』高麗書林、1981年。

馬越徹「学校教育の質的転換に向けて―韓国の場合―」『比較教育学研究』第16号、日本比較教育学会、1990年、152〜161頁。

馬越徹『韓国近代大学の成立と展開―大学モデルの伝播研究―』名古屋大学出版会、1995年。

馬越徹「韓国―21世紀に向けた『世界化』戦略―」佐藤三郎編『世界の教育改革―21世紀への架ケ橋―』東信堂、1999年、192〜212頁。

馬越徹「韓国におけるグローバル・インパクトと中等教育改革」西野節男（研究代表者）『アジア諸国の国民教育におけるグローバル・インパクトに関する比較研究―中等学校カリキュラム改革を中心に―』平成11〜12年度科学研究費補助金基盤研究(B)(2)研究成果報告書、2001年、34〜41頁。

馬越徹「独立後における韓国教育の再建とアメリカの教育援助」阿部洋編著『韓国の戦後教育改革』龍渓書舎、2004年、171〜204頁。

馬越徹「教育先進国を目指す学校―韓国―」二宮皓編著『世界の学校―教育制度から

日常の学校風景まで―』学事出版、2006年、126～135頁。
加藤幸次「韓国の教育事情―オープン教育の発足に立ち会って―」『ソフィア』第40巻第4号、上智大学、1991年、560～567頁。
金城啓一「日本の飛び入学は成功するか」『パリティ』第13巻第8号、丸善、1998年、60～64頁。
金志英「韓国の高校平準化政策との関連から見る高校多様化―特殊目的高校の登場の二つの流れ『特殊目的型』と『進学校型』を中心に―」『東京大学大学院教育学研究科紀要』第49巻、東京大学大学院教育学研究科、2010年、369～380頁。
金志英「韓国の平準化政策が学校現場に与えた影響に関する研究」日本教育制度学会第18回大会発表資料、2010年11月14日付。
金泰勲「大韓民国」石井光夫（代表）『第2分冊　東アジアにおける「入試の個性化」を目指した大学入試改革の比較研究』（平成18年度文部科学省先導的大学改革推進委託事業「受験生の思考力、表現力等の判定やアドミッションポリシーを踏まえた入試の個性化に関する調査研究」報告書）、東北大学、2007年、102～115頁。
九鬼太郎『"超"格差社会・韓国―あの国で今、何が起きているのか―』扶桑社新書、2009年。
楠山研『現代中国初中等教育の多様化と制度改革』東信堂、2010年。
久保田力「『飛び級』の実施拡大」『教職研修総合特集』第132号、教育開発研究所、1997年、58～61頁。
熊谷一乗『現代教育制度論』学文社、1996年。
小林孝行「ソウルへの集中と地域格差の拡大―韓国の人口現象―」小林孝行編『変貌する現代韓国社会』世界思想社、2000年、87～116頁。
小松郁夫（研究代表者）『知識社会におけるリーダー養成に関する国際比較研究』平成13～14年度国立教育政策研究所政策研究機能高度化推進経費研究成果報告書（中間報告）、2002年。
小松郁夫（研究代表者）『知識社会におけるリーダー養成に関する国際比較研究』平成13～14年度国立教育政策研究所政策研究機能高度化推進経費研究成果報告書（最終報告）、2003年。
斉藤利彦『競争と管理の学校史―明治後期中学校教育の展開―』東京大学出版会、1995年。
佐野通夫「韓国における教育自治制度の導入と展開」阿部洋編著『韓国の戦後教育改革』龍渓書舎、2004年、205～228頁。
清水義弘、向坊隆編著『英才教育（教育学叢書第14巻）』第一法規出版、1969年。
シム・チュン・キャット『シンガポールの教育とメリトクラシーに関する比較社会学的研究―選抜度の低い学校が果たす教育的・社会的機能と役割―』東洋館出版社、2009年。

杉本均「アジアにおける才能教育―シンガポールを中心に―」小松郁夫（研究代表者）『知識社会におけるリーダー養成に関する国際比較研究』平成13～14年度国立教育政策研究所政策研究機能高度化推進経費研究成果報告書（最終報告）、2003年、129～140頁。

杉本均（研究代表者）『児童・生徒の潜在的能力開発プログラムとカリキュラム分化に関する国際比較研究』平成15～16年度科学研究費補助金基盤研究(C)(2) 研究成果報告書、2005年a。

杉本均「才能教育の国際的動向」杉本均（研究代表者）『児童・生徒の潜在的能力開発プログラムとカリキュラム分化に関する国際比較研究』平成15～16年度科学研究費補助金基盤研究(C)(2) 研究成果報告書、2005年b、1～29頁。

杉本均「シンガポールにおける才能教育プログラム」杉本均（研究代表者）『児童・生徒の潜在的能力開発プログラムとカリキュラム分化に関する国際比較研究』平成15～16年度科学研究費補助金基盤研究(C)(2) 研究成果報告書、2005年c、231～249頁。

諏訪哲郎、諸恵珍「韓国における学校の裁量権拡大を主軸とする教育改革」諏訪哲郎、斉藤利彦編著『学習院大学東洋文化研究叢書 加速化するアジアの教育改革』東方書店、2005年、127～199頁。

瀬沼花子「創造性育成に関する韓国現地調査の概要―釜山大学校、慶南大学校、慶南科学高等学校、釜山科学高等学校―」瀬沼花子（研究代表者）『算数・数学教育における創造性の育成に関する日米露韓の国際比較研究』文部科学省科学研究費補助金特定領域研究(2)「新世紀型理数科系教育の展開研究」平成14年度研究成果報告書、2003年、93～210頁。

全玟楽「韓国―儒教の国の現代教育―」石附実編著『比較・国際教育学（補正版）』東信堂、1998年、146～162頁。

総務庁青少年対策本部編『日本の子供と母親―国際比較―（改訂版）』大蔵省印刷局、1987年。

大学への早期入学及び高等学校・大学間の接続の改善に関する協議会『報告書―一人一人の個性を伸ばす教育を目指して―』文部科学省、2007年。

多賀幹子「『飛び級』復活の光と影」『サイアス』1997年8月1日号、アスキー、1997年、61～62頁。

趙昌鉉著、阪堂博之、阪堂千津子訳『現代韓国の地方自治』法政大学出版局、2007年。

勅使千鶴編『韓国の保育・幼児教育と子育て支援の動向と課題』新読書社、2008年。

中村高康、藤田武志、有田伸『学歴・選抜・学校の比較社会学―教育からみる日本と韓国―』東洋館出版社、2002年。

南部広孝「台湾における才能児教育の動向」杉本均（研究代表者）『児童・生徒の潜在的能力開発プログラムとカリキュラム分化に関する国際比較研究』平成15～16

年度科学研究費補助金基盤研究(C)(2) 研究成果報告書、2005年、182〜203頁。
原田義也「飛び入学について」『パリティ』第13巻第7号、丸善、1998年、67〜71頁。
深川由起子『図解 韓国のしくみ (Version 2)』中経出版、2002年。
福野裕美「科目ごとの履修」松村暢隆、石川裕之、佐野亮子、小倉正義編『認知的個性—違いが活きる学びと支援—』新曜社、2010年、71〜74頁。
本多泰洋「台湾」天城勲(調査研究代表者)『高等教育研究紀要—才能教育の現状と課題:アメリカ・イギリス・フランス・ドイツ・中国—』高等教育研究所、1993年、188〜190頁。
本多泰洋『オーストラリア連邦の個別化才能教育—米国および日本との比較—』学文社、2008年。
松村暢隆『アメリカの才能教育—多様な学習ニーズに応える特別支援—』東信堂、2003年。
マートン・ロバート・K著、森東吾、金沢実、森好夫、中島竜太郎訳『社会理論と社会構造』みすず書房、1961年。
文部科学省生涯政策局調査企画課『諸外国の教育動向2009年度版』文部科学省、2010年。
山内乾史「現代エリート教育研究・才能(英才)教育研究の課題と展望」麻生誠、山内乾史編『21世紀のエリート像』学文社、2004年、1〜19頁。
山内乾史「大衆教育社会におけるエリート形成と学校教育」杉本均(研究代表者)『児童・生徒の潜在的能力開発プログラムとカリキュラム分化に関する国際比較研究』平成15〜16年度科学研究費補助金基盤研究(C)(2) 研究成果報告書、2005年、288〜301頁。
ルーマン・N著、村上淳一訳『社会の教育システム』東京大学出版会、2004年。

5. 英語文献

Aggarwal, D. D. *Ploblems of quality and excellence in education*. New Delhi: Sarup and Sons, 2005.

Davis, G. A. and Rimm, S. B. (Eds). *Education of the gifted and talented (Fifth edition)*. Boston: Allyn and Bacon, 2004.

Gross, M. U. M. "Social and emotional issues for exceptionally intellectually gifted students." In Neihart, M., Reis, S. M., Robinson, N. M. and Moon, S. M. (Eds). *The social and emotional development of gifted children: What do we know?*. Wnashington, DC: Prufrock Press, 2002, pp.19-29.

Gross, M. U. M. "The use of radical acceleration in cases of extreme intellectual precocity." In Brody, L. E. (Ed). *Grouping and acceleration practices in gifted education (Essential readings in gifted education vol. 3)*. California: Crown press, 2004, pp.13-32.

Gubbins, E. J. "NRC/GT Query: Are Programs and Services for Gifted and Talented Students Responsive to Beliefs?" Retrieved 2003.12.05, from http://www.sp.uconn.edu/~nrcgt/news/

spring02/sprng021.html.

Hopper, E. "A typology for the classification of educational system." In Hopper, E. (Ed). *Readings in the theory of educational systems.* London: Hutchinson University Library, 1971, pp.91-110.

Ministry of education and human resources development and Sixteen city and provincial offices of education, Korean educational development institute. *Gifted Education in Korea.* Seoul, Korea: Ministry of education and human resources development and Sixteen city and provincial offices of education, Korean educational development institute, 2005.

Morelock, M. J. and Feldman, D. H. "Extreme precocity: prodigies, savants, and children of extraordinarily high IQ." In Colangelo, N. and Davis, G. A. (Eds). *Handbook of gifted education (Third edition).* Boston: Allyn and Bacon, 2003, pp.455-469.

Renzulli, J. S."The schoolwide enrichment model: developing creative and productive giftedness." In Colangelo, N. and Davis, G. A. (Eds). *Handbook of gifted education (Third edition).* Boston: Allyn and Bacon, 2003, pp. 184-203.

Renzulli, J. S. and Reis, S. M."The schoolwide enrichment model executive summary." Retrieved 2009.07.13, from http://www.gifted.uconn.edu/sem/semexec.html.

Ross, P. O. (Project director). *National excellence: a case for developing America's talent.* Washington. DC: Office of Educational Research and Improvement, U.S. Dept. of Education, 1993.

Shurkin, J. N. *Terman's Kids: groundbreaking study of how the gifted grow up.* Boston: Little, Brown and Company, 1992.

6. 韓国語ウェブサイト

韓国科学英才学校ホームページ
 http://www.ksa.hs.kr/

韓国科学技術院（KAIST）入学処ホームページ
 http://admission.kaist.ac.kr/

韓国教育開発院教育統計サービス
 http://cesi.kedi.re.kr/

韓国教育課程評価院ホームページ
 http://www.kice.re.kr/

韓国言論振興財団総合ニュースデータベースシステム（KINDS）
 http://www.kinds.or.kr/

韓国国会図書館ホームページ
 http://www.nanet.go.kr/

韓国体育大学校ホームページ
 http://www.knsu.ac.kr/

韓国大学教育協議会大学科目先履修制ホームページ
　　http://up.kcue.or.kr/
韓国統計庁国家統計ポータル
　　http://www.kosis.kr/
漢城科学高等学校ホームページ
　　http://www.hansung-sh.hs.kr/
京畿科学高等学校ホームページ
　　http://www.kshs.hs.kr/
京畿道教育庁スーパー英才師事教育ホームページ
　　http://ggsge.com/
慶南科学高等学校ホームページ
　　http://www.gshs.hs.kr/
慶南体育高等学校ホームページ
　　http://chego.or.kr/
光州科学高等学校ホームページ
　　http://www.kwangju-s.hs.kr/
済州科学高等学校ホームページ
　　http://www.jeju-s.hs.kr/
昌原市ホームページ
　　http://www.changwon.go.kr/
世宗科学高等学校ホームページ
　　http://www.sjsh.hs.kr/
全南科学高等学校ホームページ
　　http://www.chonnam-sh.hs.kr/
ソウル科学高等学校ホームページ
　　http://www.sshs.hs.kr/
ソウル体育高等学校ホームページ
　　http://seoul-ph.cschool.net/
ソウル特別市教育庁ホームページ
　　http://www.sen.go.kr/
ソウル特別市東部教育庁ホームページ
　　http://www.sendb.go.kr/
大韓民国国会ホームページ法律知識情報システム
　　http://likms.assembly.go.kr/law/
大邱科学高等学校ホームページ
　　http://www.ts.hs.kr/

忠北科学高等学校ホームページ
　　　http://cbs.hs.kr/sub1_2.htm
朝鮮日報・おいしい勉強、英才創意思考全国学力評価ホームページ
　　　http://gifted.matgong.com/
ハンギョレ新聞インターネット版
　　　http://www.hani.co.kr/
保健福祉家族部ホームページ
　　　http://team.mohw.go.kr/
浦項工科大学校（POSTECH）ホームページ
　　　http://www.postech.ac.kr/
マイスター高等学校ホームページ
　　　http://www.meisterschool.or.kr/
マネートゥデイ・インターネット版
　　　http://stock.moneytoday.co.kr/
ラインアップエデュ特殊目的高校情報ホームページ
　　　http://www.line-upedu.com/

7. 日本語ウェブサイト

中央日報インターネット日本語版
　　　http://japanese.joins.com/
日本私立大学協会アルカディア学報ホームページ
　　　http://www.shidaikyo.or.jp/riihe/research/
文部科学省ホームページ
　　　http://www.mext.go.jp/

あとがき

　韓国には「人福(인복)」という言葉がある。今、手元の辞書で調べてみると、「人とよく交わり、交わった人々から助けを受ける福」とある。よい時によい人にめぐり会う幸運を、「人福が多い」などと表現する。韓国留学時代の友人に教えてもらった言葉だが、人との出会いを「福」と捉える感覚が何だかしっくりきて、筆者の最も好きな韓国語の1つになった。これまでを振り返ってみると、本当に多くの人福に恵まれたと感じる。

　最初に江原武一先生に心よりお礼を申し上げたい。筆者が比較教育学という分野に初めて興味を持ったのは、京都大学教育学部科目等履修生時代に拝聴した江原先生の「比較教育学概論」がきっかけであった。江原先生には比較教育学とのご縁をいただくとともに、修士課程時代から今日に至るまで多くのご指導ならびにご支援をいただいた。江原先生の研究に対する厳しく真摯な姿勢は、生来アバウトなところのある筆者にとって研究に向かう際の規範となっている。杉本均先生からこれまでいただいたご恩は数え切れない。研究テーマについて悩む筆者に、最初に韓国研究を薦めてくださったのも杉本先生であった。その後、現在に至るまでほとんどすべての論文を杉本先生にみていただき、今もご面倒をかけ続けている。杉本先生の後ろ姿からは、自らのフィールドの「ヒト・モノ・コトバ」を大切にする比較教育学研究者としての姿勢を学ばせていただいた。杉本先生への感謝と尊敬の念をすべて言葉で表すことはできないが、筆者に誰かを「師」と呼ぶことが許されるならば、杉本先生をそうお呼びさせていただきたいと思っている。南部広孝先生には本書のもとになった筆者の博士学位請求論文を最も丁寧にみていただいた。もしも本書が若手の研究として一定の基準をクリアしているとするなら、そ

れは南部先生によるところが大きい。南部先生の研究に対する厳しさと細やかさは筆者のイメージする「気鋭の研究者」そのものであるが、ビールジョッキを片手に東アジア談義に花を咲かせる際には「おしゃべり好きの先輩」としての顔をみせてくださる。これからもアジア教育研究の先達として、また研究室の先輩としてよろしくお願い申し上げたい。田中耕治先生には博士学位請求論文の審査委員をお引き受けいただき、教育方法学の視点から貴重なご指摘をたくさんいただいた。また、その後も学校訪問などの際に多大なご助力を賜っている。さらに田中先生には、京都大学教育方法学研究室の友人たちを通じて間接的にも多くのご恩を受けた。彼らから受けた影響は筆者の血となり肉となっている。今後ともよろしくご指導賜りたい。

　京都大学比較教育学研究室の先輩方には、研究のイロハから教えていただいた。鈴木俊之先生には、思い通りに進まない研究と生活苦で暗くなりがちな大学院生時代を物心両面から支えていただいた。論文の構想から下宿の探し方まで、何でもまずは鈴木先生に相談した。そうした先輩がいつも近くにいてくださるという環境は、今思えばとてもぜいたくなものであった。宮﨑元裕先生には論文の書き方、レジュメの切り方、発表の仕方を一から教えていただいた。一見とっつきにくそうな印象の宮﨑先生は（すみません）、実は一番面倒見のよい先輩であり、要領の悪い筆者を見限らずいつも根気強く向き合ってくださった。宮﨑先生には、今も京都にいらっしゃることをいいことに、ことあるごとにご面倒をおかけしている。大学院生時代から一向に成長しない後輩で申し訳なく思う。楠山研先生は常に筆者の目標であり、筆者にとって研究の道を歩んでいく上での灯台のような存在であった。現地調査の仕方から奨学金や研究費の獲得方法、留学の手続きに至るまで、楠山先生はそのノウハウを惜しみなく筆者たち後輩に分け与えてくださった。これまでずっと楠山先生の背中を追ってきたし、これからも追い続けていきたいと思う。以上の先輩方なくしては、まがりなりにも研究を続けられている今の筆者はなかった。心より感謝の言葉を申し上げたい。また、大学院時代をともに過ごした「戦友」である、同級生の藤本夕衣さんとベー・シュウキーさんにもお礼を述べたい。藤本さんとは思えば長い付き合いであり、現在の職

場でも同僚として日々お世話になっている。腐れ縁といわず、これからもよき友人としてお付き合い願いたい。当時マレーシアからの留学生で、現在楠山先生の奥様でもあるべー・シュウキーさんは、持ち前の明るい性格で研究室のムードメーカー的存在であった。その朗らかな笑顔と「べーさん節」にはいつも元気付けられたものである。それから、いつも筆者を気遣い、引っ張ってくださる松浦真理先生と深堀聡子先生にもこの場を借りてお礼を申し上げたい。その他、いちいちお名前を挙げることができないが、京都大学比較教育学研究室に関わるすべての方々に感謝申し上げる。

　馬越徹先生の多大なご支援なくしては、筆者はこれまで韓国教育研究を続けてくることはできなかっただろう。馬越先生には研究上のご指導をいただいたのみならず、韓国との貴重なご縁をたくさんいただいた。筆者にとって大きな転機となった2005年9月～2006年8月までの韓国留学の際、現地に何のつてもなかった筆者に対して、ソウル大学教育学部教育学科教育行政専攻とのご縁をくださったのも馬越先生である。留学中に先生の調査に同行できたことは今でもよき思い出であり、また機会があればぜひご一緒させていただきたいと願っている。自らの出身研究室の外にも心から「師」と仰ぐことのできる方を持てたことは、研究者としてこの上ない幸運である。今後とも変わらぬご指導ご支援を賜りたい。才能教育研究の第一人者である松村暢隆先生とお会いできたことも、やはり大きな幸運であった。わが国では依然として風当たりの強い才能教育という研究テーマをこれまで追い続け、今回ひとまず1つのかたちにできたのは、松村先生の励ましとご助力なくしてはありえなかった。厚くお礼を申し上げる。

　筆者の現在の職場である京都大学高等教育研究開発推進センターの教職員の皆様にも感謝申し上げたい。巨大なプロジェクトを抱え、センター全体が日々の業務に忙殺される中で、筆者が本書ならびにそのもととなった博士学位請求論文を執筆できたのは、ひとえに田中毎実先生をはじめとする先生方、職員の皆様のご理解とご配慮の賜物である。紙幅の都合で一人ひとりのお名前を挙げることができないことをご容赦願いたい。

　また、井手弘人先生や松本麻人さんをはじめとする韓国教育研究会の皆様

には自らの研究をブラッシュアップする機会を数多くいただいた。意外にもわが国には韓国教育研究を志す若手はさほど多くない。そうした中、「同志」たちと膝をつき合わせ、ある時は酒を酌み交わしながら、韓国教育談義にどっぷり浸かることのできる時間は本当に楽しいものであった。特に田中光晴先生には今回貴重な写真をご提供いただいた。重ねて謝意を表したい。

　韓国の恩師や友人たちにもお礼を述べたい。縁もゆかりもない外国人である筆者を暖かく受け入れてくださったソウル大学教育学部教育学科教育行政専攻のユン・ジョンイル（윤정일）先生、イ・ジョンジェ（이종재）先生、チン・ドンソプ（진동섭）先生に心より感謝申し上げる。イ・ドンチャン（이동찬）先生をはじめとする研究室の皆様には家族のように親しく接していただいた（大学院生の中に現役の教師も少なくないためか、あるいは他の理由があったのか、教育行政専攻では学生同士が互いに「先生」と呼び合う習慣があった）。さらに、留学中の1年を学生寄宿舎のルームメイトとしてともに過ごし、何かと世話を焼いてくれたキム・オンテ（김언태）さんにもお礼をいいたい。筆者の留学中は日韓関係が冷え込んだ時期であったが、おかげでとても楽しい留学生活を送ることができた。筆者の韓国語に多少の「慶尚道サトゥリ」（日本でいえば「関西なまり」のようなイメージであろうか）があるとすれば、それは彼の影響である。さらに、ここですべての方のお名前を記すことはできないが、韓国教育開発院のチョ・ソクフィ（조석희）先生、KAIST科学英才教育研究院のシム・ジェヨン（심재영）先生、ソウル大学のチョン・ミラン（전미란）先生、ソウル経営情報高校のパク・チヒョン（박지현）先生、その他大勢の方々に調査・研究上のご協力を賜り、便宜を図っていただいた。これまで韓国人の「情の多さ」（日本風にいえば「情の厚さ」）に数え切れないほど助けられてきた。この場を借りてお礼を申し上げる（※韓国の方々の所属はすべて筆者がお世話になった当時のものである）。

　本書に関する研究を遂行する上で、科学研究補助金をはじめとする各種の多大なご支援をいただいた。ここでは研究代表者としていただいたもののうち、才能教育に関連するものを列挙することでお礼に代えたい。

・平成18〜19年度日本学術振興会特別研究員奨励費「韓国における才能教育の制度的・政策的特質に関する研究——教育の卓越性と平等性——」
・平成20〜21年度日本学術振興会科学研究費補助金若手研究（スタートアップ）「韓国における才能教育に関する研究——高校早期卒業および大学早期入学制度を中心に——」
・京都大学グローバルCOE「心が活きる教育のための国際的拠点」平成22年度研究拠点形成費補助金若手教員支援研究費「韓国における才能教育の動向に関する研究——社会矯正主義的側面に注目して——」

また本書は、平成22年度京都大学総長裁量経費（若手研究者出版助成制度）の助成を受けて刊行された。

なお本書は、筆者が京都大学大学院教育学研究科に提出した博士学位請求論文「韓国における才能教育制度の構造と機能に関する研究」（2009年11月提出、2010年3月学位授与）をもとに、加筆・修正をおこなった上で刊行したものである。本書にはこれまで発表した論文の成果が採り入れられている。各章の内容と関連する主な既発表論文は次のとおりである。

序　章　書き下ろし
第1章　書き下ろし
第2章　「韓国の才能教育における高大接続に関する考察——科学高等学校と英才学校の大学進学制度を事例に——」『教育制度学研究』第11号、2004年、259〜273頁。
第3章　「韓国の才能教育における科学高校の受験名門校化に関する研究——『平準化』制度との関連に注目して——」『比較教育学研究』第31号、2005年、83〜100頁。
第4章　「シンガポールおよび韓国における才能教育の比較研究——エンリッチメントとアクセラレーション——」（杉本均、厳賢娥と共著）『京都大学大学院教育学研究科紀要』第50号、2004年、64〜86頁。
　　　　「韓国における才能教育制度の理念と構造——『英才教育振興法』以

後を中心に──」『京都大学大学院教育学研究科紀要』第51号、2005年、114～127頁。
第5章 「韓国の英才教育院における才能教育の現況と実態──大学附設科学英才教育院を中心に──」『京都大学大学院教育学研究科紀要』第53号、2007年、445～459頁。
第6章 「韓国の大学における早期入学者の受け入れ状況に関する考察」『アジア教育研究報告』第8号、2007年、51～68頁。
終　章　書き下ろし

　本書の刊行に当たっては、株式会社東信堂の下田勝司社長に多くのご助力とアドバイスをいただいた。こうして筆者の文章を書籍としてまとめることができたのは、ひとえに下田社長をはじめとする東信堂の皆様のサポートの賜物である。

　末筆ではあるが、これまで常に筆者を支え応援してくれた両親に感謝の言葉を述べたい。あの時代の、地方の豊かでない家に生まれ育った者にとっては特段珍しいことではなかったのだろうが、義務教育以上の教育を受けることなど望むべくもなかった両親は、自分たちと同じ苦労を子どもにさせないためにと、無理を重ねて筆者を大学までいかせてくれた。そうした両親にとって、何とか就職も果たしこれで一安心と思っていた矢先、突然会社を辞めて大学院なるものに進みたいといい出した息子の考えや行動は、まったく理解不能であっただろう。おそらく両親なりに様々な思いもあったと思うが、それでも最後は「自分で決めたことなのだから」と背中を押してくれた。筆者の就職や博士学位取得を誰より喜んでくれたのも両親であった。筆者が時折送る論文の抜き刷りや新聞の切り抜きを、専用ボックスを作って大切に箪笥の奥にしまってくれていることを筆者は知っている。心から「ありがとう」をいいたい。

　　2011年1月

　　　　　　　　　　　　　　　　　　　　　　　　石川　裕之

索引

(韓国の人名、地名、機関名等も含め、すべて日本語読みで配列している)

〔ア行〕

IMF危機	139
アクセラレーション（早修，促進教育）	8-9
アスピレーション	102, 123, 215, 220, 287, 291
網かけ	152, 220, 287
新たな才能教育機関	137, 148-149, 157
医学部への進学	104, 109, 113, 129, 218, 261, 274, 297-298
一般学校教育制度	9
一般系高校	26-27, 34-36, 40-41
一般大学	28
英才	141-142
英才学級	149, 187-188, 279
英才学校	148, 279
英才教育	5, 141-142
英才教育院	148-149, 187-188, 279
英才教育機関	10-11, 148-149
英才教育振興法（英才教育振興法施行令）	10-11, 141-148, 277-279, 293, 301
エスノセントリズム	143
エリート	6, 58, 99, 294-295
エリート教育	6-8, 293, 295-300, 302, 307
遠隔大学	28, 55-56
エンカレッジメント	181, 197-198
延世大学	99, 131, 182-183, 254-258
エンリッチメント（拡充，拡充教育）	8-9
OECD	139
オルタナティブ・スクール	286, 309

〔カ行〕

外国語学校	121-123
外国語高校	10-11, 20, 100-102, 121-123, 154, 279
課外学習	31, 57
科学英才学校	172, 279
科学高校	10-11, 20, 78, 154, 279
科挙	53, 99
各種学校	28, 121-122, 295, 309
学閥	113
学力認定	121, 248, 269, 271, 309
学歴	88, 114, 186, 192, 202, 296-297, 302-303
下向平準化	71-72, 89, 283
加算点	130, 195, 212-213, 215, 236
可視化された機能	13, 293-294
学校運営委員会	151, 166-167
学校生活記録簿（内申書）	43
学校選択権	33, 36, 283, 312-313
学校体系	26
加熱と冷却	220, 287
漢江の奇跡	29, 139
韓国科学英才学校	172-173
韓国科学技術院（KAIST）	81-83, 111-112, 176, 181-185, 246-251, 283, 287
韓国科学財団	188-189
韓国教育開発院	13-14, 22-23, 74-75
韓国情報通信大学（ICU）	254-257, 273
漢城科学高校	101, 128, 172, 236, 259-261, 271-272, 311

「還流型」ルート	124-125		243, 277, 293-294
技術大学	28, 55	国民共通基本教育課程	93, 178
基礎クラス	191	5・31教育改革方案	130-132, 138, 284, 286
義務教育	26, 29, 33, 67, 270, 284	国家カリキュラム	78, 121, 178
教育改革委員会	138	国家才能プール	219-222
教育監	35, 59-60	『国家の卓越』	145, 162-164
教育制度	9		
教育大学	28	〔サ行〕	
教育長	39, 60	崔圭夏	38
教育庁支援大学附設英才教育院	188, 279	再生産	7, 107, 145, 162,
教育熱	4, 29, 31, 33-34, 40-41,		293, 295-297, 300, 303, 310
	52-53, 81, 121, 268, 282, 291	財政支援	10, 172-174, 211-212, 280
教育の機会均等化原理	30	最低学力基準	255-257
京畿科学高校	73, 112, 126, 132-133,	才能教育	5-8
	136, 171, 224, 263, 283, 306, 311	才能教育機関	9-11
競争・選抜・序列化原理	32, 57	才能教育制度	9
競争と淘汰	220, 237	才能児	5-6
協力学校	188, 199, 204-205, 208-209	才能伸長	5
金泳三	44, 284	才能の領域	146-148
金大中	44, 140, 286, 306	才能プール（レンズーリ）	238
グローバル化と情報化	3, 113, 138, 141,	産業大学	28, 55
	151, 160-162, 286	三不政策	43-44
芸術高校	10-11, 20, 82-83, 92,	ジェンダー格差	185-186
	101-102, 145, 154, 167, 279	私教育	31, 35, 215, 309
決定的な選抜の機会	41, 50, 54, 68, 80,	師事クラス	191
	87, 89, 217, 289, 295	自主退学	109, 132-133, 214-215
顕在的機能	295, 310	市・道教育庁	35, 59
公教育（公教育制度）	9	市・道教育庁英才教育院	188, 279
高校等級制	44, 66	ジャヴィッツ法	162-163
高等学校選択制	312-313	社会矯正主義	144-145, 299, 302, 304
江南第8学群	70, 90, 103, 108,	社会経済階層	6-7, 107, 145, 186,
	110-111, 129		293-297, 300, 303, 310
高麗大学	99, 131, 254-258	社内大学	28, 56
国際競争主義（国家競争主義・科学ノーベ		就学猶予	245-246
ル賞型）	144, 148, 155, 160,	就学率	29, 56, 96

索引 339

受験エリート	105, 108
蔣英實科学高校	173, 224
職業教育(職業教育系統)	26, 50, 123
初・中等教育法(初・中等教育法施行令)	
	10-11, 39, 78, 121, 159,
	178, 225-226, 269, 271, 278-279
初等課程	191, 193, 204-205, 229-230
「初等・中等教育法(ESEA)」の修正条項	
	162-163
自立型私立高校	11, 22, 286, 309, 313
深化課程	82, 104, 207, 226
深化クラス	191
心理的サポート(心理的ケア)	251, 258-
	259, 268, 276
随時募集	43, 66
スーパー才能児(スーパー英才)	213, 235
世宗科学高校	146, 236
セーフティネット	301
前期校と後期校	35-36, 78, 178
全国科学高校連合会	80, 105
潜在的機能	310
「先志願・後抽選」方式	36, 61
全斗煥	44, 76, 283
選抜・教育・分配機能	11-12
選抜性	36, 46, 60-61
選抜方法	34-36, 78-80,
	105-107, 130, 177-178, 191,
	194-195, 201-202, 205-206, 231-232
専門教科教育課程	78, 178
専門系高校	26-27, 34-35, 40-41, 50
専門大学	28, 43, 50, 55
早期修了	248
早期入学(就学)・進級・卒業	8, 177,
	225, 242-244
早期発掘(早期発見)	77, 192-193,
	242, 265, 268, 281, 293
早期履修	180, 225, 259-260, 269, 271, 274
早期留学	245, 270
ソウル科学高校	79, 100-102,
	106, 128, 130, 133, 143, 172,
	224, 228, 239, 260-261, 306, 311
ソウル大学	99, 108, 111-114,
	182-183, 254-258
速進課程	82, 104, 226

〔タ行〕

体育高校	10-11, 20, 63, 82-83,
	92, 94, 145, 147, 154, 167, 279
体育特技者	39-40, 63
大学修学能力試験(修能試験)	42, 65
大学進学率	27, 30
大学入学資格検定	95, 109, 132
大学入学予備考査	42
大学附設科学英才教育院(科学英才教育院)	
	188, 279
第6・7次教育課程	138, 161, 286
ターマン(Terman, L. M.)	225
単線型学校体系	26
地域教育庁	39, 59
地域共同英才学級	188
知識基盤社会	3, 45, 141, 221, 239, 287, 303
知能指数	71, 142, 164, 177,
	225, 235, 271, 275-276
地方教育自治に関する法律	115, 284
地方分権(地方への権限委譲)	115-116,
	134, 151, 158, 161, 284-285
中等課程	191, 193, 204-208, 213, 229-230
適能教育主義	144, 160, 243, 277,
	293-294, 303-304
特殊目的高校	10-11, 20, 35, 279

ドロップ・アウト	248, 300-301	本考査	42, 44, 101, 107-108

【ナ行】

7・15入試改革	32
7・30教育改革	73, 91
入学者選抜権	28, 33, 283
入学者選抜実施権	35
入試準備教育	10, 31-34, 50, 104-105, 121, 136, 285, 295-296
入試制度研究協議会	34, 58
ノンフォーマル教育機関	210-212, 223, 278-279, 306

【ハ行】

朴正熙	33, 38, 44, 115, 282
比較内申制	83-84, 107-110, 252-253, 262
非正規課程	149, 192, 210, 279
不可視化された機能	13, 121, 293-294
釜山科学高校	129, 172-173, 185, 224
普通教育（普通教育系統）	5, 26-27, 40, 69
「分岐型」ルート	86
「平準化」	15
「平準化」の3原則	32, 36
法曹	296-298, 311
放送通信大学	28, 55
浦項工科大学（POSTECH）	181-183, 217, 251, 254-257, 287
ホッパー（Hopper, E）	11-12

【マ行】

マートン（Merton, R. K.）	310
マーランド報告	142, 144, 146-147, 162-163
民族史観高校	11, 22, 164
民族主義	143, 146, 164
無試験抽選配定制度	32
無償による教育プログラムの提供	186, 189, 194, 199, 205, 280, 303
名門学群	70, 103, 110, 129

【ヤ行】

優遇措置	76, 204, 212-215, 296, 303
優生主義	143
優劣班	71, 90, 120, 149, 306

【ラ行】

梨花女子大学	254-258, 268
李明博	305-306
連合考査	36, 60-61, 73
レンズーリ（Renzulli, J. S.）	238
ルーマン（Luhman, N）	123
6-3-3-4制	26
盧泰愚	44, 116, 284
盧武鉉	17, 38, 44, 140, 145, 286, 306

著者紹介

石川　裕之（いしかわ　ひろゆき）

1977年生まれ。早稲田大学教育学部卒業。京都大学大学院教育学研究科博士後期課程修了。博士（教育学）。比較教育学専攻。日本学術振興会特別研究員を経て、現在、京都大学高等教育研究開発推進センター特定助教。

主な著書・論文

「障害のある子どもに配慮し始めた韓国の才能教育」（『実践障害児教育』2010年8月号、2010年）、『ワードマップ　認知的個性─違いが活きる学びと支援─』（共編著、新曜社、2010年）、『現代アジアの教育計画　下』（共著、学文社、2006年）、「韓国の才能教育における科学高校の受験名門校化に関する研究─『平準化』制度との関連に注目して─」（『比較教育学研究』第31号、2005年）、「韓国の才能教育における高大接続に関する考察─科学高等学校と英才学校の大学進学制度を事例に─」（『教育制度学研究』第11号、2004年）。

The Gifted Education System in Korea: the Structure and Functions

---

韓国の才能教育制度──その構造と機能──

2011年3月25日　初　版第1刷発行　〔検印省略〕

定価はカバーに表示してあります。

著者©石川裕之／発行者　下田勝司　　印刷・製本／中央精版印刷

東京都文京区向丘1-20-6　　郵便振替00110-6-37828

〒113-0023　TEL（03）3818-5521　FAX（03）3818-5514

発行所　株式会社　東信堂

Published by TOSHINDO PUBLISHING CO., LTD.
1-20-6, Mukougaoka, Bunkyo-ku, Tokyo, 113-0023 Japan
E-mail : tk203444@fsinet.or.jp　http://www.toshindo-pub.com

ISBN978-4-7989-0045-2　C3037　© H. Ishikawa

東信堂

転換期を読み解く——潮木守一時評・書評集	潮木守一	二六〇〇円
大学再生への具体像	潮木守一	二五〇〇円
フンボルト理念の終焉?——現代大学の新次元	潮木守一	二五〇〇円
いくさの響きを聞きながら——横須賀そしてベルリン	潮木守一	二四〇〇円
大学教育の思想——学士課程教育のデザイン	絹川正吉	二八〇〇円
国立大学・法人化の行方——自立と格差のはざまで	天野郁夫	三六〇〇円
転換期日本の大学改革——アメリカと日本	江原武一	三六〇〇円
大学の責務	立川明・坂本辰朗・D.井ノ上比呂子訳	三八〇〇円
大学の財政と経営	丸山文裕	三二〇〇円
私立大学マネジメント	(社)私立大学連盟編	四七〇〇円
私立大学の経営と拡大・再編——一九八〇年代後半以降の動態	両角亜希子	四二〇〇円
30年後を展望する中規模大学マネジメント・学習支援・連携	市川太一	二五〇〇円
もうひとつの教養教育——職員による教育プログラムの開発	近森節子編著	二三〇〇円
政策立案の「技法」——職員による大学行政政策論集	伊藤昇編著	二五〇〇円
大学の管理運営改革——日本の行方と諸外国の動向	江原武一編著	三六〇〇円
教員養成学の誕生——弘前大学教育学部の挑戦	杉本均編著	三六〇〇円
改めて「大学制度とは何か」を問う	福島裕敏編著	三三〇〇円
原点に立ち返っての大学改革	舘昭	一〇〇〇円
戦後日本産業界の大学教育要求——経済団体の教育言説と現代の教養論	舘昭	五四〇〇円
韓国大学改革のダイナミズム——ワールドクラス(WCU)への挑戦	飯吉弘子	二七〇〇円
現代アメリカの教育アセスメント行政の展開——マサチューセッツ州(MCASテスト)を中心に	馬越徹	四八〇〇円
現代アメリカにおける学力形成論の展開——スタンダードに基づくカリキュラムの設計	北野秋男編	四二〇〇円
アメリカの現代教育改革——スタンダードとアカウンタビリティの光と影	石井英真	二七〇〇円
アメリカ連邦政府による大学生経済支援政策	松尾知明	三八〇〇円
戦後オーストラリアの高等教育改革研究	犬塚典子	五八〇〇円
大学教育とジェンダー——ジェンダーはアメリカの大学をどう変革したか	杉本和弘	三六〇〇円
	ホーン川嶋瑤子	

〒113-0023 東京都文京区向丘1-20-6
TEL 03-3818-5521　FAX 03-3818-5514　振替 00110-6-37828
Email tk203444@fsinet.or.jp　URL:http://www.toshindo-pub.com/

※定価：表示価格（本体）＋税

東信堂

比較教育学——越境のレッスン	馬越徹	三六〇〇円
比較教育学——伝統・挑戦・新しいパラダイムを求めて	M・ブレイ編著 馬越徹・大塚豊監訳	三八〇〇円
世界の外国人学校	末藤美津子・大塚豊編著	三八〇〇円
ヨーロッパの学校における市民的社会性教育の発展——フランス・ドイツ・イギリス	新井浅浩典子編著	三八〇〇円
世界のシティズンシップ教育——グローバル時代の国民/市民形成	嶺井明子編著	二八〇〇円
市民性教育の研究——日本とタイの比較	平田利文編著	四二〇〇円
多様社会カナダの「国語」教育（カナダの教育3）	関口礼子編著	三八〇〇円
国際教育開発の再検討——途上国の基礎教育普及に向けて	浪田克之介編著	二四〇〇円
中国教育の文化的基盤	大塚豊	二九〇〇円
中国大学入試研究——変貌する国家の人材選抜	大塚豊	三六〇〇円
中国高等教育独学試験制度の展開	小川啓一・西村幹子・北村友人編著	三二〇〇円
大学財政——世界の経験と中国の選択	顧明遠監訳 南部広孝訳	三四〇〇円
中国の民営高等教育機関——社会ニーズとの対応	呂達瀬龍夫監訳 成瀬龍夫監訳	四六〇〇円
「改革・開放」下中国教育の動態	鮑威	五四〇〇円
中国の職業教育拡大政策——江蘇省の場合を中心に	阿部洋編著	五〇四八円
中国の後期中等教育の拡大と経済発展パターン——江蘇省と広東省の比較	劉文君	三八二七円
中国高等教育の拡大と教育機会の変容	呉琦来	三九〇〇円
バングラデシュ農村の初等教育制度受容	王傑	三六〇〇円
オーストラリア学校経営改革の研究——自律的学校経営とアカウンタビリティ	日下部達哉	三八〇〇円
オーストラリアの言語教育政策——多文化主義における「多様性と」「統一性」の揺らぎと共存	佐藤博志	三八〇〇円
マレーシア青年期女性の進路形成	青木麻衣子	四七〇〇円
「郷土」としての台湾——郷土教育の展開にみるアイデンティティの変容	鴨川明子	四六〇〇円
戦後台湾教育とナショナル・アイデンティティ	林初梅	四〇〇〇円
	山﨑直也	

〒113-0023 東京都文京区向丘1-20-6　TEL 03-3818-5521　FAX 03-3818-5514　振替 00110-6-37828
Email tk203444@fsinet.or.jp　URL:http://www.toshindo-pub.com/

※定価：表示価格（本体）＋税

東信堂

大学の自己変革とオートノミー —点検から創造へ	寺﨑昌男	二五〇〇円
大学教育の創造—歴史・システム・カリキュラム	寺﨑昌男	二五〇〇円
大学教育の可能性—教養教育・評価・実践	寺﨑昌男	二八〇〇円
大学は歴史の思想で変わる—FD・評価・私学	寺﨑昌男	二三〇〇円
大学改革 その先を読む	寺﨑昌男	二八〇〇円
大学自らの総合力—理念とFD そしてSD	寺﨑昌男	二〇〇〇円
あたらしい教養教育をめざして—大学教育学会25年の歩み:未来への提言	25年史編纂委員会編	二九〇〇円
大学教育 研究と教育の30年—大学教育学会の視点から	大学教育学会創立30周年記念誌編集委員会編	二〇〇〇円
高等教育質保証の国際比較	羽田貴史 杉本和弘 米澤彰純 編	三六〇〇円
大学における書く力考える力—認知心理学の知見をもとに	井下千以子	三二〇〇円
ティーチング・ポートフォリオ—授業改善の秘訣	土持ゲーリー法一	二〇〇〇円
ラーニング・ポートフォリオ—学習改善の秘訣	土持ゲーリー法一	二五〇〇円
津軽学—歴史と文化	弘前大学21世紀教育センター・土持ゲーリー法一編著	二〇〇〇円
IT時代の教育プロ養成戦略—日本初のeラーニング専門家養成ネット大学院の挑戦	大森不二雄編	二六〇〇円
大学教育を科学する—学生の教育評価	山田礼子編著	三六〇〇円
一年次(導入)教育の日米比較	山田礼子	二八〇〇円
初年次教育でなぜ学生が成長するのか—全国大学調査からみえてきたこと	河合塾編	二八〇〇円
大学の授業	宇佐美寛	二五〇〇円
大学授業の病理—FD批判	宇佐美寛	二五〇〇円
授業研究の病理	宇佐美寛	二五〇〇円
大学授業入門	宇佐美寛	一六〇〇円
作文の論理—〈わかる文章〉の仕組み	宇佐美寛	一九〇〇円
作文の教育—〈教養教育〉批判	宇佐美寛編著	二〇〇〇円
問題形式で考えさせる	大田邦郎	二〇〇〇円

〒113-0023 東京都文京区向丘1-20-6　TEL 03-3818-5521　FAX 03-3818-5514　振替 00110-6-37828
Email tk203444@fsinet.or.jp　URL:http://www.toshindo-pub.com/

※定価:表示価格(本体)+税

— 東信堂 —

教育文化人間論——知の遷遷/論の越境	小西正雄	二四〇〇円
グローバルな学びへ——協同と刷新の教育	田中智志編著	二〇〇〇円
教育の共生体へ——ボディエデュケーショナルの思想圏	田中智志編	二五〇〇円
人格形成概念の誕生——近代アメリカの教育概念史	田中智志編	三六〇〇円
社会性概念の構築——アメリカ進歩主義教育の概念史	田中智志	三八〇〇円
教育の自治・分権と学校法制	結城忠	四六〇〇円
教育制度の価値と構造	井上正志	四二〇〇円
学校改革抗争の100年——20世紀アメリカ教育史	D・ラヴィッチ著 末藤・宮本・佐藤訳	六四〇〇円
国際社会への日本教育の新次元	関根秀和編	一二〇〇円
ヨーロッパ近代教育の葛藤——今、知らねばならないこと	太関幸子編	三二〇〇円
地球社会の求める教育システムへ		
多元的宗教教育の成立過程——立教学院のディレンマ	前田一男編	五八〇〇円
ミッション・スクールと戦争		
アメリカ教育と成瀬仁蔵の「帰一」の教育	大森秀子	三六〇〇円
いま親にいちばん必要なこと——「わからせる」より「わかる」こと	春日耕夫	二六〇〇円
NPOの公共性と生涯学習のガバナンス	高橋満 編集代表	二八〇〇円
協同と表現のワークショップ——学びのための環境のデザイン	茂木一司	三八〇〇円
演劇教育の理論と実践の研究——自由ヴァルドルフ学校の演劇教育	広瀬綾子	三八〇〇円
教育の平等と正義	大桃敏行・中村雅子・後藤武俊訳	三二〇〇円
オフィシャル・ノレッジ批判	K・ハウ著	三二〇〇円
〈シリーズ 日本の教育を問いなおす〉保守復権の時代における民主主義教育	M・W・アップル著 野崎・井口・小暮・池田監訳	三八〇〇円
拡大する社会格差に挑む教育	西村和雄・大森不二雄編	二四〇〇円
混迷する評価の時代——教育評価を根底から問う	西村和雄・大森不二雄著 倉元直樹・木村拓也編	二四〇〇円
地上の迷宮と心の楽園 〈コメニウス[セレクション]〉	J・コメニウス 藤田輝夫訳	三六〇〇円
〈現代日本の教育社会構造〉(全4巻) 〈第1巻〉教育社会史——日本とイタリアと	小林甫	七八〇〇円

〒113-0023 東京都文京区向丘1-20-6
TEL 03-3818-5521 FAX 03-3818-5514 振替 00110-6-37828
Email tk203444@fsinet.or.jp URL:http://www.toshindo-pub.com/

※定価：表示価格（本体）+税

東信堂

ハンス・ヨナス「回想記」	H・ヨナス 盛永・木下・馬渕・山本訳	四八〇〇円
責任という原理——科学技術文明のための倫理学の試み（新装版）	H・ヨナス 加藤尚武監訳	四八〇〇円
空間と身体——新しい哲学への出発	桑子敏雄	二五〇〇円
環境と国土の価値構造	桑子敏雄編	三五〇〇円
森と建築の空間史——南方熊楠と近代日本	千田智子	四三八一円
メルロ゠ポンティとレヴィナス——他者への覚醒	屋良朝彦	三八〇〇円
堕天使の倫理——スピノザとサド	佐藤拓司	二八〇〇円
〈現われ〉とその秩序——メーヌ・ド・ビラン研究	村松正隆	三八〇〇円
省みることの哲学——ジャン・ナベール研究	越門勝彦	三二〇〇円
カンデライオ（ジョルダーノ・ブルーノ著作集 1巻）	加藤守通訳	三二〇〇円
原因・原理・一者について（ジョルダーノ・ブルーノ著作集 3巻）	加藤守通訳	三六〇〇円
英雄的狂気（ジョルダーノ・ブルーノ著作集 7巻）	加藤守通訳	三六〇〇円
ロバのカバラ——ジョルダーノ・ブルーノにおける文学と哲学	加藤守通訳	三六〇〇円
〔哲学への誘い——新しい形を求めて 全5巻〕		
自己	松永澄夫編	三二〇〇円
世界経験の枠組み	松永澄夫編	三二〇〇円
社会の中の哲学	松永澄夫編	三二〇〇円
哲学の振る舞い	松永澄夫編	三二〇〇円
哲学の立ち位置	松永澄夫編	三二〇〇円
哲学史を読むⅠ・Ⅱ	松永澄夫	各三八〇〇円
言葉は社会を動かすか	松永澄夫編	三三〇〇円
言葉の働く場所	松永澄夫編	三二〇〇円
食を料理する——哲学的考察	松永澄夫	二五〇〇円
言葉の力（音の経験・言葉の力第Ⅰ部）	松永澄夫	二五〇〇円
音の経験（音の経験・言葉の力第Ⅱ部）	松永澄夫	二八〇〇円
環境——言葉はどのようにして可能となるのか	松永澄夫編	二〇〇〇円
環境安全という価値は…	松永澄夫編	二三〇〇円
環境設計の思想	松永澄夫編	二三〇〇円
環境文化と政策	松永澄夫編	二三〇〇円

〒113-0023 東京都文京区向丘1-20-6
TEL 03-3818-5521 FAX03-3818-5514 振替 00110-6-37828
Email tk203444@fsinet.or.jp URL:http://www.toshindo-pub.com/

※定価：表示価格（本体）＋税